마을,
작은도서관
그리고
정책

마을,
작은도서관
그리고
정,책

김용분 지음

한국학술정보㈜

:: 머리말

2004년 대전의 작은 마을, 석교동에 '기적의 도서관'보다 더 기적적인 '알짬마을어린이도서관'의 문이 열렸다. 마을에 사는 6명의 주부와 그 남편들이, 도서관 둥지 찾기부터 도서관 꾸미기에 이르기까지 서로의 힘을 모아 마을어린이도서관을 스스로 개관한 것이다.

이들은 무엇 때문에, 무엇을 위하여 마을어린이도서관을 만들었을까?

우리 사회는 외환위기를 겪으면서 급속한 사회적 양극화의 문제에 부딪혀 왔다. 이는 자본과 무한경쟁으로 대표되는 신자유주의 정책의 결과이며, 이로 인한 생활, 고용, 주거, 노후, 교육, 보건불안의 정도는 점점 심화되고 있는 형편이다. 이러한 총체적 불안 속에서 정부가 무엇을 해 주길 마냥 기다리기만 하는 것은 정부의 공공적 역할의 한계에 대한 지나친 낙관임을 주민들은 알게 되었고, 돈이 없어도 주민들 스스로의 힘으로 생활을 해결하고자 하는 생활공동체운동이 삶 속에서 필요하다는 것을 알게 되었다.

돈이 지배하는 보육과 교육문제의 해결은 물론이고 품앗이를 통한 공공적 서비스의 창출과 협동조합방식의 생활 나눔 그리고 마을의 다른 문제에도 참여하는 공동체 문화 형성의 시작을 마을어린이도서관에서 실현하고자 한 것이다.

석교동 마을 엄마들의 '함께 살아가는' 소박한 세상살이에 대한 바람은 바로 대전시민사회가 주도한 대전마을어린이도서관운동의 출발이 되었다. 이렇게 시작한 마을어린이도서관운동의 가치와 지향은 "한 아이를 키우는 데는 온 마을이 필요하다(It takes a village to raise a child)."는 아프리카 속담에서 잘 읽을 수 있다. 이 속담은 사회적 양극화를 넘어서는 공동체운동의 출발을 의미한다.

정부의 신자유주의 정책은 오히려 마을어린이도서관과 같은 NGO 주도의 정책이 등장할 수 있는 토대가 되었다. 'NGO 주도의 정책?' 물론 전통적인 정책학 이론에서 정책의 주체, 정책과정의 운용주체는 당연히 거시적인 수준에서 '정부'인 것으로 전제되고 논의되고 있다. 그러나 필자는 "정책과정의 운용주체를 '정부'로 규정하는 것이 '늘' '언제나' '의문의 여지없이' 동의할 수 있는 합당한 것인가?" "정부 외에는 정책과정의 운용주체가 될 수 없는 것인가?"라는 의문을 갖게 되었고, 이 질문에 답하고자 NGO가 주도하는 풀뿌리운동으로서의 작은도서관에 주목하였다.

동시에 정책의 목적이 최대의 정책효과를 달성하는 것이라는 점에서 정책과정의 운용주체가 달라짐에 따라 정책의 효과성에 있어서도 다른 결과를 산출할 것이라는 연구기대를 갖게 되었다. 따라서 본서에서는 기존의 관점이나 이론과는 다른 새로운 관점에서 정책과정의 주체를 정의할 것이다. 또한 이에 따른 정책과정의 새로운 모형을 '정부 주도 정책과정모형'과 'NGO 주도 정책과정모형'으로 정립하고 그 모형 각각의 정책효과성을 비교·분석하여 향후 뉴거버넌스 시대에 바람직한 정책과정의 주체에 관한 방향까지 제시하고자 한다. 이러한 연구의 성과는 정책과정의 운용주체를 정부 외에도 NGO까지를 포함하여 새롭게 확대·정의하고, 정책과정의 주체가 달라지는 데 따라 나타나는 정책효과의 질적 차원에 주목함으로써 정책학의 이론적 관점과 기반을 넓혀 주고 실무영역, 특히 NGO 공동체의 위상과 역량을 북돋아 주는 계기가 될 것이다.

시간을 되돌려 마을어린이도서관운동에 참여하던 때를 기억해 본다. 삶의 터전인 자신들의 마을에서 아이들을 위한, 아니 마을주민 모두의, 모두에 의한, 모두를 위한 도서관을 만들어 보겠다는 의지와 열정으로 반딧불터 사업단에서 열심히 학습하고 준비하던 엄마들! 이들과 함께 풀뿌리에서 길을 찾으며 지역시민운동의 변화를 모색하고 새로운 시민운동에 도전한 '풀뿌리사람들(사)'의 활동가들, 그 옆에서 작은 힘이라도 되어 보겠다고 거들며 기뻐했던 순간들이 스쳐 지나간다. 그렇게 14개의 마을어린이도서관은 대전이라는 지역사회 속에 우뚝 세워졌다.

마을을 보고, 그 속의 작은도서관을 만나고, 그것이 정책 속에서 인지되었을 때, 학문적으로 접근할 수 있었다. 그러나 부족함에 대한 아쉬움은 여전히 마음 한구석에 진한 흔적으로 남아 있다. 그럼에도 불구하고 박사학위논문을 단행본으로 세상에 드러냄은 NGO 주도의 작은도서관운동이 전국의 마을들에서 싹을 틔우고 잎이 자라는 데 도움이 되기를 바라며, 이 운동을 위해 애쓰고 수고하는 마을주민과 활동가들에게 용기를 주고자 하는 마음에서다.

우선 부족한 글을 단행본으로 출간할 수 있도록 기회를 주신 한국학술정보(주) 여러분께 진심으로 감사드린다. 그리고 하루도 빠짐없이 자녀들을 위해 기도하시는 시어머님과 사랑으로 부족함을 채워 주시고 자신감을 키워 주셨던 친정부모님, 전적으로 믿어 주고 도와주며, 앞으로 나아갈 수 있도록 늘 함께해 준 남편 이문희 원장님, 부족한 엄마를 자랑스럽게 생각하는 우리 아이들, 은솔과 재세가 있었기에 가능한 일이었음을 새삼 고백한다.

무엇보다 연구의 시작부터 끝까지 참스승의 상을 보여 주신 박정택 교수님께 진심으로 감사드린다. 또한 연구의 미진한 부분을 채워 주시고 귀한 가르침을 주신 이창기 교수님, 곽현근 교수님, 강근복 교수님, 장수찬 교수님, 그리고 대전대 행정학과 교수님들께 이 자리를 빌려 감사의 말씀을 드리고 싶다.

인터뷰에 적극적으로 참여해 주신 마을문고와 마을어린이도서관의 운영진과 회원님들, 마을어린이도서관의 설립에 지원을 아끼지 않았던 대전사회복지공동모금회, 그리고 '알짬마을어린이도서관'의 강영희 관장과 '풀뿌리사람들(사)'의 송인준 이사장님, 김제선 상임이사를 비롯한 활동가들에게도 감사의 말씀을 전하고 싶다.

세상은 속도전쟁으로 허둥대지만 마을을 사랑하고 보듬으며 느리게 걸어가는 사람들의 발걸음에서 나는 오늘도 희망을 본다. 이렇게…….

2010년 6월
김용분

:: 차례

| I |
서론

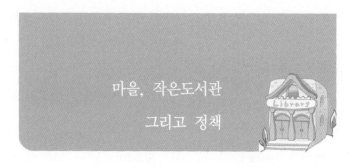

마을, 작은도서관
그리고 정책

A. 마을에서 작은도서관을 보다

현대국가의 정책은 인간생활의 모든 부문에 걸쳐 넓고 깊은 영향을 줄 정도로 양적·질적으로 확대되고 다양화되고 있다. 특히 일련의 합리적인 정책결정과 효율적인 정책집행 등을 통한 민주정치를 구현하고 민주행정을 실천하는 것은 시민들의 일상 삶의 양과 질을 좌우하는 데서 더 나아가서 한 지역사회, 한 국가, 그리고 궁극적으로는 인류의 장래를 결정한다는 의미에서도 정책은 매우 중차대한 연구주제가 된다. 이러한 정책은 문제의 발생단계에서부터 정책의제의 채택을 거쳐 정책당국에 의한 정책의 결정, 그 정책의 집행, 집행결과에 대한 평가, 평가결과의 환류 등과 같은 일련의 복잡하고 동태적인 과정을 밟게 되는데, 이러한 이유로 정책에 대한 이해와 연구는 '정책내용'과 함께 '정책과정'에 대한 이해와 연구가 그 핵심을 차지하고 있다고 할 수 있다.

그런데 앞에서 정책을 채택하고 집행하고 평가하는 운용주체를

'정책당국'이라고 표현하였는데, 사실 정책에 관한 정책학의 논의나 설명은 거의 전적으로 '정부'의 정책을 중심으로 이루어지고 있다. 이러한 이유로 일반인은 물론 학자들도 정책이나 정책과정의 운용주체가 '정부'라는 데 대하여, 의심하지 않고 당연하게 받아들이는 경향을 보이고 있다.

예컨대, Jones(1977: 27 – 32), Kendrick(1974: 116 – 145), Eyestone (1978: ch. 4), Cobb & Elder(1977: 85)의 정책의제 형성이론이나, 정책결정이론과 관련한 Easton(1953, 1965)의 정치체제이론(political systems theory), 그리고 Allison(1971)이 제시한 '정부 정책결정과정의 3가지 분석모형'을 보면, 정책의제형성이나 정책결정 등에 있어서—그들이 거시적인 정치적 공동체에 초점을 맞춘 결과이기도 하겠지만— 항상 정책과정의 운용주체는 '정부'라고 전제하는 관점에 토대를 두고 그들의 이론과 논의를 전개하고 있다. 국내연구에 있어서도 정책의제형성 등 정책과정과 관련된 연구인 강근복(1985), 이상호(1990), 마승철(1990), 정호신(1991), 양준철(2001), 신인섭(2007), 배선식(2008) 등의 연구를 살펴보면, 모두 정책과정의 운용주체는 당연히 거시적인 수준에서 '정부'인 것으로 전제되고 논의되고 있음을 알 수 있다. 그렇지만 정책과정의 주체가 '정부'라고 규정하는 것이 과연 언제 어느 경우에나 의문의 여지없이 동의할 수 있는 합당한 것일까? 이 질문이 본 연구를 시작한 첫 번째 문제의식이자 연구의 배경이다.

우리가 관심을 갖는 정책의 형성, 집행, 평가 등 일련의 정책과정의 주체는 그것이 '공공정책(public policy)'인 한, '정부'가 가장 중요하고 핵심적인 부분을 차지하고 있기는 하지만, '공공'의 개념을 본질적으로 '본래적 의미의 공공(본래적 공공, original public)'의 개념(박정택, 2007: 41)에 비추어 생각해 본다면, 공공정책에 있어서 정책과정의 운용주체는 '정부' 외에도 다른 주체를 생각할 수 있으므로 정책과정의 주체에 대한 새로운 관점과 이론이 필요하다는 문제의식을 갖지 않을 수 없게 된다. 말하자면 그것은 정책학이 연구대상으로 삼고 있는 '정책'이 '정부정책(government policy)' 보다 더 넓은 개념인 '공공정책(public policy)'이라는 문제의식이라고 할 수 있다.

이와 같은 정책과정의 운용주체에 대한 새로운 관심은, 공동체의 모든 문제를 무한경쟁의 시장논리에만 맡겨 둘 수도 없지만, 그렇다고 정부의 개입으로 모두 해결할 수 없을 정도로 정부의 공공적 역할도 일정한 한계를 가지고 있으므로, '정부 중심' 정책에 대한 대안적 측면을 생각해 보지 않을 수 없는 데서 비롯되고 있다. 그리하여 그 대안적 고민의 중요한 한 귀결점은 지역공동체를 단위로 하는 '풀뿌리자치(grassroots autonomy)'라는 데 모아지고 있는데, 이는 풀뿌리자치가 궁극적으로는 집권적 계획보다 더 능률적이며, 거대담론으로 포장된 국가이데올로기보다, 결국은 주민의 행복에 더 도움이 된다는 믿음이 확산되고 있는 흐름과 그 맥락을 같이하고 있다고 할 수 있다(이종수, 2008: 13).

특히 오늘날 '거버넌스' 개념의 다수준, 다차원성에 따른 뉴거버넌스 행위주체의 변화는 시민사회가 뉴거버넌스의 행위주체로 등장하고 있는 배경과 맞물려 있는데, 시민사회가 시민운동의 패러다임을 새롭게 모색하며 그 대안으로 주목하는 풀뿌리운동의 가치와 지향은 정책학의 영역에서도 정책과정의 운용주체에 대한 새로운 관점과 이론의 가능성을 열어 놓아 주고 있다고 할 수 있을 것이다.

주지하다시피 뉴거버넌스라는 '거버넌스(governance)' 개념의 변화는 '시장실패(market failure)'와 '정부실패(government failure)'를 겪은 역사적 경험에서 비롯되는데, 거버넌스 개념은 이제 더 이상 한 사회의 다양한 문제를 정부 또는 시장의 힘에 의해서만 해결할 수 없다는 교훈 속에서 행정학을 비롯한 사회과학의 중요한 화두로 떠오르고 있다. 그동안 국가(또는 정부) 중심적인 접근, 즉 국가 내부의 운영체제나 그 방식에 관한 것을 중심으로 제기되어 왔던 과거의 거버넌스는 이제 세계화와 지방화가 동시에 다차원적으로 공존하는 시대가 되면서 다수준·다차원성을 띠는 것으로 변하고 있는데, 거버넌스는 정의상, 속성상 그 주체와 수준은 매우 다양할 수밖에 없다(최성욱, 2004). 먼저 주체의 측면에서는 국가주도(state-centered), 시장주도(market-centered), 시민사회주도(civil society-centered)로 구분되며, 수준의 측면에서는 국제거버넌스(global governance), 지역거버넌스(regional governance), 국가거버넌스(national governance), 지방거버넌스(local governance), 마을(동네)거버넌스(neighbour governance)로 구분된다. 그리하여 오늘날 시민사회의 풀뿌리(grassroots) 운동은 1차 거버넌스 또는 2차 거버넌스(first or second governance), 즉 지방거버넌스(local governance), 마을거버넌스(neighbour governance) 수준의 지역사회거버넌스(community governance)에 해당한다고 일컬어진다.

이는 풀뿌리운동이 다주체, 다수준으로 변화하는 거버넌스 개념의 중심에 있다는 것을 의미하며, 다차원적인 뉴거버넌스의 행위주체 가운데 지방거버넌스, 마을거버넌스 수준의 지역사회거버넌스의 주체는 곧 풀뿌리운동의 주체라는 것을 의미하기도 한다.

시민사회의 풀뿌리운동은 "한 아이를 키우는 데는 온 마을이 필요하다(It takes a village to raise a child)."는 아프리카 속담에서 그 가치와 지향을 읽을 수 있다(대전마을어린이도서관 설립 사례집, 2007: 2). 이 속담은 사회적 양극화를 넘어서는 공동체운동의 출발을 의미한다. 일찍이 Tocqueville(1968)도 지역사회에 존재하는 '민'의 성숙과 발전이 민주주의를 안정화시킬 수 있다는 가정에서, 미국 민주주주의의 토대를 지역사회에 존재하는 풀뿌리 조직과 활동에서 찾으려 하였다. 이렇듯 우리 사회는 현대 국가가 직면하고 있는 정당성의 위기를 극복하는 돌파구로서 풀뿌리자치를 지목하고 지역사회로부터 해결책을 찾으려 하고 있다. 국가와 개인 사이를 이상적으로 매개하고, 풍부한 다양성을 제공하며, 하향적 개발 패러다임을 지배했던 '장소의 번영' 패러다임을 상향적인 '주민의 번영' 패러다임으로 전환시킬 수 있는 가능성을 풀뿌리자치에서 찾으려 하는 것이다(이종수, 2008: 13).

그러나 뉴거버넌스의 행위주체인 시민사회는 그동안 국가의 제도적 개혁을 목표로 하면서 시민의 일상적 삶과 유리된 추상적 이슈들에 집중한 결과 '시민 없는 시민운동'[1]이라는 비판에 직면하게 되었다. 이로써 시민운동은 정당성의 위기를 맞게 되고, 이에 한국의 시민운동은 '대변형(代辯型)' 시민운동에 대한 반성과 성찰의 결과, 풀뿌리운동에 주목하고 있다. 이러한 배경에서 풀뿌리운동의

----

1) 하승수(2003: 134-150)는 '시민 없는 시민운동'이라는 말은 본래 시민참여가 부족한 시민운동의 현실을 자기비판하면서 사용하기 시작한 말로서, 회원들과 일반시민들의 참여를 활성화시키자는 선의에서 사용되기 시작한 이 말이 이제는 시민운동을 겨누는 창끝이 되었다며, '시민 없는 시민운동'에 대한 부당한 비판이 지닌 전반적인 문제점을 제기하는 한편 비판의 근거를 제공해 온 시민운동의 문제들에 대해서는 시민운동 스스로 개선할 필요성과 노력할 점에 대해 논의하고 있다.

중요성이 부각되기 시작했으며 시민사회는 평범한 사람들이 참여하여 '좋은 삶'과 더 나아가 '좋은 사회'[2]를 만들어 가려는 운동을 여러 영역에서 전개하고 있다.

이렇게 시민사회의 대안운동으로 등장한 풀뿌리운동은 뉴거버넌스 시대에 미시적 수준의 지방거버넌스, 마을거버넌스 수준의 지역사회거버넌스(community governance)에 해당한다고 볼 수 있는데, 풀뿌리운동이 근본적으로 지향하는 것은 '지역공동체의 형성(community building)' 혹은 '사회자본(social capital)' 형성이다. 그런데 지역공동체는 활동이념과 주제영역, 주체 및 전개방식 등에 따라서 다양하게 구분할 수 있으나,[3] 실제 수준에서는 여러 개의 특징들이 복합적으로 나타나는 경우가 많다.

이러한 풀뿌리운동은 생활정치와 신사회운동에 기반하고 있기도 하다(오재환, 1996: 김왕배, 2005). 생활의 정치란 바로 생활세계의 곳곳에서 나타나는 삶의 안녕을 위협하는 요소들, 혹은 권력과 폭력에 대해 성찰하고 저항하는 정치이며, 신사회운동은 해방의 잠재력을 구현하기보다는 생활세계에 바탕을 둔 시민사회의 생활의 잠재력을 극대화시키려는 운동으로 규정할 수 있다. 신사회운동의 잠재력은 생활의 정치라는 범주로 확산되고 있는데, 이에 기반을 둔 풀뿌리운동은 사회적 양극화의 심화와 이에 따른 생활불안, 일자리불안, 보육과 교육불안, 노후불안, 주거불안이 커져 가는 상황에서 한국 시민운동이 시도하고 있는 새로운 패러다임의 모색 및 전환과

. . . .
2) 그 예로서 「녹색평론」 2008년 1－2월호에 '좋은 삶이란 무엇인가'라는 제목의 김우창, 김종철 신년 대담 가운데 '덴마크의 원자력 발전 중단'에 관한 기사를 참조할 수 있겠다.
3) 조명래(2003: 95－96)는 운동이념, 영역별, 운동주체별, 운동방식별로 분류하고 있다.

연결되고 있다. 즉 한국의 시민운동은 그 권위를 '저항'에서 '소통'으로 전환함으로써 시민사회를 민주화하고(조대엽 외, 2005: 209 – 210), 지역주민들의 삶의 문제와 욕구들을 지역사회 내에서 공동체적으로 풀어 나가려는 데 있어서 풀뿌리운동을 그 중요한 대안으로 추구하고 있는 것이다. 이러한 풀뿌리운동에 대하여 하승수(2008: 13)는 "권력을 갖지 못한 시민이 스스로 삶의 공간에서 자신의 삶과 삶의 공간을 변화시키고, 더 나아가 우리 사회와 세상을 변화시켜 가려는 의식적인 활동"이라 정의하고 있다.

이러한 풀뿌리운동의 흐름은 전 세계 곳곳에서 벌어지고 있고 오랜 역사를 가지고 있다.[4] 우리나라에서도 공동체생협, 의료생협, 지역복지운동, 마을 만들기, 도서관운동, 지역화폐운동, 풀뿌리언론운동 등 여러 이름으로 풀뿌리운동이 전개되고 있다. 이처럼 풀뿌리운동은 특정 영역이나 주제를 다루는 운동을 의미하는 것이 아니기 때문에, 현실에서는 여러 가지 이름으로, 여러 가지 영역에서 나타나고 있다. 그중 하나가 본 서의 사례분석 대상이 되고 있는 NGO 주도의 '마을도서관운동'이다.

마을도서관운동은 마을도서관이 아이들을 위한 일이기에 엄마들의 참여는 물론 온 가족이 함께함으로써, 마을 주민 전체가 생활공동체를 꿈꾸는 주민운동의 하나이다. 마을도서관은 내 아이만이 아닌 '우리 아이들'을 함께 키우는 엄마들의 내적 성장을 돕는 공간이며, 민주시민을 키우는 프로그램 그 자체이고, 마을의 다른 문제에

---

4) 일본의 경우, 생협이나 의료생협은 우리와 비교할 수 없을 정도로 지역사회에 뿌리내리고 있으며, 그 외에도 복지, 환경, 지역정치 등과 관련한 풀뿌리운동이 활발하다. 미국 역시 가난한 지역들에서 사람들을 조직하고 참여시키고 역량을 강화시키는 풀뿌리주민조직화운동이 활발한데, 지역조직만 6,000여 개가 넘는 것으로 추정되고 있다(하승수, 2008: 13 – 14).

대해서도 참여하며 공동체 문화를 가꿔 나가는 희망의 도약대이다.

본 연구가 주목하는 NGO 주도 정책과정모형으로서의 풀뿌리운동은 이와 같은 마을도서관운동이다. 이런 운동은 지역단체가 중심이 되어 마을도서관과 같은 대안적인 사업을 전개함으로써 지역공동체를 구축해 나가는 단체 또는 조직 중심의 공동체, 최근 사회적으로 주목받고 있는 마을형 공동체, 도시 전역에 다양한 공동체 사업조직을 설립하고 이를 네트워킹하는 '협동조합 지역사회' 구축방식의 원주지역 사례 등 다양한 형태의 지역공동체운동을 포함한다. 이와 같은 마을도서관을 운영하는 지역공동체는 지배적인 가치와 제도를 개혁할 목적으로 실제의 삶에서 대안적 실천을 기획하고 구현하며, 육아와 교육, 식생활과 의료 등 기본적인 생활 서비스의 안전성과 건강성에 초점을 맞추고, 주민들의 자발적인 참여와 아래로부터의 직접 민주주의적 원칙을 견지하며, 물질문명에 대한 성찰로 탈물질주의를 추구하고, 무한경쟁에서 비롯되는 인간관계의 단절과 소외에 대한 성찰로 일상적인 돌봄과 문화를 강조하고 있다(이은희, 2008: 3-4).

이와 같이 지역공동체를 지향하는 풀뿌리운동, 거버넌스의 개념 변화와 뉴거버넌스 주체의 다차원성은 정책과정의 주체에 대한 새로운 관점과 이론의 가능성을 열어 놓고 있다. 또한 정책의 목적이 최대의 정책효과를 달성하는 것이라고 할 때 '정책과정의 운용주체에 따른 정책효과성의 차이'는 분명히 있을 것이며, 이는 새로운 관점과 이론의 정립에 기여할 것이라는 연구 기대를 갖게 한다. 특히 정책의 효과성에도 차원의 차이가 있다는 의미에서 제1차 산출(the first output)이나 제2차 산출(the second output), 혹은 정책산출

(policy output)이나 정책영향(policy impact: 정책결과, policy outcome) 등과 같은 상이한 차원으로 구분하고 있는 바와 같이 (Nachmias, 1979: 2 – 3; Anderson, 1984: 136), 정책과정의 운용주체가 달라짐에 따라 정책의 효과성에 있어서도 다른 결과를 산출할 것이라는 연구기대를 갖게 한다. 즉 정부가 중심이 되는 정책과정과는 달리, NGO가 중심이 되는 정책과정은 어떤 차원의 정책효과성을 산출할까? 이것이 본 연구가 가지는 두 번째 문제의식이자 배경이다. 이처럼 본 연구가 제기하고 있는 몇 가지 질문을 요약하면 다음과 같다.

첫째, 시민사회 중심의 풀뿌리운동, 즉 NGO 거버넌스 운동은 정책과정의 새로운 운용주체로 등장하고 있는가?

둘째, 실제로 정책과정을 어떻게 전개해 나가고 있는가?

셋째, NGO 거버넌스가 정책과정의 새로운 주체로 정책과정을 전개하고 있다면 정책이 추구하는 정책의 효과성은 어떤 차원이며 과연 어느 정도인가?

넷째, 정부가 정책과정을 전개하는 것과 NGO가 정책과정을 전개하는 것을 비교할 때, 정책 효과성의 차이는 어떠한가?

이와 관련한 기존 연구들, 즉 NGO 거버넌스와 한국 시민운동에 관한 연구들을 살펴보면, 대부분 중앙정부 및 지방정부 중심의 거버넌스와 관련된 것들이고, 시민사회가 중심이 된 NGO 거버넌스와 관련된 연구는 거의 없다. 한국의 시민운동에 관한 문헌들도 시민운동형성과 제도화, 시민참여, 정부와의 협상적 거버넌스에 관련된 연구가 대부분이고, 본 연구와 같이 시민운동을, 시민사회가 주체가 되는 NGO 거버넌스 운동과 관련하여, NGO가—많은 사례에

서 보듯이— 정책결정과정만의 단순한 참여자로서가 아니라 정책
과정 전반의 운용주체로서 정책을 결정하고 그 정책을 집행하며 평
가해 나가는 일련의 전체 정책과정을 전개하는 것과 관련된 연구는
발견할 수 없었다.

이런 이유로 본 연구는 기존의 이론 및 연구내용과는 다른 차원
의 주제로 연구를 진행하게 될 것이다. 즉 본 연구는 정부가 주도하
는 정책효과성과 NGO가 주도하는 정책효과성의 차이를 도출하는
것뿐 아니라, 정책과정의 주체에 대한 새로운 관점을 정립하고 조
망하고자 하는 것이다. 따라서 본 연구의 목적은 기존의 관점이나
이론과는 다른 새로운 관점에서 정책과정의 주체를 정의하고, 이에
따른 정책과정의 새로운 모형을 '정부 주도 정책과정모형'과 'NGO
주도 정책과정모형'으로 정립하고, 그 모형 각각의 정책효과성을
비교·분석하여 향후 뉴거버넌스 시대에 바람직한 정책과정의 주
체에 관한 방향을 제시하는 데 있다.

요컨대 본 연구에서는 NGO 주도 정책과정모형과 정부 주도 정
책과정모형에 해당하는 사례를 비교·연구하고자 한다. 그리하여
본 연구는 작은도서관5) 운동 사례 가운데, NGO 주도 모형의 사례
로는 '마을어린이도서관(이하 마을도서관)', 정부 주도 모형의 사
례로는 '새마을문고(이하 마을문고)'를 선정하고, 이들 사례들을

- - - - - - - - - - - - - - - - - - - -
5) 그동안 '작은 도서관'의 '작은'은 말 그대로 작다는 뜻의 관형사로 크기와 시설을 의미하는 개
념이었고, '작은도서관'은 규모로서가 아닌 운동적 성격을 담보한 개념으로 쓰여 왔다(김소희,
2009: 16). 그런데 지난 2009년 3월 2일 개정된 도서관법에 명시된 '작은도서관'은 크기와
시설로의 의미뿐 아니라 최근에 확산되고 있는 동네의 친근한 커뮤니티 문화를 형성해 가는
도서관들까지 다 포함하는 개념으로 법률적 위상을 갖게 되었다. 따라서 '작은 도서관'이 아니
라 '작은도서관'이 올바른 표기이므로 이하에서는 '작은도서관'으로 표기하되 '마을문고'와
'마을도서관'은 법률상 명칭은 '작은도서관'이지만 연구의 취지에 따라 본래의 명칭을 그대로
사용하기로 하겠다.

대상으로 정책의 효과성을 비교·분석하고자 한다. 이에 따른 성과는 정책과정의 운용주체를 NGO까지를 포함하여 새롭게 확대·정의하는 이론적 기반이 될 것이며, 정책과정의 운용주체가 달라지는 데 따라 나타나는 정책효과의 질적 차원에 주목하는 계기가 될 것이다.

B. 작은도서관 정책! 무엇을 어떻게 연구할 것인가

1. 연구의 범위

본 연구는 정부 주도 정책과정모형으로는 '마을문고' 사례와 NGO 주도 정책과정모형으로는 '마을도서관' 사례에 대하여 정책의제의 형성에서부터 정책채택, 정책집행에 이르는 정책과정을 각각 분석하고, 그 모형별 사례의 정책효과성을 비교·분석하고자 하는데, 연구의 내용적인 측면, 시간적인 측면, 공간적인 측면에서 그 대상과 범위를 다음과 같이 설정하여 분석하고자 한다.

첫째, 내용적인 측면에서 정책과정의 운용주체와 관련하여, 본 연구는 정책과정의 주체를 '정부'로 한정하지 않고 새로운 관점에서 정책과정의 운용주체를 이론적으로 정립하고자 하는 것이므로 뉴거버넌스의 한 중요한 주체인 시민사회, 즉 NGO 거버넌스 운동에 입각한 NGO를 정책과정의 주체로 포함하여 분석하고자 한다. 기존의 연구들은 정책과정의 주체를 '정부'로 한정하고 있기 때문에 '정부 주도의 정책과정'에 관한 연구가 거의 대부분을 차지하고 있었다. 따라서 그 연구의 범위도 한 국가나 정부 규모의 거시적 범위에 해당한 것이라고 규정할 수 있겠다. 그에 비하여 본 연구의 범위는 정부와 NGO를 포함하되, 주로 NGO 주도의 대안운동으로서의 풀뿌리운동에 해당하는 '마을' 단위의 미시적 범위를 거버넌스하는 정책과정의 운용주체에 주목해 연구할 뿐만 아니라, 그동안 상대적으로 소홀한 데 대하여 오히려 균형적 관점과 시각을 확보하기 위해서라도 NGO 주도의 정책사례에 더 큰 관심을 갖고 연구하고자 한다.

둘째, 시간적인 측면에서는 마을도서관운동이 시작된 시점부터 현재까지를 연구의 범위로 삼고자 한다. 마을문고운동이 1960년대에 시작되었고, 대전의 마을어린이도서관운동은 2000년대 중반부터 시작되어 현재에 이르고 있기 때문에 1960년대부터 현재에 이르는 시점을 연구의 시간적 범위로 설정하고자 한다.

셋째, 공간적 측면에서 연구의 범위는 '대전광역시'로 한정한다. 그리하여 사례분석의 대상은 대전광역시에서 활동하는 마을도서관과 마을문고에 한정하기로 하겠다. 그 이유는, 마을도서관운동이 전국적으로 전개되어 왔으나, 지방자치단체가 설립하는 경우를 제외하면 개인의 희생을 바탕으로 운영되는 곳이 많다. 그러나 대전 마을도서관운동은 초기 설립과정부터 시민단체와 강한 협력관계를 유지해 오면서도, 시민단체가 주민운동을 인큐베이팅하고 지원하는 역할로 스스로를 규정함으로써 독립적으로 운영·성장하고 있다. 또한 3년 내에 14개의 도서관을 설립한 성과는 어느 지역에도 그 사례가 없을 정도로, NGO 주도의 마을도서관운동이 성공적으로 이루어지고 있기 때문이다.

2. 연구의 방법

본 연구는 정부 주도(중심) 정책과정모형과 NGO 주도(중심) 정책과정모형의 정책효과성을 분석하고자 문헌조사에 의한 연구방법 이외에, 각 모형별 사례에 대하여 질적 방식으로 접근하여 비교·분석하는, 질적 연구의 한 전형인 사례연구의 방법을 채택하고자 한다.

사례연구의 3가지 연구방법 가운데 본 연구는 귀납적 연구방법을 채택하고자 한다. 그것은 전통적인 정책과정이론의 한계를 드러내고 그 한계를 보완하는 새로운 관점과 이론을 모색한다는 점에서도 더 적합하다고 판단하였기 때문이다. 그리고 본 연구는 심층면접 방식의 사례분석을 위주로 접근하고 있으므로, 소위 분석의 방법으로는 질적인 방식을 선택하고 있다고 할 수 있다. 물론 본 연구가 질적 연구방법에 입각하여 수행된다고 할 때 '이야기의 주체가 갖는 대표성의 문제'와 '수집된 자료의 편집, 정리, 평가에서 연구자의 주관 또는 임의성이 개재될 여지'(최재현, 1985: 56-57)로부터 자유롭지 못한 것은 사실이다. 그럼에도 불구하고 본 연구가 그런 면접 위주의 질적 방식을 선택한 이유는, 정책의 효과성을 측정하는 데 있어서 표면적으로 드러난 1차원적인 정책의 효과성(1차 정책의 효과성)을 측정하는 데 그치기보다는 심층적으로 감춰진 2차원적인 정책의 효과성(2차 정책의 효과성)을 측정하고자 하고, 그 경우 2차 정책의 효과성은 사회자본 형성의 정도나 수준과 연계시켜 측정하고자 하기 때문이다.

그리하여 연구자는 사회자본의 구성요소로서 신뢰, 네트워크, 주민참여, 호혜 등 4가지의 요소를 설정하고 정책의 효과성을 측정하고자 하는데, 그런 사회자본의 측정은 본 연구의 대상 사례에 비추어 무작위 표본에 의한 단순한 설문조사로는 깊이 있게 피조사자들의 관점과 경험을 조사하기 어렵다고 판단하였다. 실제로 개방형 질문에 의한 심층면접은, 피조사자들이 조사자의 한계와 편견에서 벗어나 자신의 내면 깊숙이 자리 잡고 있는 관심과 생각까지도 발견하고 말할 수 있도록 설계하고 실시할 수 있는 가능성이 높으므로, 복잡한 이슈의 원인 및 과정과 결과를 조사하는 데 있어서 매우 유용하다고 할 수 있다. 조사자들의 표정과 몸짓, 어투 등에서 양적 연구로는 측정할 수 없는 유용한 자료를 수집할 수 있는 것이다.

자료의 중요한 축을 이루는 면접대상자는 사례대상기관의 대표와 임원, 자원봉사자, 이용자 등 4부류로 나누어 면접결과를 수집하였다. 면접이 이루어진 기간은 8월 중순부터 9월 중순까지 약 한 달간 이루어졌다. 그리고 면접 대상자는 총 40명으로서, 면접대상자의 성비는 100% 여성으로 이루어져 있는데, 그것은 사례대상기관에서 활동하는 4부류의 면접대상자들이 모두 여성으로 구성되어 있었기 때문이다.

면접대상자들의 활동기간은 마을어린이도서관의 경우—3년 이상의 역사를 지닌 도서관은 5년의 역사를 가진 알짬마을어린이도서관 하나뿐이어서— 대부분 3년 이하의 활동경력을 가지고 있었다. 반면 마을문고의 경우 그 역사가 길게는 10년 이상, 짧게는 2년 이하의 문고도 있어 다양한 활동경력을 가지고 있었다. 면접대상기관의 면접대상자 선정은 대표자를 제외하고는 연구자가 각 기관 대표자의 추천을 받기도 하였지만, 이용자의 경우 무작위적인 성격을 의도하여 현지에서 즉석섭외를 통해 이루어진 경우도 있었다. 면접

장소는 주로 해당 기관인 도서관이나 문고였고, 불가피한 경우 가정에서 혹은 인근 공공기관에서 면접이 이루어지기도 하였다. 질문 내용은 연구하고자 하는 특정 주제에 초점을 맞추어 분석 지표를 미리 작성하여 반영한 개방형의 면접 질문지를 원칙으로 사용하였으며, 이야기의 흐름을 깨지 않기 위해 면접 도중 질문의 순서를 바꾸기도 하였다. 또한 Jocob(1987)이 말한 질문 제기의 전략에 대한 레퍼토리를 충분히 사용하면서 사례비교 연구의 질적 객관성을 높이기 위해 면접대상자들의 질문에 형평성과 융통성을 유지하려고 노력하였다. 그리고 응답자들의 구술은 녹음기를 이용하여 연구자가 직접 수행하였다. 이렇게 수집된 면접 자료는 여러 차례 정독하고 면접대상자의 구술이 편중되지 않도록 선정하는 작업을 거쳐 최종적으로 논문 구성의 자료로 활용하였다.

<표 1-1> 면접대상자의 특성

면접대상자의 신분		면접대상자의 활동기간	
대표	10명	1년 이하	3명
임원	10명	1년 이상~3년 이하	24명
자원봉사자	10명	3년 이상~5년 이하	7명
이용자	10명	5년 이상	6명
작은도서관의 주체		성별	
정부모형	5개	남	0 명
NGO모형	5개	여	40명

정책과정의 주체

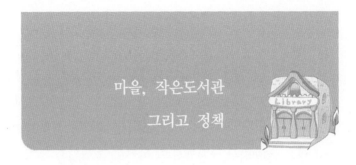

마을, 작은도서관
그리고 정책

A. 정책과정 주체의 의의

1. 정책과정의 의의

정책이란 '정부의 정책결정체제 내외로부터 제기된 기존 혹은 예측되는 문제를 해결하기 위한 정부의 제반 활동지침'이라고 정의할 수 있다. 이러한 정책은 문제의 발생단계에서부터 정책의제의 채택을 거쳐 정책당국에 의한 정책의 결정, 그 정책의 집행, 집행결과에 대한 평가, 평가결과의 환류 등과 같은 일련의 복잡하고 동태적인 과정을 밟게 되는데, 이러한 일련의 연속·순환과정을 정책과정 (policy process)이라고 한다.

정책과정은 정책연구를 위해서 정책을 중심으로 만들어진 것으로 정책학의 연구대상인 정책을 연구한다는 것은 결국 정책과정을 연구하는 것과 같다고 볼 수 있다. 따라서 이러한 정책과정이 정책연구에 있어 얼마나 중요한지는 Lasswell의 정책학에 대한 정의에서 확인할 수 있다.

Lasswell은 정책학(the policy sciences)을 "체계질서 차원에서 일어나는 공공 및 민간부분의 정책과정과 정책내용에 관한 지식을 다루는 학문"(1971: 1)으로 정의한 바 있다. 이 대단히 함축적인 정의를 바탕으로 하고 정책학 주창자들이 발전시켜 온 학문체계를 종합하여 다시 정의하면, "정책학은 인간의 존엄성을 충실히 실현시키기 위하여 체계질서 차원에서 일어나는 공공 및 민간부분의 정책과정과 내용에 관한 지식을 문제지향적, 맥락지향적, 연합학문적으로 연구하는 학문"(허범, 2002: 298)이라 할 수 있다. 또 Lasswell은 정책학의 내용을 정책과정에 관한 지식(knowledge *of* decision process)과 정책내용에 관한 지식(knowledge in decision process)으로 구분하였다(1970: 3). 정책과정에 필요한 지식(정책내용에 관한 지식)은 크게 두 가지가 있는데, 첫째는 규범적, 처방적 접근으로 얻어진 지식으로서 모든 정책에 공통적으로 적용될 수 있는 것들이고, 둘째는 구체적인 정책분야에서 정책의 실질적 내용을 뒷받침하는 이론이나 모델로서 흔히 말하는 실질적 지식, 또는 실질적 정책에 관한 지식이라고 부르는 것이다. 그러나 정책문제의 해결을 위해 정책대안을 탐색, 비교평가, 선택하는 과정에서 필요한 실질적 지식은 하나의 학문분야가 아니라 여러 분야의 이론이 필요하다. 이러한 실질적 지식은 실제연구를 할 때 이를 원용하면 되고 정책학에서 제공할 수 있는 지식은 모든 정책의 결정, 집행, 평가의 바람직한 수행을 위해서 공통적으로 적용할 수 있는 지식이다. 그것은 정책과정에 대한 과학적 연구결과로 얻은 실증적 지식과 정책과정에 대한 실질적 내용에 대한 지식, 즉 정책과정에 대한 지식이다

(정정길 외, 2003: 25 - 6).

따라서 정책에 관한 체계적인 연구가 활기를 띠기 시작했던 1960년대 이후부터 수행된 많은 학자들의 연구는 그 대부분이 정책과정에 관한 연구였다. 그리고 정책과정에 관한 연구로 특히 주목할 만한 것은, 1960년대 후반부터는 정책의제 형성 분야가 새로이 관심을 끌게 되었으며 1970년대에 들어와서는 정책집행 분야의 연구에도 큰 관심을 가지게 되었다. 물론 1960년대 말에는 Lowi와 Froman(1972) 등이 "정책의 내용이 달라짐에 따라 정책의 과정도 달라진다."는 주장을 펼쳤다. 다시 말해 정책의 내용과 유형을 알면 그 정책이 어떠한 과정을 거쳐서 결정될 것이라는 점을 예측할 수 있다는 것이다. 이러한 정책내용의 독립변수관은 Ripley와 Franklin(1982: 193)에 의해서 "정책의 유형이 달라짐에 따라 정책결정과정뿐만 아니라 정책집행과정도 달라진다."는 주장이 전개되기에 이르렀다. 이와 같이 근래에 와서는 정책내용에 관한 연구도 크게 관심을 끌고 있다.

앞에서 Lasswell의 정책학에 대한 정의에서 확인된 정책과정의 중요성에 대해 "정책은 과정으로 이해되어야 한다."는 여러 학자들의 견해를 살펴보기로 하겠다.

Heclo(1972: 85)는 "정책은 하나의 의사결정이나 정부행위로 이해하기보다는 '일련의 결정이나 무결정(a course of action or inaction)'으로 이해하는 것이 유용하다."고 한다. Easton(1953: 130) 역시 정책의 동태성을 언급하면서 "정책은 자원배분을 위한 '의사결정이나 행위의 그물(a web of decision or action)'로 구성되어 있다."고 주장한다. 또한 Jenkins(1978: 15)는 "정책이란 문제해결을 위해 목표를 설정하고 설정된 목표를 성취시키기 위한 수단들을 구체화하는 '일련의 상호 연계된 의사결정(a set of interrelated decisions)' 과정"이라고 정의한다.

이와 같이 정책은 고정된 현상이 아니라 과정, 즉 지속적인 의사결정 과정인 동시에 의사결정 과정의 산물로 취급된다. 따라서 정책연구는 정책을 동태적 과정으로 취급하여 그 과정에 나타나는 '쟁점(issue)'의 변화에 주목해야 하는 것이다.

이러한 정책과정은 정책의 내용과 본질에 대한 관점, 그리고 정책에 대한 이해의 차이에 따라 매우 다양하게 설명된다. 또 정책과정은 그 자체가 동태적이고 복잡한 만큼 학자들의 논의도 매우 다양하다. 따라서 정책과정의 구체적 단계는 다양하게 구분된다.

〈표 2-1〉 정책과정에 대한 견해들

정정길	Lasswell	Dror	Jones	Anderson
① 정책의제 설정 ② 정책결정 ③ 정책집행 ④ 정책평가	① 정보수집, 처리 ② 동원 ③ 처방 ④ 행동화 ⑤ 적용 ⑥ 종결 ⑦ 평가	① 기본방침 결정 단계 ② 정책결정 단계 ③ 정책결정 이후 단계	① 정책의제 설정 단계 ② 정부 내 행동 단계 ③ 정부가 문제를 해결하는 단계 ④ 사업을 재검토하여 필요한 조치를 취하는 단계	① 정책의제 설정 단계 ② 정책대안 작성 단계 ③ 정책대안 채택 단계 ④ 정책 집행 단계 ⑤ 정책 평가 단계

자료: 권기헌(2008: 108).

이처럼 다양한 학자들의 견해를 종합하여 본다면 정책과정은 정책의제설정, 정책결정, 정책집행, 정책평가로 분류할 수 있다. 정책과정의 단계를 구체적으로 살펴보면 다음과 같다.

제1단계: 정책의제설정 단계(agenda setting stage)[6]

사회문제가 정책으로 결정되기 위해서는 먼저 그 사회문제가 정책의제로 설정되어야 하는데 정책의제형성은 정부가 정책적 해결을 위해 사회문제를 정책문제로 채택하는 과정을 의미한다. 정책의제 형성 단계는 문제정의, 정책요구, 의제설정 등 세 단계로 구체화된다. 정책과정의 첫 단계는 공공이 관심을 가지는 문제가 인식되고 이슈가 형성되는 문제정의 및 이슈 형성 단계이다. 문제인식과 이슈 형성 단계는 다음 단계인 정책요구 단계로 이어진다. 어떤 사회적 문제가 양적으로나 질적으로 극도의 상태에 달해 국가사회가 혼란에 빠질 경우, 사람들은 이를 문제로 인식함과 동시에 이슈로 삼아, 정부로 하여금 이 사회적 문제를 해결하도록 정책요구를 하게 된다. 경우에 따라서는 정부로 하여금 특정한 분야에 대해서는 손을 떼도록 요구하는 즉 소위 말해서 정부에 무의사결정(non-decision making)을 요구하기도 한다. 정부에 대한 정책요구는 정부의 대응으로 이어지는데 이는 곧 의제설정 단계이다. 의제란 정책요구에 대해 정부차원에서 다루기로 결정한 의제나 이슈를 의미한다. 그러나 모든 정책요구가 정책의제로 나아가는 것은 아니다.

---

6) 제1단계와 제2단계가 정책형성단계인데, 허범(1988b: 89)에 의하면, 이러한 정책형성과정은 다양한 사람과 집단이 참여하여 형성하는 정책과 분석의 통합과정으로서, 정책형성과정의 일반적인 전개의 첫 단계는 정책기조이론의 구성이다. 정책기조이론은 어떤 정책에 대하여 최고관리자의 차원에서 구상하고 적용하는 가장 궁극적인 판단의 근거 또는 기조철학이다. 이에 관하여 박정택(2000: 1-33)은 '정책기조에 관한 탐색적 연구'를 통하여 정책기조이론이 정책학의 중요한 이론영역의 하나로서 수용할 필요성을 제기하고 있다. 자세한 내용은 위의 논문을 참조.

제2단계: 정책결정 단계(policy making stage)

정책결정이란 정책과정 중 의제설정 단계에서 정부의제로 채택된 정책문제를 해결할 수 있는 대안을 개발하고 분석하는 과정을 거쳐 최종적으로 선택하는 행위이다. 정책결정 단계는 정책의 채택 단계와 정책의 합법화 단계로 세분화된다. 먼저 정책채택 단계는 정책문제를 해결하기 위한 적절한 정책대안을 선택하는 단계이며, 선택된 정책대안에 합법성을 부여하는 단계가 바로 정책합법화 단계이다. 정책채택 단계에서는 이익집단, 정책전문가 그리고 개인으로서 국민 등이 가세하는 가운데 정책결정자들이 정책문제에 대한 해결방안을 놓고 격렬하게 토론을 하기도 하고 은밀하게 협상을 벌이기도 한다. 정책의 합법화 단계에서는 정책채택 단계의 결과로 성립된 정책진술이나 내용에 권위를 부여하는 활동이 이루어진다. 공표된 정책진술은 명령 및 규제의 형태 혹은 법률이나 기획의 형태를 갖추기도 하지만 무엇보다 중요한 점은 국민에게 공표되어야만 한다는 것이다.

제3단계: 정책집행 단계(policy implementation stage)

정책집행이란 일련의 전체 정책과정 가운데 정책결정과 정책평가 단계 사이에서 이루어지는 실천적 단계로서, 정책내용을 구체화하기 위한 실현 활동이다. 정책목표를 달성하기 위해서는 결정된 정책이 집행되어야만 한다. 정책의 집행에는 재정자원, 인력동원, 그리고 구체적인 계획이 필요하다. 정책집행은 산출과 영향을 가져온다. 정책산출은 가시적이고 측정 가능한 결과를 말하며, 정책성과는 정책산출이 정책대상 집단에 가져오는 효과로서 비가시적인 결과를 포함한다. 그리고 정책영향은 정책산출이 사회에 가져오는 장기적 효과를 말한다. 정책산출 - 정책결과 - 정책영향에 대한 분석은 다음 단계인 정책평가에로 연결된다.

제4단계: 정책평가 단계(policy evaluation stage)

정책평가란 원래 가지고 있던 의도와 목표를 정책이 얼마나 효과적으로 달성했는가를 측정하는 활동이다. 정책평가 단계는 정책의 성공과 실패를 판단하는 정책의 산출, 성과와 영향에 주로 초점을 맞춘다(권기헌, 2008: 109 - 111). 즉 정책의 결과를 측정하고, 그 원인을 분석하며, 그 결과를 환류시킨다(허범, 1988b: 85).

위의 정책과정의 단계는 기껏해야 논리적 배열에 지나지 않는다. 실제로 행정에서 정책과정은 반드시 이 논리적 배열에 따라서 전개되는 것이 아니다. 그것은 매우 복잡하고 동태적인 것으로 나타난다. 정책과정의 동태성을 간단히 검토해 보면 다음과 같다(허범, 1988b: 85 - 87).

첫째, 혼재성이다. 정책과정의 단계는 명백히 구분되지 않는다. 그것들은 서로 혼재된 상태로 진행된다. 둘째, 반복성, 생략성, 순환성이다. 정책과정의 진행은 일정한 규제적 순서(예: 1단계 - 4단계)를 따르지 않는다. 어떤 단계는 반복되고, 어떤 단계는 생략되며, 어떤 경우에는 처음 단계에서부터 다시 진행된다. 셋째, 가변성이다. 한 번 채택된 정책은 그것이 종결될 때까지 고정되거나 일관하는 것이 아니다. 거의 모든 정책은 정책과정을 거치면서 여러 가지의 이유로 불가피하게 변화한다. 정책변화를 일으키는 여러 가지의 이유 가운데서 특별히 중요한 것은 정책기관의 방침변화, 정책상황의 변화, 국민요구의 변화, 그리고 정책도구의 변화 등이다. 넷째, 정치성이다. 정책과정은 오직 이성과 증거를 통하여 분석적으로만 운영할 수 있는 것이 아니다. 정책과정이 분석적 측면을 부분적으로 포함하는 것은 사실이지만, 다른 한편으로 그것은 항상 정치적 측면 즉 협상과 타협 그리고 권력적 작용을 포함한다. 다섯째, 사회과정성이다. 정책과정은 개인 또는 단독기관의 단순한 의사결정과정이 아니다. 정책과정은 항상 그 관련자와 관련 집단이 매우 다양하고 그 관련성이 대단히 넓은 사회과정으로 전개된다. 여섯째, 영속성이다. 정책문제의 완전한 해결은 절대로 불가능하다. 한 정책문제의 해결은 다른 정책문제의 발생을 초래한다. 이런 관점에서 볼 때, 정책문제의 해결은 정책문제의 대체에 불과한 것이다. 그러므로 정책과정은 영원히 끝나지 않는 과정이다. 정책종결은 영원히 끝나지 않는 정책과정을 어느 시점에서 인위적으로 종료시키는 것이다.

2. 정책과정 주체의 의의

그러면 이러한 정책과정에서 그 운용주체는 누구인가? 정책과정의 운용주체[7](이하 정책과정 주체)를 논하기 위해서는 먼저 '주체'의 의미부터 명확히 정의할 필요가 있겠다. '주체'는 여러 가지로 풀이할 수 있겠지만, 정책과정과 관련된 사전적 의미로는 '사물의 성질 · 상태 · 작용의 주가 되는 것' 혹은 '다른 쪽에 대하여 의사나

----

7) '정책과정의 운용주체'가 '정책과정의 주체'보다 의미를 전달하고 수용하는 데 있어 적합하다고 판단되지만 본 연구에서는 편의상 '정책과정 주체'라고 표현하도록 하겠다.

행위를 미치게 하는 것'(김민수 외, 1991: 2769)이라고 풀이된다. 곧 어떤 일이나 작용의 주가 되는 것으로서 다른 쪽(객체)에 대하여 의사나 행위를 미치게 하는 것이 '주체'이다. 그리하여 '정책과정의 주체'는 정책이 형성되고 집행되어 평가되는 일련의 과정에서 다른 쪽인 '정책의 대상자 또는 대상 집단'에 대하여 정책을 형성하고 집행하여 평가하는 자나 집단을 말한다.

이처럼 정책과정은 정책의 주체가 정책의 객체인 정책대상자(집단)를 대상으로 일련의 정책을 형성, 집행, 평가하는 과정이다. 그리고 '정책과정의 주체'는 정책의 효과를 얻기 위하여 그 대상자(집단)를 목표로 일련의 정책을 형성하고 집행하며 평가하는 자(집단)이다. 그리하여 이 정책과정의 주체가 정책을 만들 뿐만 아니라 그 정책을 실제로 실천에 옮기고 그 효과도 평가하므로, 그 주체가 어떤 사람 또는 집단인가의 특성은 어떤 특정 정책의 전체 정책과정의 성격을 규정할 뿐만 아니라, 그 정책의 효과성을 담보하는 아주 중요한 요소 · 조건 · 특성 · 변수가 된다.

그러면 구체적으로 정책과정의 주체는 누구인가? 그리고 정책과정의 주체에 관한 인식과 논의가 중요한 이유는 무엇인가? 이에 대한 구체적인 논의는 본 연구의 핵심적인 사항이므로 앞으로 계속 전개될 것이다. 그렇지만 우선 여기에서는 정책과정의 주체에 관한 논의의 실마리를 제시하는 한에서만 논의를 한정하기로 하겠다.

정책과정의 주체는 구체적으로 누구인가? 이는 곧 정책의 형성, 집행 및 평가의 주체를 말하는 것이기도 하다. 이를 좁혀서 정책의 형성 측면으로만 보면 정책의 형성자(집단) 혹은 정책의 결정자(집단)가 누구인가를 묻는 질문이기도 하다. 그리고 이는 더 본질적으로 정책의 정의, 더 나아가서 정책학의 정체성(identity)과도 본질적으로 연관된 질문이기도 하다. 왜냐하면 정책을 연구대상으로 하는 학문이 정책학이기 때문이다.

그러면 정책이란 무엇인가? 그리하여 정책학은 어떤 학문인가? 정책의 개념 정의는 학자들 사이에서도 매우 다양하다. 사실 정책이 무엇인가에 대하여 학자들 사이에서 의견의 통일을 볼 수는 없다(정정길, 1997: 51). 정책학의 창시자인 Lasswell은 정책을 "목적가치와 실행을 투사한 계획"이라고 정의함으로써 목표와 수단의 결합으로 파악하였다(Lasswell and Kaplan, 1970: 70 – 75). 그런데 역시 저명한 정치학자인 Easton(1953: 129)은 정책을 "전체 사회를 위한 가치의 권위적인 배분의 산물"이라고 규정함으로써 정책의 정치적, 권위적 특성을 강조하였다. 그런가 하면 정치학자 Dye(1981: 1)는 정책을 "정부가 하기로 혹은 하지 않기로 결정한 모든 것"이라고 정의하였다. 그리고 Dror(1968: 12)는 "정부기관에 의하여 결정된 미래의 행동지침"이라고 정의하였다.

이상 몇몇 정책에 관한 대표적인 정의를 보면, 정책의 형성이나 결정의 주체를 명시하지 않고 있기도 하지만, 구체적으로 '정부'라고 명시하고 있는 것을 알 수 있다. 그런데 '정부'라고 명시하지 않고 있는 정의에서도 그 용례를 통하여 사실상 정책의 형성이나 결정의 주체가 '정부'임을 쉽게 알 수 있다. 결국 정책의 주체는 '정부'라는 것과 정책학의 정체성은 '정부'의 활동으로서의 '정책의 형성, 집행, 평가 등'을 연구대상으로 삼고 있는 것을 알 수 있다. 그렇다면 그들은 정책을 형성, 집행, 평가하는 일련의 과정인 정책과정을 운용하는 자(집단)를 '정부'라고 규정하는 데에 사실상 명시적

이거나 암묵적으로 동의하고 있다. 사실 정책에 관한 정책학의 논의나 설명은 거의 전적으로 '정부'의 정책을 중심으로 이루어지고 있기 때문에, 이에 관하여 거의 의심하지 않고 받아들이는 경향을 보이기도 한다. 그렇지만 이에 대하여 심각하게 의문을 제기하는 것이 타당하다고 할 수 있다. 즉 우리가 관심을 갖는 정책의 형성, 집행, 평가 등 일련의 정책과정의 주체는 그것이 '공공정책(public policy)'인 한, '정부'가 가장 중요하고 핵심적인 부분을 차지하고 있기는 하지만, 그 외에도 어떤 특정 공동체의 어떤 특정 문제에 대처해 그 문제를 해결하기 위하여 '공공당국(public authorities)'이 존재하고 그 공공당국이 그 공적 역할을 수행하고 있으면 공공당국도 그 문제(정책)에 관한 한 그 문제의 해결과정(정책과정)의 주체가 되기 때문이다. 예컨대, 어떤 어촌마을(공동체)의 주민이 무차별적인 남획으로 인하여 어족 자원의 고갈사태(문제)에 직면하여 마을 주민의 총회를 통하여 대표자를 선정해 대책위원회(공공당국)를 구성하고 주민의 동의하에 어족 자원의 보호를 위한 산란기 어획금지 등의 어떤 대책(정책)을 만들어 시행할 경우, 그 정책과정의 주체는 그 대책위원회가 된다. 그뿐만 아니라, 일정한 종교공동체의 경우 그 신자들이 모임(교회 등)을 만들어 예배행위 등을 할 경우 그 종교 공동체의 임원진(당회 등)이 종교문제에 관한 정책과정의 주체가 된다.

이렇게 보면, 정책과정의 주체에 관한 논의는 실상 '공공정책'의 '공공'에 관한 개념 정의의 논의로부터 출발해야 함을 알 수 있다. 즉 '정책'이 '공공정책'인 한, 그 정책의 주체(따라서 정책과정의 주체)는 당연히 '공공당국'이 된다. 그 경우 '공공'의 개념은 '본래적

의미의 공공 개념'인 '본래적 공공(original public)' 개념에서 비롯
되므로, 단순히 그 본래적 공공 개념에서 역사적으로 파생돼 나왔
으면서도 마치 그것이 공공 개념의 전부인 것처럼 잘못 인식되고
있는 '국가주의적 공공(statist public)'의 개념, 즉 '정부'와 동일시
되는 공공의 개념보다 더 본질적이고 광의의 개념인 것을 알 수 있
다. 이를 다른 말로는 현대 민주주의사회에서는 '공공' 개념이 공동
체의 구성원 자신들이 합의해 규정하고 적용하는 의미에서 '공화주
의적 공공(republican public)' 개념이 되어야 한다는 말과 같다(박
정택, 2007: 36 - 56).

이렇게 보면, 정책, 더 정확하게는 공공정책의 운용주체는 정부를
포함하여 공동체의 문제해결의 역할을 수행하는 공동체의 공공당
국을 포함한다고 해야 정당하다. 물론 일반적으로, 대부분의 공동체
의 공적 문제의 해결 당국은 '정부'이다. 그러나 특정 공동체의 특
정 공공문제의 해결 당국은 정부 외에도 다른 집단, 예컨대 현대 시
민사회에서는 어떤 특정 사안에 관한 한 시민단체(NGO)도 당연히
포함된다. 앞에서 본 어촌의 주민대책위원회도 사실은 시민단체의
한 종류이다. 이렇게 보면, 정책과정의 주체는 가장 일반적이고 보
편적이며 핵심적인 공공당국인 정부뿐만 아니라, 그보다 더 넓게
규정해 특정 공동체의 공공문제를 해결하기 위하여 그 문제에 있어
서 공공당국의 역할을 수행하는 공공당국을 모두 포함해야 한다는
결론이 도출된다. 결국 정책과정의 주체는 '어떤 공동체가 특정 공
공문제를 해결하기 위하여 특정 해결방안(정책)을 형성, 채택하고
이를 집행해 평가하는 일련의 과정을 공적으로 책임 있게 수행하는
공공당국'이라고 규정할 수 있겠다.

다음은 '정책학의 개념적 특성에 따른 정책학의 정체성' 측면에서 정책과정의 운용주체에 대한 논의를 이어 가고자 한다. 1951년에 정책학이 제창된 뒤로 우리가 통상적으로 부르는 정책학 또는 정책과학학은 바로 Lasswell과 그의 동료들, 예를 들면, Daniel Lerner, Yehezkel Dror, Abraham Kaplan, Myers McDougal 등이 주도하여 발전시켜 온 하나의 독특한 학문체계를 의미한다. Lasswell은 정책학(the policy sciences)을 "체계질서 차원에서 일어나는 공공 및 민간부문의 정책과정과 정책내용에 관한 지식을 다루는 학문"(1971: 1)으로 정의한 바 있다. 이 정의에 입각한 정책학의 개념적 특징들 가운데 정책과정의 주체와 관련한 내용을 살펴보면, 정책학은 공공부문의 정책뿐만 아니라 민간부문의 정책도 연구하는 학문으로 정책학이 대상으로 하는 체계질서 차원의 중요문제는 공공부문뿐만 아니라 민간부문에서도 발생한다는 것이다. 많은 문제들은 공공부문과 민간부문의 양측에 걸쳐 전개됨으로써 공공부문과 민간부문의 구별이 실제로 불가능한 경우도 많기 때문에 정책학은 문제가 발생 또는 전개되고 있는 영역에 상관없이 문제의 차원과 성격에 따라서 연구대상을 선정하게 된다. 그것이 체계질서 차원에서 근본적으로 중요한 문제라면, 정책학은 공공 또는 민간부문을 가리지 않고 연구한다는 점에 주목해야 한다(허범, 2002: 1 – 3). 즉 이러한 정책학적 개념의 특징에 의하면, 정책학은 공공부문뿐 아니라 민간부문의 정책도 연구한다는 점에서 정책과정의 주체는 정부 외에도 공공의 문제를 공적으로 해결하고자 하는 민간의 공공당국도 포함해야 함을 의미한다고 할 수 있다.

그런데 이러한 정책과정의 주체와 관련하여 지금까지 전통적으

로 어떤 관점과 이론으로 그 주체를 규정하고 그것은 정책의 효과
성에 있어서 어떤 영향과 결과를 가져왔는가, 또한 그것이 정책학
의 규범적, 처방적 임무와 역할에 어떤 영향을 미쳐 왔는가를 논구
하는 것이 매우 중요하다. 따라서 다음 절에서는 이에 대하여 구체
적으로 살펴보고자 한다.

B. 정책과정의 주체에 관한 전통적 관점과 이론

1. 전통적 관점과 이론으로서의 정책의제형성이론

정정길(1982: 244)에 의하면 정책의제란 "해결의 필요성을 정부
스스로 인식한 문제, 또는 정부 밖의 사람들에 의해 제기된 문제들
중에서 정책적인 해결을 의도하여 정부가 채택한 문제"를 의미한
다. 이러한 의미의 정책의제는 일반적인 정치적 요구와 구별되며
또한 적극적인 해결이 모색되지 않은 채 단순히 정부에 의해서 취
급되고 있는 문제(흔히 이야기하는 정부의제)와도 구별된다. 사회
의 많은 문제들 중에는 그대로 방치되는 문제가 대다수이지만 극히
일부는 정부가 개입하여 그 해결을 시도하는 문제들이 있다. 그렇
다면 왜 어떤 문제는 정부의 관심 속에 포진되어 취급되고 반대로
어떤 문제는 정부의 관심에서 배제되는가, 과연 어떠한 과정을 거
쳐서 사회문제가 정책문제의 지위를 획득하게 되는가 등의 질문이
등장하게 된다. 이때 정부가 정책적 해결을 위하여 사회문제(사회

적 쟁점)를 정책문제(정책의제)로 채택하는 과정 또는 행위, 즉 사회 문제가 정책문제로 전환되는 과정이나 행위를 정책의제형성(agenda setting 또는 agenda building)이라고 한다(정정길 외, 2003: 265).

앞에서 정정길의 이 정의를 살펴보면, 정책의제형성의 주체를 명확하게 '정부'로 명시하고 있다. 그러나 본 연구는 제1절 '정책과정의 주체의 의의'에서 공공정책의 운용주체는 정부를 포함하여 공동체의 문제해결의 역할을 수행하는 공동체의 공공당국을 포함하는 것이 정당하다고 논하였다. 이러한 논점에서 바라볼 때 정책과정의 시작단계인 정책의제형성의 주체 역시 '정부 혹은 정부가 위임한 공공기관'으로 제한하는 정정길(2003)의 정책의제형성에 관한 정의는 '공공'의 개념을 협의로 인식하는 전통적 관점에서 비롯된 정의이다. 따라서 본 연구에서는 '전통적 관점과 이론'이란 용어를 정의한 후 사용하고자 하는데 '전통적 관점'이란 '정책과정의 주체를 '정부'로 제한하고 바라보는 시각과 이론'을 의미하기로 하겠다.

그러면 이제 정책의제형성 이론에서 전개되는 정책의제형성의 주체가 과연 누구인지를 살펴보면서 본 연구에서 정의한 전통적 관점과 이론은 어떻게 드러나고 있는지 살펴보기로 하겠다. 정책의제형성의 개념은 여러 학자들에 의해 다양하게 정의되고 있는데, Palumbo(1988: 36)는 '문 지킴(gate keeping)'에 비유하면서, '문 지킴이(gate keeper)'가 어떤 쟁점은 의제로 상정시키기도 하며, 어떤 쟁점은 일축해 버리는 역할을 한다고 하였다. 또 Cobb & Elder(1976: 126)는 다양한 집단의 요구가 정부의 진지한 고려 대상이 되고자 경합하고 전환되는 과정이라고 하였다. 그리고 Dye(1981: 348)는 사회에 존재하는 문제를 정의하고 대안적 해결방안을 제한하는 중요한 단계라고 하였다. 따라서 사회에서 대두되는 많은 문제 중에서 단순하고 사적인 문제로 취급되어 심각성을 인정받지 못하는 등 어떤 사유로 어떤 문제는 방치되고, 반대로 어떤 사유로 어떤 문제는 의제로서 인정받으면 공공문제로 인정받아 공식의제가 된다.

이러한 정책의제형성은 정책과정의 관점에서 살펴볼 때 정책과정의 출발점이라 할 수 있으며, 정책결정권자나 정책결정기관이 어떤 문제를 취급하고 그 문제를 의도적으로 해결하겠다는 정책의지를 공식적으로 표명하는 중대한 결정이라 할 수 있다(허범, 1979: 192-194). 또한 정책의제형성은 문제해결의 방향·내용 및 수단 등에 관하여 개괄적인 합의에 도달하는 것을 의미하기도 한다. 왜냐하면 어떤 문제의식은 반드시 가치기대를 함께 포함하고 이 기대의 내용은 문제해결의 착상을 제공하여 주는 것이 보통이기 때문이다(강근복, 1985: 8). 이렇듯 어떤 문제가 정책의제로 형성이 되어 정책과정의 출발점이 되느냐의 문제는 뒤집어 말하면 어떤 문제는 왜, 어떻게, 정책의제로 형성이 되지 못하느냐의 문제와 같은 것이다. 후자의 경우를 無意思決定(non-decision making)이라고 하는데 무의사결정의 개념을 좀 더 정확히 정의해 보면, 무의사결정은 현상유지 지향세력의 가치와 이익에 반하는 잠재적 또는 명백한 도전을 억압하거나 좌절시키는 결정을 말한다. 좀 더 명확히 말하면 공동체 내에 현존하고 있는 이익과 특권의 분배 상태를 변화시키고자 하는 요구가 표현되기도 전에 차단되게 하거나 혹은 은폐된 상태로 유지시키고 또는 관련된 의사결정의 무대에 접근하기도 전에 사장시키거나 또는 만약 이러한 세력이 실패할 경우 정책과정의 결정단계나 집행단계에서 무력화시키거나 파괴시켜 버리는 것을 말한다(Bachrach and Baratz, 1979: 44).

정책의제로 형성되느냐 아니면 그대로 소멸되느냐의 여부가 결정되는 정책의제 형성단계는 정책과정의 단계를 어떻게 나누든 간에 정책과정의 출발점이라는 점에서 정책의제형성의 중요성은 아무리 강조해도 지나침이 없다. 정책의제형성의 중요성을 정책과정과 연관시켜 살펴보면 다음과 같이 정리할 수 있다(권기헌, 2008: 137).

첫째, 정책의제설정은 정책과정의 첫 번째 단계라는 점이다. 어떠한 사회가 반드시 해결해야 할 아무리 중요한 사회문제라 할지라도, 그 문제가 정책의제로 채택되지 않으면 정책으로 형성되어 집행될 수가 없으며, 반면에 정책의제로 채택이 되면 해당 사회문제는 해결 가능성이 매우 높아지게 된다.

둘째, 정책의제설정이 이후에 전개되는 정책과정, 즉 정책의 결정·집행·평가과정에 영향을 미친다는 점이다. 대개의 경우 사회문제가 아무리 그 사회에 커다란 피해를 주고 있다 하여도 이에 대한 정책적 해결방안이 존재하지 않으면 정책의제로 채택되기 어렵다. 왜냐하면 문제를 해결할 수 있는 정책대안이 존재하지 않는 사회문제를 정치체제가 위험을 부담하면서까지 정책의제로 채택할 가능성은 매우 적기 때문이다. 따라서 대개의 경우 정책의제로 채택된 사회문제는 이미 정책의제설정과정에서 정책이해당사자 및 정책결정권자들 간에 해결을 위한 정책대안에 대한 논의가 상당히 진행된 것이고, 이 과정에서 정책대안의 범위가 어느 정도는 결정된 것이라는 점에서 정책의제설정은 그 자체로 큰 의미를 지닌다.

이제 정책의제형성이 정책과정상 매우 중요한 만큼 정책의제가 형성되기까지의 과정은 어떻게 논의되고 진행되어 왔는지 살펴보기로 하겠다.

정책의제형성에 관한 접근이론을 연구한 학자들의 최근 연구를 중심으로 그 논의를 살펴보면, Jones(1977: 27－32)는 정책의제 형성과정을 문제의 정부귀속과정(problem to government)으로 보고 있으며, 이 과정을 기능별로 분류하여 사건인지 및 문제정의(perception and definition) 단계, 결집 및 조직화(aggregation and organization) 단계라는 4가지 단계로 나누어 설명하고 있다.

Kendrick(1974: 116－145) 등은 정책의제 형성과정을 정치참여 과정의 한 면으로 파악하고 있다. 즉 특정한 사회문제가 정부에 의해 해결되기를 바라는 사람들이, 그들의 의도를 실현하기 위하여 정책과정에 참여하는 것을 정책의제 형성과정으로 보고, 이를 ① 문제진술(phrasing the question), ② 의사전달(communication), ③ 조직화(organization)라는 3가지 과정으로 분류하고 있다. 그리하여 정치란 본래 희소자원의 배분에 관한 결정이므로 정치에 대한 진정한 참여는 선거과정을 통해서 이루어지는 것이 아니라, 이러한 의제형성과정을 통한 구체적인 정치적 쟁점에 참여함으로써 비로소 가능해진다고 주장하고 있다.

정책의제 형성과정을 보다 포괄적으로 검토한 학자는 Eyestone 다. 그는 정책의제 형성과정은 공공문제가 특정한 논제(issue)나 사회 속에서 공중의제(public agenda)로 전환되는 과정과 정부 내에서 공식의제로 전환되는 두 개의 과정으로 나누어 설명하고 있다. 그는 논제, 즉 쟁점의 전환관점을 중심으로 ① 사회문제(social problem)의 인지, ② 사회논제(social issue)화, ③ 공중의제(set of public issue)화, ④ 공식의제(official agenda)화라는 4가지 과정으로 나누어 설명하고 있다(Eyestone, 1978: ch. 4).

조직화의 정도가 낮고 정책과정에의 접근력을 제대로 갖고 있지 못한 집단이 제기한 문제가 정책의제로 형성되는 과정을 설명하는데에는 Cobb과 Elder의 모형이 설득력이 있는데 Cobb & Elder(1977: 85)는 정책의제 형성과정이 쟁점의 창출(issue creation)에서부터 시작되는 것으로 보고 있다. 어떤 개인이나 집단(쟁점제기집단: issue initiators, issue leaders)이 어떤 계기(trigger devices)에 의하여 특정한 문제에 대해서 정부가 적극적이고도 신중한 관심을 가지고 해결해야 된다는 의사를 표명함으로써 쟁점이 생성된다. 쟁점제기집단은 자신들이 제기한 쟁점에 대해서 정부가 관심을 가지도록 하기 위하여 각종의 상징들을 이용하여 자신이 제기한 쟁점을 관련 대중8)에게 확산시키는데 이러한 과정에서는 대중매체가 중요한 역할을 담당한다. 이러한 과정을 거쳐서 확산에 성공한 쟁점은 공중의제(public agenda), 체제의제(systemic agenda)가 되고 진입과정을 통해서 정부의제(governmental agenda), 제도의제(institutional agenda)로 성립된다((쟁점제기집단)→쟁점제기→공중에의 확산(공중의제)→진입(정부의제))(강근복, 1985: 18‒19).

그 후 Cobb는 Ross & Ross 등과 함께 쟁점의 확산을 중심으로 정책의제 형성과정을 ① 제기(initiation), ② 구체화(specification), ③ 확산(expansion), ④ 진입(entrance) 등의 4단계로 나누고 각 과정을 외부주도모형(outside initiative model), 동원모형(mobilization model), 내부접근모형(inside access model) 등의 3가지 모형으로

----

8) 여기에는 ① 인지(동조)집단(identification group), ② 관심집단(attentive group), ③ 관심대중(attentive public), ④ 일반대중(general public) 등이 있다. 자세한 내용은 Cobb & Elder(1977: 104‒108) 참조.

분류하여 설명하고 있다(Cobb, Ross & Ross, 1976: 126 - 138).

외부주도모형(outside initiative model)이란 정부 바깥에 있는 집단이 자신들에게 피해를 주고 있는 사회문제를 정부가 해결해 줄 것을 요구하여 이를 사회쟁점화하고 공중의제로 전환시켜 결국 정부의제로 채택하도록 하는 의제형성과정이다. 외부집단이 주도하여 정책의제 채택을 정부에 강요하는 경우로서 Hirschman[9]이 말하는 강요된 정책문제에 해당된다. 이 모형은 정부에 대하여 압력을 가할 수 있는 이익집단들이 발달하고 정부가 외부의 요구에 민감하게 반응하는 정치체제, 즉 다원화되고 민주화된 선진국 정치체제에서 많이 나타나는 유형이며, 언론기관의 역할이나 정당의 역할이 중요하다.

동원모형(mobilization model)은 외부주도형과는 정반대로 정부 내의 정책결정자들에 의하여 주도되는 경우이다. 주로 정치지도자들의 지시에 의하여 사회문제가 바로 정부의제로 채택되고 일반대중의 지지를 얻어 정책의 집행을 성공적으로 이끌기 위해서 정부의 PR활동을 통해 공중의제가 된다. 이 모형은 정부의 힘이 강하고 민간부문의 이익집단이 취약한 후진국에서 많이 나타나는 모형이다.

내부접근모형(inside access model)은 정부기관 내의 관료집단이나 정책결정자에게 쉽게 접근할 수 있는 외부집단에 의하여 주도되

----

9) 외부주도에 의해 형성된 정책의제는 Hirschman(1975: 388 - 391)의 압력에 의해 채택된 정책문제(pressing policy problem)에 해당하고, 내부주도형이나 동원모형에 따라 형성된 정책의제는 선택된 정책문제(chosen policy problem)에 해당한다. 그는 라틴아메리카에 대한 깊은 관심을 가지고 연구하였는데, 라틴아메리카제국이 정책의 형성과 집행→정책실패, 부작용→쿠데타의 악순환을 겪게 되는 과정을 분석하였다. 그는 이러한 라틴아메리카제국의 빈번한 정책실패를 분석하면서 정책문제가 어떻게 형성되고 확산되는가를 기준으로 선택된 정책문제와 압력에 의해 채택된 정책문제로 구분하였다.

어 최고정책결정자에게 접근하여 문제를 정부의제화하는 경우이다. 쉽게 정부의제화한다는 점에서 동원형과 동일하지만 두 가지 면에 서 큰 차이가 있다. 첫째, 동원형의 주도세력이 최고 통치자나 고위 정책결정자인 데 비해서 내부접근형의 경우는 이들보다 낮은 지위 에 있는 고위 관료인 경우가 많다. 둘째, 무엇보다도 중요한 것은 정부의제가 되고 난 후에 동원형에서는 정부 PR활동을 통해서 공 중의제화하는 데 비해서 내부접근형에서는 공중의제화하는 것을 오히려 막으려고 한다는 점이다(정정길 외, 2003: 272 - 276).

Cobb & Ross 등이 제시한 3가지 모형의 정책의제 형성과정을 요약 정리해 보면 다음과 같다.

〈표 2-2〉 Cobb & Ross 등의 정책의제형성 과정의 3가지 모형

	문제제기	구체화 과정	확산과정	진입과정
외부 주도 모형	정부 외부의 개인이나 집단에 의해 고충이 돌출됨	표명된 고충이 특정한 요구로 변화됨	문제제기집단이 여러 다른 집단들로 하여금 쟁점의 중요성을 인식할 수 있도록 대중매체와 상징을 이용함	공중 의제의 정부 의제화(정부의 관심 표명)
동원 모형	새로운 정책이 공표됨	공표된 정책의 세목이 결정됨	공표된 정책이 성공적으로 집행되게 하기 위해서 공중에게 당해 정책의 중요성을 인식하도록 함	많은 사람들이 정부의제의 중요성을 인정하여 정부 의제가 공중의제로 전환됨
내부 접근 모형	정책 결정자나 측근들에 의해 정책 제안이 제시됨	정책 제안을 구체적인 제안으로 바꿈	정책제안자들은 그들의 배경과 특권적 지위만으로도 쟁점에 높은 우선순위를 부여할 수 있으므로 정책 결정자로부터 유리한 반응을 얻어 내는 데 도움이 되는 동조집단과 선택적 주의집단에만 쟁점을 확산시킴.	여기에서 진입이란 쟁점이 공중의제로 전환되는 것이 아니라 공중의제의 지위를 획득하는 것을 의미함

자료: R. W. Cobb, J. K. Ross and M. H. Ross, 1976, 강근복, 1985: 20 - 21.

이상으로 정책의제형성의 개념, 중요성, 이론을 살펴볼 때 정책의

제형성과 관련한 모든 부분에 있어서 그 주체는 항상 '정부'이다. 정부만이 정책의제를 형성하는 주체가 될 수 있는 것이다. 앞에서 밝혔듯이 정책과정의 주체를 '정부'로 제한하고 바라보는 시각과 이론을 의미하는 '전통적 관점과 이론'이 그대로 드러나고 있다고 할 수 있다. 정책의제형성은 정책과정의 출발점으로 정책과정 전반에 영향을 미친다고 하였는데, 그렇다면 정책과정의 첫 단계인 정책의제 형성과정에서 나타나는 '전통적 관점과 이론'이 과연 정책의제형성 이후의 정책과정 전반에서는 어떻게 나타나고 있는지 살펴보기로 하겠다.

2. 전통적 관점과 이론의 정책과정 전반의 암묵적
전제와 전개

앞에서 검토한 정책의제형성이론은 정책과정을 주도하는 주체가 누구인가를 가장 잘 나타내 주고 있는 관점이자 이론임을 확인할 수 있었다. 앞에서 이러한 관점과 이론을 '전통적 관점과 이론'이라고 규정하였는데, 전통적 관점과 이론은 사실상 거의 모든 정책과정을 명시적으로나 암묵적으로 관통하고 있는 전제가 되고 있다. 그리고 그것은 거의 모든 정책학이론이 전제하고 전개(논의)하고 있는 관점과 이론으로 기능하고 있다.

예컨대, 정책의제 형성단계에서 채택된 정책의제는 누군가에 의하여 그 의제가 안고 있는 문제의 내용을 해결하기 위하여 구체적으로 분석되고 파악되어(문제의 파악과 정의), 어떤 구체적인 목표를 정하여 해결되어야 하고(정책목표의 설정), 그 경우 어떤 수단(대안)이 동원되어 해결될 것인가(정책대안의 탐색, 비교, 평가)가 결정되어야 한다(최적 대안의 선택). 이것이 정책과정의 여러 단계 중 소위 협의의 '정책결정의 과정(policy – making process)' 또는 '정책채택의 과정(policy adoption process)'이라고 한다. 이 과정에서 그 주체는 누구인가? 이에 대하여 거의 모든 정책학자들은 '정부'라고 전제하고 논의하고 있음을 알 수 있다.

이러한 전제와 논의는 거시적인 정치체제를 상정하고 그 이론을 전개하고 있는 정치학자들에게 있어서도 특징적으로 드러난다. 예컨대, 정책결정기구를 하나의 체제(system)로 보고, 정책은 이 체제의 산출물(output)로 인식하는 정치체제이론(political system theory)도 그 대표적인 이론의 하나이다. Easton(1953, 1965)은 정치체제를 전체 사회체제를 구성하고 있는 몇 개의 하위체제들 중 하나로 보고, 그 경우 그 정치체제의 주요 기능은 전체 사회체제를 위한 '가치의 권위적 배분(authoritative allocation of values)'이라고 하였다. 그리고 이 배분은 사회환경으로부터 요구와 지지(demands and supports)를 투입(input)받아 전환과정(conversion process)을 거쳐 결정된 정치체제의 산출(output)로서의 정책(policy)을 뜻하며, 이것은 다시 환경(environment)과의 상호작용 결과를 다음 단계의 투입으로 환류(feedback)되어 들어간다고 설명하였다. 이 체제이론에서 정책이라는 산출이 만들어지는 전환과정과, 정책이 집행되면서 평가되고 환류되어 투입되는 환류과정의 핵심적인 주체는 말할 것도 없이 '정부'가 전제되고 있다.

그런가 하면, 1960년대 초 공산 쿠바(Cuba)가 자국 내에 소련의

미사일 기지를 건설하려고 했을 때, 케네디 대통령의 미국정부가 취한 해상봉쇄조치라는 외교정책결정과정을 면밀히 검토한 후 Allison(1971)이 제시한 유명한 '정부정책 결정과정의 3가지 분석모형'도 그 결정의 주체를 '정부'로 상정하고 있음을 알 수 있다. 그 3가지 모형이란 ① 정책결정의 주체를 단일체인 정부로 보고 정책을 결정하는 정부를 합리적인 의사결정 행위자로 간주하는 '합리적 행위자 모형(rational actor model)', ② 정부를 느슨하게 연결된 하위조직들의 집합체로 보고, 정책이란 이들 하위 조직들에 의하여 작성된 대안들 중 최고 결정권자가 채택하는 것으로 간주하는 '조직과정 모형(organizational process model)', 그리고 ③ 정책이란 단일주체로서의 정부나 하위조직으로서의 부처들의 집합체가 결정하는 최선의 해결책이 아니라, 정책결정에 참여하는 정부 관료들 사이에 이루어지는 협상, 타협, 경쟁, 연립, 권력 지배 등의 결과, 즉 정치적 게임(game)의 결과로 파악하는 '관료정치 모형(bureaucratic politics model)'이다. 여기서 Allison은 정책결정의 주체를 당연히, '정부'로 전제하고, 단지 그 정부가 '잘 조직된 유기체'냐, '느슨하게 연결된 반독립적 하위조직들의 집합체'냐, 아니면 그가 새롭게 강조하고 있는 '상호 독립적인(정치적 성향을 띤) 참여자들이 상호 작용하고 있는 집합체'냐의 차이를 유형화한 것뿐이다.

이렇게 보면 거의 대부분의 정치행정학자들은 그들이 거시적인 정치적 공동체에 초점을 맞춘 결과이기도 하겠지만, 항상 정치과정의 주체는 '정부'라고 전제하는 관점에 토대를 두고 그들의 이론과 논의를 전개하고 있음을 알 수 있다.

이처럼 정책형성 단계에서 정책과정은 정책문제(정책의제)를 해결하는 데 있어서 어떤 바람직한 목표를 달성하기 위한 '정책'을 산출하는 과정이다. 그런데 그 정책은 실제로 정책문제의 현장에서 누군가에 의하여 실천돼 집행되어야 한다. 즉 정책집행의 과정이 뒤따르게 된다. 그 경우 정책집행의 주체는 누구인가? 앞에서 정책을 결정한 결정자(집단)나 그 하위 집행자(집단)가 구체적 집행 상황에 맞게 집행해야 하는데, 전통적인 집행의 관점과 이론은 그 집행자(집단) 또한 '정부의 일선에 있는 정부 기관'이라고 규정하고 논의하고 있다. 정책집행의 과정에서도 정책은—그 결정자가 직접적으로 집행하지 않으면— 거의 대부분 집행을 담당하는 다른 집행자에 의하여 집행되는데, 그들은 모두 '정부'의 공직자인 점에서, 간단히 '정부'라고 할 수 있는 것이다.

또한 정책이 집행되고 나면 정책의 효과성을 평가하는 정책평가 단계가 뒤따른다. 그러면 정책평가의 주체는 누구인가? 현대 민주국가에서 이념적으로는 정책평가의 궁극적인 주체가 국민이다(선거를 연상하면 된다.). 그러나 전통적인 관점과 이론에 의하면 현실적인 정책평가의 일차적인 주체는 '정부'라고 한다. 정부는 정책을 결정하고 집행한 후 그 결과(성과)를 당초 설정한 정책목표에 비추어 그 달성도를 측정하고 분석하여 평가하는 것이다.

이와 같이 정책의 형성, 집행 및 평가의 순환과정에서 그 주체는 '정부'라고 전제하고 거의 모든 이론을 전개하고 있는 것이 전통적인 정책과정의 주체에 관한 관점과 이론이라고 규정해도 별 무리가 없다. 그러나 이는 정책과정의 주체의 대부분, 혹은 가장 핵심적인 주체인 점을 말해 주는 한에서는 타당하지만, 그것이 '모든' 정책과정의 주체를 말해 주는 것은 아니라는 점에서는 그 한계가 있다.

C. 전통적 관점과 이론의 한계

앞에서 살펴본 정책과정의 주체에 관한 전통적인 관점과 이론은 다음 세 가지 측면에서 그 한계가 있다고 볼 수 있다. 즉 공동체·공공당국·공공정책의 개념에서 도출된 한계, 시대적 변화를 수용하지 못하는 한계, 그리고 서술적·실증적 정책연구에 국한된 한계가 그것이다. 이제 이에 대하여 논의하기로 하겠다.

1. 공동체·공공당국 및 공공정책의 개념에서 도출된 한계

정책과정의 주체에 관한 전통적인 관점과 이론은 우선 공동체·공공당국·공공정책의 개념에서 도출된 한계를 내포하고 있다. 먼저 공동체(community)란 개념으로부터 파생된 한계를 살펴보기로 하겠다.

'공동체'는 '동일한 정부를 둔 동일한 지역에 사는 사람들의 집단' 또는 '공통 이해관계를 갖는 사람들의 집단' 혹은 '운명이나 생활을 같이하는 조직체'라는 뜻으로 쓰인다(김민수 외, 1991: 245). 그리하여 흔히 공동체라고 하면 정책학자들은 자연스럽게 '국가공동체'나 지방자치단체와 같은 국가공동체의 하위 '지역공동체'를 상정하고 이론이나 논의를 전개한다. 그러나 공동체의 개념에 근거한 공동체의 유형으로는 그런 지역적 범위를 토대로 한 공동체의 개념 외에도, 가족공동체와 같이 혈연 공동체도 있고, 사기업과 같이 경제적 이해관계를 갖는 사적 경제공동체도 있으며, 교수와 학습의 집단인 학교공동체도 있는 등 사회에는 크고 작은 수많은 공동체가 존재한다.

그렇다면, 국가나 지방자치단체의 공동체만을 상정하고 그 공동체의 공공문제 해결의 주체를 '정부'라고 보는 관점과 이론은 그런 공동체 외의 수많은 공동체의 공공문제 해결의 주체를 배제하는 결과를 초래한다. 물론 현대의 복잡다단한 많은 공공문제의 해결은 그것을 위하여 대표자나 대리자를 선출하고 그들에게 위임해 맡겨서 전문적·체계적·효율적으로 이루어지는 시스템·제도를 통한다는 의미에서 '정부'는 필요하고 또 가장 중요한 주체임에 틀림없다. 그러나 사적인 공동체는 말할 것도 없고, 공적인 수많은 공동체에는 그런 '정부의 역할을 하는 공공당국'은 있을지언정 법·제도적으로 일컬어지는 '정부'는 없는데 어떻게 그 학교공동체는 공공문제를 해결하고 있는 것인가? 또 대도시 아파트 단지 내 주민의 생활상의 공공문제가 '정부'에 의하여 모두 해결되고 있는가? 사립학교 공동체에 '정부'는 없지만 거기에서도 일정한 거버넌스 (governance)는 이루어지고 있고, 마찬가지로 아파트 단지 내에서도 '정부'는 없지만 많은 생활상의 공동문제는 아파트관리사무소에 의하여 관리(통치, 거버넌스)되고 있다.

이렇게 보면, 정책과정을 논의하는 관점이나 이론이 '정부' 중심으로 규정돼 있는 것은, 그 대상의 대부분을 차지하고 가장 중요한 거시적인 '정치적 공동체'인 국가나 지방자치단체를 대상으로 연구한 데 따른 현상이지, 그것이 모든 공동체에 일반적·보편적으로 적용될 수는 없음이 분명해졌다. 오히려 현대 미시적인 생활공동체

영역에서 활발하게 태동하고 있는 '생활공동체' 또는 '생활정치 공동체'의 공공문제 해결에 대해서는 그런 공동체에 알맞은 정책과정의 주체에 관한 관점과 이론이 필요하다. 그리고 이에 관해서는 다음 제3장에서 더 깊이 있게 논의할 것이다.

다음으로 '공공당국'의 개념에서 도출된 한계를 살펴보기로 하겠다. 이미 앞에서 언급하였듯이 어떤 공동체도 그 공동체가 그 공동체의 구성원의 공동문제(공공문제)를 해결하기 위해서는, 그 구성원이 모두 나서서 직접 해결하는 직접민주주의 방식·체제를 택하지 않는 한 대표성 있는 전문 효율적인, 그리하여 간접민주주의 방식의 '당국(authorities)'을 구성해 처리한다. '당국'이란 '일을 맡아 처리(결정하고 집행)하는 곳'이란 뜻이다. 그리하여 '공공당국 (public authorities)' 또는 권한당국은 '나라의 정무를 맡는 것'(김민수, 1991: 682)으로 풀이되나, 더 일반적으로는 공동체구성원의 정당한 위임을 받아 정당성(또는 정통성, legitimacy) 있는 권한(권위)을 지닌 일단의 수임자(대표자, 대리인)가 공동체의 일을 맡아 처리하는 곳이다. 물론 국가나 지방자치단체의 경우 공공당국은 '정부'이고 흔히 '정부당국'이라고 일컫는다.

그러면 국가나 지방자치단체 외의 기타 공적인 공동체의 공공당국은 어떻게 되는가? 거기에서는 이른바 정부는 없지 않은가? 이처럼 정책과정에 관한 전통적인 관점과 이론은 '정부'에 초점을 맞추고 있기 때문에, 그런 공동체에 적용할 공공당국은 모호할 수밖에 없다. 그러나 그런 공적인 공동체에도 엄연히 공공당국은 존재한다. 그리고 공동체 나름의 공동문제를 해결하기 위한 정책과정이 존재하고, 그 정책과정의 주체로서 공공당국이 존재한다.

현대 시민사회에서는 생활공동체 영역에서 공동체구성원(주민)이 자조적인 생활정치의 문제를 해결하기 위하여 공동체구성원이 그들 나름의 독특한 공공당국을 구성하고 그 공공당국이 과거에 볼 수 없는 독특한 방식으로 생활상의 문제들을 해결해 가고 있다. 이에 관해서는 역시 다음 장에서 자세하게 논의할 것이다.

다음으로 '공공정책'의 개념에서 도출된 한계를 살펴보기로 하겠다. 본 연구에서 말하는 '정책'은 엄밀히 말하면 '공공정책(public policy)'을 일컫는다. 이는 곧 사적인 의미의 정책을 배제하는 개념이다. 그러면 공공정책이 무엇인가? 이는 '정부정책'과 다른 개념인가? 이미 앞의 공동체와 공공당국의 개념에 대한 논의에서 본 바와 같이, 공공정책의 개념 속에 정부정책이 포함된다. 물론 정부정책이 공공정책의 가장 중요한 부분을 차지하고, 따라서 공공정책에 관한 논의의 대부분을 정부정책에 대한 논의로 대체하는 것이 어쩌면 자연스러울 수도 있다. 그러나 개념적으로 엄밀하게 구분하고, 그 양 개념을 혼동하지 않아야 할 필요가 분명히 등장하고 있다. 앞에서도 언급하였듯이 공동체에도 국가나 지방자치단체와 같은 거시적인 정치적 공동체만 있는 것이 아니고, 기타 미시적인 수준에서 각양각색의 생활공동체가 존재한다. 또 공공당국에도 정부당국만 존재하는 것이 아니고, 각종 생활공동체의 공공당국이 존재한다. 이와 동일한 논리로 각종 생활공동체에는 그 공동체의 공공당국이 주체가 돼 공동문제(공공문제)를 해결할 방안 곧 정책을 만들고 집행하며 평가하는 정책과정이 존재한다. 그 경우 그 정책은 정부정책이 아니라 그 생활공동체의 공공정책이 된다.

이렇게 보면, 정책과정의 주체에 관한 전통적인 관점과 이론은 공공철학상의 본질적인 문제인 공·사에 관한 '국가주의적 공공 (statist public)' 개념에 머물고 있는 인식상의 한계에 갇혀 있는 것과 다름없음을 알 수 있다.

어떤 공동체든 그 공동체가 유지·발전하기 위해서는 그 공동체가 구성원의 사적 활동과 공적 활동을 규정해 어떤 활동은 제한·억제도 하고, 또 어떤 활동은 권장·장려도 해야 한다. 즉 공동체는 그 공동체구성원에게 적용할 공·사의 개념을 규정해 주어야 한다. 그런데 국가가 성립돼 강력한 군주가 그러한 권한을 독점하게 되면서 공·사에 관한 개념 규정을 국가·정부·국가행정의 관점에서 규정하게 되었다. 이것이 이른바 국가·정부·국가행정의 관점에서 그 존재 및 활동과 동일시한 공공(즉 국가, 정부 또는 국가행정＝공공) 개념 곧 '국가주의적 공공(statist public)' 개념 또는 '국가(정부)중심적인 공공(state－centered public)' 개념이라고 한다(박정택, 2007: 45).

대부분의 정치행정학자들은 이 국가주의적 공공 개념에 준거하여 행정학의 대상 범위·영역인 '공공행정(public administration)'을 '정부행정(government administration)'과 동일시하고 있다. 이에 대하여 행정학자 Bozeman(1987: 33)은 이를 '정부관점의 공공(public－as－government)' 개념이라고 규정하면서 비판한다.

사실 이런 '위로부터의 공공(public－from－above)' 개념은 시대에 뒤떨어진 공공개념이다. 현대 민주국가에서는 공동체의 구성원이 주인으로서 그들 자신을 위하여, 그들의 삶과 행복을 위하여 규정되는 공·사 개념을 원하고 있다. 이것이 공동체구성원이 주체적으로 규정하는 '아래로부터의 공공(public－from－below)' 개념인 '공화주의적 공공(republican public)' 개념이다(박정택, 2007: 49－

56: Garcelon, 1997: 306-307).

이제는 국가주의적 공공 개념도 공화주의적으로 수정·보완되어야 하는 시대이다. 그렇다면 공동체, 공공당국, 공공정책의 개념이 모두 정부에만 초점을 맞추는 정부 일변도에서 벗어나, 국가나 지방자치 단체 이외의 생활공동체, 정부당국 이외의 각종 생활공동체의 공공당국, 그리고 정부정책 이외의 각종 공동체의 공공정책이 포괄적으로 논의되는 관점과 이론이 필요하다. 이는 시대적 변화를 수용하지 못하는 전통적 관점과 이론의 한계에 해당하므로, 다음에서 이에 관하여 논의하기로 하겠다.

2. 시대적 변화를 수용하지 못하는 한계

정책과정의 주체에 관한 전통적인 관점과 이론은 오늘날 대부분의 국가나 지역사회의 현실에서 일어나고 있는 중요한 시대적 변화를 수용하지 못하는 한계를 내포하고 있다. 무엇보다도 중요한 변화는 오늘날 사회의 다양한 행위주체들이 삶의 다양한 영역 즉 정치적으로뿐만 아니라, 경제적·사회적·문화적인 다양한 범주에서 스스로 지배주체로서 능동적·적극적·상시적으로 참여하고 있다는 점이다. 과거 전통적으로 국가 혹은 정부가 주도하는 데 종속되어, 시민 혹은 주민은 단지 수동적·소극적·일시적으로 참여하고 지배의 객체로 전락해 버린 것과 같은 전체 사회적 관리(지배·통치)양식, 즉 거버넌스(governance)의 양식이 오늘날 변화하고 있는 것이다. 이러한 국가 또는 정부(government) 중심적인 관리 양식의 변화를 나타내 주는 개념이 바로 오늘날 학문적으로 유행하고 있는 '뉴거버넌스(new governance)', 혹은 간단히 '거버넌스'라는 개념이다(김석준 외, 2000). 국가 혹은 정부가 그 공권력의 정당성에 입각하여 일방적·수직적으로 지시하고 사회구성원은 그 지시에 따르는, 정부 중심의 일방적·수직적 관리방식은 간접 민주정치의 원리가 정당시되는 한에서는 불가피한 것으로 치부되었다. 그러나 민주주의가 성숙해 갈수록 정부와 시민의 지위는 대리인과 주인의 관계가 뒤바뀌어 주-종의 관계로 변하고 시민은 수동적 객체의 지위로 전락하는 상황을 초래하게 되었다. 이에 시민이 지배의 주체로서 공동체 내 삶의 문제를 스스로 제기하고 해결해 가는 '자기 지배의 민주주의 원리'를 실질적으로 구현하는, 그리하여 지배의 주체성·정체성을 회복하고자 하는 각성과 노력이 실제적으로나 학문적으로 분출하였다.

그리하여 이제 시장(market)과 다양한 시민사회의 구성원(집단)이 정부와의 쌍방적·수평적 네트워크를 형성하며 협력적으로 공동체적 삶의 문제를 해결하는 방식, 그리하여 '협치(協治)'라고도 불리는 관리 방식이 등장함으로써 '정부(government)'에 대응적 개념으로서 새로운 '거버넌스(governance)' 개념으로 불리는 새로운 현상이 대두하게 된 것이다. 이로써 공동체적 삶의 문제를 해결하는 정책의 운용주체는 이제 국가나 지방정부와 함께 민간 기업, 시민사회단체의 다양한 참여자도 포함함으로써, 그들 행위주체들이 공동주체가 되는 현상으로 나타나고 있다. 따라서 전통적인 정책과정의 주체에 관한 관점과 이론도 이와 같이 변화하고 있는 현실 앞에서 그 한계를 인정하고 그 변화된 현실에 맞춰 수정 보완되어야 하는 것은 당연하다고 할 것이다.

　사실 삶의 문제를 해결하는 가장 이상적이면서도 현실적인 방식을 고민해 온 사람들은 20세기 후반부터 전통적인 영역, 예컨대 억압적인 정치권력으로부터 시민의 자유와 해방을 비롯하여 착취와 불평등, 권력의 분배, 정의, 평등, 참여 등의 문제에 천착하는 것도 중요하지만, 일상 삶에서 새롭게 부각되고 있는 다양한 생활상의 문제들, 예컨대 생태 및 환경, 성차별, 평화와 인권, 지역자치 등을 비롯하여 공동 육아, 대안 교육, 생활협동조합 등 미시생활 영역에서의 공동의 문제와 관심사에 대한 새로운 접근법에 대한 각성이 필요함을 느끼고 있었다. 이것이 오늘날 이른바 생활정치 운동이나 신사회운동이라 일컫는 일련의 시대적 운동으로 나타나고 있다(오재환, 1996; 조대엽 외, 2008).

　이제 정부 주도가 아니면 개인의 사적 자치에 맡겨 놓는 일도양단식 접근법이 아니라, 시민 자신들이 스스로 조직화해 시민단체(NGO)를 결성하고 일상생활에서 삶의 문제를 직접 주체적으로 해결하는 시민단체(NGO) 주도의 생활정치 또는 신사회운동이라는 세력을 넓혀 가고 있고, 그것은 곧 종래 전통적인 '정부 주도적' 정책과정의 주체에 관한 관점과 이론의 한계를 드러내 주는 결과를 초래하고 있다. 그리하여 이와 같이 삶의 현실에서 변화하고 있는 시대적 변화양상은 정책과정의 주체에 관한 관점과 이론에 있어서도 시대적 변화를 반영한 더욱더 절실한 새로운 관점과 이론을 요구하고 있다. 이상과 같이 새로운 정책과정의 주체에 관한 관점과 이론을 요구하고 있는 시대적 변화에 대해서는 다음 장에서 더 구체적으로 깊이 있게 논의하기로 하겠다.

3. 실증적·서술적 정책연구에 국한된 한계

정책학의 창시자인 Lasswell(1951: 3 - 15; 허범, 1991: 69)은 정책연구의 궁극적 목적을 다음과 같이 제시하였다. 첫째, 인간사회의 근본적인 문제들을 해결함으로써 '인간의 존엄성을 좀 더 충실히 구현함(the fuller realization of human dignity)'이다. 둘째, 이러한 정책을 효율적으로 실현하기 위한 '정책과정의 합리성을 제고하는 것(to higher up rationality of policy process)'이다. 그러면서 그는 정책과정의 합리성을 제고하기 위해서는 그에 필요한 지식을 제공해야 하는데 그런 지식이 바로 '정책과정에 관한 지식(knowledge *of* decision process)'과 '정책내용에 관한 지식(knowledge *in* decision process)'이라고 주장하였다(Lasswell, 1970: 3).

이러한 Lasswell의 주장은 오늘날에도 여전히 유효하다. 정책학은 인간의 존엄과 가치를 구현하는 최고의 목표를 달성하기 위하여, 특정시대의 특정 사회에서 그 역할을 온전히 수행해야 한다. 그렇다면 정책학, 특히 정책과정의 주체에 관한 이론이 그러한 요구에 부응하고 있는가라는 질문이 가능하다.

정책학은 사실 다른 학문 분야에 비해서도 아주 짧은 역사를 가지고 있다. 따라서 아직도 더 성숙한 관점과 이론을 가질 시간이 더 필요한 것도 사실이다. 그렇게 역사가 짧은 정책학으로서 많은 부족한 점과 문제점이 있겠지만, 가장 중요한 것의 하나를 든다면 지나치게 '기술관료주의적인 관점과 이론'의 문제점이나 한계를 들수 있다.

더 구체적으로 살펴보면, 정책과정의 주체에 관한 관점과 이론을 포함한 정책학 이론은 지나치게 정부 중심적인 관점이나 이론이라는 문제점과 한계를 안고 있다. 정책학이 인간의 존엄과 가치, 인간의 삶의 질을 향상시키는 데 그 궁극적인 목적과 목표를 두고 있다면, 정책학의 관점과 이론의 지향성, 즉 정책과정과 정책내용 등의 '정책 지향성(policy orientation)'은 처음부터 끝까지 '공동체의 구성원 중심적'이어야 한다. 이는 다른 말로 '인간존중 중심적'이고 '민본주의적'이어야 한다고 표현할 수 있다. 이를 Lasswell은 '민주주의 정책학'이라고 하였다. 이것이 Lasswell이 정책학을 창시하며 주장한 '정책지향'의 문제의식이기도 하다.

그리하여 정책학의 이론이 인간 삶의 질을 향상시키고 인간의 존엄과 가치를 구현하는 데 필요한 규범적 방향을 분명히 하고, 그 목적과 방향에 맞는 처방적 지식을 제공할 수 있어야 한다. 이것이 그동안의 너무 지나친 실증적·서술적 정책연구의 경향, 행태주의적 태도를 극복하고, 철저하게 민주주의적 가치규범에 적합한 규범적·처방적 연구지향을 회복하는 것을 말한다.

행태론적 접근방법에 의하여 정책학을 연구한 많은 정치행정학자들은 가치중립적(value-neutral) 입장에서 사실(fact)의 파악과 검증에 중점을 두고 현상이나 사실의 존재나 상태의 객관적인 서술이나 묘사, 그들 간의 인과관계의 파악에만 지나치게 관심을 기울였다. 만약 이러한 실증적·경험적 연구가 정책이 추구하고 구현하고자 하는 가치나 달성하고자 하는 목표의 정당성에는 관심을 두지 않고, 그 정책가치나 정책목표에 대한 비판적 검토나 평가 없이 '주어진 것(a given)'으로 받아들이고 최선의 수단(대안)만을 강구하는, 즉 수단적 합리성을 추구하는 도구주의적 성향을 보일 경우, 그것은 민주주의적 가치에 역행하는 근본적 문제를 도외시할 수밖에 없게 된다.

 민주사회의 모든 학문이 그렇듯이, 정책학은 공동체구성원 또는 국민에 봉사하기보다는 정부 또는 기술관료들(technocrats)에 봉사하는 권력의 시녀 역할을 해서는 안 된다. 그런데 바로 정책과정의 주체에 관한 전통적 관점과 이론이 정부중심의 정책이 형성되고 집행되는 것을 은연중에 당연시하게 하고, 심지어 그것만이 유일하고 정당한 것처럼 인식하게 할 위험성을 안고 있다. 그런 정책학 이론은 은연중에 정치·경제·사회·문화적으로 소외된 사회계층이 아니라, 기득권을 가진 지배계급, 상류사회의 이익을 보호해 주기 위한 학문이란 오명을 들을 가능성이 증대된다. 그런 정책과정의 주체에 관한 관점과 이론은 자칫 정부목표의 달성을 위한 능률성만 강조되고 민주주의적 절차와 가치를 무시하도록 오도할 수 있다. 그런 의미에서 본 연구의 주제어(key word)의 하나인 '정책과정의 주체'에 관한 전통적 관점과 이론은 '정부'에 초점을 맞추고 있음을 알 수 있다. '정부'에 초점을 맞추고 있는 관점이나 이론이라고 모두 잘못된 것은 아니다. 문제는 정책과정의 주체를 정부에만 한정하는 '정부'중심의 관점과 이론의 한계에 관한 분명한 인식과 그 극복 노력이다.

 오늘날 뉴거버넌스 시대에 생활정치 영역에서 나타나고 있는 바람직한 현상, 곧 '시민'중심의 인간다운 삶을 위한 노력들에 대한 정당한 관심과 연구, 그리고 이에 대한 강조가 그 인식과 노력의 한 예가 된다. 그것은 정부 중심의 전통적 관점과 이론을 수정하거나 보완해 주는 시민, 특히 시민단체(NGO) 중심의 새로운(현대적) 관점과 이론에 대한 정당한 관심과 인식의 중요성을 말한 것이기도 하다. 이제 이에 대한 깊이 있는 검토와 논의가 다음 장에서 이루어질 것이다.

새로운 정책과정 주체로서의 시민사회

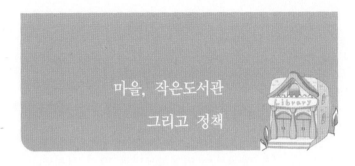

마을, 작은도서관
그리고 정책

A. 전통적 거버넌스 이론과 시민사회중심의 뉴거버넌스 등장

　제2장에서는 정책과정의 전 과정에 걸쳐 암묵적으로 전제된 채 전개되는, 정책과정의 주체에 관한 전통적 관점과 이론, 즉 '정부' 중심의 관점과 이론을 살펴보았다. 전통적 관점과 이론의 한계는 이를 보완·수정해 줄 수 있는 NGO중심의 새로운 관점과 이론에 대한 관심과 인식의 중요성을 갖게 하였다. 제3장에서는 정책과정 주체에 관한 전통적 관점 및 이론과 그 맥을 같이하는 전통적 거버넌스 이론의 한계는 무엇이며, 그로 인해 등장하는 새로운 NGO 거버넌스10) 이론과 유형은 어떠한 것들이 있는지 살펴보기로 하겠다.

---

10) 대리인체제를 극복하는 과정에서 시민사회의 대표적 제도인 NGO가 중요한 역할을 하게 되면서 NGO를 통한 국민들의 직접적인 참여 증대는 새로운 거버넌스의 등장을 가져왔다. 이는 정부 중심의 거버넌스와는 다른 형태의 거버넌스로서, 이를 NGO 거버넌스로 부를 수 있다(김석준 외, 2000: 81). 따라서 본 연구에서 'NGO 거버넌스'라는 개념은 NGO 내부의 거버넌스가 아니라 거버넌스의 주체로서 NGO가 주도하여 형성하는 거버넌스, 즉 'NGO 주도 거버넌스'임을 밝힌다. 장·절·항에서는 'NGO 주도 거버넌스'로 표기하고, 이하 논문의 내용에서는 'NGO 거버넌스'로 표기하기로 하겠다.

1. 전통적 거버넌스 이론의 한계

거버넌스의 개념은 어느 시각에서 보느냐에 따라 그 기본적으로 지향하는 가치, 체제운영 양식, 주체, 및 그들 간의 상호관계 등이 다르게 규정된다. 거버넌스의 주체들인 국가, 시장, 시민사회 가운데, 어느 것을 중심으로 이해하느냐에 따라 거버넌스의 내용이 달라진다는 것이다(김석준 외, 2000: 48). 그동안 거버넌스는 국가(또는 정부) 중심적인 접근, 즉 국가 내부의 운영체제나 그 방식에 관한 것을 중심으로 많이 논의되어 왔지만, 거버넌스가 등장한 기본 원인은 정부실패나 정부의 통치능력 상실에 따른 새로운 대안으로 제기된 만큼, 행정학적 관점의 전통적 거버넌스 이론의 개념과 내용의 한계가 무엇이며 이의 대안으로 뉴거버넌스의 행위주체는 누가 되어야 하는지 살펴보기로 하겠다.

거버넌스의 개념에 대한 행정학적인 관점을 먼저 살펴보면, 정도 상의 차이는 있지만 정부 중심 또는 국가중심적인 성향과 시각을 지닌다. 행정학적인 시각에서 정정길(2000: 435 - 547)은 거버넌스를 신국정관리로 보고 기존의 신공공관리(NPM) 등의 개념들과 함께 다음과 같이 비교·정리하고 있다.

첫째, 협의의 거버넌스 개념은 인사나 예산 및 내부관리에 내부통제 완화, 분권화, 재량권 확대, 민간 기법의 도입 등을 통한 행정 내부의 변화로 보고 있다. 즉 인사나 예산 및 행정관리 등의 측면에서 분권화와 권한 위임 등을 통해 행정의 내부통제를 대폭 완화하여 일선관리자들에게 재량권을 주고, 그들이 책임을 지고 성과를 향상시키고 고객을 만족시키도록 행정을 관리하는 것과 내부규제

완화를 통해 민간부문의 기업적인 관리를 공공부문에도 도입하는 것을 의미한다. 이는 정부의 내부적인 인사, 예산, 조직, 관리, 운영 등의 관리혁신을 주된 대상으로 한다.

둘째, 거버넌스의 '일반적 개념'은 서비스연계망을 중심으로 하는 협의의 신공공관리 개념에 시장주의를 추가한 것과 신관리주의와 신제도주의적 경제학(new institutional economics)을 결합한 것으로 보는 견해(Terry, 1998: 5-6)를 말하고 있다. 이는 신공공관리의 신보수주의적, 신자유주의적 측면을 대표하는 것으로, 시장주의 또는 신제도주의 경제학의 경쟁원리와 고객주의를 공공부문에 도입하자는 주장이다. 즉 경쟁원리와 고객주의를 중시하는 시장주의를 공공부문에 도입하여 민간에 많은 서비스 공급을 위임하고 정부는 신제도주의 경제학적 유인책을 이용하여 방향 잡기에 주력하는 것을 거버넌스라고 보는 입장이다. 이는 정부 내부의 관리혁신만이 아니라 민간과의 서비스 연계망을 구축하여 민간에 집행업무를 이양하고 협력체제를 구축함으로써 정부의 기능과 역할을 방향 잡기(steering)로 축소시키는 것을 의미한다.

셋째, 광의의 거버넌스는 협의의 개념과 일반적 개념에 참여주의와 공동체주의(우파)를 결합한 것으로, Osborne과 Gaebler(1992)가 '정부재창조(Reinventing Government)'에서 주장하는 '기업가적 정부(entrepreneurial government)'가 여기에 해당한다. 그 주요 내용은 방향 잡기, 할 수 있도록 해 줌(권한부여, empowerment), 서비스 제고에 경쟁 도입, 임무중심 관리, 성과연계 예산, 고객 중심, 수익 창출, 예측과 예방, 참여와 팀워크, 협의와 네트워크 형성 및 시장메커니즘 등이다. 이들을 통해 정부가 관료중심의 사후 치료적인 명령과 통제 중심의 집권적인 행정 메커니즘에서 기업가적인 정부로 재창조되는 것을 거버넌스로 보는 입장이다. 이때 정부는 시장과의 연계방식이 달라지고, 내부운영체제와 양식 또한 새롭게 변화함을 의미한다.

이상에서와 같이 행정학적인 관점에서의 거버넌스 개념은 광의의 거버넌스 개념조차도 국가(정부) 중심적으로 보고 있어 거버넌스의 주체는 여전히 국가, 정부라는 점에서 공통적이다. 이러한 개념에 대해 평가를 한다면 이들은 모두 국가나 정부라는 주체와 수준에서만 다루고 있다는 한계를 가지고 있다. 또 기존의 거버넌스 이론은 자본주의나 민주주의의 견제를 제도적, 문화적으로 받고 있는 미국 등 서구의 경우에는 원활하게 작동할 수 있으나, 이러한 장치가 미비한 한국의 경우와 같이 정부 기능만 축소된 채 네트워크나 파트너십이 잘 작동하지 않는 체제에서는 그 기능을 원활하게 발휘할 수 없는 한계를 가지고 있다. 그리고 거버넌스 이론은 정부가 내부적으로 해야 할 일에 초점을 두고 있는 만큼, 민간이나 NGO 또는 국제기구들이 거버넌스의 대상일 뿐 이들이 주체적으로 어떻게 해야 할지를 밝히지 않고 있다.

다시 말하면, 신자유주의에 입각한 최소국가론, 좋은 거버넌스 및 신공공관리론만으로는 뉴거버넌스를 이루어 내기에 부족하다는 점에 주목해야 한다. 즉 광의의 거버넌스가 지향하는 개념과 내용을 지향하더라도 우리의 역사적인 맥락과 국가발전의 위상을 고려하여 국가역할의 축소를 보완할 수 있는 장치가 병행되어야 한다. 이는 시민사회의 강화를 위한 '시민사회 중심의 거버넌스' 즉, 'NGO 거버넌스'와 시장기능의 자율적인 작동을 보완하는 '시장중심의 거버넌스'를 함께 구축하는 것이다. 이러한 조치 없이 광의의 거버넌스를 추진할 경우, 축소된 국가, 시장 및 시민사회의 영역에 국제기구나 세계체제의 확대된 영향력과 이들이 주도하고 지배하는 기형적인 거버넌스가 나타날 위험이 있다는 비판도 제기되고 있다(김석준 외, 2000: 45).

전통적 거버넌스 이론의 이러한 한계는 오늘날과 같이 다양한 행위주체들이 다양한 범주에서 활동하고 있는 국제화의 세기에서는 어떠한 행위단위를 뉴거버넌스의 주체로 선정할 것인가의 문제를 제기하고 있다. 거버넌스라는 개념 자체가 국가 주도의 통치양식에 대한 대응적 개념으로 등장하여 다양한 행위주체들의 상호작용에 초점을 두고 있기 때문이다. 아래의 몇 가지 거버넌스의 개념적 특성은 뉴거버넌스의 이슈와 행위주체를 선정하는 전제가 되므로, 이러한 거버넌스의 개념적 특성을 파악하는 것이 뉴거버넌스의 주요 행위주체들에 대하여 이해의 폭을 넓혀 주게 된다(김석준 외, 2000: 227).

첫째, 정부가 공식적 권위에 의해 지지되는 활동이라면 거버넌스는 공유된 목적에 의하여 지지되는 활동이다(Rhodes, 1996). 즉, 이전과 같이 공적인 권위에 의해서 통치의 정당성이 주어지기보다는 공공 목적의 성취를 위해서 긍정적인 기여를 한다는 점에서 그 위엄과 정당성이 부여된다(Frederickson, 1996). 따라서 공식적 권위가 없어도 효과적으로 기능하는 규칙적 기제가 있는 활동영역이라면 정부는 없더라도 거버넌스는 있을 수 있다.

둘째, 거버넌스는 다차원적인 개념(multi-layered concept)으로서 정치적인 권위의 분권화를 의미한다(Norris, 2000). 세계화와 블록화 경향이 심화되면서 이를 반영하는 초국가 조직의 확장이 두드러지게 나타나고 있으며, 시민사회나 시장의 영향력 증대를 반영하는 각종 중간 조직의 활성화, 분권화의 논리를 반영하는 지방정부의 확대 등이 나타나고 있다(김정렬, 2000). 이러한 변화에서 전제되고 있는 공통적인 것은 기존의 정부 중심의 위계구조 또는 조정양식의 문제점과 한계가 노정되면서 거버넌스의 개념이 '모든 수준에서의 정부 업무를 관리하는 데 있어 정치적, 경제적, 행정적 권위를 행사하는 것'(UNDP, 1996)을 의미하게 되었다는 것이다. 따라서 거버넌스의 이슈와 행위주체들의 관계를 파악하는 데 있어 정치영역에서의 활동주체들뿐만이 아니라 경제, 사회, 행정 등의 영역을 오가며 활동하는 행위주체들 모두가 거버넌스의 중요한 구성 요인이 된다. 이들 행위주체들이 활동하는 영역, 또한 국가적인 차원뿐만이 아니라, 세계적 차원, 지역적 차원, 그리고 지방적 차원 등 활동의 내용과 추구하는 목표에 따라 다층적으로 적용되고 있다. 따라서 행위주체들이 다양한 이슈에 대하여 다양한 차원에서 상호 조정의 활동을 한다는 것을 전제로 거버넌스의 이슈와 행위주체의 관계를 이해해야 할 것이다.

셋째, 거버넌스는 분리할 수 있지만 상호 관련되는 요소들의 구성체(configuration of separable but interrelated elements)라는 점에 주목한다. 앞에서 이미 거버넌스가 다차원적인 개념으로서 다양한 행위주체들의 상호 조정 양식이라고 하였는데, 다른 한편으론 거버넌스의 개념은 이러한 정부, 민간, 자발적 연합체들 간의 상호 작용을 강조하는 조정적 거버넌스의 유형으로, "다양한 행위자들이 자율적으로 호혜적인 상호의존성에 기반을 두고 협력하도록 하는 제도, 조정의 형태"(Kooiman and Vliet, 1993)의 의미를 강조한다. 또

거버넌스는 "자기 조직화의 네트워크(self-organizing network)이고 권위에 의한 자원 배분 및 통제·조정을 위한 통치구조이며, 자연스런 조정 양식"(Peters, 1995)으로서, 일사분란하게 이루어지는 국정운영(rowing)이 아니라 국정운영의 방향을 잡아 가며 공동의 목적을 추진해 나가는(steering) 방식을 취하게 된다. 따라서 거버넌스는 이전의 전통적인 관료, 행정과는 달리 창의적이며 수용적이라고 할 수 있다.

이러한 맥락에서 볼 때, 거버넌스의 행위주체들은 국가뿐만 아니라 국정운영 과정에서 상호 작용하는 다양한 조직과 집단이 선정될 수 있다. 더욱이 자기 조직화라든가 방향 잡기 등의 개념들은 이제 새로운 거버넌스가 추구하는 운영체계에서는 더 이상 공식적인 권위를 부여받은 국가나 기타 정치 영역에서 공식적인 정책결정의 권한을 갖는 기관들에 한정된 것이 아니며, 사회와 정책결정 과정을 연계하는 매개자적 기제뿐만 아니라, 시민사회의 자발적 민간 조직 등이 모두 행위주체로서 상호 작용하는 네트워크의 형성을 전제하고 있음을 알 수 있다. 따라서 뉴거버넌스의 주요 행위주체는 국가, 국제기구, 지방정부와 같은 공적인 단위와 함께, 민간 기업, 다양한 형태의 NGO, 시민사회 조직 등, "공적 영역에서 상호 연계하여 공공 활동에 관여하는 광범위한 조직과 기제의 유형을 포함한다."(Frederickson, 1996) 이들 간의 다양한 상호작용에 의해 자연스럽게 이루어지는 조정양식이 곧 거버넌스의 중요한 부분을 이루고 있는 것이다.

넷째, 거버넌스는 산출에 대한 것에 관심을 가지는 것이 아니라, 정치, 경제, 사회문제가 보다 안정적 정치체제에서 취급되는 과정에 초점을 둔다. 즉 뉴거버넌스는 다양한 행위주체들이 다양한 차원에서 공동의 목표 달성을 위해 상호 협력, 조정을 이루어 가는 과정에 초점을 두고 있다. 같은 맥락에서 스토커(Stoker, 1998)는 거버넌스가 "정부 조직의 공적 조직과 사적 조직의 경계가 무너지면서 나타난 새로운 상호 협력적인 조정 양식"으로서, 국가, 시장, 그리고 시민사회를 모두 포함하는 것으로 설명하였다. 그리고 행위주체들 간의 경쟁보다는 상호 협력하는 파트너십을 강조하였다. 따라서 거버넌스 문제를 다루는 데 있어서 중요한 것은 그 상호 조정의 과정에서 기능하는 행위주체와 그들의 활동목표를 파악하는 일이다. 왜냐하면 그들이 특정 이슈에 관해 어떤 권위를 갖는 결정에 도달했는가보다는 어떤 공동의 목표를 가지고 상호 협력, 조정해 나가는가 하는 과정의 문제가 효율적인 거버넌스를 결정짓게 될 것이기 때문이다. 그런 점에서 거버넌스의 논의에서는 행위주체가 스스로의 권위를 갖는 독자적인 정책 결정이나 조직 구조보다는, 각각의 이해와 자원을 근거로 그들 간의 관계, 네트워크 형성 과정 등, 상호작용의 동력을 파악하는 일이 중심이 되어야 한다.

2. 시민사회중심의 뉴거버넌스 이론

시민사회 중심의 거버넌스(civil society - centered governance)가 대두하게 된 현실적 필요성 가운데 시민사회와 관련한 것은 기존의 대의민주주의의 한계를 보완해야 한다는 문제 때문이다. 기존의 간접민주주의가 정당과 국회를 통해 다양한 이익을 통합, 조정하는 대리인 체제(agency system)가 다양한 갈등을 더 이상 효과적으로 해결하지 못하면서 민주주의 자체에 대한 회의가 제기된 것이다. 그런 의미에서 정당이나 국회가 그 기능을 잘 발휘하지 못하면서 이를 대체할 새로운 공동체운영방식으로 등장한 것이 거버넌스이다.

시민사회 중심 거버넌스는 강력하고 다원화된 시민사회가 책임 있게 시민을 대변할 수 있는 정부를 실현할 것을 전제로 하고 있다. 그런 정부는 정책결정과정을 투명하게 하고 사회적인 약자들을 잘 대변할 수 있을 것으로 본다. 특히 정보화의 급속한 진전과 21세기로의 전환 과정에서 인간의 자기결정 지향성이 높아지면서 공동체는 직접민주주의를 실현하고자 하는 욕구를 수용할 수 있게 되었다. 따라서 대리인체제의 실패를 극복하는 과정에 시민사회의 역할이 증대하고 그 대표적인 제도인 NGO가 더욱 중요한 역할을 하게 되었다. NGO를 통한 국민들의 직접적인 참여 증대는 새로운 거버넌스의 등장을 가져오고, 이는 정부 중심의 거버넌스와 다른 형태의 거버넌스로 발전한 것이다. 그 다른 형태의 거버넌스를 NGO 거버넌스로 부를 수 있다(김석준 외, 2000: 80 - 81).

NGO가 거버넌스의 행위주체로서 매우 중요한 단위라는 것은 NGO의 정체성 그 자체만으로도 충분히 가늠할 수 있다. NGO의 정체성을 요약하면 다음과 같다(김영래, 1999: 82 - 83). 첫째, NGO는 정부의 조직과는 무관하게 사적으로 조직된 비정부(non - governmental), 비국가(non - state), 비당파적(non - partisan) 행위자이다. 둘째, 개인들의 자발적 참여에 의하여 활동하는 비영리 조직(non - profit organization)으로서 환경보호, 인권보호, 난민구호, 개발지원 등과 같은 공공선(public goods)의 실현에 관심을 갖고 있다.

셋째, NGO들이 추구하는 목표 달성을 위하여 압력단체로서의 성격을 지니고 있으며, 이는 국내외적 광범위한 정치 참여를 유도한다. 넷째, 이들이 활동하는 영역은 주로 인간의 기본적인 삶과 관련된 사항이기 때문에 억압적 또는 권위주의적 정치체제를 민주정치체제로 변화시키려는 활동을 하고, 이런 가정에서 시민사회의 주축이 된다. 또한, NGO는 광범위한 대중 참여를 유도하기 때문에 풀뿌리 조직의 성격을 가지며, 또한 자율성과 독립성을 가진다.

이러한 NGO의 정체성은 앞에서 살펴본 거버넌스의 개념적 특성들에 부합됨으로써, NGO가 뉴거버넌스의 이슈와 행위주체로서 새롭게 등장할 수밖에 없는 시대의 산물임을 확인할 수 있다. 그렇다면 NGO 거버넌스의 기본원리는 무엇이며 NGO중심 거버넌스 이론과 관련된 유형은 어떤 것들이 있는지 살펴보기로 하겠다.

1) 시민사회중심 거버넌스의 기본원리

시민사회중심 거버넌스의 기본원리는 참여주의와 공동체주의다. 참여주의는 분권화를 통한 내부참여와 시민참여를 통한 외부참여로 나누어 볼 수 있다. 시민사회중심 거버넌스가 중시하는 것은 시민들이 개인이나 NGO와 같은 집단으로 제도적으로 참여하는 것에 초점을 둔다(정정길, 2000: 508 - 523). 물론 분권화를 통한 내부참여는 국가중심 거버넌스로서 기업가적 정부 등에서 주장하는 내용이기도 하고, 신공공관리와 신국정관리에서도 중요한 측면으로 주장되고 있지만, 앞의 측면들과는 전혀 다른 성격을 지니고 있는 것이 바로 시민사회중심 거버넌스가 주장하는 참여주의와 공동체주의다.

(1) 참여주의

내부 참여로서의 분권화는 시민사회중심 거버넌스의 간접적인 효과로 나타난다. 대내적으로 의사결정과정에서 부하들을 참여시키는 것도 조직성원들의 직장생활과 관련된 부분에 초점을 두는 경우와 대외적 활동에 초점을 두는 경우가 있다. 대내적 생활이든 대외적 활동이든 부하들의 참여는 보다 바람직한 정책결정과 효율적인 집행을 보장한다는 주장이 옛날부터 있어 왔다. 일선관료들은 정책문제가 발생하고 결정된 정책이 집행되는 현장에서 정책대상 집단들과 끊임없이 접촉하기 때문에 정확한 정보를 풍부하게 지니고 있다. 그러므로 정책이 합리적으로 결정되고 효율적으로 집행되려면, 일선관료들이 정책결정과정이나 집행과정에 참여하여야 한다는 주장이 나오게 된다. 이처럼 일선관료들이 정책대상 집단에 미치는 영향이 크므로 이들이 올바른 행동을 하도록 유인을 제공하면서, 이들에게 보다 많은 실질적인 결정권을 부여하려는 것이 분권화이다.

외부 참여로서의 시민참여는 시민 중심 거버넌스의 중요한 가치이다. 참여가 주장되는 가장 중요한 측면은 외부참여로서, 바로 정책결정이나 집행과정에 정책대상 집단이나 일반시민들을 참여시켜서 직접 민주주의적 성격을 강화시키려는 점이다. 1960년대 말 형평성과 정의 및 민주주의를 지향한 신행정학(New Public Administration) 이후 강조되어 온 시민참여가 여기에 해당된다. 시민참여의 경우, 지적 합리성과 정치적 합리성은 합리성의 관점에서 중시되는 것이고, 이익의 조정이라는 점에서는 민주성이 중시된다. 그러나 시민사회중심 거버넌스가 지향하는 가치는 대의민주주의가 지니는 대리인 체제의 한계와 시민들의 직접 참여 욕구와 자기결정성의 욕구를 수용하는 관점에서 참여민주주의로서의 참여주의를 강조하고 있다 (김석준 외, 2000: 82 - 83).

(2) 공동체주의

공동체주의는, 다양한 형태로 논의되고 있지만, 정책 활동과 행정 관리에 직접적으로 관련되는 부분만 보면, 응집성 있는 공동체를 다시 구축하고 공동문제를 구성원들이 직접 참여하여 해결해야 한 다는 이념의 주장이다. 그것은 공적 문제를 스스로 해결하게 되면, 행정관료 조직이 그만큼 감소될 것이고 정치나 관료조직에 의한 부 패를 감시할 수 있다는 주장이 그 밑바탕에 깔려 있다. 한 걸음 더 나아가서, 개인주의적 사회생활에 젖어 있는 현대인들이 서로 돕는 이타주의적 활동을 하게 되면, 사회적 약자나 불우한 사람들이 따 뜻한 인정 속에 살아갈 수 있고 남을 돕는 구성원들도 생활의 보람 을 느끼게 되어 인간소외의 문제가 해결될 수도 있다는 주장으로 연결된다. 그런 의미에서 공동체주의는 서구 정치사상에서 자유주 의 및 개인주의적 사상에 대한 이론적·정책적 비판의 유형 가운데 아주 중요한 비중을 차지하고 있는 입장이다. 공동체주의는 근대 개인주의의 보편화에 따른 윤리적 토대의 상실, 즉 고도 산업사회 화에 따른 도덕적 공동체의 와해와 이기적 개인주의의 팽배에 의한 원자화 등의 현상에 대한 대안의 하나로 제기된 것이다(유홍림, 1997: 211 - 212).

이러한 공동체주의는 신우파의 자원봉사주의(volunteerism)와 신 좌파의 시민주의(civicism)로 나뉜다. 신우파의 공동체주의는 자원 봉사주의에 기초한 공동체주의를 주장하고 있는 이념으로서, 주로 신우파, 신보수주의적 신자유주의자, 그리고 신공공관리론자들이 주장하는 입장이다. 공동체의 공동문제를 해결하기 위하여 아무런 대가 없이 시간과 노력뿐만 아니라 돈까지도 제공하려는 구성원이 많이 있다. 그러므로 이들 자원봉사자들에게 적당한 명분이나 사회적 인정을 제공하면 이들은 헌신적으로 공동체를 위하여 일할 것이라는 주장을 배경에 지니고 있다.

이에 비하여 신우파의 주장은 민간부문 중심의 공동체가 국가기능을 분담하는 것이 바람직하므로 공동체를 최대한 활용하여 작은 정부를 실현해야 한다는 주장이다. 우파적 신자유주의자들은 공동체구성원들이 이타주의적 자원봉사활동을 최대한 동원하고 활용하면 정부기능은 그만큼 감소되면서도 효과는 향상시킬 수 있다고 생각한다. 그렇게 효과를 향상시키면서도 정부기능을 축소하는 일석이조의 장점을 지니고 있다고 본다. 그러므로 정부는 행정경비나 인원의 증가를 주장할 것이 아니라 민간부문을 최대한 활용하는 전략을 도입해야 한다. 이들 우파들은 시민의 정신적 자세는 '주어진 것'으로 보고 시민들을 활용할 방안을 탐색한다. 그러나 대부분의 구성원들은 자원봉사자가 아니므로 공동체의 공동문제의 해결에 직접 참여하지 않는 성향이 매우 높다. 그래서 적극적인 참여증가를 위해서 정부가 주도하여 시민의 덕성을 함양해야 한다는 신좌파적 시민주의가 제기되고 있다. 만약 정부가 소극적으로 방치하게 되면, 이기적인 인간들은 공공재적인 성격을 띠고 있는 참여를 기피하게 될 것이므로 정부가 앞장서서 이타적이고 헌신적인 시민을 양성해야 한다는 것이다. 그렇게 덕성 있는 시민을 양성해야만 공동체가 다시 살아날 것이며, 공동체주의의 이상이 실현될 수 있다는 것이다(정정길, 2000: 515 - 523).

2) 시민사회 중심 거버넌스 이론의 유형

시민사회중심이론이 지향하는 참여주의와 공동체주의를 비교적 가깝게 실천하고자 하는 거버넌스 이론들은 Rhodes의 분류에 따른 사회 - 사이버네틱 이론, 자기조직적 네트워크이론, 법인 거버넌스 그리고 Peters의 참여모형 등이다. 그런데 NGO 거버넌스는 생활세계의 합리화를 추구하는 생활정치와 신사회운동에 기반을 한 사회 - 정치 거버넌스의 중요한 축이라는 점과 NGO 거버넌스의 성공적인 거버넌스의 요체는 인적 내지 조직 간 네트워크이고, 네트워크에 부여된 권한과 네트워크에 배태되어 있는 신뢰라는 점에서 본 연구는 위의 이론 중 사회 - 정치 거버넌스 이론과 자기조직적 네트워크 이론을 중심으로 살펴보고자 한다.

(1) 사회·사이버네틱(인공지능) 체제이론 또는 사회·정치 거버넌스 이론
Kooiman(1994)은 변화하는 사회의 결과로서 상호작용의 새로운 형태가 국가와 사회 사이에 발전되어 왔다고 주장한다. Kooiman에 따르면, 공공영역과 사적 영역 간 상호작용의 패턴에 있어서의 변화는 우리가 살고 있는 세계의 복잡하고 역동적이며 다양한 속성의 지속적인 실현과 관련된다. 역동적이고 복잡하고 다양화된 사회정치시스템은 사회문제를 해결하기 위한 사회 - 정치 거버넌스에 의존한다고 Kooiman은 강조한다. 사회 - 정치 거버넌스의 발전은 존재하는 전통적 권력구조와 방법 및 도구의 실패에 의해 조장되어 왔다(Kooiman, 1994).

사회·정치 거버넌스에 대한 이론은 통치(governing), 거버넌스 및 통치능력(governability)이라는 3가지 관련된 기본적 개념에서 발견된다. 통치의 의미는 상호작용에 대한 조정, 지도, 영향력 그리고 균형을 유지시켜 주는 것으로 변화되어 왔다. 그 결과 통치의 전통적 형태가 다소 그 매력을 잃고 있다. 상호작용의 관점에서 통치는 사회의 힘과 사회의 이해들을 균형 잡히게 하고 사회의 행위자들과 체제가 스스로 조직하도록 권한을 부여해 주는 쪽으로 향해져 있다. 사회-정치 거버넌스를 위해 중요한 것은 공식적 또는 상대적으로 자율적인 정치적, 사회적 행위자들 사이에 상호의존성이다. 단일한 행위자는 자신을 위해 문제를 해결할 수 없고 최선의 기회를 만들 수도 없다. 하나의 단일한 행위자는 발전된 패턴과 구조를 만들 수 없다. 구조와 패턴은 모든 행위자들의 행동들의 결과이다. 이렇게 볼 때 거버넌스는 모든 관련자들의 상호 개입 노력들의 공통된 결과 또는 산출물로서 사회-정치 체제에서 발생하는 패턴 또는 구조로서 이해될 수 있다(Kooiman, 1994: 258).

(2) 자기 조직적 네트워크이론

거버넌스는 자기 조직적 네트워크의 조정에 관한 것이라고 Rhodes(1996)는 주장한다. 통치에서 거버넌스로의 변화는 이들 네트워크의 등장을 촉진시켜 왔다. 이들 네트워크는 공공조직, 사조직 및 자발적 조직들의 혼합인데, 이들 각 영역 간의 경계는 사라지고 있다. 기본적으로 네트워크는 행위자들 간 자원을 필요로 하고, 이들 자원의 교환에 의해 유지되기 때문에 발생한다. 자원의 교환에 의해 참여하는 그런 행위자들은 바로 네트워크 내에서 그들의 목표를 실현할 수 있고 그들의 영향력을 극대화할 수 있으며 다른 행위자들에게 의존적이 되는 것을 피할 수 있다.

그런데 네트워크는 조정 메커니즘의 관점에서 시장과 계층제의 대안으로서 이해되어야 한다. 만일 시장의 중요한 조정 메커니즘이 가격 경쟁이고 계층제의 중요한 조정 메커니즘이 관리적 질서라면, 네트워크를 접합하는 것은 신뢰와 협동이다(Thompson et al., 1991: 15). Rhodes는 스스로 조직한다는 것, 자율적이고 스스로 통치한다는 것이 네트워크의 중요한 특징이라고 한다. 즉 통합된 네트워크는 정부의 조정을 거부하고 자신의 정책들을 발전시키며 그들의 환경을 조성한다(Rhodes, 1996: 659). 이러한 Rhodes의 관점에서 볼 때, 거버넌스는 스스로 조직하는 조직 간 네트워크에 관한 것이다. 그리고 자기 조직적 네트워크로서 거버넌스는 시장과 계층제만큼 독특한 통치구조이다. 그리하여 정부에 있어 중요한 문제는 이러한 네트워크에 권한을 부여하는 것과 협동의 새로운 형태를 찾는 것이다(Rhodes, 1996: 666). 그것이 자기 조직적 네트워크이다.

자기 조직적 네트워크에 대한 유사한 아이디어는 Kickert(1997)에 의해 제시되었는데, 그는 이를 공공 거버넌스(public governance)라고 부른다. Kickert는 공공 거버넌스가 신공공관리에 의해 옹호되는 것에 대하여 강하게 비판한다. NPM의 대안으로서 공공거버넌스는 보다 많은 조직의 효율성 증가에 관한 것이며, 적법성, 정당성, 규범과 가치들을 보호하는 것에 관한 것이라고 Kickert는 주장한다. 공공 거버넌스에 따르면, 모든 행위자들은 같은 체제 내에서 참여한다. 그러므로 국가는 그 체제의 통치를 계획하는 데 초점을 두는 것이 아니라, 조정의 역할에 초점을 두어야 한다. 그런 의미에서 공공

거버넌스는 많은 상이한 행위자로 구성된 복잡한 네트워크에 대한 관리라고 한다. 행위자들은 상이한 수준에서 상이한 영역에 존재하며 필수적으로 같은 목적을 지니지 않는다. 심지어 그들은 서로 대조적일 수 있다. 이들 행위자들은 상이한 네트워크에서 상호 작용하고 서로 많이, 혹은 서로 덜 의존한다. 그러나 국가는 다른 행위자와 비교하여 특정한 위치를 점한다. 국가는 다른 행위자에게 자신의 관점을 단독적으로 강압할 수 있는 지위에 있지 않다. 그러므로 모든 행위자들은 수평적으로 동일하지 않으며 거기에는 실제 어떤 계층제적 질서도 없다. 이것은 규범적인 관점이 아니라 경험적 관찰이라고 하는 것이 Kickert의 주장이다(1997: 735).

B. 생활정치영역의 NGO 주도 거버넌스 운동의 등장과 전개

1. 생활정치·신사회운동의 대두와 의의

1) 생활정치의 사상적 배경과 의의

모더니티의 문을 연 서구 자유주의자의 관심은 자의적인 국가권력이나 억압적 사회로부터 어떻게 하면 인간의 존엄성, 자유권, 재산권을 포함하는 제반 권리들을 보호할 것인가에 있었다. 그런데 여기에서 한 걸음 더 나아간 생활정치는 자의적 권력으로부터 개인의 자유와 권리를 보호하는 문제에 관심을 집중하기보다는 정치권력을 어떻게 하면 인간실현과 자아완성의 도구적 장치로 사용할 수 있을 것인가 하는, 보다 적극적인 맥락에서 정치에 접근한다(서정갑 외, 1995: 1). 영국의 정치사회학자인 Giddens는 "생활정치는 철학적 성찰에 의하여 질서 지워진 환경 속에서 자아실현을 다루는 정치학"이라고 정의한다. 또 그는 "탈전통사회의 맥락에서 자아실현의 과정을 주된 연구과제로 다루는 정치학"(1991: 214)이라고도 정의한다. 탈전통사회는 세계화된 사회를 의미한다. 그는 근대 정치학을 억압적 정치권력, 착취적 지배계급으로부터의 자유와 해방이라고 하는 가치를 기본전제로 하는 '해방정치'라고 부른다. 그런데 '해방정치'가 전통과 관습으로부터의 자유, 착취와 불평등, 권력의 분배, 정의, 평등, 참여의 문제를 정치학의 핵심적 주제로 삼는다면,

생활정치는 정치적 결정과정, 도덕적 생활양식, 세계화의 맥락에서의 자아실현, 삶의 방식을 둘러싼 윤리적인 문제들을 주된 연구 주제로 삼는다고 한다(1991: 215). 결국 생활정치는 정치를 사물의 법칙이나 물질연관 현상으로 이해하는 것이 아니라, 좀 더 인간학적인 맥락에서 인간의 실존의 문제들과 직결되는 것으로 접근한다고 할 수 있다. 제도, 형식, 절차상의 민주주의로 정치를 정의할 것이 아니라, 인간실현의 맥락에서 정치를 모색해 보고자 하는 것, 이것이 바로 생활정치가 지향하는 목표라고 할 수 있다.

따라서 생활정치는 완전히 새로운 정치의 출현을 뜻하는 것은 아니고, 그렇다고 단순히 생활상의 이슈가 정치의 의제로 등장하는 현상만을 뜻하지도 않는다. 앞에서도 본 바와 같이 Giddens는 정의를 추구하는 해방정치와 생활정치를 구분하면서, 생활정치를 "선택, 정체성 그리고 상호성의 정치"라 정의했다. 즉 "우리는 어떻게 지구온난화 가설에 대응해야 하는가? 우리는 원자력을 받아들여야 하는가 말아야 하는가? 노동은 얼마나 생활의 중심 가치로 남아 있어야 하는가? 우리는 권력의 지방이양을 찬성해야 하는가? 유럽연합의 장래는 어떠해야 하는가?"와 같은 문제들에 답하는 것을 '생활정치'라고 이름을 붙였다(한상진 외, 1998: 86). 즉, 생활정치는 '어떻게 살 것인가'와 관련된 실존적 물음에 관한 정치로서 '삶의 결정에 관한 정치'를 의미하기도 하는데, 이는 "개인적·집단적 수준에서 사회활동의 실존적 변수들을 근본적으로 뒤바꿔 놓은, 성찰적으로 조직되는 질서, 즉 후기 근대의 체계에 관한 정치"(Giddens, 1991: 339)이다. 반면 일본에서는 생활자(生活者)라는 개념을 많이 쓰는데, 반면 Yokota Katsumi는 아래로부터의 풀뿌리민주주의를 실현하는 것을 '생활자정치'의 과제로 삼는다(나일경, 2004: 165).

이런 의미에서 오재환(1996: 101)은 "생활정치는 시민사회라는 생활세계(life world)에서 나타나는 권력과 폭력에 저항하는 정치이다. Gramsci적 의미로 볼 때 '진지전'의 과제이고, Habermas의 의사소통의 합리성의 회복을 통한 해방의 의미이기도 하다. 그래서 그것의 장(場)인 일상생활에서의 권력과 이데올로기에 대한 작은 저항이며, 서로의 결속과 연대를 확인할 수 있는 의식의 변화를 통해 일상의 무기력과 삶의 보수화를 벗어날 수 있는 진보적 정치이기도 하다."고 하였다. 또 김왕배(2005: 29)는 "생활의 정치란 바로 생활세계의 곳곳에서 나타나는 삶의 안녕을 위협하는 요소들, 혹은 권력과 폭력에 대해 성찰하고 저항하는 정치이다. 국가와 자본의 거시적 폭력뿐 아니라, 전통과 일상에서 나타나는 다양한 권력에 대해 '성찰적 인식'을 통해 대항하고, 새로운 규범체계와 조직을 만들어 나가는 운동 자체가 바로 삶의 정치이다. 따라서 일상생활의 정치는 국가에 의해 점차 관료화되고 자본에 의해 더욱 조직화되는, 그리고 억압적 전통에 의해 무기력화되는 일상생활의 보수성을 극복하는 진보적 정치"라고 규정하고 있다.

이와 같은 생활정치의 사상적 배경과 전개과정은 다음과 같다. 생활정치는 서구 모더니티의 정치철학적 토대라고 할 수 있는 합리주의와 주관주의에 대한 비판에서 시작한다. 서구 합리주의는 Descartes, Kant, 그리고 Hegel에 이르러 체계화된다. 정치학에서 합리주의는 크게 4가지 범주로 발전되었는데, Hobbes와 Locke류의 개인적 합리주의, Weber류의 관료주의적 합리주의, Hegel류의 국가적 합리주의, 그리고 Marx의 계급적 합리주의가 그것이다. 서구

정치학의 지배적 패러다임은 이처럼 합리주의의 확장사 및 발전사로 요약할 수 있다. 생활정치는 이와 같은 주류 정치학에 대한 비판으로부터 시작된다. 반합리주의자들의 비판이 합리주의의 문제점을 여실하게 보여 주지만 대안을 내놓지 못하는 반면, 생활정치론은 합리주의 비판에 그치는 것이 아니라 나름대로의 대안을 모색한다. 생활정치 사상가들은 합리주의의 완전 철폐를 주장하지 않는다. 이들은 새로운 합리주의의 필요성을 역설하면서 합리주의는 새롭게 정의되어야 한다고 주장한다. 이들은 합리주의와 반합리주의 사이의 중용의 길을 모색한다. 생활정치의 철학적 기초는 고전적 합리주의의 부활을 주장하는 Strauss에서 볼 수 있다. 그는 하나의 가치체계에 불과한 정치과학이 아닌 정치철학의 회복을 통하여 생활과 괴리되지 않는 생활정치의 실현을 모색한다. 이 점에서 그는 생활정치의 철학적 토대를 놓은 정치철학가로 볼 수 있다. Strauss는 이러한 철학적 삶은 다른 사람들과의 삶과 괴리되어 고립적으로 진행되는 것이 아니라, 오히려 밀접한 상호연관 속에서 이루어진다고 한다. 즉 철학적 삶은 공공적 삶일 수밖에 없다고 주장한다.

생활정치의 두 축인 '생활세계'와 '공공성'은 상호 밀접하게 통합되어 있다. Strauss와 Husserl이 생활정치의 철학을 강조한 반면 Arent와 Habermas는 공공성을 강조한다. 생활정치론은 Arent에서 잘 드러나고 있다. Strauss가 생활정치의 철학적 삶의 기초를 제시하였다면 Arent는 생활정치의 공공적 삶의 기초를 정립하였다고 할 수 있다. 그러나 생활정치 핵심인 생활세계에 대한 철학적 논구는 Husserl의 생활세계 현상학을 통해서 체계화되었다. 그에 의하면 생활세계는 근원적 경험세계, 모든 인간활동의 토대로서 자리 잡게 된다(서정갑 외, 1995: 3 - 17). 그는 「현상학과 유럽학문의 위기」라는 책에서 "유럽사회의 위기는 모든 인간활동의 근원적 토대인 생활세계가 은폐됨으로써 도래했다."[11](한국현상학회, 1992)고 지적한다. 그는 생활세계 개념을 통하여 선험적 자아와 상호 주관성을 통일시켰다고 할 수 있는데, 이는 "생활세계에서 인간은 자기발전과 세계의 인간화를 상관적으로 행한다."고 말하며 '선험적 주관'은 서로가 서로를 위하는 존재이며 서로가 서로에게 친밀한 존재로서 내적이고, 이해성 있고, 직관적으로 서로서로 얽힌 통일적 존재(miteinander vereignigt - verbunden Sein)(Husserl, 1973: 191)라고 한 점에서 잘 나타나고 있다. Husserl은 생활정치의 핵심개념인 생활세계의 의미를 철학적으로 매우 분명하게 형성하였다고 할 수 있다. 생활세계의 근원성, 상호 주관성, 본원성은 생활정치의 실질적 내용이며 목적을 구성한다. 뿐만 아니라 생활세계는 생활정치의 철학적 기초이다.

이와 함께 사회비판의 발판으로 생활세계 개념을 정치학적 개념으로 체계적으로 설명함으로써 생활세계와 사회운동의 정치적 위상을 설득력 있게 주장한 학자가 Habermas이다. 그는 서구 합리주의를 사장시켜야 할 것이 아니라 완성되어야 할 것으로 보았다. 그래서 종전의 합리주의와 자신이 구상하는 합리주의를 구분하기 위하여 '생활세계적 합리주의'라는 개념을 도입하였다. 그는 또한 철학적 수준에서 논의되던 생활세계 개념을 사회구조에 적용시킴으로써, 생활세계를 체제에 대비시켜 사회현실을 설명하는 사회구조

---

11) Husserl은 이 책을 통하여 철학가로서 유럽의 위기원인을 서구 과학의 위기에서 찾았으며, 그 대안적 철학으로 '생활세계 현상학'을 제시하였다.

론으로 발전시켰다. Habermas(1969: 49)의 주장을 요약하면 다음과 같다. 근대사회는 두 영역으로 분화되는데, 의사소통적 합리성에 의해 조정되고 규범적으로 통합되며 상징적으로 구조화된 영역은 생활세계로, 목적합리성(도구적·전략적 합리성)에 의해 구조화되고, 화폐와 권력을 매개로 하는 영역은 체제(system)로 제도화된다(Habermas, 1987: 171). 이 체제의 합리화가 비대하게 발전하여 생활세계적 합리성을 지배하는 현상을 '생활세계의 식민화(die Kolonialisierung der Lebenswelt)'(Habermas, 293)라고 본다. 체제적 합리성(도구적 합리성)이 생활세계의 의사소통적 합리성을 정복한 것이다. 그러할 때 정치에는 권력체제의 논리만 있을 뿐 인간가치의 실현이라고 하는 생활정치의 자리는 사라지게 된다. 생활세계의 식민화는 산업사회 위기의 근원이며, 현대사회 모순의 원인이다. 결국 화폐와 권력으로 상징되는 하위 체제에 의하여 생활세계의 의사소통 행위가 무력화되고 왜곡됨으로써, 현대 산업사회에서의 인간의 삶은 형해화되고 소외되었다고 Habermas는 지적한다.

그의 비판이론의 핵심은 현대사회 위기의 근원인 식민화된 생활세계를 회복하는 데 있다. 이를 해결하기 위한 방책으로 그는 자유로운 의사소통의 합리성을 회복하고 공공영역을 활성화함으로써, 생활세계를 복원하는 것이라고 하였다.12) 즉 생활세계의 근원성의 회복이

----

12) Habermas가 근대화의 위기를 체계와 생활세계 간의 문제로 설정한 것에 반해, Peter Berger는 공적 영역과 사적 영역 간의 부조화의 문제로 보고 이를 '사적 영역의 확대' 이론으로 풀어 간다. 즉 Berger에 의하면, 근대화의 가장 두드러진 사회문화적 결과는 사적 영역의 확대이며, 이는 곧 공적 영역의 축소 내지는 쇄약화를 의미한다. 달리 표현하면, 사적 영역과 공적 영역의 부조화 또는 단절이 오늘날 우리의 사회적 삶의 세계를 규정하는 단초인 것이다. 근대화라는 지속적인 합리적 체계화가 가져온 것은 오히려 이 같은 관료적 통제로부터 탈출하고자 하는 인간의 근원적 욕망의 증대이다. 이 탈출 욕망의 사회적 양상이 바로 사적 영역의 확대이다. 정치 제도나 공공기구, 경제조직과 교육 등의 공적 영역이 개인의 의미

고, 상호 주관적 공공성의 실현이라고 한다. 따라서 생활정치의 핵심은 근원적, 본원적인 생활세계의 회복과 새로운 공공성의 형성에 있다고 본다. 그는 '합리화된 생활세계(rationalisierte Lebenswelt: rationalized life world)'(Habermas, 1981: 219)의 형성을 통하여 생활세계 회복 프로젝트를 제시한다. 문화적, 사회적, 그리고 인격적 구조에 대한 분석을 통하여 생활세계의 회복을 도모한다(Habermas, 1981: 214). 그가 말하는 공공영역은 생활세계의 공적 부문이며, 또한 생활세계의 제도적 표현이다. '공공영역'이란 '공공의사(여론)'가 형성되는 사회 생활의 영역을 지칭한다. 보편적 이해의 일치에 도달하는 기제로서 공공영역은 개인적인 관심사가 아닌 공공의 관심사를 중심으로 형성되기 시작하여, 후에는 정치적 영역으로 발전한다(Habermas, 1989: 51 – 56). 이 공공영역이 정치화하면서 사적 영역인 시민사회에서 태어나 국가정치에 침투한다. 서구 역사의 민주화 과정은 공공영역이 역사에 전면으로 등장하는 과정이었다고 말한다. 그러나 Habermas는 공공영역의 변형이 이루어지는 과정을 여섯 가지 명제13)로 밝히게 된다(Habermas, 1989: 242 – 246). 이런 점에서 그의 정치적 관심은 잃어버린 공공영역을 회복하고 공공영역의 재정치화로, 민주주의의 이상을 회복하고 생활세계의 순수성을 복귀시키

있는 삶과 지속적으로 마찰을 빚을 때 사적 영역의 확대는 자연스러운 현상이다. 여기서 사적 영역의 확대란 개인들이 각자에게 의미 있는 중심으로 기능할 수 있는 자기만의 세계(home world)를 건설하고 이를 지속적으로 유지하고자 하는 노력을 의미한다.

13) 그 여섯 가지 명제란 ① 복지국가론에 의한 사적 영역인 경제에 대한 국가의 증대하는 간섭의 문제. ② 공공의 권력이 사적인 조합(신조합주의)의 의도에 의하여 영향받게 되는 현상. ③ 가정의 붕괴. ④ 대중문화의 등장으로 문화적 공공영역의 상업화와 붕괴. ⑤ 포괄정당(catch – all party)의 등장과 같은 정치체제의 대중화로 말미암은 공공영역의 국가 행정체제에 대한 비판의 어려움. ⑥ 관료와 사적 집단(associations) 간의 매개영역으로서의 의회의 역할 쇠퇴 현상을 말한다.

려 하고 있다.

Habermas가 보기에 변형된 공공영역을 재정치화하는 과정은 쉽지는 않지만 불가능한 것은 아니다. 공공영역의 회복은 서로 간에 자유롭게 의사소통을 할 수 있는 기초단위(1981: 580)로부터 시작되고, 생활단위의 공동체의 회복에서 저항의 거점을 마련할 수 있다.

생활단위의 의사소통 공동체(Kommunikationagemeinschaften) (Habermas,1981: 581)는 자기형성 과정과 자아정체성, 그리고 의미를 공유하는 목적적 주체들이 만들어 가는 공동체이다. 가족은 아니면서 매우 친밀하며 자아정체성이 형성되는 생활의 장에서부터 생활세계의 회복은 시작되는 것이다. 개인의 생활사는 시간에 따른 개인의 축적된 경험(통시적 차원), 그리고 다른 개인들과의 상호 주관적으로 공유된 의사소통(공시적 차원)을 통하여 구성된다 (Habermas, 1981: 580 - 581). '생활단위의 공동체'는 이러한 양대 차원의 복잡한 상호작용을 통해 형성된다. 다양한 차원의 복잡한 상호작용으로 형성되는 생활단위의 공동체 형성을 통하여 하버마스는 변형된 공공영역을 회복할 것을 제시한다. 이렇게 볼 때, 생활정치는 그러므로 위로부터가 아니라 밑으로부터, 생활로부터, 풀뿌리로부터 새로운 정치적 삶을 만들어 가는 과정에 집중한다(서정갑 외, 1995: 26).

이와 같은 Habermas의 후기 근대사회에 대한 위기 진단은 독일의 사회철학적 전통에 서 있는 Beck의 위험사회 및 성찰적 근대화 담론에 영향을 미치고 있다. 그는 근대의 합리성(목적합리성)이 초래한 비합리적 결과들이 오늘날 심각한 위험사회를 초래했다고 주장한다. 그는 위험사회를 "근대화 과정에서 외연적으로 성장하는 생산력을 통해 위해들과 잠재적 위험들이 유례없을 정도로 발생하는 사회"(Beck, 1986: 52)라고 설명한다. 그러나 Giddens는 바로 이런 이유에서 "위험을 능동적으로 수용하면 역동적인 경제와 혁신적 사회를 이루는 핵심요소가 되기도 한다."(Giddens, 2000: 83)고 주장하면서 위험에 대하여 무조건적으로 경계하고 거부하는 태도는 바람직하지 않다고 본다.14) 이와 같이 Giddens와 Beck은 근대의 의도하지 않은 결과로서 위험사회의 도래에 공감하고 있는데, 이를 극복하기 위하여 Beck은 제도적 정치가 아니라 '하위정치(sub-politics)' 즉 아래로부터 형성되는 풀뿌리 시민정치의 중요성을 강조하고, 기든스는 이를 '생활정치(life politics)'로 정의하고 있다. 그리고 이 새로운 정치의 핵심은 일상생활 속에서 구체적으로 살아가는 개인들이 "일상의 모든 모세혈관까지 철저히 지배하고 있는 '체제'에 저항하고 봉기"(Beck, 1993: 187)하는 것에 있다고 본다.

2) 신사회운동의 의의

(1) 신사회운동의 개념과 특성

구사회운동(old social movement)에서는 마르크스주의(marxism)와 자유주의(liberalism)의 이념 아래 노동운동과 시민권확대운동이 주도적인 역할을 담당하여 왔다. 그러나 노동자의 중산층화와 보수

---

14) 그 실제 하는 예로서, Giddens는 세계의 많은 지역에서 가족과 전통 공동체는 해체되는 것보다 존속되는 것이 더 우려할 만한 양상을 나타낸다고 설명한다. 왜냐하면 상대적으로 가난한 국가들에서 민주주의와 경제발전을 촉진하는 가장 중요한 방법이 여성의 평등과 교육인데, 이를 가능하게 하기 위해서는 전통적 가족구조는 반드시 변화해야 할 대상이기 때문이다(Giddens, 2000: 130-131). 따라서 위험은 무조건적으로 경계하고 거부하기보다는 과감하게 대면할 필요가 있는 것이다.

주의화가 진척되면서 노동자는 역사의 변혁적 주체세력으로서의 독점적 지위를 상실하게 되었으며, 중앙집권적 형식 민주주의의 모순과 역기능이 드러나면서 지역자치와 시민자치를 추구하는 직접·참여민주주의에 대한 요구가 거세게 일어나고 있었다. 특히 Weber가 일찍이 경고한 바 있듯이, 인간의 자율적 삶은 거대하고도 효율적인, 그러나 아무도 책임지지 않는 삭막한 관료제의 철창 속에서 화석화되어 가고 있었고, 인간의 내면적 세계 또한 물신주의와 소비주의에 의해 조작되거나, 권력과 폭력에 의하여 감시되거나 위협당하며 파편화되고 있었다. 나아가 정보혁명의 확산과 냉전체제의 종식은 '세계화'라는 시대적 조류에 따라 기존의 국민·민족국가의 존재의의는 서서히 약화되고 있었다. 이러한 시대적 상황은 새로운 이념과 새로운 운동의 필요성을 요구하였으며, 여기에 부응하는 과정에서 신사회운동은 등장하게 된다(김성국, 1998: 50－51).

1960년대 후반부터 유럽과 북미지역에서 나타난 환경, 평화, 여성, 반핵, 소비자, 공동체운동 등 다양한 사회운동을 '신사회운동'이라 일컫는데, 신사회운동은 기본적으로 기존의 정치 중심적 계급운동과는 달리, 탈근대사회라는 자본주의의 발전에 의한 사회적 복합성의 증대와 분화의 고도화에 대응해서 나타나는 새로운 운동양식으로 파악되고 있다. 즉 부르주아의 해방적 운동, 노동자 계급의 운동이 전통적 사회운동의 중심영역이라면, 신사회운동은 평화운동, 생태 및 환경운동, 여성운동, 지역자치운동을 포함하면서, 해방의 잠재력을 구현하기보다는 생활세계에 바탕을 둔 시민사회 생활의 잠재력을 극대화시키려는 운동으로 규정되고 있다. 이러한 신사회운동의 잠재력은 생활의 정치라는 범주로 확산되고 있다(오재환,

1996). 그리하여 신사회운동은 탈산업주의, 탈근대주의가 설득력을 더해 가는 현대적 전환의 추세 속에서 근대적 형태의 사회운동이 당면한 전략적, 실천적, 이념적 한계를 극복하려는 의도를 갖고 태어난 사회운동의 한 형태로서, 근대성의 발판 위에서 탈근대적 가치를 완결시키고자 하는 변혁적 운동이다.

Offe(1990)는 신사회운동이 구사회운동의 이념, 조직구조, 동원방식 등 여러 측면을 '거부'한다는 점에서 새로움을 발견할 수 있다고 보았다. 또 다른 부류의 연구자들도 근대적 제반 환경의 한계를 비판하는 탈근대성 담론으로부터 신사회운동의 이론적 정당성과 현실 적합성을 찾아내고 있는데, 이 역시 신사회운동의 지향점이 기존 체계에 대한 '거부와 저항'이라는 점에서 공통적 맥락을 찾을 수 있다(김경식 외, 2002: 3).

따라서 신사회운동은 우선 이데올로기적 측면에서 좌파·우파, 자본주의·사회주의의 대립적 축을 벗어나서 인간 해방적 관점으로 나타나고 있으며, 물질적 풍요의 가치를 위해 돌진하던 시대에 간과되었던 문화적인 삶의 질 문제, 혹은 정체성과 자율성의 가치에 보다 많은 관심을 기울이고 있다. Kitschelt(1990: 250)는 "좌파-자유주의자들은 사회주의적 의제에 속하는 중요 쟁점을 수용하고 있지만, 전통적인 사회주의가 주창하는 가부장적-관료제적(paternalist-bureaucratic) 해결책뿐만 아니라 무형의 사회적 만족을 도외시하는 성장주의를 거부한다."고 본다.

한편, Fischer & Kling(1994)은 또한 신사회운동의 특성들을 지역사회(community) 기반, 초계급적 집단화와 문화적 정체성, 새로운 직접민주주의의 추구와 위계서열적 사회관계의 거부, 문화와 사회적 정체성을 위한 투쟁에 보다 적극적인 역할 부여, 정치적·문화적 영역의 파편성, 지역사회의 자립성과 자주성 강조라고 기술하고 있다.15) 그리고 Scott는(1990: 19)는 신사회운동을 기존의 자본주의적 산업사회의 대표적 운동형태인 노동운동과 운동의 위치, 목표, 조직, 행동수단이라는 측면에서 다음과 같이 각각 대비시키고 있다.

〈표 3-1〉 신사회운동과 노동운동 간의 핵심적 대조

	노동운동	신사회운동
위　치	점차 정치체계 내부로 이동	시민사회
목　표	정치적 통합과 경제적 권리	가치 및 생활양식의 변화
		시민사회의 방어
조　직	형식적/위계서열적	네트워크/풀뿌리
행동수단	정치적 동원	직접행동/문화적 혁신

자료: Scott(1990: 19).

신사회운동을 조직구성 측면에서 보면, 구사회운동은 가입과 탈퇴를 엄격하게 규정하므로 일단 회원으로서의 자격이 확정되면, 위계적 권위에 근거한 관료제적 명령을 준수해야 하지만, 신사회운동의 조직형성은 의무와 강요가 따르지 않는 자발적인 것이다. 따라서 회원들은 다양한 단체와 직업집단에 속한 사람들로 구성되어 있으며, 중복적인 참여를 배제하지 않는다.

신사회운동의 조직적 특성을 '다조직적 구조(multi - organization)',

---

15) 물론 신사회운동과 구사회운동은 때로 상당한 정도의 연속성과 유사성을 공유한다. 신사회운동에 대한 다양한 접근들을 김호기(1995)는 마르크스주의의 위기에 대한 대응이라는 문제의식에서 비판이론의 신사회운동론, 조절이론의 신사회운동론, 그리고 Laclau와 Mouffe의 신사회운동론의 세 가지로 분류하여 논의하고 있다. 그러나 Cohen은(1985)은 신사회운동론을 유럽의 정체성지향이론과 미국의 자원동원이론으로 구분하기도 한다. 그 밖에 문화결정론(Melucci, Touraine, Inglehart)과 구조결정론(Offe) 등의 분류가 있다(김호기, 1995: 180).

'네트워크의 네트워크(networks of networks)'로 부르는 것은 이러한 이유에서이다(Klandermans, 1990).

자격요건의 개방성과 구성원들 간의 중복 가입이라는 특성은 신사회운동이 일종의 무지개 연합(rainbow coalition)임을 가리킨다. 기존의 사회운동의 연대력이 계급이해, 종교, 지역적 이해 등에 기반을 두었다면, 신사회운동은 자본주의적 발전의 폐해를 고발하고 민주주의의 한계를 극복하고자 하는 비판정신을 연대의 핵심적 원동력으로 설정한다. 그런데 Inglehart가 탈물질주의적 가치관이라 칭한 비판 정신과 위기의식은 대체로 젊고 학식 있는 교양층과 전문가 집단에서 많이 발견되고 있으므로, 신사회운동의 적극적인 참여자들이 주로 여성을 위시한 중간계층에서 충원되는 것을 쉽게 이해할 수 있다(Kitschelt, 1990). 이는 신사회운동의 주체가 1960년대 소수 급진세력에서 1970년대 신중간계급으로 변화되었다는 것을 의미한다(Roch, 김호기 2007: 88).

신사회운동 단체들의 운동방식은 시민들의 관심을 촉발하고 여론 형성과 시민계몽을 통하여 정책 결정에 압력을 행사하는 우회적 방식을 선택한다. 이들의 행위는 반동적(reactive)이라기보다는 주창적(proactive)이며, 권력 지향적이라기보다는 정체성 지향적(identity − oriented)이다(Rucht, 1990; Kitschelt, 1990). 이들은 여론 형성과 시민들의 자각을 목적으로 한 사회적 이벤트를 기획하는 데 보다 더 많은 노력을 하고 있다. 따라서 이들은 운동의 명분과 적실성을 확산시키고 주창하는 이념이 시민적 삶의 질 향상과 반성적 성찰에 얼마나 중요한 것인가를 각인시키는 데 주력하는 것이다. 구사회운동, 특히 노동운동이 좌파 정당과의 관계를 굳건히 하여 권력 장악에

목표를 두고 있는 것과는 달리, 여성운동, 생태운동, 평화운동, 대안 운동 등의 신사회운동은 정당설립을 통하여 정치의 중앙무대에 진출 하기보다는 정체성의 확대를 추구한다(권태환 외, 2001: 12 - 13).

이와 같은 신사회운동의 새로운 특징들은 그 자체가 현대정치질 서에 대한 도전을 의미하며, 나아가 새로운 정치패러다임의 형성을 의미하게 되었다. 무엇보다도 이데올로기의 측면에서 신사회운동은 서구 산업사회를 지배해 왔던 경제성장과 정치적 통합이라는 근대 화의 신화에 대립되는 패러다임을 보여 주고 있다. 조직구조 역시 기존의 정치질서가 강조해 온 거대하고 중앙집중화된 조직화 방식 과는 달리, 탈중심화되고 자발적 참여를 통한 의사결정구조를 선호 함으로써 관료제화된 절차에 반대하는 특징을 보였던 것이다. 나아 가 신사회운동은 행위양식에 있어서도 현대 민주주의 국가의 대의 제적 정치행위나 신조합주의적 이해조정방식과는 대조적으로, 직접 행동과 직접참여의 비관례적인 행위양식을 보여 주고 있다(조대엽 외, 2008: 29 - 30).

(2) 시민사회운동으로서의 신사회운동

신사회운동에 대한 이론적 논의는 Inglehart의 '조용한 혁명'에서 부터 시작하여 Cohen & Arato(1992)의 자기 제한적 급진주의와 시민 불복종론에 이르기까지 매우 다양한 스펙트럼을 보여 준다. 특히 신사회운동이 과연 '새로운' 사회운동인가에 관해서는 상당한 논의가 이루어졌다. 그러나 신사회운동에 내재하는 새로움이 과연 무엇인지, 그것이 기존의 사회운동과는 어떤 차별성과 유사성 그리 고 단절성과 연속성을 갖는 것인지에 대해서는 아직까지 학자들 간에 합의된 바는 없다고 할 수 있다.

신사회운동을 설명할 수 있는 이론의 논의의 지점은 관점과 시각에 따라 다양할 수 있으나 신사회운동의 패러다임은 관찰자의 시선이 아니라, 참여자의 자기인식, 즉 자기들의 정체성, 목표, 투쟁대상과 전략에 대한 집단적 행위주체들의 자기 이해를 기반으로 한 사회운동의 접근이라는 점에서 시민사회 중심적 접근방식이라 할 수 있다(김경식 외, 2002: 5). 따라서 이에 대하여 시민사회론적 관점에서 여러 학자들의 논의를 검토해 볼 필요가 있다.

Melucci(1980: 199‐26)는 신사회운동을 "사회를 조작하는 매개체들과 사회의 자원을 재소유하고자 하고 자신의 정체성을 실현할 권리, 즉 개인의 창조성과 감성적인 생활, 그리고 생물학적 상호 주관적인 존재를 스스로 처분할 권리를 집단적으로 제기하려 하는 개인들의 욕구를 표출하는 갈등"으로 이해하였다.

시민사회 내부의 대립과 갈등에 주목한 Touraine(1981)은 시민사회의 확장이라는 주제에 관심을 기울였다. 즉 신사회운동은 단순하게 국가에 대항하는 시민사회적 자율성의 '옹호나 재고'를 주창하는 수준에 안주해서는 안 되고, 시민사회 자체의 모순과 대립을 극복하기 위해서는 보다 구체적으로 '어떤 종류의 시민사회(which kind of civil society)'를 형성하여 이 같은 과제를 실천할 수 있는지를 검토해야 한다고 주장한다. 여기에서 신사회운동은 방어적 전략을 통하여 시민사회의 정체성과 자율성을 확보하며, 공세적 전략을 통하여 시민사회의 개혁과 민주화를 추구하는 투쟁을 전개한다(Touraine, 1981: 124). 물론 Touraine이 의미하는 공세적 측면은 결코 정치사회로의 진입이나 권력 획득을 위한 혁명 전략이 아니며,

시민사회의 민주화, 즉 공공성의 확대를 의미하는 것이다.16) Touraine은 "시민사회와 신사회운동은 동일한 외연을 갖는 상이한 중심이라 할 수 있는데, 동일한 외연을 구조의 측면에서 보면 시민 사회이고, 행위의 측면에서 보면 사회운동"이라는 것이다.

Offe(1990)는 복지국가에 대한 급진적 대안으로서 비관료적 행정 의 발전에 중요한 동인으로 파악하여, 신사회운동을 국가와 시민사 회라는 이분법적인 틀을 중심으로 발생하는 비제도적인 정치화라 고 규정한다. 그는 허물어지고 있는 국가와 시민사회 간의 경계를 복원함으로써 국가에 의한 시민사회의 잠식을 방지하고자 하였다. 신사회운동의 시민사회 재형성 전략은 대의 민주제적-관료제적 정치제도에 대한 보다 적극적인 비판을 통하여 국가에 의한 규제와 개입을 거부하고 자율적인 시민사회 제도들을 정착시키고자 한다. 그리하여 신사회운동은 국가의 경직된 규제로부터 벗어나서 시민 사회를 새롭게 재구성하고자 시도하는 것이다.

한편, 의사소통이론에 기반을 두면서, 체계와 생활세계의 구분을 통 하여 시민사회를 재구성하고, 신사회운동의 위상을 분석한 Habermas 는 전략과 정체성, 혹은 구조와 행위, 제도화와 반제도화라는 신사 회운동의 이중적 차원과 그것의 연속·비연속성을 매우 적절하게 설명하고 있다. 그는 근대화에 대한 비판론과 옹호론의 양자를 동시 에 수용함과 함께 또한 동시에 비판함으로써, 근대성의 긍정적인 잠

---

16) 이 같은 상황에서 Touraine은 페미니즘으로부터 여성운동이 독립적으로 발전되어 나가며, 지역운동이 위기에 처한 지역을 단순히 방어하는 것만이 아니라 자립적인 지역발전이나 지 역해방으로 나아가고, 신사회운동은 방어적 행동에서 권력에 이의를 제기하는 행동으로 이행 되며, 정체성의 확인에서 지배관계의 폭로로 이행하는 보다 적극적인 역할을 수행할 것으로 기대한다(권태환 외, 2001: 46).

재력에 대한 신뢰를 바탕으로 자기 제한적 급진주의를 추구하여 미완의 근대성을 자기완성의 단계로 이끌어 간 것이다. 또한 Habermas 는 초기에는 국가와 시민사회의 융합에 따라서 시민사회의 공공영역이 변질되는 역사적 현상에 대하여 비판적인 시각을 견지할 뿐, 신사회운동에 대해서 별로 중요한 의미부여를 하지 않았다. 그러나 과거에 볼 수 없던 사회·문화적 통합과 재생산에 관련된 새로운 유형의 갈등이 드러나면서 그는 차츰 근대성의 이중성이나 근대사회의 양면성에 관하여 적극적인 측면을 인식하게 되어, 신사회운동은 왜곡된 근대성의 제도화를 복원하고 시민사회의 민주화에 기여할 수 있다는 점을 인정하게 되었다(김성국, 1996: 48 - 49).

이러한 Habermas의 신사회운동을 비판적으로 승계한 Cohen & Arato는 신사회운동을 보다 일관되게 시민사회론과 연관시켜 논의하고 있다. 즉 신사회운동을 생활세계를 방어하려는 정체성의 측면으로 제한하였던 하버마스와 달리, Cohen & Arato는 Habermas의 생활세계 개념을 재구성함으로써 사회운동을 통한 적극적인 제도적 개혁의 가능성을 제시하였다. 즉 Cohen & Arato는 생활세계를 "제 (諸) 권리에 의해서 구축된 시민사회의 제도적 접합"(Cohen & Arato, 1992: 53)으로 규정하고, 생활세계의 제도로서 사회운동조직의 활동에 초점을 맞추어 후기 근대의 새로운 사회운동을 조망한다. 그들은 Habermas를 포함한 기존의 시민사회 모델을 이론적으로 재구성하여 신사회운동의 확장과 체계화를 시도하였으며, Habermas 가 자신의 사회이론은 보편주의적 지향성을 갖는 것으로 인식하지만 신사회운동은 특수주의적이며 방어적인 성격을 지닌 것으로 파악하고 있다는 점을 비판한다. 또한 Cohen(1982: 97 - 104)은 신사회운동을 과거 사회운동과의 연속성과 비연속성을 동시에 포괄하는 생태학적 문화모델로 이해하고자 하였다. 그렇지만 이들은 문화모델이 지니고 있는 반근대성, 낭만주의적 유기체성을 견제하면서, 문화적 근대성에 순응하는 새로운 윤리적 성찰의 기호로서 신사회운동을 파악하였다. 그리하여 Cohen & Arato는 신사회운동이 담론의 제도화를 통하여 시민사회적 공간을 방어하고, 이처럼 확보된 시민사회의 공간을 제도화를 위한 토대로 구축할 수 있다고 보고 있다.

이론적 논의를 통해 본 신사회운동은 무엇보다도 일상생활을 민주화하고 시민사회를 재활성화하거나 재조직화한다. 일상생활의 세계는 시민사회의 운동조직이나 언론 및 제도정치와 같은 공공성의 영역에 포괄되지 않는 영역으로 전통적 관습과 비과학적 관행 혹은 과학적 오류로 구성되어 있는 한편, 국가권력과 제도정치의 과정을 통해 주조된 다양한 상징과 의미의 체계들이 포함되어 있기도 하다. 많은 경우에 신사회운동은 일상생활에서의 주체와 정체성을 추구하는 경향을 띠게 되는데, 그 과정은 과학자 및 지식인집단의 역할을 요구하게 된다. 따라서 과거에는 개인의 노력에 의존했던 문제 해결방식을 과학적 해명을 통해 합리적이고 집단적으로 해결할 수 있도록 하고, 일상생활의 비민주성을 공공의 쟁점으로 부각시켜 해결한다는 점에서, 신사회운동은 생활세계 자체의 민주화를 가능케 하는 것이다(조대엽 외, 2008: 43 - 44).

일상생활의 이러한 과정은 시민사회를 재활성화시키는 것이기도 하다. 신사회운동은 공적인 체계와 개인에 의해 해소되지 않는 문제에 대해서 이해와 관심을 공유한 시민의 집합적 실천형태를 띠기 때문에, 시민사회를 정치적으로 활성화시킨다고 말할 수 있다. 실제로 신사회운동은 일상적 삶의 요소들에 밀어닥친 갖가지 통제와 침해를 방어하기 위해, 혹은 위험사회적 요소에 의한 위협을 방어하기 위해, 그간에는 비정치적이고 사회적인 것 나아가 일상적인 것으로 간주되었던 다양한 요소들을 정치화하게 되는 것이다(Beck, 1992). 이와 같은 시민사회적 요소의 정치화는 근대성의 핵심적인 제도들에 의해 억압되었던 도덕적·실존적 문제들을 전면에 등장시키는 '삶의 정치'일 수도 있고(Giddens, 1991), 근대성의 체계에 의문을 던지는 '성찰의 정치'일 수도 있다. 이러한 시민사회의 정치화 현상은 문화적으로 그리고 조직적으로 시민사회를 재구성하는 특징을 보인다.

그렇다면 현재 '한국의 시민사회는 어떠한가?' '한국사회의 시민운동은 진정한 의미의 신사회운동인가?'라는 성찰적 질문은, 한국의 근대적 발전과정에서 초래된 '위험사회'를 극복하기 위한 시민운동의 방향과 과제에 대한 해답이기도 하다는 점에서, 한국의 성찰적 근대화론자들의 몇 가지 견해를 살펴보고자 한다.

김대환은 한국의 파행적 근대화로 인하여 근대성의 결핍과 병리라는 이중적 위험(double risk)이 초래되었으므로 이를 극복하는 방법 또한 각각의 위험에 조응하는 이중적 성찰이 필요하다고 보았다. 이것이 그가 주장하는 '이중 위험사회론'으로 이중 위험을 해결하기 위한 성찰적 근대화의 과제는 "참여민주주의 확립을 향한 민주화와 시장주의적 합리성을 넘어서는 합리화이며, 이 둘을 결합하여 무엇보다 경제민주화를 이루는 것이 중요하다."(1998: 40)고 주장하였다.

장경섭(1998: 413)은 '복합 위험사회론'을 전개하고 있는데 그에 의하면 한국의 위험사회는 선진국형(물질적 풍요), 후진국형(경제 우선 불균형 발전), 한국특유형(폭증사회형) 위험요인이 복합되어 있어서, 이를 해결하기 위해서는 국가, 기업, 전문가집단의 비리, 횡포, 무능에 조직적으로 맞서 시민들 스스로가 합리적이고 체계적으로 대응하는 정치의식, 즉 민주적 성찰성을 확립해야 한다고 하였다.

임현진(2003: 138 - 139)은 김대환과 장경섭의 개념을 모두 수용하여 '이중 복합위험사회'를 주장하는데, 그 주요한 특징은 양적 성장과 질적 지체로 규정하고 있다. 즉 '더 빨리', '더 많이'를 표방한 산업화의 논리에 따라 양적 성장은 이루었지만 이에 적합한 시민의식과 문화가 형성되지 못하고 그 속도를 따라가지 못함으로써 발생하는 일종의 문화지체 현상을 의미한다. 그는 이러한 위험사회를 극복하기 위한 서구의 노력이 정당 중심의 정치에서 하위정치에 의한 일상의 정치로 나아가고 있는 데 반해, 한국의 시민사회나 그것의 운동 역학은 대화민주주의는 물론이고 대의민주주의조차도 뒷받침해 주지 못하는 형편에 있다고 비판하였다.

이와 같이 한국의 성찰적 근대화론자들은 대체로 위험사회를 극복하는 책임이 국가와 시장, 시민사회 모두에 있으나, 국가와 시장의 오류와 이탈까지 견제하고 관리하는 성찰의 책임을 시민사회에 둠으로써, 무엇보다 시민사회의 강화를 중요 과제로서 제시하고 있다(이은희, 2008: 25). 그러나 김성국(1998: 56)은 한국의 신사회운동들은 과도기적인 혹은 초창기 특유의 이념적 혼란성과 모호성을 노출하고 있다고 하고, 김호기(2007: 104)는 신사회운동론을 우리 사회에 직접적으로 적용하는 데에는 여전히 한계가 있다고 하였다. 권태환, 이재열(2001: 188)도 구사회운동의 목표와 가치들이 세계화(globalization)의 환경 속에서 신사회적인 쟁점으로 변환되어 나타나는 것은 한국도 예외는 아니라고 하였다. 따라서 한국의 사회운동은 급속한 경제성장에 뒤이은 정치적 민주화라는 근대적 사회로의 이행과정을 압축적으로 경험하면서, 동시에 공교육위기, 환경보전, 사회적 마이너리티에 대한 관심 등과 같은 탈근대적인 이슈들이 혼재된 상태에서 성장해 왔다는 점에서, 다소 이질적인 목적과 조직운영 방식이 상호 밀접히 결합되어 있을 가능성이 높다고 하였다.

이와 같이 우리 사회의 신사회운동은 신·구사회운동이 산업화의 모순과 민주화의 장애를 극복한다는 점에서 서로 갈라지기보다 만날 수밖에 없는 형편에 놓여 있어, 단체들 간의 다양한 연결망이 신·구사회운동의 경계를 넘어서 다양한 교차양상을 보이고 있다. 또한 이념이나 분석적 개념의 수준에서는 탈현대적 이슈나 이념들을 받아들이고 있지만, 전통적인 운동 네트워크와는 분명하게 구별되지 않고 있다. 즉 한국에서는 환경 자체에 전통적 요소와 탈현대적 요소가 뒤섞여 있음을 암시한다(권태환, 1997). 한국사회에서 전개되고 있는 여러 형태의 사회운동들은 정치권 안에 대한 '해방정치'와 동시에 정치권 밖의 '생활정치'를 함께 추구해 왔다는 연속성과 유사성을 지니면서, 신사회운동과 구사회운동의 중간 영역에 병존하고 있다고 보인다. 그럼에도 불구하고, 사회운동 연구자들은 민중운동(구사회운동)으로부터 분리된 시민운동을 대부분 신사회운동으로 이해하였다(권태환 외, 2001). 그 이유는 한국의 신사회운동에도 서구적 의미의 이념적 지향성이 다소 미약하기는 해도 분명하게 존재하고 있기 때문이다(김성국, 1998).

이러한 과정 속에서 1990년대 후반부터 부각된 지역공동체와 풀뿌리 주민운동에 대한 관심은 신사회운동의 이념과 운동방식 및 네트워크에 훨씬 근접하고 있는, 비로소 (근대의) 급진화된 운동으로서, 지역의 현장에서 실천되는 생활문화운동들을 주목하기 시작한다. 그리고 이것은 주민 주체와 지역 공동체를 화두로 한 '사회운동의 지역화'(김정훈, 2007), '신사회운동의 지역주의'(김성국, 2001) 논의로 확장되면서, 소위 '시민 없는 시민운동'의 위기를 해소하기 위한 대안운동적 전략으로 발전한다. 이는 민주화, 세계화 이후의 새로운 대안은 풀뿌리 민주주의와 지역의 민주화이며, 풀뿌리 민주주의에 기반을 둔 지역공동체의 형성이 민주화, 세계화 이후의 새로운 대안모델(김정훈, 2006: 328)이라는 점에서 비롯된 것이다.

2. 생활정치 영역의 NGO 주도 거버넌스 운동의 실태

앞에서 생활정치의 사상적 배경 및 의의, 그리고 시민사회의 재활성화와 직결되는 신사회운동의 대두배경과 의의를 살펴보았다. 그렇다면, 일상의 '삶의 정치'일 수도 있고 근대성의 체계에 의문을 던지는 '성찰의 정치'일 수도 있는 생활정치의 영역에서 신사회운동의 형태로 나타나는 시민사회중심의 거버넌스 운동은 어떤 운동이며 그 실태는 어떠한지 살펴보기로 하겠다.

신자유주의라는 이름의 세계화는 사람과 사람 사이에 우애와 협동보다는 경쟁과 분열로 비인간화를 초래하여 결코 인간다운 삶을 살 수 없도록 하고 있다. 또한 사람과 자연 사이에 일체감과 호혜성

보다는 일방성과 파괴성을 강화하여 반생명적 작용을 하고 있다. 사회운동이란 삶의 조건을 바꾸어 새로운 질서를 만들려는 집단의 지속적인 실천행위로 규정할 수 있다(김경식·이병환, 2002: 1). 따라서 세계화의 폐해는 대안사회에 대한 갈망을 가져오고 새로운 운동으로 나타나고 있다. '대안'이란 말의 의미는 말 그대로 기존의 것에 대한 대체, 또는 대응을 의미하는 개념(이정옥, 1999: 19-20)으로, 여기서 '대안'이란 자본주의 내지 자본주의적 사회경제 질서의 한계에 대한 대안을 의미한다(강수돌, 2007: 194). 대안사회에 대한 갈망은 기존의 운동으로는 세계화의 문제에 대처할 수 없다는 인식이 모아지고 새로운 사회운동에 대한 모색이 절실해지는 가운데, 대안운동의 형태로 나타나고 있다. 이러한 대안운동은 명령하고 따르는 틀이 아닌 작은 공동체(관계)들을 서로 연결시키면서 수평적인 관계망을 확장시키려는 움직임을 보인다. 대안운동은 일상생활 속에서 또한 전통적인 생산 중심적인 사고 및 활동을 넘어서서, 다양한 요소들을 결합함으로써 새로운 삶의 형태, 기존의 권력이나 자본이 원하는 방식과는 다른 방식의 삶의 형태를 모색한다(윤수종: 2007).

대안공동체운동은 바로 이런 문제의식 속에서 자본주의 질서에 대한 대안을 추구하고 있는데, 그 과정 및 접근방식에서 크게 세 가지 특성을 띤다. 첫째, 기존의 정당 운동처럼 권력장악을 통해 위로부터 새로운 질서를 세우려는 것이 아니라, 사람이 가진 내면의 힘을 스스로 펼쳐 냄으로써 '아래로부터' 새 질서를 세우려는 것이다. 둘째, 기존의 민족과 국가 등 대규모 단위 대신에 우선 '소규모' 생활단위를 중심으로 하고, 그 소규모 단위들 사이의 유기적 '연결망'을 중시한다. 셋째, 기존의 중앙집권적 조직 및 운동 형식을 거부하고 대신에 '분권과 자치'를 중시한다(강수돌, 2007).

따라서 본 연구에서는 생활정치 영역의 NGO 거버넌스 운동의 형태가 대안운동, 혹은 대안공동체운동을 중심으로 나타나고 있다고 규정하고, 국내의 대표적인 대안공동체운동에 대한 현황과 실태를 살펴보고자 한다.

1) 대안교육운동

(1) 공동육아운동

공동육아운동은 교육당사자가 자신들의 교육적 욕구를 스스로 현실화하여 대안적인 교육의 장을 일구어 낸 새로운 모델이다. 산업화, 도시화, 핵가족화에 따라 급격히 변화된 육아 환경 때문에 고통받고 있는 부모들과 학생들에게는 '탁아' 수준의 영유아 보호시설이 아니라, 바람직한 보육의 장(場)이면서 동시에 폐쇄된 삶의 공간을 열어 줄 공동체적인 만남의 장(場)이 필요하다. 즉 계층이라는 고정된 기준을 넘어서 지역에 따라 가장 요구가 크고 당사자의 참여가 가능한 곳부터 대안적인 교육 프로그램을 실현하고자 한 것이 '공동육아연구회'의 '공동육아협동조합' 모델이다. 이 모델은 대안적인 보육과 교육의 욕구를 가진 부모들이 협동조합을 만들어 물적인 기반을 마련하는 한편, "우리 자식은 우리가 함께 키운다."라는 인식을 바탕으로 자체적으로 운영하는 방식을 취한다.

우리나라 공동육아운동은 1994년 공동육아협동조합 제1호이자 성미산 학교의 모태인 '우리 어린이집'이 서울 마포에서 문을 연 이후 '날으는 어린이집', '참나무 어린이집'을 비롯해서 방과 후 교실인 '도토리'와 '풀잎새'까지 수십 개의 공동육아협동조합이 생겨났다. 그 후 '우리 어린이집'은 생활협동조합을 만들어 친환경 먹을거리 공동구매를 통해 지역민에게 다가갔으며, 각종 지역의 동아리 결성, 성미산 가을 축제, 숲속 음악회, 마을 운동회를 개최하기도 하였다(이병완·김영순, 2008: 205 - 206).

공동육아의 운영은 전문가, 부모, 교사가 모인 이사회를 통해 협동조합 특유의 방식으로 이루어지며, '현장 학교'를 열어 관심 있는 부모, 교사의 교육에 힘쓰고, 그 모델의 지역 확산을 꾀하고 있다. 그리하여 공동육아 철학에 공감하는 사람들이 몰려들고 지역에서 주목받는 조직으로 성장하면서 학교의 형식에 준하는 기관의 설립이 필요하게 되었다. 그 결과 공동육아협동조합의 성공적인 운영은 '성미산학교'의 개교를 가능하게 하였다. 성미산학교의 교육과정은 전형적인 통합교육의 모델에 따라, 나이의 벽이나 정상아, 장애아의 벽을 넘어서 함께 어울리는 교육을 추구하며, 생활중심, 상황중심의 교육내용과 아울러 생태주의적인 교육의 바탕을 실현하고자 노력하고 있다(김정희, 1997).

(2) 대안학교운동

입시교육, 경쟁교육, 점수교육, 몰개성교육 등 갇힌 교육이 아니라, 자율과 자립, 협동과 공동체를 추구하는 대안교육 운동이 1990년대 이후 활발히 전개되고 있다. 대안교육 전문지인 '민들레'에 따르면, 2009년 현재 대안학교는 전국 곳곳의 다양한 홈스쿨링 외에 초등학교 28개, 중학교 16개, 고등학교 22개, 중고통합형 33개, 초중통합형 1개로 100개다(www.mindle.org).

그중 1958년에 설립된 '위대한 평민'을 지향하는 풀무학교는 한국 최초의 대안학교다. 1997년에는 사랑과 자발성의 가치를 핵심으로 하는 '간디학교'가 설립되었다. 설립자 양희규 선생이 밝히고 있듯이, 대안학교는 억압, 무지, 부패를 특징으로 하는 현재의 비인간적 사회 구조에 대한 '불복종운동'의 맥락에서 출발하였다. 따라서 대안학교는 입시중심이 아니라 전인성 중심, 시험과 점수를 통한 차별화 교육이 아니라 사랑의 교육, 결과 중심적 교육이 아니라 과정 중심적 교육, 성취도 중심이 아니라 성숙도 중심의 문화, 억압과 통제의 교육이 아니라 자유와 자발성의 교육, 도시의 교육이 아니라 농촌의 교육, 사회 고립의 교육이 아니라 사회 참여의 교육, 일방적인 학교 중심형이 아니라 학생, 선생, 학부모 모두가 참여하는 공동체형 교육을 지향한다(양희규, 2007).

2) 대안경제운동

대안경제운동은 자본주의 경제질서에 대한 비판과 성찰로부터 시작되었다. 대안적 경제운동은 공동체운동과 결합하여 나타나고 있다.

(1) 대안화폐운동

중앙은행권을 통한 거래가 아니라, 자신이 가진 능력과 마음을 거래하는 한 방법으로, 지역화폐(지역 거래 시스템, LETS, Local Exchange and Trading System)운동 또는 녹색화폐운동이 있다. 1983년 캐나다 코목스밸리의 컴퓨터 프로그래머 Michael Linton이 지역화폐운동의 선구자로 통한다. 현재 캐나다·미국·호주·프랑스·네덜란드 등지에 3,000여 개 레츠가 있다.

국내에서는 지난 1996년 '녹색평론'이 처음 소개한 뒤, 대안화폐운동은 1998년 3월 '미래를 내다보는 사람들의 모임(미내사)'에서 '미래화폐(FM)'로 출발했다. 외국에서 들여온 개념이지만, 한국 전통의 두레나 품앗이를 현대적으로 되살린 것이라 볼 수 있다. 대전의 한밭 레츠 '두루'를 비롯하여, 안산의 고잔품앗이 '고잔머니', 서울 송파구의 송파품앗이 '송파머니', 경기도 과천의 '품앗이', 경남 진주시의 '상봉레츠', 녹색대학의 '녹색화폐 사랑화', 광주의 '나누리', 녹색연합 '작은 것이 아름답다'의 '작아장터' 등이 있다(강수돌, 2007).

(2) 대안식생활운동(슬로우푸드운동)

농축산물의 막대한 수입, 초국적 농식품 복합체들의 횡포, 유전자변형품의 확산, 어린이 아토피의 증가, 현대인을 사로잡는 패스트푸드, 인스턴트식품의 증가, 먹을거리의 상품화와 사회화, 이런 와중에 점점 더 독점 이윤 속에 편입된 먹을거리 시스템의 세계화는 효율성, 간편성, 수익성을 중심으로 작동하기에 마침내 각 사회의 자립성과 건강성, 생태성에 치명적 영향을 미친다. 더욱이 먹을거리 시스템은 단순한 소비의 문제만이 아니라, 곡물과 채소, 과일, 육류 등의 종자, 품종, 유전자조작, 농약, 비료, 성장촉진제 등 화학 물질의 문제를 포함한 생산의 왜곡은 물론, 장거리 유통과정에서의 문제, 그리고 생산과 유통과정 전반이 고유의 지역 공동체를 파괴하는 문제 등 총체적 문제와 연결되어 있다(윤형근 2007: 174-183).

이런 맥락에서 대안식생활 운동은 유기농 운동, 학교급식 운동, 농민장터 운동, 지역먹을거리 시스템(대안식품체계) 운동[17] 등으로

17) 이러한 대안식품체계운동은 다른 나라에서는 공동체지원농업 등 대안농업운동과 결합되어 전개되고 있다.

전개되어 왔다. 예컨대 제주도는 전국 최초로 1994년 초등, 1996년 중고등 학교에서 완전 직영 급식을 시작하였다. 2003년엔 아라중학교에서 친환경 유기농 급식 준비위가 결성되고 '초록빛 농장'을 직영하면서 친환경 급식이 시작되었고, 전교조와 종교계 등 시민사회단체 55곳이 연대하여 친환경농산물의 학교급식화를 위한 조례 제정 운동을 전개하였다. 이에 도의회가 당시 행자부의 'GATT위반' 지적에도 불구하고 친환경급식 조례를 제정하여 예산지원을 하게 되었는데, 2005년엔 10억 원, 2006년엔 20억 원의 예산이 편성되었다. 2006년엔 약 30%의 학교가 지역의 친환경 농산물을 학교급식으로 공급하는 시스템을 구축하였다. 한편, 2003년 전북도에서는 최초로 학교 급식 조례를 제정하여 지역 농산물, 친환경 농산물의 생산과 소비를 촉진하게 된다. 또 강원도 원주의 상지대의 경우도 학교 생협과 연계, 대학 내 모든 식당에서 지역의 친환경농산물을 사용하고 있다. 상지대는 이외에도 지역 에너지를 이용한 냉난방 시설, 태양광을 이용한 에너지 절약, 청정환경연구센터 설립, 국제한방연구센터 개소 등 먹을거리와 에너지의 분야에서 대안적 생산과 소비의 모범을 보이고 있다. 이어 대구경북 지역에서도 '농업회생과 지역자치를 위한 사회연대'가 결성되어 지역농산물 직거래 시스템의 구축을 통한 지역 공동체의 부활을 꾀하고 있다. 이들은 농민 장터를 정기적으로 열 뿐 아니라, 식당을 운영하는 기업, 병원, 공공기관과 협약도 맺어 유기적인 생산과 소비 체계를 구축하고자 한다. 그런데 이러한 대안적 먹을거리 생산 및 소비 운동에서는 역시 경제성과 이념성 사이의 갈등이 최대 현안이다(윤형근, 2006: 115 – 129).

(3) 생산참여형 소비자운동

생산참여형 소비자운동은 생산자의 힘에만 의존해 왔던 기존의
사회운동(노동운동)에 소비자와의 연대를 합한 것으로, 생산과 판매
의 세계화에 대응하는 새로운 운동양식이다. 1960년대부터 시작된
생산지의 저임금국으로의 이전은 1980년대까지 지속되다가 1990년
대에 이르러 소비자와 생산지를 다극화하는 방향으로 변했다. 그 결
과 판매상이 생산을 주도하게 되고, 소비의 영역이 중요하게 부각되
게 된다. 이러한 세계화 추세에 대한 운동 차원의 대응 방법의 하나
가 생산참여형 소비자운동이다. 생산참여형 소비자운동은 최종 소비
자를 통해 생산 과정에서 일어나는 다국적 기업에 의한 노동권 · 환
경권 침해에 제동을 걸고자 하는 운동이다(이정옥, 1999: 12).

생산참여형 소비자운동은 다양한 방식으로 시도되었다. 생산참여
형 소비자운동이 가장 활발하게 일어난 곳은 유럽이다. 유럽의 고
임금 국가에서 다국적 기업에 제동을 거는 소비자 행동이 시작된
것은 1970년대 스위스의 네슬레에 대한 운동이 시초였는데, 이후
1980년대는 소강상태에 있다가, 1990년대에 다시 부상하였다. 구체
적으로는 테이스터스 초이스 커피, 리바이스 청바지, 나이키 신발,
리복 운동화, 맥도날드 햄버거 등을 대상으로 다양한 소비자 캠페
인을 벌였다. 이들은 산업 재해의 보상 협상과정에서 하청공장에
문제를 떠넘기는 다국적 기업에 대응하는 전략을 개발하다가 소비
자 행동의 필요성을 절감하면서, 해당 상품의 불매 운동 캠페인에
서 시작하여 공정 무역 헌장 제정, 생산 현장에 대한 소비자감시위
원회 신설 등을 요구하는 입장으로 발전해 갔다.

생산참여형 소비자운동이 유럽에서는 활성화된 반면, 주변부 국

가에서는 잘 나타나지 않았다. 왜냐하면 저임금 상태의 주변부 국가에서는 소비자 운동보다는 여전히 생산자 중심의 운동이 지배적이기 때문이다. 아시아에서 생산참여형 소비자운동의 사례가 나타난 곳은 일본과 한국이다. 한국은 1987년 노동자 대투쟁을 계기로 저임금국으로의 생산지 이전이 급속도로 진전되었으며, OECD 가입을 계기로 주변부에 대한 개발 지원을 시작하는 단계로까지 발돋움하였다. 이런 차원에서 생산참여형 소비자운동은 농산물 시장의 개방 압력에 대응하여 주곡 자립을 지켜 내는 차원에서 생산자와 소비자 간의 연대운동 등의 다양한 형태로 나타났다. 즉 도시 소비자와 농촌 생산자 직거래망이 개발되고, 생산자와 소비자의 연대에 의한 농산물 유독성 감시 운동이 일어났다. 이러한 다양한 운동 가운데 농산물 무역의 문제를 지속적으로 제기한 것이 우리 밀 살리기 운동이다(이정옥, 1999: 23 – 35). 우리 밀 살리기 운동에 대한 자세한 내용은 제3절에서 구체적으로 살펴보고자 한다.

3) 생활공동체운동

(1) 생활협동조합운동

생활협동조합(생협)은 기존 '소비자주의' 운동을 한 단계 발전시킨 형태로, 소비자와 생산자가 연대하는 한 형태이다. 한국의 생협 운동은 '식생활 위기'라는 문제의식을 앞장서서 제기하고 그 대안을 실천하고자 1980년대 후반부터 본격화했는데, 한살림 운동과 가톨릭농민회운동이 선구적이다. 한국의 생협은 원래 왜곡된 유통구조와 자본의 일방적 횡포에 대항하여, 질 좋은 상품을 저렴하게 이용하기 위한 구매조합에 그 뿌리를 둔다. 처음엔 도매상들의 횡포가 심했던 농촌과 광산지역을 중심으로, 1970년대 후반과 1980년대 초반에 그 첫걸음을 내딛었다. 그러나 1980년대 중·후반부터는 붕괴되는 우리 농업을 되살리고 도시 소비자는 안전한 먹을거리를 제공받을 수 있도록 친환경농산물을 직거래하는 활동을 본격 전개하게 된다. 예컨대 '한살림'운동은 1980년대 초반 원주에서 시작되었는데, 1986년 서울 한살림의 창립을 계기로 전국적으로 확산되었다(김용우, 2002). 이후 영리 목적과 치료 위주로 운영되고 있는 기존 병원에 대한 대항의료기관으로, 안성의료생협·안산의료생협·인천평화의료원 등 의료생협이 생긴 후 계속 늘어나고 있으며, 교수·학생·직원의 복지 향상을 위한 대학생협이 속속 결성되면서 지역에 있는 생협들과 활발한 교류를 갖고 있다.

생활협동조합은 전통적인 생산 중심지적 사고에서 벗어나 생활(특히 소비)을 중심으로 협동화해 나가자는 움직임으로, 대안적인 삶의 형식들을 만들어 가려고 한다. 또한 생협들은 생협활동을 매개로 하여 다른 여러 가지 대안 활동도 펼쳐 나간다. 경기도 성남 주민생협의 경우, 자녀교육 문제를 풀기 위해 주부들이 '어린이 창조학교'를 직접 운영하기도 한다. 마포두레생협의 경우는 공동육아 학부모들이 주도하여 만들어졌는데, '반경 2km 이내'라는 생협의 근거지 위에서 방학 중의 마을 학교, 강좌, 김장 나누기, 성미산마을 축제, 마을학교 '우리 마을 꿈터', 동네부엌(반찬가게), 자동차정비센터 '성미산 차병원', 대안초중등학교인 '성미산학교' 등 다양한 대안활동들을 실천해 가고 있다. 또한 2006년 들어 생협들은 여러 가지 워커즈 컬렉티브(Worker's Collective)[18]를 구상하고 있다.

(2) 마을공동체운동

마을공동체운동에서 '마을공동체'란 사람과 사람, 사람과 자연이 더불어 사는 새로운 삶의 방식을 창조하는 것을 말한다. 기존의 공동체가 해체의 위기에 처한 지금, 계획적으로 생태마을을 만들어 생활과정 전반을 변화시키려는 것이다. 구체적으로 그 바람직한 모델은 주거양식, 유기농 식량 생산과 유통, 그리고 교육과 문화 창조가 함께 이뤄지는 마을이다. 다양한 공동체 마을과 더불어 생태산촌 만들기, 공동체운동네트워크 등이 중요한 역할을 한다.

한국에서는 1958년 충남 홍성의 '풀무학교' 이후, 역시 같은 홍성군 홍동면의 마을공동체운동이 가장 왕성하게 선구적으로 활동하고 있다. 여기서는 학교, 유기농, 생협, 출판 등이 유기적으로 공동체 발전을 주도한다. 대체로 1980년대 후반 이후 기존의 정치 투쟁 중심의 사회 운동의 한계를 반성하며 마을공동체운동이 시작되어 (강수돌, 2007: 203) 간디학교가 있는 경남 산청의 안솔기마을, 부산 황령산 자락의 물만골공동체, 경기도 화성 산안마을 등 성공적인 마을 가꾸기 사례가 있다. 특히 전북 남원의 산내면 실상사를 중심으로 한 도농공동체, 인드라망생명공동체는 지리산 실상사와 귀정사를 중심으로 중학과정의 대안학교인 '작은 학교'와 귀농학교, 생활협동조합을 운영하고 있으며, 인근 주민들과 함께 생산공동체도 만들었다. 또한 남원시와 사단법인 한생명이 함께 남원시 산내면 백일리에 공동체 마을인 '지리산 작은 마을'을 만들고 있다(불교

---

18) Worker's Collective는 일하는 사람들 자신이 출자하여 자신들이 경영하는 사업체로 회원자주관리사업의 운영을 모색하고 있다. 생협들은 현재 급식네트워크 구축을 위한 워커즈, 산지견학 워커즈, 재가복지케어와 관련한 워커즈 등을 모색하고 있다(생활협동조합전국연합회, 2006).

포커스, 2009. 6. 18.). 생태순환적인 마을 만들기의 대표적인 사례로 알려지고 있다.

생태산촌 만들기 모임은 2000년 창립돼 산촌지역을 생태적으로, 지속 가능한 공동체 사회로 발전시켜 가기 위해 명달리 시범마을 지원 사업, 산촌 네트워크 구축, 생태마을 학생공모전, 산촌체험, 산촌유학, 생태건축 워크 캠프 등 산촌지역 공동체 지원을 위한 다양한 활동들을 펼쳐 오고 있다(강수돌, 2007: 204).

4) 대안문화운동

문화 환경은 정보화와 함께 빠르게 다변화하고 있고 자본과 시장의 욕망에 의해 추동되고 있다. 그러한 문화환경에 대해 대중의 문화적 욕구를 조직하고 이를 통해 자본과 시장의 욕망을 견제하면서 문화 지형 전반을 대중 주체의 영역으로 바꾸기 위한 대안문화운동이 확산되어 왔다.

그 가운데 가장 두드러진 것으로 대안미디어운동(대안언론)을 들 수 있다. 대안 미디어[19]는 주류 미디어의 의제와 담론에 맞서는 비판적이고 급진적인 담론과 문화를 생산한다. 또한 그러한 대안적 의제들을 공론화하는 데 적절한 의사결정구조, 기사 스타일, 운동성이 구현될 수 있는 조직체계와 구조[20]를 지향한다.

그런데 한국의 대안미디어는 반민주세력에 대항하는 민주화 투

---

19) 대안미디어란 '사적 자본에 의해 소유되고 운영되는 상업 미디어나 국가에 의해 운영되는 미디어, 기존체제나 사회적 가치들을 지지하는 주류미디어가 형성하는 부르주아 지배공론장에 맞서거나 도전하여 대안적 공론장을 창출하는 미디어들'(유선영, 2005: 230)이라고 규정할 수 있을 것이다.

20) 대안언론은 콘텐츠 생산방식과 수단, 과정, 배급망에 있어서도 대안성을 지향한다.

쟁의 일환으로 생겨났으며, 이 과정에서 소외계층의 이익을 대변하는 대항언론의 역할을 하였다. 따라서 대안적인 성격보다는 대항적인 성격에 집중하게 되었다. 2000년대 들어서면 인터넷의 활성화와 더불어 대안미디어운동은 시민의 적극적인 참여와 정보생산자의 역할을 증진시키는 방향으로 발전해 갔다.

그리고 중앙이나 도 단위 일간지와는 달리, 풀뿌리미디어로 새로이 나타난 것이 풀뿌리지역신문이다. 1989년 처음 모습을 드러낸 풀뿌리지역신문은 '옥천신문'의 성공에 촉발되어 현재 500여 개가 넘는 지역신문이 등록되어 있다. 지역주간지들은 소수의 직업적 상근 기자들이 주도하고 있으며, 지역민 그리고 지역 정치 및 경제에서 소외된 계층을 대변하고자 하고 지역소재 시민단체나 NGO와 연대하여 지역여론형성에 영향력이 큰 것으로 평가되고 있다. 이들 지역신문들은 지역토착세력, 지자체의 관료, 의회, 단체장, 기업을 감시하는 한편 지역주민들의 일상적인 생활을 가시화한다(유선영, 2005: 231-237).

대안문화운동은 대안 미디어운동 외에도 다양한 운동들을 포함하고 있다. 시청자운동으로서 수용자운동, 퍼블릭액세스운동(시청자가 직접 기획하고, 직접 제작한 프로그램을 방송하도록 하는 운동), 정보화 속에서 정보공유운동이나 카피레프트운동 등은 어떤 공식적인 조직이나 네트워크가 없더라도 인터넷상에서 무수히 찾아볼 수 있다.

또한 여성의 가치를 강조하는 '또 하나의 문화' 집단은 1984년 대안문화를 지향하는 동인들의 모임으로 시작하여 1999년 법인형태로 전환하여 활동하고 있다. 이 외에도 과학적 결과와 과학연구를 대안적인 삶의 형태들과 결합시켜 나가는 방향을 모색하려는 새로운 과학운동, 스타들을 동원하여 대량 관객을 모으는 돈 많이 든 영화에 대항하여 적은 예산으로 색다른 광경들을 창조하려는 독립 영화운동, 언더그라운드 밴드들, 락 클럽들(클럽문화)의 활동, 인디 레이블[21] 등의 운동이 있다. 최근에는 1970년대의 유럽의 자유라디 오운동을 연상케 하는 지역공동체 라디오운동이 나타나고 있다. 소 출력 라디오로 이야기되는 미니 방송국 공동체라디오는 마을 주민 이면 누구나 DJ가 되고 PD가 될 수 있다.

1980년대의 민중문화 운동을 대체하면서 대안문화운동으로 떠오르 고 있는 이런 운동들은 결국 자본과 시장 논리에 대항해 문화적 공공 영역을 구축하고자 하는 노력이며 대중문화를 자본이 아닌 대중 주체 의 영역으로 바꾸기 위한 노력이라고 할 수 있다(김창남, 2007: 83).

5) 작은도서관운동(마을도서관운동)

1990년대 중반부터 생활권 중심지역에 어린이와 주부 등을 대상 으로 하는 작은 규모의 도서관이 하나둘씩 생겨나기 시작한 것이 마을도서관운동의 시작이다. 이는 사회민주화라는 거대담론이 조금 씩 해결되면서 생활 속에서 공동체성을 복원하고 더불어 사는 사회 를 만들어 나가려는 시민운동의 연장선상에 놓여 있는 것이며, 어린 이 교육문화 운동의 일환으로 볼 수 있다. 이들의 궁극적인 목표는 지역주민의 생활공간 내에 위치하면서 충실한 도서관 서비스를 제공 하고, 지역 내의 다른 시민단체들과 함께 역동적인 문화활동을 진행 하면서 주민의 주체의식과 자아개발을 강화하는 데 있었다. 이후 전

. . . .
21) 메이저 레코드사의 영향력 안에 묶여 있지 않은 저예산 독립음반사를 말한다.

개된 작은도서관운동은 전국의 다양한 운동가들에 의해 동시다발적으로 진행되고, 필요에 따라 연대하는 수평적인 운동으로 전개된다.

2000년 이후로는 특히 어린이도서관이 두드러지게 등장한다. 2001년 서울 성동구 행당동의 책 읽는 엄마 책 읽는 아이, 은평구 대조동의 꿈나무, 2002년 동대문구 전농동의 꿈틀, 경기도 고양시 일산구 숲속 작은도서관, 2003년 역시 경기도 고양시 덕양구의 어린이도서관 동화나라와 충북 청원군의 들꽃방, 2004년 전북 익산의 삼성도 어린이도서관, 2005년 인천 달팽이 도서관 등이 그 예이다. 한편 이 시기에 어린이도서관을 건립하고자 하는 지방자치단체들도 늘어 갔다. 핵가족화로 인한 자녀교육에 대한 부모들의 관심과 투자, 공교육부문에서의 자기주도형 교육시스템 도입과 논술형 입시 제도의 도입 등으로 인하여 더 높아진 어릴 때부터 책 읽기가 중요한 과제로 부상되었기 때문이다. 이는 곧 '지역주민의 요구'이기도 했다.

이에 책과 책 읽기, 도서관 문제에 관심을 가진 시민단체가 지방자치단체에 적극적으로 어린이도서관을 권장한 바 있다. 이를 대표하는 사례가 2003년부터 전개된 '기적의 도서관(Miracle Library)' 프로젝트다. 시민단체인 책 읽는 사회 만들기 국민운동과 문화방송이 범국민운동을 벌였고, 지방자치단체가 공간과 운영예산을 부담하기로 하면서 2003년 순천, 제천, 진해, 2004년 서귀포, 제주, 청주, 울산, 2005년 금산, 2006년 부평 등에 기적의 도서관이 건립되게 된다.

한국사회에서 작은도서관이라는 사회운동은 지역주민이 가장 먼저 접촉하는 사회적 시설로서의 의미를 가진다. 그리고 시민사회가 작은도서관에 관심을 가지는 현상은 한편으로 도서관 전문가들에게 뼈아픈 성찰의 계기를 제공하고 있다. 작은도서관운동은, 도서관이 일부 수험생이나 학생이 취업준비와 자기학습에 몰두하는 소위 '독서실'이라는 이미지와 지역주민의 일상생활과 유리된 채 운영되는 행정기관이라는 고정관념을 파기하고, 지역주민에게 절대 필요한 지식정보 및 문화기관으로 변신해야 한다는 인식을 확산시키는데 크게 기여함으로써, 도서관의 발전과 새로운 시대상을 정립하는계기로 작용하였다는 점에서 긍정적으로 평가할 수 있다(김소희, 2008: 29 - 38).

이러한 사회운동의 흐름 속에서 대전에서도 시민사회를 중심으로 작은도서관운동으로서의 마을어린이도서관운동이 시작되었고, 2009년 현재 14개의 마을어린이도서관이 건립되어 운영 중에 있다. 마을도서관운동은 본 연구의 사례이므로 이와 관련한 자세한 내용은 제4장에서 구체적으로 살펴보기로 하겠다.

3. 직접행동의 대안으로서의 NGO 주도 거버넌스 운동

원래 직접행동은 생활정치와 밀접하게 연관되어 있는데 아나키즘의 정의에 따른다면, 직접행동은 사회혁명을 지향하는 정치행위를 가리킨다. 즉 직접행동과 생활정치는 정치적인 행동의 한 형태가 아니라, 국가주의와 자본주의를 대체하려는 새로운 정치의 시작을 뜻한다(이명원 외,[22] 2009: 188). 직접행동이나 생활정치는 단순히 정치에 대한 무관심이나 회의가 아니라 정치를 바라보는 관점을 근본적으로 바꾸는 것을 뜻하기 때문에, 정치에 대한 무관심이나 대의민주주의에 대한 회의적인 태도가 직접행동이나 생활정치의 활성화로 곧바로 이어지는 것은 아니다. 무관심이나 회의는 현실에 대한 분노만이 아니라 냉소로도 이어지기 때문이다.

직접행동과 생활정치는 현실의 구체적인 욕구에서 시작해 대중의 일상생활을 바꾸는 것을 목표로 삼는다. 아나키즘이 이론적으로 설명했듯이, "직접행동은 민중이 전위조직이나 지식인 등의 대리인을 거치지 않고 자신의 자유의지에 따라서 스스로 행하는 행동을 의미"(Guerin, 하기락, 1993: 146)한다. 따라서 아나키즘이 말하는 직접행동은 대중이 일상적인 사안에 관해 자신의 입장을 드러내고 차이와 갈등의 과정을 겪으며 공동체를 구성해 가는 과정이다. 그리고 아나키즘에 따르면 개인은 공동체와 관계를 맺으며 성장하고 자아를 실현해 간다. 그래서 개인은 개인의 이름으로 체제에 도전

---

22) 2007년 7월 30일, '행동하는 지식인'을 꿈꾸는 이명원, 오창은, 하승우는 '지행네트워크(知行 Network)'—'포스트 386세대'가 만든 대안적 연구공간—를 만들고 이를 공동연구의 이름으로 사용하고 있으나 본 연구에서는 저자 대표 확인 방식으로 표기하고자 한다.

하지만 개인의 이름 속에는 해방을 열망하는 개인들의 집합인 대중이 숨 쉬고 있다. 따라서 직접행동의 능동성은 개인의 행동만이 아니라 비슷한 욕구를 가진 사람들을 조직하며 개인과 조직을 구분하는 이분법도 넘어서고 있다.

따라서 직접행동에서 말하는 개인은 개별화된 개인이 아니라 '사회적 개인'이다. 직접행동은 새로움보다 경계를 넓히고 확장하는 것을 강조하는데, 이를 위해 필요한 것은 주체의 '학습과 성장의 과정'이다. 그런 성장이 없다면 대중은 '욕망의 배치'에 따라 움직일 수밖에 없기 때문이다. 변화가 지속성을 가지려면 욕망의 배치구조를 깨야 하는데, 이를 위해서는 자각과 성찰에 의한 구조변화가 필요하다. 이런 이유에서 직접행동은 사회적 개인이라는 개념을 주장하게 되고, 개인은 사회적인 관계의 그물망 속에서 어떤 위치를 차지하는가에 따라 다양한 정체성을 가지게 된다.

한편 직접행동은 대의민주주의에 의문을 던질 뿐 아니라 국가기구를 비판하고 대안공동체를 구성하려는 시도이기 때문에, 자유민주주의 체제와 근본적으로 모순적인 관계에 있다. 그런데 영국의 정치학자 Carter는 직접행동은 대의민주주의 자체를 부정하지 않고, 대의민주주의를 보완, 발전시키는 방안이기 때문에 직접행동이 다른 모든 정치행위를 꼭 대체할 필요는 없다고 말한다. 자유민주주의를 부정하지 않는데도 불구하고 카터가 직접행동을 강조하는 이유는 "직접행동에 참여하는 사람들이 자력화 효과(empowering effect)를 경험한다는 것", 즉 "직접행동에 가담하는 이들이 공개적으로 자기 목소리를 당당하게 냄으로써 자부심과 존엄감을 얻을 수 있고, 두려움을 떨쳐 버릴 수 있으며, 타인과 연대감을 고양할 수"(Carter, 조효제, 2007: 515) 있기 때문이다. 그러나 '거리의 정치'가 '공론의 장(場)'을 구성할 수는 있지만—특히 한국에서는 그 공론장이 입법이나 행정에 영향을 미치지 못하고 있는 상황이므로— '영향력의 정치'가 효과적으로 이루어지리라고 보기는 어렵다. 사실 대의정치체계와 사법권력을 근원적으로 변화시키지 않은 채 직접행동만으로 세상을 바꿀 수는 없다. 이는 한국의 특수성을 반영하지 않는다고 해도 자유민주주의는 적극적인 시민참여를 달갑게 받아들이지 않는다는 것을 Swift는 잘 말해 주고 있다. 그는 "약한 민주주의에서 인민주권은 사유재산권에 포위되어 있으며, 사유재산권은 공동체의 집단적 권리를 좌우하게 된다. 이런 이론은 소유권적 개인주의 개념에 기초한 강한 시장, 약한 민주주의 모델이다."(Swift, 서복경, 2004: 46)라고 말하고 있다.

직접행동은 이런 자유민주주의를 넘어서는 삶, 궁극적으로 자치와 자율의 삶을 추구한다. 이때의 직접행동이 추구하는 자치와 자율은 사회적 개인이라 하더라도 일상의 정치공간을 재구성하기 위해서는 어떤 전략이 필요한지, 전략 없이 직접행동 자체가 사회를 변화시킬 수 있는지에 대한 고민이 필요하다. Bookchin은 "새로운 계획과 새로운 정치는 개인의 주변 환경—사람들의 주택 상태, 이웃의 여러 문제, 교통시설, 경제조건, 환경오염 문제, 노동현장의 상태—을 둘러싸고 구조화되어야 한다. 지역센터, 협동조합, 농업센터, 그리고 마지막으로는 주민회의라는 형태로 권력을 점차적으로 이웃과 자치단체로 이전시켜야 한다."(Bookchin, 박홍규, 1998: 249)고 한다.

그렇다면 '직접행동의 시대에 사회운동은 어떤 역할을 해야 하는

가?' '직접행동이 주장하는 개념이 사회적 개인이라면 개인의 삶은 어떤 방식의 삶을 살아야 하는가?'에 주목할 필요가 있다.

작년의 촛불집회는 사회운동단체에도 새로운 과제를 던졌다. 이 새로운 과제는 촛불집회에서 드러났듯이 '단체나 지식인의 지원을 거부하는 대중에게 사회운동이 어떤 역할을 맡아야 할 것인가? 대중이 운동의 지도를 거부할 경우 조직화되지 않는 대중, 조직화를 거부하는 대중 사이에서 사회운동은 어떤 역할에 집중해야 할까? 더구나 정당이 정책적인 기능을 잘 담당하고 있고 대중이 스스로 변화의 동력이라면, 사회운동은 무슨 역할을 해야 하는가?' 하는 것들이다. 이는 정당이나 사회운동단체 어디든지 단체와 대중 간 소통의 계기를 마련하고, 사회적 공공성을 어떻게 구성할 것인가에 관한 사회적 합의를 고민하는 게 필요하다(이명원 외, 2009: 209 - 210)는 것과 동시에 시민운동의 위기를 극복할 대안이 무엇인지에 대한 깊은 성찰과 반성이 있어야 한다는 것을 말해 준다.

최근 사회운동과 시민운동의 위기를 극복할 대안으로 풀뿌리운동과 풀뿌리민주주의가 강조되고 있는 것도 같은 맥락에서 볼 수 있다. 민주주의는 저항의 과정에서만 생명력을 누릴 수 있다. 다시 말해서 대중의 직접행동이 있을 때에만 민주주의는 살아 있을 수 있고, 민주주의의 결손은 직접행동을 통해서 보완될 수 있다. 그러나 한국 사회에서 직접행동은 '거리의 정치'만이 아니라 '일상의 정치'까지 파고들 때에야 변화의 잠재력을 구성하고 실제로 변화를 이끌어 낼 수 있을 것이라는 점에서, '일상의 정치'를 실현하려면 전략 없는 직접행동이 아니라, 사회적 개인들이 밑으로부터의 생활정치를 실현하는 과정 속에서 행해져야 한다고 할 것이다.

이상에서 본 바와 같이 생활정치는 직접행동과 마찬가지로 일상생활에서 드러나는 모순과 갈등을 주민 스스로가 해결하는 정치라는 점에서 직접행동과 생활정치는 밀접하게 연관되어 있다. 따라서 생활정치는 새로운 정치의 출현을 뜻하는 것도 아니며, 그렇다고 단순한 생활상의 이슈가 단지 정치의 의제로 등장하는 현상만을 뜻하지도 않는다. Robert Owen이 New Lanark에서 시작했던 협동조합운동이나 대안공동체운동, 주민운동 등과 같은 각종의 오래된 전통을 가진 것이 바로 생활정치이다. 생활정치의 맥은 오래된 미래로 현실에 잠재되어 왔다(이명원 외, 2009: 196). 앞에서 살펴본 바와 같이 생활정치는 신사회운동과 그 맥을 같이하고 있는데 생활정치나 신사회운동은 위기의 현실 앞에선 한국시민사회운동의 깊은 성찰과 반성 속에서 풀뿌리민주주의 운동을 지향하고 있다. 풀뿌리여야만 되는 까닭은 풀뿌리민주주의운동은 제도보다 사람에 주목할 뿐만 아니라, 민주주의의 주체를 기르는 총체적인 삶의 변화를 추구해 왔기 때문이다. 또한 인간과 세계를 바라보는 근본적인 관점의 변화를 요구하고 새로운 것을 통한 발견뿐 아니라, 잊혔던 것을 재발견하고 재구성하는 것에서 의미를 발견하기 때문이다. 이러한 풀뿌리운동은 지역사회 안에서 대안공동체운동이나 주민운동의 형태로 살아 움직이는 대표적인 NGO 거버넌스 운동이라 할 수 있다. 이런 점에서 NGO 거버넌스 운동이야말로 '거리의 정치'로 전락할 수도 있고, 전략도 없고 영향력도 없는 정치로 전락할 수 있는, 직접행동의 한계에 효과적으로 대응할 수 있는 대안이자 전략이 될 수 있다.

사실 일상적인 사안에 대해 단순히 이슈의 차원에서만 접근할 경우23) 생활정치에서 과정과 자치의 문제는 생략되고 의제만 남게 된다. 이렇게 되면 누군가가 나서서 문제를 대신 해결해 주겠다고 외치고 실제로 문제가 해결될 경우 대중의 정치적인 잠재력은 감소하게 된다(이명원 외, 2009: 196). 따라서 풀뿌리들이 자발적으로, 주체적으로 자신들의 문제를 사람을 중심에 두고 공동체를 통해 해결하려는 과정 자체가 NGO 거버넌스 운동의 핵심이고 직접행동의 전략이라고 하겠다.

C. NGO 정책과정 주체의 등장과 정책효과로서의
   사회자본 형성

1. 새로운 NGO 정책과정 주체의 등장과 정책과정의 전개

정책의제형성이론 및 정책과정 전반에 흐르는 정책과정의 주체에 관한 전통적 관점과 이론의 한계에 대해서는 제2장 제1절에서 이미 논한 바 있다.

다시 한 번 간단하게 살펴보면, 정책과정은 정책의 주체가 정책의 객체인 정책대상자(집단)를 대상으로 일련의 정책을 형성, 집행,

---

23) 촛불집회의 성격과 의미 등에 관하여 이런 견해들을 참고할 수 있겠다. "남의 얘기가 아니라 내 식탁의 문제"(박수진), "취직, 등록금, 먹거리 문제라는 생활정치의 영역에서 시작하는 솔직한 운동"(최갑수), "과거 사회운동의 주요 이슈가 민주화·노사관계 등 거시적 제도에 있었다면, 이번 이슈는 먹을거리 안전에 연관된 미시적 일상생활이다. 제도정치에 맞서는 생활정치의 등장을 우리 사회는 지금 지켜보고 있다."(김호기)(이명원 외, 2009: 196).

평가하는 과정이고, '정책과정의 주체'는 정책의 효과를 얻기 위하여 그 대상자(집단)를 목표로 일련의 정책을 형성하고 집행하며 평가하는 자(집단)이다. 그리하여 이 정책과정의 주체가 정책을 만들 뿐만 아니라 그 정책을 실제로 실천에 옮기고 그 효과도 평가하므로, 그 주체가 어떤 사람 또는 집단인가의 특성은 어떤 특정 정책의 전체 정책과정의 성격을 규정할 뿐만 아니라, 그 정책의 효과성을 담보하는 아주 중요한 요소·조건·특성·변수가 된다고 하였다. 따라서 정책과정의 주체가 누구인가의 문제는 정책과정 전반에 중대한 영향을 미칠 뿐 아니라, 정책효과성의 질적 수준에도 영향을 미친다고 할 수 있다.

그런데 전통적인 정책학의 논의는, 이러한 정책과정의 주체에 대하여 '정책의제'의 개념 정의에서는 물론이고, Cobb, Ross & Ross의 정책의제형성 모형에서도 주도집단의 주체에 따라 3가지 모형으로 구분하였는데, 거기에서 정책과정의 주체는 역시 '정부'로 한정되어 있었다. 또한 '정부'로 한정된 정책과정의 주체는 정책의제형성 단계 이후의 모든 정책과정 단계에서도 암묵적으로 전제된 채 전개돼 왔다. 이는 거의 모든 정책학 이론이 '정책과정의 주체'를 '정부'로만 한정하는 전통적 관점과 이론을 그대로 보여 주고 있다는 것을 의미하는 것이다.

이렇듯 정책과정의 주체를 '정부'로 한정하는 것은 공공의 개념을 '국가주의적 공공(statist public)'이라는 협의의 개념(박정택, 2007: 45; Bozeman, 1987: 33)으로 국한하는 한계를 스스로 갖게 되는 것으로, 정책과정의 주체는 가장 일반적이고 보편적인 공공당국, 즉 정부뿐만 아니라, 그보다 더 넓게, 특정 공동체의 공공문제를 해결하기 위하여 그 문제에 있어서 공공당국의 역할을 수행하는 공공당국을 모두 포함해야 한다는 새로운 개념규정의 필요성을 제기하게 된다.

한편, 기존의 정책학의 관점과 이론이 정책과정의 주체를 '정부'로 한정하는 전통적 관점과 이론으로서의 기능을 해 왔다면, 거버넌스의 주체에 관한 그동안의 논의 또한 국가(정부) 중심적인 접근, 즉 국가내부의 운영체제나 그 방식에 관한 것을 중심으로 이루어져 왔다. 행정학적인 관점에서 본 광의의 거버넌스 개념조차도 거버넌스를 국가 중심적으로 보고, 거버넌스의 주체가 여전히 국가라고 규정하고 있는데, 이러한 개념 역시 국가 거버넌스(national governance)에 국한된 한계를 보여 주고 있다.

이처럼 전통적 거버넌스 이론은 오늘날과 같이 다양한 행위주체들이 다양한 범주에서 활동하고 있는 세계화·지방화(세방화, glocalization) 시대의 다원주의 사회에서는 더 이상의 설득력을 갖지 못하는 한계를 보이게 되었다. 그리고 이것은 거버넌스의 행위주체들이 국가뿐만 아니라 국정운영 과정에서 상호작용에 관계하는 다양한 조직과 집단임을 깨닫게 해 주었고, NGO는 NGO의 정체성 그 자체만으로도 거버넌스의 행위주체로서 매우 중요한 단위라는 것을 알게 해 주었다. NGO를 통한 국민들의 직접적인 참여의 증대는 새로운 거버넌스의 등장을 가져왔고, 이는 정부중심의 거버넌스를 넘어서는 형태의 새로운 거버넌스로 발전하고 있다.

이상에서 볼 때, 정책과정의 주체를 '정부'로 한정하는 전통적 관점과 이론, 즉 기존의 모든 정책학의 관점과 이론은 스스로의 한계를 가지고 있으며, 거버넌스의 주체를 정부중심으로 접근했던 전통

적인 거버넌스의 이론 역시 스스로의 한계로 인하여 더 이상의 설
득력을 갖지 못하고 있다. 따라서 공공당국의 역할을 수행하는 공
공당국으로서의 NGO 거버넌스는 새로운 정책과정의 주체로 등장
할 수 있는 정당성을 갖는다.

　여기에 더하여 생활정치의 영역에서 신사회운동의 형태로 나타
나고 있는 대안공동체운동은 새로운 운동이자 NGO 거버넌스의 전
형이다. 이제 한국의 시민운동은 기존의 운동을 넘어서는 대안공동
체운동을 중심으로 NGO 거버넌스의 한 주체를 형성하고 있다. 대
안운동의 주체세력들이 특정한 문제를 의제화하여 공공정책을 형
성하고 집행하며 평가하는 공공의 정책과정을 전개하고 있는 것이
다. 이는 NGO가 정책과정의 새로운 주체로 등장하고 있음을 단적
으로 보여 주고 있다.

　그러면 이제 NGO 거버넌스 운동의 실태에서 살펴보았던 구체적인
대안운동의 사례들을 중심으로 새로운 주체로서의 NGO가 주도하는
정책과정은 과연 어떻게 전개되고 있는지 살펴보기로 하겠다. 마을어
린이도서관은 사례분석 대상으로서 제4장에서 구체적으로 분석할 것
이므로 제3장에서 마을어린이도서관 사례는 생략하기로 하겠다.

　먼저 국내 최초 협동조합 형태의 공동육아 어린이집인 마포 성미
산 공동체의 '우리 어린이집'의 정책과정을 시작으로, 4가지 사례의
정책과정을 각각 구체적으로 살펴보기로 하겠다.

1) 공동육아운동

'우리 어린이집'은 아이를 안전하게 키우고 싶은 부모들이 '우리 아이 우리가 함께 키운다'는 공동육아의 철학에 공감하여, 하나둘씩 살던 곳들을 정리하고 어린이집의 터전을 마련해 서울 마포구 성산동의 성미산 자락으로 이주, 정착하면서 시작된다. '탁아' 수준의 영유아 보육시설에 일방적으로 우리 아이를 맡기지 않고 대안적인 교육프로그램으로 아이들을 함께 키워 보겠다는 문제의식이 NGO 주도의 정책을 스스로에게 요구하게 되었고, 이를 정책의제로 채택한 것이다. 이후, 공동육아의 이 주체들은 대안을 고민하면서, 현실적으로 실현 가능한 대안을 개발하고 분석하는 과정에서 성미산으로 이주해서 어린이집을 설립하는 것이 바람직하다는 정책결정을 하게 되었다. 즉 그들 공동육아의 주체들은 설립의 필요성부터 결정에 이르기까지 공동체 구성원들의 수많은 토론을 통하여 의견을 나누고 이견을 좁혀 가고 합의하면서 공동육아의 기반을 만들어 냈다. 결국, 1994년, 약 20여 가구의 젊은 부모들이 연남동에 '우리 어린이집'을 열었고 이듬해인 1995년에 제2호인 '날으는 어린이집'을 서교동에 설립함으로써 공동육아 정책의 집행을 실천하게 된 것이다.

이러한 공동체 조직은 다 만들어진 후에도 운동의 이념과 내용, 운영 전반에 관하여 논의할 사항이 많았다. 부모들은 자주 회합하였고, 한 번 회의를 시작하면 모두가 동의할 때까지 오래도록 토론하였다. 육아를 중심으로 한 반복적인 토론과 운영에의 참여, 그리고 작은 규모의 공동체 살림은 '공동육아 사람들' 간의 민주적 소통과 유대를 돈독하게 만드는 데 기여하는 성과를 이룩하였다는 내·외부의 평가를 얻게 되었다. 그런데 정책결정에 대한 성과는 공동육아 프로그램만으로 이루어진 것은 아니었다. 아이들이 어린이집을 졸업하여 공립학교에 입학하게 되면서, 지금까지 경험한 공동육아 어린이집과는 다른 문화와 환경에 적응하는 데 어려움을 호소하게 되었다. 이에 부모들은 공동육아 프로그램에 대한 평가를 통해 또 다른 새로운 문제의식을 갖게 되었고 이는 정책의제형성과 정책결정 및 집행을 통하여 '방과 후 어린이집 협동조합'을 만들게 되었고, '도토리방과후'(1998), '나는풀잎새방과후'(1999) 또한 독립하여 만들어졌다. 방과 후 어린이 지도 프로그램이 만들어지고 아이들의 생활이 안정되면서, 조합원들 간에 형성된 친밀감은 '이사하지 않고 계속 이곳에서 살면서 아이들을 함께 키우자'는 생각으로 이어졌다. 그 결과로 2001년엔 마포두레생활협동조합이 설립되었다. 이러한 일련의 확대된 프로그램들이 그들의 목표를 넘어서는 다양한 성과를 거두게 된 배경이 되었다.

공동육아를 시작으로 이루어진 성미산 공동체 내의 모든 조직은 이와 같이 구성원들의 필요와 욕구에 의해서 만들어졌다. 이 필요와 욕구가 바로 정책학적 개념으로 말하면 정책문제라고 할 수 있겠다. 그리고 이 정책문제도 하루아침에 만들어지는 것이 아니라 많은 고민과 숙의 끝에 제 모습을 드러내게 되었고, 그 정책문제를 '발의 - 협의 - 실행기획 - 시범사업 실천'으로 이루지는 자발적 협동과정으로 전개되었다. '동네부엌', '차병원', '대안학교' 등 모든 조직들이 공동육아 어린이집으로부터 비롯되었으며 생활 속의 필요를 이슈(쟁점)로 제기하고 구성원들의 협의와 토론을 거쳐 합의에 이르고 그 결과로 공동체사업이라는 정책을 집행하고 그 성과에 대한 평가 · 환류를 바탕으로 계속 정책을 수정, 관리해 나가고 있는 것이다. 이것이 바로 공동육아에 대한 NGO 주도의 정책과정이 전개되는 구체적인 현장의 모습이다(이은희, 2008: 60 - 76).

2) 우리 밀 살리기 운동(이정옥,[24] 1999: 33 - 35)

한국의 우리 밀 살리기 운동(이하 우리 밀 운동)을 주도한 사람들은 농민운동에 오래 헌신한 사람들이었다. 이들은 처음에는 공업 위주의 정부 정책에 대한 비판 운동을 시작으로 반독재 · 민주화 운동을 계속해 오다가, 우루과이라운드를 통해 식량 자급의 위기 문제를 인식하게 되면서 대안 제시형인 '살리기' 운동으로 전환하였다. '식량 자급의 위기'라는 문제의식이, 비판이 아닌 '살리기' 운동으로의 정책을 스스로에게 요구하게 된 것이다.

이들이 우리 밀을 살려야 한다는 정책의제를 채택한 것은 장기간에 걸친 실천과 논의를 거듭한 다음이었다. 이들은 1984년 정부가 우리 밀 수매를 중단하는 바람에 밀 생산이 중단되었다는 사실에 착안하였다. 게다가 점점 더 빵에 의존하는 식습관의 변화로 주곡의 하나가 된 밀을 수입에만 의존하는 현실의 위험을 감지한 것도 한 요인이 되었다.

먼저 문제의 중요성을 인식한 몇몇 농민 운동가가 직접 우리 밀을

....

24) 이정옥은 우리 밀 운동에 관한 자료를 인도의 케랄라 워크숍에서 발표된 자료를 기초로 하였다(IADER, 1997). 또한 우리 밀 운동의 창시자이면서 1997년 우리 밀 운동이 농협으로 이관될 때까지 우리 밀 살리기 운동 본부장으로 있던 정성헌 선생과의 대담, 우리 밀 운동본부 방문, 우리 밀 운동 소식지 등을 참고로 작성하였다.

재배하기 시작했다. 처음에는 단순히 밀 씨를 보존하기 위한 차원이었다. 그러나 대안을 개발하고 분석하는 과정에서 단순히 밀 씨를 보존하는 것에 그치지 않고, 지역 생산을 중심으로 장기적으로 차근차근할 것인가, 전국적 차원의 소비자 운동을 병행할 것인가를 고민한 끝에, 최종적으로 1991년 1,954명의 발기인을 모아 전국적 차원으로 출범하기로 정책결정을 하고, 우리 밀 운동본부를 출범하게 된 것이다. 발기인들은 농부만이 아니라 신부·스님·전문직 종사자·주부 등 생산자와 소비자가 다 포함된 다양한 층이었다.

이후 우리 밀 운동은 정책을 집행하는 과정에서 소비자 조직을 강화하는 방식으로 진행되었다. 이때 소비자 조직으로 활용된 것은 기존의 종교단체 조직이었다. 아직 노동조합이나 여성단체 등과의 조직적 연대는 시도되지 않은 채, 발기인으로 참여한 종교단체 지도자들의 자발적인 협력에 의존하였다. 소비자 조직을 위해서는 우선 수입 밀의 유독성을 계몽하는 작업부터 시작하였다. 마침 경제성장이 일정한 정도에 이르자 건강에 대한 관심이 고조되었고, 따라서 가격보다는 품질에 대한 관심으로 소비자의 인식이 전환되고 있었다. 이 밖에도 소비자들에게 밀밭 그리기 대회, 밀밭 밟기 대회 등의 행사를 기획하여 생산 현장 체험을 갖게 하였다.

우리 밀 운동은 짧은 기간에 생산과 소비의 측면에서 괄목할 만한 성장을 이루었다는 평가를 받게 된다. 1995년 1,600만㎢의 경작지, 16만 명의 소비자 회원, 1,200만kg의 밀 생산량이라는 수치만 보아도 그 규모를 짐작할 수 있다. 우리 밀 운동은 밀 생산에 그치지 않고 소비 제품을 국수·빵·밀차 등으로 다양화하는 한편 국내의 유명 제빵업체인 고려당, 라면 업체인 삼양 라면 등에도 납품을 하게 됨으로써 기존 시장의 영역까지 진입을 시도하였다.

우리 밀 운동은 한국의 사회 운동사에 새로운 지평을 열었다. 첫째, 공업화 과정에서 소외된 농민들에게 자신감을 심어 주었다는 점이다. 정부의 경제 정책은 물론 사회 운동도 도시 시민이나 공장 노동자 중심이었던 데 반하여, 우리 밀 운동은 밀 생산자인 농민 중심의 운동이었기 때문이다. 둘째, 사업형 운동 방식을 도입했다는 점이다. 그간의 사회운동이 일방적인 헌신과 후원에 의존하고 있었던 데 비해, 우리 밀 운동은 자체 사업을 통해 운동을 한 셈이다. 이러한 방법으로 운동의 '재정 자립'을 시도했다는 것은 획기적인 일이다. 그들은 우리 밀의 생산과 판매를 통한 사업으로 다국적 기업의 수입 밀에 대항하고 '신토불이' 붐을 조성하였으며, 환경 친화적 생활에 대한 자각을 높여 주었다. 셋째, 비판 운동에 국한하지 않고 대안 제시적인 살리기 운동을 주도하였다는 점이다. 우리 밀 운동은 이를 필두로 우리 콩 살리기, 연어 살리기, 우리 강 살리기 등 대안 제시형 운동을 촉진하는 계기가 되었다. 넷째, 식량의 수입 의존이 지니는 위험성을 경고하였다는 점이다. 다섯째, 일반식품의 안전성에 대한 경각심을 제고하고 환경에 보다 민감한 생활 운동을 제창했다는 점이다.

그러나 우리 밀 운동에 대한 이러한 정책적 평가에도 불구하고 갑자기 밀어닥친 IMF의 파고는 우리 밀 운동에도 심대한 영향을 미쳤다. 그리고 아무래도 사업성보다는 운동성에 치중하였던 우리 밀 운동은 농협으로 이관되는 운명을 맞고 말았다. 우리 밀 운동이 IMF 체제를 견뎌 내지 못했던 이유는 소비자 조직이 취약했기 때문이다. 우리 밀 운동에 참여한 소비자들은 기존의 사회 운동에 대한 연대, '신토불이'에 대한 막연한 애국심이 주된 동기가 되었지, 다국적 기업의 문제에 대한 인식, 환경 문제나 생태파괴에 대한 인식이 구체화되지 않았기 때문에 가격 압력에 쉽게 무너지고 만 것이다. 소비자의 의식 수준보다 지나치게 앞서 무리하게 부채를 끌어들이면서 사업형 운동을 확장시키려 했던 것도 실패의 한 요인이 되었다. 더 나아가 생산 구조의 변화에 맞추어 유통 구조의 변화를 시도하기가 어려웠다는 점도 실패의 요인이었다. 그럼에도 불구하고 우리 밀 운동의 규모나 파급력은 일반적인 시민운동의 규모 이상의 것이었고, 따라서 NGO 주도 정책의 성공적인 사례의 하나로 손꼽힌다. 지금은 농협으로 이관되었다 하더라도 그 물적, 인적, 사회적 기반은 우리 시민운동의 역사에 큰 발판이 되었다고 할 수 있다.

3) 원주 생협운동

원주의 생협운동은 농촌지역을 중심으로 한 협동조합운동에서 도농직거래를 기반으로 소비자와 생산자의 연대를 조직하는 새로운 협동조합운동으로, 또 하나의 단위협동조합운동에서 원주협동조합운동협의회라는 지역협동조합운동으로 전환하며 발전을 거듭해 왔다.

원주의 협동조합은 무위당 장일순 선생과 지학순 주교에 의해 지역자립의 경제기반을 만들고 주민자치의 역량을 강화할 목적으로 시작되었다. 1990년대부터 한국사회는 군사독재 정권에 의하여 국가주도의 급격한 산업자본주의화가 진행되었다. 한국의 산업자본주의화는 거대기업과 국가의 결탁하에 대도시를 중심으로 집중적으로 이루어졌으며, 그 과정에서 원주를 비롯한 소도시와 전통적인 농업지역은 배제되고 파괴되었다.

1960년대 초 장일순 선생과 지학순은 이러한 거대기업, 대도시 중심의 산업화가 지역 빈곤화와 정치적 부패의 원인이라는 문제의식을 가지게 된다. 이러한 문제의식은 제2차 바티칸 공의회의 선언에 따라 평신도 역할과 활동을 중시한 지학순의 사목 방침과 주교 좌성당인 원동성당에 다니고 있던 사회운동가 장일순의 필연적인 만남으로 인해 지역사회에서 우선적으로 해결해야 할 정책문제로 인식됨으로써 이를 정책의제로 채택하고 본격적인 정책집행에 들어갔다. 두 사람은 이 문제를 해결하기 위해 재정자립과 평신도 역할의 강화를 위해 본당별로 자치위원회를 조직하고, 1966년 11월 원동성당에서 처음으로 신자들 35명과 출자금 64,190원으로 원주신용협동조합(현 원주신협과는 다름)을 창립하였다.

하지만 원주를 중심으로 진행된 다양한 협동조합운동은 한국사회의 급격한 변화과정에서 많은 시련을 겪게 되었다. 원주협동조합운동 리더들에 대한 군사정권의 지속적인 감시와 탄압으로 적극적인 활동에 많은 어려움이 있었으며, 석탄산업의 몰락으로 광산지역이 폐허로 변하면서, 이 지역의 노동자들을 중심으로 진행되던 협동조합운동 전반이 침체되기도 하였다. 또한 농촌마을에서 진행되던 신협운동과 소비자협동조합운동도 계속되는 이농으로 농촌마을이 붕괴되면서 서서히 몰락하였다. 특히 1980년대에 등장한 신군부 세력은 5·18 광주사건을 일으키고, 이어서 원주지역의 협동조합운동 리더들에 대한 정치적 탄압을 강화하여, 결과적으로 원주지역 협동조합운동의 리더그룹이 해산되는 비운을 겪게 되었다. 리더그룹의 해산으로 원주지역 협동조합운동은 장기간 정체성과 역동성을 상실하게 되었으며, 지역사회의 변화라는 공동의 목적으로 네트워크를 이루던 다양한 분야의 협동조합들 간의 결속력이 약해지는 결과가 초래되기도 하였다.

그럼에도 불구하고 원주생협은 한국 사회에서 새로운 협동조합운동을 시작하는 계기를 맞게 되었는데, 즉 이 운동에 관심을 갖는 사람들은 농촌마을의 붕괴로 농촌지역을 중심으로 한 협동조합운동은 한계가 있다고 판단하여, 대안을 개발하고 분석하는 과정에서 도농직거래를 기반으로 소비자와 생산자의 연대를 조직하는 새로운 협동조합운동을 시작하게 되었다. 이렇게 하여 설립된 것이 바로 원주협동조합운동협의회인데, 이러한 변화에는 일본 생협의 영향이 컸으며, 그중에서도 일본 생활클럽 생협의 활동이 많은 영감을 제공하였다.

원주협동조합운동협의회는 위에서 살펴본 바와 같이 원주협동조합운동의 역사적 과정에서 만들어졌다. 특히 IMF구제금융 이후에 가속화된 한국사회의 신자유주의적 재편과정에서 풀뿌리 민중들의 생존권의 문제가 악화되었으며, 농업의 몰락이 심화되고, 환경문제가 심각해졌다는 현실적 상황에 직면하여 지역을 지키기 위한 협동조합들의 공동대응이 필요하다는 문제의식의 공유에서 비롯된 것이었다. 원주협동조합운동협의회라는 정책을 결정하고 동 협의회를 결성한 생협운동 단체는 각 회원단체와 협력하여 원주시를 협동적이고 공생적인 사회로 전환해 나가고 있다. 또한 산업자본주의적인 삶의 양식을 탈피하여 생명가치를 우선하는 생명사상에 입각한 문화적 변화를 모색하고 있다.

원주협동조합운동협의회 소속 단체는 발족 당시에는 밝음신협,

원주생협, 원주한살림생협, 남한강삼도생협, 원주의료생협, 공동육아협동조합 소꿉마당, 성공회원주나눔의집, 원주자활후견기관(현 원주 지역자활센터) 등 8개 단체로 시작하였으나 현재는 원주카톨릭농민회, 상지대생협, 참꽃작은학교/참꽃어린이학교, 노인생협이 가입하여 2007년 현재 총 12개 협동조합운동단체와 2만여 명의 조합이 함께하고 있고, 문화생협이 협의회 가입을 준비 중이다.25)

협의회의 주요활동을 보면, 공동신문 '원주에 사는 즐거움'을 발행하고 있으며 조합원 공동학습회, 가을걷이 생명농업 대축제, 송년의 밤, 한일 협동조합 간 교류, 한일생협 간 공동행동(GMO FREE ZONE) 운동, 한일 생협 간 학술 및 지원활동, 3대 조례제정운동,26) 화상경마장 반대운동, 사회적 일자리 만들기, 기업도시 골프장 반대운동, 학교급식 개선운동, 친환경 local food 운동, 차 없는 문화의 거리 만들기 등의 왕성한 활동을 하고 있다(공동체유랑단 자료집, 2007: 119).

원주생활협동조합운동은 현재에도 지속적으로 변화, 발전의 과정에 있지만 2009년 현재 생협운동은 한국의 생협운동을 발전시켜 온 하나의 큰 축으로 평가되고 있다. 지학순과 장일순을 지도자로 하여 70년대 민주화운동과 함께 사회개발운동을 두 축으로 하여 전개돼 온 이러한 운동 양상은 다른 지역이나 한국사회 전반의 저항과 투쟁일변도가 아닌, 민중 스스로의 자립과 자치를 기반으로 한 사회경제운동을 또 하나의 축으로 발전시켜 온 희귀한 사례다. 특히 그것은 생명사상과

---

25) 중복조합원을 제외하더라고 협의회 소속 조합원 수는 최소 1만 5천 명에 달할 것으로 추정된다. 2007년 11월 현재 원주시 인구가 30만 명을 돌파했으므로 인구수 대비 조직률은 5%, 가구 수 대비로는 약 20%에 육박할 것으로 보인다.

26) 2005년 학교급식조례, 친환경농업지원육성조례, 보육조례를 제정하였다(공동체유랑단자료집, 2007: 119).

협동조합운동의 전통을 가지고 민간이 자율적으로 전개해 왔고 이를 바탕으로 지역을 협동사회로 만들고자 하는 끊임없는 노력을 전개하고 있다는 데에 역사적, 정책적 의의가 있다(김용우, 2007: 81 - 92).

4) 대전의 대안화폐운동 – 한밭레츠

지역품앗이 한밭레츠는 삶을 위해 필요한 것은 돈이 아니라 공동체라고 여긴다. 서로가 제공할 것과 요청할 것을 공동체에 공개하여 필요한 곳에 적절한 노동과 시간, 재화가 머물 수 있도록 설계된 시스템이다. 한밭레츠는 이를 위해 지역 화폐이자 공동체 화폐[27]인 '두루'를 통하여 서로의 삶을 나눈다. 우리나라에는 두레, 품앗이, 울력, 계가 있어 오래전부터 서로 돕고 보살피고 나누고 협동하는 풍속을 가지고 있었다. 한밭레츠는 이를 오늘의 현실에 맞게 재구성한 다자간 품앗이라고 할 수 있으며, 이러한 현대화된 시스템은 지구촌 각지에서 3,000여 개가 활약하고 있는 것으로 알려져 있다. 지역품앗이 한밭레츠는 1999년 10월 대전의제21추진협의회를 모태로 시작되었다.

IMF 이후 국민들의 삶과 일터를 지켜 줄 것이라 믿었던 정부는 물론 기업도 모두 실패할 수 있다는 사실을 확인한 후, 일부 지역에서는 주민들이 스스로 가능한 한 자립적인 삶의 토대를 마련하고, 사람과 사람, 사람과 자연 사이의 공생을 모색하는 소박한 생활방식을 확립하려는 운동이 서서히 번지기 시작하였다. 그 가운데 하나가 바로 지역화폐운동이었다. 그러나 대전은 토착민보다 외지인

---

27) 의미나 번역에 따라 지역화폐, 지역통화, 공동체화폐, 녹색화폐 등 다양하게 불리고 있다.

이 많이 이주해 와 사는 도시로, 정주성이 비교적 낮으며, 다소 보수적인 도시로 지역화폐운동을 도입하는 일이 쉽지 않았다.

그러나 당시 초기 한밭레츠 시스템을 디자인했던 대전의제21추진협의회 사무처장과 초대 실무활동가 및 지역주민들은 현행 화폐제도가 인간과 생명, 환경에 대한 고려 없이 맹목적인 이윤추구만을 목적으로 하는 자본운동의 일환으로 그 폐해가 심각하다는 문제의식을 가지게 되었다. 이러한 문제의식은 이에 대항하는 대안경제운동, 그리고 지역생물주의에 입각하여 살림의 경제와 문화를 만들어 가야 한다는 의제를 설정하게 되고 의제설정 후 이들은 대전지역에서 지역화폐운동을 펼쳐 나가기로 정책결정을 하고 이를 위한 본격적인 준비에 들어가면서부터 정책집행은 시작되었다.

한밭레츠 시스템을 디자인하며 준비했던 초기의 운동주체들은 '대전의제21추진협의회'에서 발행하는 '꿈과 희망의 푸른 대전 21'에 1999년 6월부터 몇 차례 지역통화운동과 관련된 글을 번역해 소개하고, 1999년 10월 발행한 소식지에 '한밭레츠를 시작합니다'라는 제목의 광고를 게재해 이 운동에 참여하려는 회원들을 모집하는 노력을 기울이기 시작했다. 이와 병행하여 이들은 지역의 신문, 방송 등 언론사의 기자와 PD 등에게도 보도자료를 제공하고 개략적인 설명을 해 주었고, 이들이 여러 차례 언론매체에 이 운동을 소개함으로써 운동의 진전이 있게 되었다. 11월 초에는 각계각층에서 문의전화가 쇄도하고 직접 방문하는 사례가 빈번한 가운데 12월 초에 '한밭레츠'의 독자적인 홈페이지를 개설해 공개했다. 드디어 2000년 2월 1일 '샘이 깊은 물'이라는 전통찻집에서 70여 명의 회원과 가족들이 참여한 가운데 창립행사를 열게 되었다. 그러나 창립행사

이후에도 처음 기대했던 만큼의 거래성과는 나타나지 않았다. 시간이 지나면서 거래에 참가해 본 회원들은 추상적인 이념에는 동의했으나, 여전히 '벌지 않으면 쓸 수 없다'는 기존 화폐제도의 오랜 관습에 많은 회원들이 길들여져 있어, 먼저 거래에 나서겠다는 생각 대신에, 누군가가 자신을 찾아 주기만 기다리는 상황이 되풀이되었다. 이러한 문제를 해결하고 도약의 발판이 되었던 것이 품앗이 만찬 행사였다. 참여자들 사이에 마음의 장벽을 허물고 거래방법을 학습하는 것이었다. 이 기획은 대단한 성공을 거두었다. 서로 정성껏 준비한 갖가지 음식을 나누어 먹으며 사람들은 금방 친해질 수 있었고, 가져온 물품을 두루로 직접 거래하거나 수요자가 많을 경우 전액 두루로 경매를 붙여 거래하는 방식을 재미있게 학습할 수 있는 계기가 되었다.

이러한 과정을 거쳐 온 한밭레츠는 2008년 2월 현재 620여 명의 회원과 80여 개의 회원업소를 가지고 있으며, 2008년 거래건수는 전년도에 비해 3천여 건(약 40%) 증가했고, 두루 거래액은 약 2천2백만 두루, 현금 거래액은 약 1천6백만 원이 증가하였다. 주요활동으로는 품앗이 만찬을 비롯하여 품앗이 학교, 생산소모임, 물품공유소, 각종 소모임 활동, 지역모임 활동, 농산물 직거래, 이동영화관 및 연대활동 등이 있으며 이를 통해 활발한 활동을 하고 있다(2009년 제8차 정기총회 자료집).

그동안의 활동을 통하여 한밭레츠가 지역사회에 끼친 긍정적인 영향을 살펴보면, 첫째, 한밭레츠 회원들은 살면서 필요한 물건이나 일이 있을 때 한밭레츠 회원들을 생각하게 된다. 이웃들에게서 필요한 것들이 나오기 때문이다. 이웃의 가치가 재발견되는 이유다.

둘째, 한밭레츠에서의 주된 거래는 무엇보다 신뢰가 중요한 품목이다. 이러한 신뢰는 평소에 얼마나 왕성하게 공동체 활동에 참여하는가, 얼마나 자주 거래하는가에 따라 결정되는 것이다. 신뢰를 통한 공동체 활성화가 이루어지고 있다.

셋째, 거리가 멀면 거래가 이루어지기 힘들 뿐 아니라, 거래가 이루어진다 하더라도 에너지를 낭비하게 되며, 불필요한 비용이 발생한다는 것을 알게 되면서, 지역의 중요성에 대한 인식의 확산이 이루어지고 작게 나누려는 경향이 강해진다.

넷째, 주고받기가 돌고 돌면서 지속 가능하고 건강한 관계를 형성함으로써, 일방적인 시혜가 아니라 평등하게 주고받는 관계를 형성하게 된다.

다섯째, 모든 일은 자신이 주체가 되어야만 가능하다는 것을 깨달아 자발적 참여가 이루어진다.

여섯째, 인간관계를 통해서 삶에 필요한 것을 스스로 만들 수 있게 된다. 의약분업을 거치며 믿을 수 있는 의료기관에 대한 필요성이 생기자 민들레의료생협을 만들었고, 공동육아어린이조합 소속의 회원들이 두루학교라는 인터넷 카페를 만들고 대안교육을 고민하더니 대전푸른숲 학교를 만들었다. 먹을거리에 대한 안전성이 대두되고 도농두레운동의 필요성이 논의되면서 두루부엌을 만들게 되었다. 혼자서는 이루어질 수 없던 꿈들이 한밭레츠를 통해 맺어진 관계를 통해 가능하게 된 사례가 되었다(김성훈, 2007: 1 - 20).

2. NGO 주도 거버넌스의 정책효과로서 사회자본 형성의 효과

1) NGO 주도 거버넌스 운동의 정책효과 차원

정책의 효과성(effectiveness)은 정책목표의 달성 정도를 의미하는 것으로 정책평가의 가장 핵심적 작업은 효과성을 판단하는 것이다. 예컨대 경제안정정책의 실시로 과연 물가가 안정되었는지 교통정책의 실시로 출·퇴근 시의 교통문제가 완화되었는지를 판단하는 것이다. 효과성 평가에서는 단순하게 의도했던 효과가 어느 정도 발생했는지를 판단하는 것에 그치지 않고 해결하고자 했던 정책문제가 어느 정도 해결되었는지, 그리고 문제가 완화 또는 악화되었는지 등의 정책문제 해결 정도에 대한 파악과 평가가 이루어져야 한다. 따라서 효과성 평가는 대체로 다음과 같은 내용을 포함한다. ① 의도했던 정책효과가 과연 그 정책 때문에 나왔는지의 여부, ② 발생한 정책효과의 크기는 정책목표와 대비하여 어느 정도인지의 판단, ③ 정책효과의 크기는 해결하고자 했던 원래의 정책문제 해결에 충분한 정도인지의 판단이다. 이 중에서 가장 중요하면서도 어려운 판단은 ①의 것이며, 이것이 효과성 판단의 핵심이다. 이상과 같은 판단은 의도했던 정책효과만이 아니라 의도하지 않았던 부수효과(side-effect)에 대해서도 판단할 수 있다. 위에서 본, 점차 높은 단계로 진행하는 효과성 평가는 세 번째 단계까지 가게 되면 현재 평가되는 정책의 중단·축소·현상유지·확대 중 어느 것을 선택할 것인지를 결정하는 데 필요한 정보를 제공한다(정정길 외, 2003: 757-758).

이처럼 모든 정책은 최대의 정책효과를 얻는 것이 그 목적이다.

정책의 효과는 정책평가를 통하여 나타나게 된다. 정책평가는 대체로 총괄평가·과정평가 혹은 총괄평가·형성평가로 구분하고 있으나, 정책의 결과에 대한 평가는 학자들마다 내용을 다양하게 규정하고 있다. 예컨대 유훈(2002: 482 - 483)은 정책평가를 과정평가와 효과평가로 구분한 후 후자를 다시 정책산출(policy output), 정책성과(policy outcome), 정책영향(policy impact)으로 분류하고 있다. 그에 의하면 정책산출은 정책의 효과 중에서 가장 단기간에 나타나는 효과로서, 예컨대 프로그램의 직접적인 물적·인적 산물을 의미하며, 정책성과는 이 정책산출을 통해 얻는 효과를 의미하고, 마지막으로 정책영향은 그 사업이 다른 부문에 미치는 영향까지 고려된 효과를 의미한다. 즉 정책영향은 정책산출이나 정책효과보다도 더 장기간 후에 나타나는 것(정정길 외, 2003: 749)으로 보고 있다.

그러나 정책평가는 정책의 값어치(value)를 따지는 것이기 때문에 단순히 정책이 달성하고자 하는 목적의 성취 여부를 측정하는 것만이 아니라, 정책이 초래한 영향을 사정(assessment)하고, 나아가서는 정책이 추구하는 가치와 이념의 적실성까지도 평가하는 행위이다(노화준, 2003: 32). 따라서 정책평가를 좁은 의미로만 보면 정책집행이 이루어진 이후에 사후적으로 내리는 회고적 판단이지만, 정책평가를 보다 넓은 의미에서 해석하면 정책영향이라는 관점 및 미래 조망적이라는 관점에서 정책에 대한 미래예측 및 여건 분석을 토대로 정책이 향후 나아갈 방향에 대한 주의 깊은 사정(careful assessment)까지도 포함하는 것이 바람직하다고 볼 수 있다(권기헌, 2008: 334).

이러한 관점에서 볼 때 정책효과의 수준 높은 차원은 정책영향의 질적 수준과 깊은 관계가 있다는 것을 알 수 있다. 따라서 정책영향의 차원을 두 가지로 분류하는 것을 포함하여 전체 정책효과의 차원을 5차원으로 분류한 허범(1988a)의 이론이 가장 분석적으로 통합한 정책평가의 차원을 설명해 주므로 이를 통하여 정책효과성을 살펴보기로 하겠다.

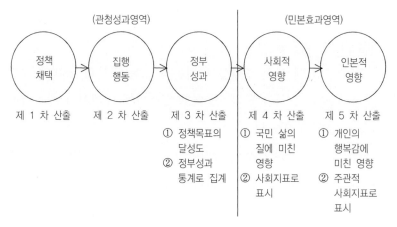

자료: 허범(1988a: 104; 2003: 60－62)

〈그림 3－1〉 정책효과의 차원

허범(1988a: 103－116; 2003: 60－62)은 관치행정과 민본행정의 효과성을 논하면서 정책영향에 해당하는 정책의 민본효과를 강조하고 있다. 그는 정책효과의 차원을 5차 산출로 전개하고 있는데 1차 산출은 정부가 공식적으로 채택한 정책이며, 2차 산출은 실제로 수행하는 집행행동이고, 3차 산출은 정부가 달성하는 가시적인 성과이다. 4차 산출은 국민 삶의 질에 미친 영향, 즉 사회지표로 표시되는 사회적 영향이며, 5차 산출은 개인의 행복감에 미친 영향, 즉 주관적 사회지표로 표시되는 인본적 영향이다. 관치행정, 즉 정부중심행정의 관점에서 효과적으로 파악할 수 있는 행정의 성과는 1차, 2차, 3차 산출에 한정된다. 이 가운데서도, 여러 가지 이유 때문에, 정부는 정부성과 차원의 정책효과를 특히 중시한다. 정부의 정책형성·집행·평가는 흔히 이 차원의 정책효과에 초점을 두고 이루어지는 것이 보통이다.

그러므로 정부중심 행정의 효과성은 정책의 형성·집행·평가에 있어서 자기논리만을 강화하는 성향을 보인다. 정부의 정책과 성과가 개인과 사회에 어떤 영향을 미치는가 또는 정부의 정책과 성과를 개인과 사회가 어떻게 받아들이고 있는가에 대해서는 실질적인 관심을 기울이지 않는다.

그러나 민본효과는 정부의 입장에서 파악하는 가시적인 성과, 즉 정부성과가 아니다. 그것은 국민의 관점에서 감지하는 행정효과이다. 국민이 관심을 갖는 행정효과는 정부의 정책, 행동, 그리고 성과가 인간에게 미친 영향이다. 그것의 실제적 내용은 <그림 3-1>에서 볼 수 있듯이 사회적 영향(제4차 산출)과 인본적 영향(제5차 산출)으로 나누어서 파악할 수 있는 것이다. 사회적 영향은 정부의 정책, 행동 그리고 성과가 국민에게 미친 구조적 영향, 즉 인간 삶의 질에 구조적으로 미친 영향이다. 이 영향은 사회지표로 파악할 수 있다. 그리고 인본적 영향은 정부의 정책, 행동, 그리고 성과가 개인에게 미친 영향, 즉 개인의 행복감에 미친 영향이다. 이 영향은 주관적 사회지표로 나타난다. 즉 국민의 관점에서 파악하는 사회적 영향과 인본적 영향은 결코 객관적 사실로 인식할 수 없는 것들이다. 그것들은 국민의 마음속에서 만들어지고 의미를 부여받은 주관적 존재이다. 따라서 정부성과와 민본효과의 차이는 본질적인 것이다. 관청의 성과와 국민의 느낌은 반드시 일치하는 것이 아니다. 정부가 성공으로 평가할 때, 국민은 실패를 감지할 수 있듯이 민본효과는 국민의 관점에서 본 영향이고, 그것은 항상 국민의 느낌과 일치하는 것이다. 민본효과성의 의의는 이 점에 있고 공공행정이 민본지향성을 강조하는 이유도 바로 이 점에 있다.

이렇게 볼 때, NGO 주도의 정책들이 지향하는 정책효과성은 어느 지점에 있을까? 물론 위의 이론에서 밝히고 있는 것처럼 정부주도의 정책도 정책의 민본효과를 지향한다고 할 수 있다. 그러나 정부 주도 행정의 효과성은 그 정책과 성과를 개인과 사회가 어떻게 받아들이고 있는가에 대해서는 실질적인 관심을 기울이지 않고, 정부의 입장에서 파악하는 가시적인 성과, 즉 정부성과에만 관심을 갖는 경향을 보이고 있다. 반면에 NGO 중심정책은 1차, 2차, 3차 산출(1차 정책효과성)뿐만 아니라 민본효과의 핵심인 4차, 5차 산출(2차 정책효과성)까지를 포함하는 정책효과성의 목표를 지향할 뿐만 아니라 그것의 달성을 위해 실질적으로 관심을 갖고 실행하고 있다. NGO 거버넌스 운동은 NGO가 정책과정의 주체로서 사람을 중심에 두고 생활세계를 회복시키고자 하는 대안적 운동을 지향함으로써, 단순히 눈에 보이는 정책의 산출뿐 아니라 사람 사이의 관계망 속에서 나타나는 사회적, 인본적 영향을 중요시하고 있다. 이러한 사회적, 인본적 영향은 결국, 신뢰, 규범, 네트워크를 내용으로 하는 사회자본의 구성요소(차원)와 그 맥을 같이하고 있다고 할 수 있다.

2) NGO 주도의 거버넌스 운동의 사회자본 형성

NGO 거버넌스 운동의 정책효과성의 목표가 2차 정책의 효과성 즉 사회자본의 형성으로 나타난다는 점에서 사회자본의 이론을 살펴보고, 사회자본의 개념과 이론을 근거로 사회자본의 구성차원(요소)과 지표를 설정하고자 한다. 구체적인 사례분석은 제4장에서 본격적으로 실시할 것이다.

최근 사회과학의 중요한 화두 중의 하나가 사회자본(social capital)이다. 시장실패와 정부실패를 이미 경험한 현실에서, 거버넌스의 새로운 축으로 등장한 시민사회의 역량을 표상하는 대표적 개념으로서 사회자본이 자리 잡고 있다. 시장실패의 중요한 이론적 구성요소이면서 정부개입의 빌미를 제공해 왔던 집단행동의 딜레마(collective action dilemma)와 공유자원(common pool resources)의 문제를 시민들 스스로 해결하는 데 사회자본이 기여할 뿐만 아니라, 궁극적으로 민주주의와 시장경제의 성과마저도 바꾸어 놓을 수 있다는 기대 속에 근래 국내외의 많은 학자들이 사회자본의 의미와 성격을 규명하기 위한 이론적·실증적 연구를 수행해 왔다. 이처럼 사회자본이 현대 사회문제의 해결이나 제도적 성과의 제고를 위한 새로운 해결대안으로 중시되는 것은 사회자본이 한 사회에서 협력을 촉진시키는 역량으로 간주되기 때문이다(유재원, 2000). 즉 한 사회의 정치, 경제 사회의 어떤 영역이 되었든 협동적이고 집합적인 문제해결이 요구되는 상황에서 사회자본의 존재는 집합적 협력행위를 촉진시켜 문제해결에 기여할 수 있다고 간주된다. 이러한 관점에서 높은 수준의 사회자본은 한 사회의 정치·경제·사회

발전을 도모하는 선행조건으로 인식되고 있다. 우리 사회에서 사회자본에 대해 관심을 갖고 본격적으로 연구가 이루어진 것은 극히 최근의 일이다. 사회자본 연구의 일천한 역사에서 여러 학자들이 사회자본의 성격을 규명하는 이론적 작업을 수행해 왔고(김남선·김만희, 2000; 최창수, 2000; 박희봉, 2002), 사회자본의 실태 및 원인과 결과에 대한 실증적 분석도 시도했다(박희봉, 2001; 박희봉·김명환, 2000; 장수찬, 2002). 이러한 노력에도 불구하고, 아직 우리 사회에서는 사회자본이라는 새로운 개념을 다양한 분석수준과 주제에 대해 적용하고, 그 결과를 통해 사회현상 전반에 걸친 새로운 이해와 실험을 도모하는 수준에는 이르지 못하고 있다(곽현근 외, 2007: 213 - 214).

또한 사회자본은 사회학, 경제학, 행정학, 정치학 등 많은 사회과학 분야에서 관심의 대상이 되어 왔지만, 학자들 사이에 사회자본에 관한 일치된 정의는 존재하지 않는다(곽현근 외, 2007: 216). 따라서 사회자본의 개념과 관련하여 특히 중요하다고 판단되는 대표적 학자인 Putnam, Bourdieu, Coleman의 견해를 중심으로 살펴보고자 한다.

사회자본의 정의에 대해 가장 잘 알려진 학자는 Putnam이다. Putnam(1993a)은 사회자본을 일련의 공동체 사회적 생산성에 영향을 주는 사람들 간의 '수평적 단체'라고 본다. 두 가지 과정이 이 개념에 내포되어 있는데, 시민참여의 네트워크와 규범이 경험적으로 관련되어 있다는 것과, 그것들이 중요한 경제적 결과를 낳는다는 것이다. 이 정의에서 사회자본의 중요한 특징은 사회자본이 사회구성원의 상호 이익을 위해 조정과 협력을 촉진한다는 것이다(Segageldin and Grootaert, 2000: 45 - 46). 즉 사회자본은 신뢰, 규범, 네트워크 등과 같은 사회조직의 특징과 관련되는 것으로 사회 구성원의 상호이익을 위해 조정과 협력을 가능케 함으로써(Putnam 1993b: 35 – 36), 경제적 효율을 높일 수 있는 것이다. 따라서 사회 자본은 전통적인 자본과 달리 개인재산이 아니라 공공재이며 (Putnam 1993b: 38), 사회자본은 축적되고, 사회자본의 합은 자기 강화를 증대하는 경향이 있다고 한다(Putnam 1993b: 37).

　Putnam과 더불어 사회자본과 관련하여 대표적인 학자로 분류되는 사람은 Bourdieu(1986)와 Coleman(1990)이다. Bourdieu(1986: 246)는 사회적 자본을 '상호 간의 지면이나 인식과 같은 어느 정도 제도화된 관계들로 구성된 네트워크의 소유로 인하여 생기는 실제적 또는 잠재적 자원의 총합'으로 정의하고 사회적 자본의 목적을 경제적 자본의 확보로 보고 있으며, 분석단위는 계급, 경쟁 속에 있는 개인들에 초점을 두고 있다. Coleman(1990: 302)의 경우, 사회적 자본을 '단일의 실체가 아니라 한 사회구조의 어떤 측면으로 구성되어 있고, 그러한 구조 안에 있는 개인 또는 단체 행위자들 (corporate actors)의 어떤 행동들을 촉진시키는 '다양한 실체들 (entities)'로 보고 있으며 인적 자본의 확보를 목적으로 하고 분석단위로는 가족과 지역사회 속의 개인들에 초점이 맞추어져 있다 (Winter, 2000).

　Coleman이 사회자본과 관련하여 매우 포괄적이고 다양한 사회적 상호작용의 측면을 다루고 있는 반면, Putnam의 경우 수평적 조직에 대한 참여, 신뢰와 상호부조의 일반화된 규범 등과 같이 중요하다고 판단되는 사회적 관계의 몇 가지 측면에만 선택적으로 초점을 맞춤으로써 사회자본의 개념을 보다 쉽게 조작화하고 측정 가능한

것으로 만들었다는 평가를 받고 있다(Stolle, 2000). 이처럼 Putnam
이 정치문화 또는 시민문화의 전통 속에서 사회자본을 협의로 해석
함으로써 사회자본을 독립변수로 사용하는 것이 가능해졌다(Foley
and Edward: 1999). Putnam의 사회자본의 개념이 갖는 또 한 가지
특징은 사회자본을 집합적 행동의 딜레마를 극복하기 위해 집합체
들(collectives)이 가지는 자원들로 언급하는 것이다. 즉 Bourdieu와
Coleman과 같은 사회학자들은 사회자본을 사회적 네트워크 또는
사회구조의 구성원이 된 덕분으로 행위자들이 이익을 확보할 수 있
는 능력으로 보는 반면, Putnam의 경우 사회자본을 지역사회나 국
가가 갖는 집합적 자원으로 간주한다(곽현근, 2003: 263-264).

〈표 3-2〉 주요 학자들의 사회자본 정의·목적 및 분석단위

	정의	목적	분석단위
Bourdieu	집단적 재화에 대한 접근을 제공하는 자원들	경제적 자본의 확보	계급경쟁 속에 있는 개인들
Coleman	자신들의 이익을 달성하기 위하여 행위자들이 자원으로 사용할 수 있는 사회구조의 측면들	인적 자본의 확보	가족과 지역사회 환경 속에 있는 개인들
Putnam	상호편익을 위하여 협력을 촉진시키는 신뢰, 규범 및 네트워크	효과적인 민주주의와 경제의 확보	국가적 환경 속에서의 지역들

자료: Winter(2000).

사회자본과 관련한 많은 연구와 이론들이 있지만 특별히 NGO와
관련된 사회자본이론을 살펴보면, 시민단체를 사회자본의 직접적인
형성주체로 보는 견해를 들 수 있다.
이 중 Wolpert(1993)는 사회자본의 형성에 중요한 영향변수로 간
주되고 있는 지역적 차이에 의거해, 국가나 지역의 사회자본을 증

대시키는 데 시민단체의 활동이 어떤 차이가 있는지를 연구하였다. 그 결과 미국의 공동모금회와 같은 NGO들은 시민의식을 개발하는 데 있어 환경조성을 담당하는 역할을 하고 있으며, 자원의 모집과 배분에서는 매개역할을 하고 있는 것으로 나타났다. Shaw(1990)는 아프리카에서 활동하고 있는 NGO들의 활동을 분석하였는데, 이들 지역에서 활동하는 NGO들은 정부의 역할이 감퇴된 상황에서 시민사회를 육성하고 활성화하는 데 지대한 역할을 담당하고 있다는 것이다. Shaw는 Wolpert와 유사한 관점에서 사회자본의 형성 주체를 비정부조직으로 보면서, 정부의 역할이 후퇴한 많은 아프리카 국가에서 비정부조직이 질적으로나 양적으로 성장하고 있음을 보여 주고 있다. 특히 Shaw는 비정부조직이 사회자본을 창출하는 데 있어 핵심적 요소로 구성원 간의 의사소통을 들고 있다.

Figueras(2004) 역시 Shaw와 유사하게 남미에서 정부의 활동이 약화되면서, 사회자본의 형성 주체로 NGO의 역할이 강화되고 있다는 분석 결과를 제시하였다. 이들 지역에서 NGO는 특히 풀뿌리조직(grassroots organization)의 영향력을 제고하여 사회자본을 강화하는 데 심혈을 기울이고 있는 것으로 나타났다.

Minkoff(1997) 또한 사회자본이 면 대 면과 같은 결사체에 의해서 생성되기도 하지만 제3의 조직에 의해서도 생성될 수 있다는 사실에 주목하여, 시민사회나 사회운동이 사회자본을 활성화하여 간접민주주의가 지닌 한계를 극복하는 데 중요한 역할을 담당하고 있다고 주장하였다.

한편, 현재까지 사회자본 관련 연구들은 크게 보아 두 개의 부류로 나눌 수 있다. 사회 중심적 접근방식(society - centered approach)을 쓰는 학자들[28]은 대체적으로 구조적인 요소인 네트워크 연구에 중심을 두고 있고, 제도 중심적(institution - centered) 혹은 국가 중심적 접근방식(state - centered approach)을 쓰는 학자들은 신뢰와 같은 문화적 요소에 연구의 중심을 두어 왔다(Hooghe & Stolle, 2003: 23).

사회 중심적 설명모델은 Tocqueville적 전통 속에 자리 잡고 있다. Tocqueville은 신뢰와 커뮤니티 결속을 창조하는 곳으로서 국가와 제도보다는 시민사회를 지목하고 있다. 민주주의의 생명력은 자발적 모임, 협회, 조직 등과 같은 결사체의 강건함에 있다고 생각했다. 토크빌의 지적 전통 선상에 있는 Putnam과 Coleman에게, 사회자본은 사회네트워크와 자발적 결사체의 멤버십을 통하여 이루어지는 상호작용으로부터 발생한다. 이들은 신뢰의 발생은 개인들이 다양한 결사체에 중복하여 참여함(overlapping membership)으로써, 혹은 다양한 협회, 모임에 횡단하여 참여함으로써(cross - cutting membership) 이루어진다고 보았다(장수찬, 2007: 131).

사회자본은 사회적 연결망과 이 연결망에 흐르는 좋은 감정으로 구성된다. 그리고 좋은 감정의 핵심을 차지하는 것이 일반신뢰(generalized trust)이다. 일반신뢰란 사람들의 대부분이 상대방에 대한 좋은 의지를 가지고 있다는 믿음이다. 일반신뢰(generalized trust)는 특정신뢰(particularized trust)에 대립되는 개념이다.[29] 학자

---

28) Putnam과 Coleman이 대표적인 학자들이며, Putnam(1993)의 경우를 살펴보면, 사회자본의 개념 안에 네트워크와 규범을 혼합하여 사용하고 있고 이들 사이의 인관관계를 분명히 하지 않고 있다.

29) 일반신뢰(Generalized trust)는 Uslaner(2000: 517 - 572)가 사용한 개념이며 Putnam의 연결자본(bridging capital)과 유사한 개념이다. Putnam에게 연결자본은 인종, 문화, 지역, 그리고 다양한 사회문화적 이질성을 뛰어넘어 사람들이 교류함으로써 전체 사회구성원이 공동체의식을 갖고 동료시민으로 신뢰를 갖는 자본형태를 말한다. 연결자본(bridging capital)과 대립되는 개념으로 접착자본(bonding capital)이 있다. 접착자본은 그룹내부의 사람들 사

들 사이에 일반신뢰와 특정신뢰를 구분하는 용어나 정의에는 조금씩 차이가 있기는 하나 대체로 다음 몇 가지 점에서 일치하고 있다. 일반신뢰란 면 대 면 관계가 없는 사람들 사이에 존재하는 보편적 시민에 대한 신뢰를 말한다. 그리고 전체 사회통합과 민주정치제도의 효율성을 위해서 일반신뢰야말로 없어서는 안 될 핵심적 요소이다. 특정신뢰란 개인적으로 면 대 면 관계가 있는 사람들 사이에 개인들의 정보에 기초하여 생겨난, 말하자면 지식 기초적 신뢰(knowledge - based trust)이다. 특정신뢰가 지배적인 양식으로 자리 잡은 사회에서는 사회갈등과 불협화음이 목격되며 민주적 방식을 통한 사회통합은 아주 어렵게 된다. 그룹내부 사람들에 대한 특정신뢰가 외부집단에 배타적으로 흐를 경우, 파당성과 공정한 게임룰의 파괴 등으로 인해 전체 사회의 효율성을 저해하게 된다.

사회 중심적 접근방식을 사용해 온 사회자본 연구가들은 일반신뢰(generalized trust)를 생산하기 위해서는 사회조직이 다음과 같은 특성을 가지고 있어야 한다고 주장한다(장수찬, 2004: 362 - 364). 우선적으로 결사체의 조직형태가 수직적 조직이기보다는 수평적 조직이어야 한다. 지도자 중심적 조직인 수직적 조직에서는 교환의 비대칭적 성격 때문에, 수평적 관계에서만큼 상호주의적 경험이 공유되지 못하고 이로 말미암아 파트너 사이에 신뢰가 축척되기 어렵다. 다시 말하자면 수직적 관계에서 교환되는 정보는 수평적 관계에서 교환되는 정보만큼 정직하지 못하고 따라서 신뢰하기 어렵다.

일반 신뢰를 생성하기 위한 두 번째로 중요한 조직형태의 특성은,

. . . .
이에 지속적인 면 대 면 접촉을 중심으로 이루어진 결속관계 속에서 생겨나는 자본이다. 내부적 결속이 강한 반면에 외부사람들을 불신하는 경향성을 강하게 갖기 때문에 접착자본은 국가 시민사회의 효과적 기능을 위해 긍정적으로 작용하지 못한다.

그 조직이 인종적으로, 계급적으로, 문화적으로 혹은 이데올로기적으로 다양한 사람들을 포함하고 있느냐의 문제이다. 혹은 개인이 다양한 형태의 조직에 횡단하여 참여(cross-cutting ties)하고 있느냐의 문제이다. Oak 외에 따르면, 모든 형태의 사회조직이 보편적 신뢰를 생성시키는 데 동일한 효과를 가져다주지 않으며, 자발적 결사체가 다양한 사회계급, 인종, 혹은 성(sex)을 포괄하고 있을 때, 다른 말로 표현하자면, 사회적 다양성(membership diversity)이 높을 때 사회자본생성에 대한 효과가 커진다고 주장한다. 왜냐하면, 다양한 사회적 배경을 가진 사람들과의 상호작용과 이에 따른 사회화는 다른 사람들에 대한 이해의 폭을 넓히고 일반사람들에 대한 신뢰를 높여 줄 것이기 때문이다. 위에서 언급한 학자들이 조직구성원의 다양성과 일반신뢰생성이 인과관계가 있다고 주장한 반면에, Paxton은 개인들이 동종의 자발적 결사체가 아니라 다양한 조직들에 개입하고 있는지를 일반신뢰생성과 연관 지웠다. 동종의 모임, 단체, 클럽활동이 지역이나 혈연을 중심으로 중첩(overlapping)되어 나타날 때 신뢰의 협소성은 강화되고 사회는 분절되게 된다. 반면에 다양한 사회그룹 사이의 횡적 연결(crossing Ties)이 존재할 때 전체 사회 차원에서의 신뢰나 네트워크가 형성되고 사회통합에 유리한 사회자본이 생겨난다.

　대인신뢰구조에 영향을 미치는 세 번째 중요한 변수는 자발적 결사체가 공식적인 관계나 비공식적인 관계에 기초하고 있느냐의 문제이다. 공식적인 관계란 혈연, 지연과 같은 일차적인 관계(primary relations)에 기초한 조직이 아니라 이차적 사회관계(secondary relations)에 근거한 조직을 의미한다. 종족, 가족, 부족, 그리고 혈연을 중심으로 확장된 개념의 사회단체들은 구성원의 협소함과 배타주의적 이익을 추구하는 동기를 통해 형성됨으로 인해 전체 사회를 위한 사회자본 형성에 부정적인 영향을 미친다. 이렇게 일차적 관계에 의거한 조직을 통해 형성된 신뢰를 Newton은 '협소한 신뢰(thick trust)'라고 불렀다. 이에 비해 공식적이고 이차적인 사회단체를 통하여 형성된 사회자본은 보다 보편적 인간 신뢰를 포함하는데 이를 Newton은 '폭넓은 신뢰(thin trust)'라고 명명했다.

네 번째로, 대인신뢰구조에 영향을 미치는 다른 조직 특성은 '조직활동의 목적'이 포함된다. 사회조직에의 참여를 통하여 개인들이 타인들을 경험하고 배우는 사회화 과정이라면, 개별조직이 어떤 목적을 가지고 설립되었는가는 조직원들의 사회화 과정에 영향을 미칠 것이다. Uslaner의 연구에 따르면, 미국의 전통적 주류 교회들인 감리교, 장로교, 성공회, 루터 교회 등의 종교적 교의가 보편적 대인신뢰에 긍정적인 영향을 미친 것에 비해, 신교 내의 근본주의(Fundamentalism)를 주창하는 교회들의 기복주의 일변도의 교리는 사람들로 하여금 큰 범주의 커뮤니티에 개입하는 데 부정적인 영향을 미쳤다고 한다.

〈표 3-3〉 자원 결사체의 구분과 신뢰구조

자원 결사체의 조직 특성	일반신뢰(연결자본) vs 특정신뢰(접착자본)
◦ 수평적 관계, 수직적 관계 여부(내부민주성) ◦ 사회적 다양성, 동종 교배적 조직 여부 ◦ 공식적, 비공식적 관계 여부 ◦ 조직활동의 목적(회원이익중심 vs 공공이익) ◦ 외부로부터의 자율성 정도	◦ 수평적 관계가 일반신뢰에 유리 ◦ 사회적 다양성을 가진 조직이 유리 ◦ 공식적인 조직이 일반신뢰에 유리 ◦ 공공이익을 위해 활동하는 조직이 유리 ◦ 자율성이 높은 조직이 유리

자료: 장수찬(2004: 5)의 자료에 문장을 약간 수정함.

이상의 이론을 근거로 장수찬은, '연줄사회'로 불리는 한국인들의 교제생활의 특성은 쉽게 변화하지 않을 것으로 보이지만 공익 NGO회원들과 대전참여시민연대 회원들의 사회조직생활 패턴은 일반인들과 달리 연줄조직에 참여하는 만큼이나 시민조직에 참여하고 있어 이들이 변화를 이끌 것으로 기대된다고 하였다. 그러나 아쉽게도 서구 민주주의 미덕(신뢰, 관용, 상호 호혜주의)의 일반수준에는 미치지 못하고 있으며, 유교적 전통 때문에 결속에 기초한 네트워크가 교제생활을 지배하고 있는 한국사회는 신뢰구조의 이중성과 이에 따른 붕당적 성격을 쉽게 벗어나기는 어렵다고 결론짓고 있다(2004: 24-25).

이와 같이 사회 중심적 접근 방식의 보다 근본적인 문제는, 어떻게 소규모 커뮤니티 혹은 조직 속에 존재하는 두껍고 협소한 신뢰(thick trust)들이 면 대 면 관계를 뛰어넘어 면 대 면 관계가 존재하기 어려운 대규모 국가사회 혹은 지방사회의 사람들 사이의 보편적 신뢰로 전이해 갈 수 있는가를 논리적으로 설명하지 못하고 있다는 데 있다. 따라서 제도신뢰와 대인신뢰와 관련하여, 제도주의자들은 시민들이 국가 자체가 믿을 만하다고 생각할 때 국가는 신뢰를 생성시킬 수 있는 능력을 가진다고 주장한다(Levi, 1998: 86). 제도주의자들은 제도적 공정성이 일반신뢰 축척을 위한 기초를 제공한다는 주장에서 한 발 더 나아가서, '정부의 구조' 또는 '정부정책'이 사회자본 형성에 결정적 영향을 미친다고 주장한다(Hooghe & Stolle, 2003). 그러나 민주화 이행을 경험했던 나라들에서 제도에 대한 신뢰가 상승하지 않고 하락하고 있다는 사실에서 민주화 이행기를 겪고 있는 사회에서 엘리트들이 부패행위에 가담할 수 있는 제도적 인센티브가 많이 남아 있는 한 부패는 계속되고 공적 신뢰는 신장되지 못한다. 제도신뢰가 높아지지 않는 한 일반신뢰수준도 높아지지 않는 악순환의 사회적 함정(social trap)이 계속된다(Rothstein, 2005).

이상의 논의를 통해 사회자본의 중요성, 선행연구의 한계, 개념, 특히 일반신뢰와 관련한 사회자본의 이론적 배경을 살펴보았다. 구체적인 사례분석이 제4장에서 본격적으로 진행될 것이므로 이제 사회자본을 구성하는 차원(요소)들을 설정하고 분석지표들을 설정해 보고자 한다.

김태룡(2006: 35 - 36)에 의하면, 이론적으로 적합한 사회자본 구성요소가 무엇인가에 대한 논쟁이 지속되고 있어 합의점을 찾을 수 없을 뿐만 아니라, 개념에 대한 동의가 이루어졌음에도, 경험적 지표들의 유용성이 낮을 뿐만 아니라 유용한 지표조차도 분석수준이나 단위가 변하면 적합성이 없는 경우마저 있다고 하면서, 사회자본의 구성요소를 보는 학자들의 시각은 1차원에서 8차원에 이르기까지 다양하고, 또한 동일차원에서의 구성요소들도 매우 다양하다고 하였다.

〈표 3-4〉 사회자본의 차원과 구성요소

	1차원	2차원	3차원	4차원	5차원	6차원	7차원	8차원
구성요소	신뢰	신뢰	신뢰	신뢰	신뢰	신뢰	신뢰	신뢰
	네트워크	네트워크	네트워크	네트워크	네트워크	네트워크	네트워크	네트워크
		시민참여	시민참여	시민참여	시민참여	시민참여	시민참여	시민참여
		호혜성	호혜성	호혜성	호혜성	호혜성	호혜성	호혜성
		규범			규범		규범	규범
		결사체	결사체	결사체		결사체		
		사회적 지지			사회적 지지			
						권한부여		권한부여
			안전	분위기 조성				정치효능
		사회보호	정치참여	가치동화		정보와 의사전달		정치지식
		후원제도		상호 이익과 재정적 연계	지역에 대한시각	지지구조		안전
				조직인프라			집단특성	소속감
				공유된 비전	집단적 협력	이타심	사회성	시민적 의무
				행정참여	지역사회 에 대한 애착	집단적 협력		결사체 활동
			멤버십	공공분야에 대한 관심	지역에 대한 친밀도	박애정신		정치 관심도
				수동적 행동과정		자원봉사		삶에 대한 가치

자료: 김태룡(2006: 36).

실제로 지금까지 사회자본에 대한 개념, 필요성 및 유용성 등에 대해서는 논의가 국내외적으로 많이 이루어져 왔으나 구체적으로 이를 어떻게 측정할 것인지에 대해서는 일부 연구(소진광, 2004; 박희봉, 2001)를 제외하고는 많지 않은 것이 사실이다. 기존의 일부 연구들도 사회자본 측정지표들을 몇 개의 부문으로 나누어 열거해 둔 수준이며, 이러한 부문별 지표들 사이의 관계나 지표들의 수준을 향상시키기 위한 연구들은 거의 없다고 해도 과언이 아니다. 사회자본이 진정으로 지역사회개발, 지역 거버넌스 등 지역정책과 관련하여 유용하다면 사회자본의 필수적인 구성요소들에 대한 합의를 해야 하며, 구성요소들에 대한 측정을 위해 신뢰할 수 있는 측정지표를 개발해야 할 필요성이 있음에도 불구하고 경험적 도구들이 여전히 불분명한 것들로 남아 있다는 것이다(최영출, 2004: 379 - 382). 따라서 본 연구에서도 이와 같은 경험적 도구들의 부족으로 인하여 사회자본 구성요소와 지표를 설정함에 있어 많은 어려움이 있었던 것이 사실이다. 그럼에도 불구하고 본 연구의 목적에 맞는 사회자본 구성요소를 설정하는 데 있어 김태룡의 논거를 적용하기로 한 것은, 김태룡(2006)에 의하면, 사회자본의 다차원성에도 불구하고, 사회자본을 구성하고 있는 요소들 간에는 공통점이 내포되어 있는데 그것은 신뢰, 네트워크, 참여, 호혜성 등의 요소들이 2차원 이상의 경우에는 모두 포함되어 있다는 것이다. 따라서 김태룡은 사회자본의 구성요소에 대한 논의를 토대로 신뢰성, 네트워크, 시민참여, 호혜성으로 한정하고 있는데, 본 연구에서도 김태룡의 논거를 토대로 사회자본의 구성요소를 위의 4가지로 한정하여 설정하고자 한다.

D. 새로운 NGO 주도 정책과정모형과 정책효과성 분석의 필요성

앞의 제3절에서는 대안운동을 중심으로 NGO가 주도하는 정책과정의 전개과정과 NGO 주도의 정책효과로서 사회자본의 형성에 대하여 살펴보았다. 정책과정의 전개과정 중 정책평가의 가장 핵심적 작업인 정책효과성의 차원은 정부성과 영역과 민본효과 영역으로 구분할 수 있다. 그러나 정부가 강조하는 정책효과성 차원은 허범 (1988a, 2003)에 의하면, 1차, 2차, 3차 산출에 한정됨으로써, 민본효과보다는 정부성과 차원의 가시적인 효과를 중시하는 데 비하여 시민을 대변하는 NGO 주도의 정책효과성의 차원은 4차, 5차 정책 산출로 표현되는 민본효과까지 고려하는 정책효과를 중시함으로써, 사회자본을 형성하는 단계로 나아가고 있다.

이와 같이 NGO 거버넌스 운동은 사람을 중심에 두고 생활세계를 회복시키고자 하는 대안운동으로서 단순히 눈에 보이는 정책의 산출뿐 아니라, 사람 사이의 관계망 속에서 나타나는 사회적, 인본적 영향을 중요시하고 있다. 시민사회가 뉴거버넌스의 한 주체로 등장할 수밖에 없는 시대적 이유가 여기에 있다. 이 때문에 시민사회 중심 거버넌스, 즉 NGO 거버넌스 운동은 새로운 시대에 요구되는 새로운 패러다임으로 생활정치의 영역에서 신사회운동의 중심축으로 등장하고 있다. 이는 정책과정의 주체를 '정부(국가)'로 한정하는, 기존 정책학의 전통적 관점과 이론 자체에 한계가 있다는 것을 증명해 줄 뿐만 아니라, 정부중심의 전통적인 거버넌스 이론을 수정 보완하여 최소한 NGO 거버넌스를 중요한 정책과정의 주체로 인정하고 포괄하는 뉴거버넌스로 나아가야 한다는 현실을 말해 주는 것이다.

이러한 현실, 즉 NGO가 정책과정의 주체로 등장했을 뿐만 아니라 뉴거버넌스의 한 주체로 그 역할과 위상이 커진 상황에서 정책과정의 모형이 새롭게 정립될 필요성이 자연스럽게 대두되고 있다. Cobb이 Ross & Ross(1976) 등과 함께 쟁점의 확산을 중심으로 정책의제 형성과정을, ① 제기(initiation), ② 구체화(specification), ③ 확산(expansion), ④ 진입(entrance) 등의 4단계로 나누고, 의제형성 주체에 따라 각 과정을 외부주도모형(Outside Initiative Model), 동원모형(Mobilization Model), 내부접근모형(Inside Access Model) 등의 3가지 모형으로 분류하여 설명하는 이론은 정책과정의 주체를 '정부'로 한정하는 전통적 관점과 이론에 근거한 전형적인―정책의제형성의 주체에 관한― 정책과정모형이다. 앞에서 보았듯이 이제 정책과정모형은 스스로의 한계에 포위된 전통적 관점과 이론에 의한 '정부' 중심의 전통모형으로만 한정해서는 안 될 것이다. 그 이유는 '시민사회' 중심의 새로운 정책과정이 요구되고 있기 때문이다.

정부 주도의 정책과정모형과 NGO 주도 정책과정모형 모두가 지향하는 정책의 효과성 차원은 4차, 5차 산출 즉 민본효과를 포함하는 영역이 될 것이다. 그러나 정부 주도 정책과정모형은 1차, 2차, 3차 산출 즉 정부성과 차원의 정책효과성을 중시하고, NGO 주도 정책과정모형은 1차, 2차, 3차 산출은 물론 4차, 5차 산출 즉 민본효과의 정책효과성까지 중시함으로써, 정부 주도 정책과정모형의 정책효과성과 NGO 주도 정책과정모형이 지향하는 정책 효과성의 차이는 분명히 존재할 것이다. 그것이 어떻게 나타나는지 비교 분석하는 것은 정책과정의 주체를 '정부'로 한정하는 전통적 관점과 이론의 한계를 확연히 드러내는 과정이면서 전통적 거버넌스 이론의 한계를 확인하는 과정이기도 하다.

결국 본 연구가 제시하는 NGO 주도의 새 모형의 등장은 정책과정 주체의 성격에 따라 어떻게 정책의제가 형성되고 정책이 결정, 집행되며 정책의 효과가 어떻게 나타나는지를 명확히 비교, 분석하는 모델이 될 것이며, 새로운 NGO 주도 정책과정모형은 NGO가 새로운 정책과정 주체로서의 위상을 확보하는 계기가 될 것이다. 본 연구의 핵심내용을 간단히 그림으로 표시하면 다음과 같다.

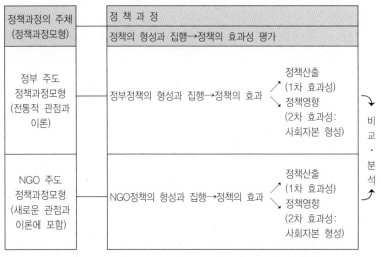

〈그림 3-2〉 정책과정모형과 정책효과성 분석의 필요성

작은도서관
정책 사례분석

마을, 작은도서관
그리고 정책

A. 조사 설계

본 연구는 정부 주도 정책과정모형과 NGO 주도 정책과정모형과의 비교를 통해서 정책효과성을 분석하는 연구로서 질적 방식으로 접근하여 비교·분석하는 사례비교 연구이다. 연구를 위한 조사 설계는 조사대상, 조사도구 및 자료수집방법, 분석방법 등 3가지로 구성하고자 한다.

1. 조사대상 및 자료수집방법

1) 조사대상

본 연구에 있어서 정부 주도 정책과정모형의 사례는 대전광역시의 마을문고[30] 5개로 새마을 문고로 등록되어 있는 마을문고 17개 중 4개와 구청의 지원으로 동사무소에서 운영되는 마을문고 1개를 선정하였고, NGO 주도 정책과정모형의 사례는 대전마을어린이도 서관협의회에 소속되어 있는 대전마을어린이도서관31)(이하 마을도 서관) 14개 가운데 5개를 선정하였다. 이 5개의 마을도서관은 마을 의 특성에 따라 그 내용과 운영이 조금씩 다르고 지역별 대표성을 띤 도서관들이며, 정부모형의 사례로 선정된 5개의 마을문고는 NGO모형의 사례분석 대상인 5개 마을도서관이 있는 동에서 함께 활동하고 있는 문고들을 선정하였다. 같은 마을에 위치한 정부모형 의 마을문고와 NGO모형의 마을도서관을 비교, 분석하는 것이 연 구의 형평성을 유지하면서 연구의 목적을 달성할 수 있다고 판단하 여 이들을 사례대상으로 선정한 것이다.

이 사례분석대상들이 사례로서 적합한지의 여부는 사례연구의 이론을 근거로 하였는데, 그것은 사례연구의 분석단위수준과 사례 선정기준, 사례 수에 관한 것이다. 먼저 분석단위수준과 관련하여 살펴보면, 그동안 사회과학 분야에서의 비교연구는 남궁근(1998: 5) 의 정의처럼 일반적으로 둘 이상의 국가에 관하여 비교 자료를 사 용하는 연구라고 정의하고 있다. 따라서 Sartori에 의하면, 비교연구 는 오늘날에 이르기까지 제시된 대부분의 비교사회연구의 패러다 임, 예를 들어 체계분석 패러다임(systems analysis paradigm)이나 구조·기능 패러다임(structural – functional paradigm) 등은 거의 대부분 거시적 성격을 지니게 된 것이다. 이러한 이유로 비교연구

---

30) 새마을문고중앙회의 대전광역시지부, 구지회에 등록되어 있는 문고는 '새마을문고'가 정식 명칭이고, 구청의 지원을 받아 주민자치센터의 프로그램으로 운영되고 있는 문고는 '마을문 고'라는 명칭을 사용하지만, 둘 다 주민자치센터 프로그램으로 운영되면서 통칭 '마을문고' 로 불리고 있다.

31) 대전의 마을도서관은 모두 어린이를 대상으로 운영하는 마을어린이도서관이다.

에 있어서 무엇이 가장 타당한 분석단위인가에 관한 논란은 사실상 비교사회연구방법론의 핵심적 쟁점 가운데 하나로, 중간 범위 이론의 효용성과 필요성에 관한 합의가 이루어진 오늘날까지도 계속되고 있다. 그러나 Roberts의 주장과 같이, 비교분석단위를 어느 특정 수준에 제한해 설정할 필요는 없다. Hass의 말처럼 분석단위의 선택이란 어디까지나 고유한 '연구의 초점'에 따라 좌우되는 것이기 때문이다. 즉 정치사회현상에 관한 어떤 연구문제를 풀기 위해서 비교분석을 수행하느냐에 따라 적정 분석단위와 수준은 얼마든지 달라질 수 있는 것이다(김웅진 외, 2000: 106).

따라서 비교분석을 수행함에 있어서 기본적인 분석단위는 우선 연구대상으로 주어진 정치사회현상을 어떠한 수준에서 접근하는가에 따라 적절히 선택되는 문제라고 할 것이다. 특히 본 연구가 2차 정책의 효과성으로서의 사회자본과 관련하여 중요하다고 생각되는 것은 분석의 대상이 되는 지역사회의 단위라고 생각한다. 국내외를 막론하고 정치학이나 경제학 분야의 사회자본에 관한 많은 연구들은 사회적 신뢰, 상호부조 또는 정부신뢰와 같은 시민문화적 변수들과 관련하여 개인의 태도를 측정하고 이를 국가적 수준이나 광역 수준의 지리적 단위에서 합산 또는 평균한 후 거시경제적·정치적 성과와의 관계를 분석한 비교연구가 주를 이루었다. 그러나 사회자본의 형성과 영향을 좀 더 현실성 있고 체계적으로 이해하기 위해서는 좀 더 낮은 지역사회 수준에서 사회자본에 대한 연구가 이루어질 필요가 있다(곽현근, 2007: 214 – 215). 이에 본 연구는 비교연구의 분석대상인 사례가 연구의 목적 등에 비추어 볼 때 미시적 단위와 수준에서 접근하는 것이 적합하다고 판단하여 '마을' 수준의 사례를 선정하게 되었다.

다음은 사례선정기준에 관련된 2가지 이론적 근거로서, 하나는 사례를 선정하는 기준을 중심으로 하는 것이고, 다른 하나는 일정한 기준에 의하여 구체적 선택과정을 기준으로 하는 것인데, 본 연구는 전자인 사례를 선정하는 기준을 중심으로, 표출의 기준이 되는 4가지, 즉 사례의 동질적 대표성, 사례들 간의 이질성, 사례의 이론적 중요성, 사례의 비교 가능성의 기준으로 사례를 선정하였다.

본 연구를 위해 선정한 사례는 정부 주도 정책과정모형의 '마을문고'와 NGO 주도 정책과정모형의 '마을도서관'이다. 즉 정부 주도의 정책과정모형의 마을문고운동은 1961년에 정부 주도의 민간운동 체제로 창설된 마을문고운동이 1981년에 새마을 운동 체제에 흡수·통합되어 새마을문고라는 이름으로 계승됨으로써, 마을문고 운동은 정부 주도 정책과정모형의 전형적인 사례라고 할 수 있다. 반면, 이와 비교하게 될 또 다른 사례는 정책과정의 주체로 새롭게 등장한 NGO 거버넌스운동의 하나인 대안운동의 형태로 확산되고 있는 마을도서관운동이다. 특히 전국적으로 확산되고 있는 마을도서관운동의 다양한 형태 가운데 대전지역에서 활발하게 움직이고 있는 대전마을도서관운동을 사례로 선정하였다. 이 두 사례는 먼저 10개의 사례를, 동질성을 갖는 5개의 사례들로 나누어 크게 2개의 사례로 구성한다는 점에서 사례의 동질적 대표성을 충족시키고 있으며, 이를 2개의 정책과정유형으로 묶어서 비교·분석한다는 점에서 사례들 간의 이질성과 비교 가능성의 기준을 충족시킬 수 있다. 또한 정책과정 주체에 대한 새로운 관점과 이론에 따라 2가지 정책과정모형을 정립하고 비교·분석한다는 점에서 이론의 중요성까지 충족시키고 있다. 이런 점에서 볼 때 이 두 사례는 표출의 기준을 충족시킬 수 있는 전형적인 사례라고 할 수 있다.

마지막으로 사례의 수를 기준으로 보면 본 연구는 복수사례연구에 해당된다. 여러 학자들의 공통적인 견해를 토대로 이지훈(2000: 67)은 복수사례연구에 있어서 적정한 사례의 수는 적게는 4개에서 많게는 10개 정도가 그 타당성을 갖는다고 하였다. 또한 이지훈은 연구사례의 수를 여러 개로 하는 경우, 그 비교분석은 매우 복잡하게 되므로 가능하다면 분석사례들을 서로 대조되는 2가지 형태의 사례, 예컨대 긍정과 부정, 또는 양극사례(polar types) 등으로 대비되도록 하는 것이 바람직하다고 제시하고 있다. 따라서 본 연구도 10개의 복수사례들을 대상으로 그들 각각을 전체로서의 단일분석단위로 취급해 비교분석을 해야 하지만, 10개의 사례를 전체로서의 분석단위, 즉 단일분석단위로 분석하는 것은 무리가 있어 동질성을 갖는 5개의 사례들을 2개의 정책과정 유형으로 묶어서 비교·분석하고자 한다.

2) 자료수집방법

질적 연구에 있어서 연구의 신빙성에 대한 모든 논점은 다양하고 광범위한 자료를 수집하기 위해 일련의 절차를 어떻게 활용하느냐 하는 데 있다(김병하, 2002: 79). 질적 연구에 활용되는 자료수집방법에는 여러 가지가 있지만, 본 연구는 주로 심층면접의 방법으로 자료를 수집하였다.

면접은 참여자가 하나의 상황이나 현상을 어떻게 해석하고 있는

가에 대해 보다 깊은 이해를 얻어 내도록 하는 수단을 제공해 준다. 면접의 목적은 참여자들에게 연구에서 밝히고자 하는 관심사에 대해 이야기를 하도록 하고, 참여자들이 그들 자신의 개념을 활용하도록 허용하는 방법으로 연구자에게 중요한 문제들을 제공하도록 하는 데 있다. Spradley(1979)에 의하면, 실제로 질적 연구자들은 종종 참여관찰과 더불어 즉흥적이고도 친밀한 대화를 통해 대부분의 자료를 얻어 낸다고 한다.

질적 연구자들은 사람들의 지각을 알아낼 수 있는 가장 좋은 방법은 미리 구조화되지 않거나 최소한으로 구조화된 개방적 면접이라고 생각한다. 그 때문에 미리 구성되지 않거나 꼭 필요한 부분에 대해 최소한의 구조화된 면접에서, 적합한 질문이란 연구자가 면접의 진행과정에서 의미 있는 것에 대해 '민감하게' 됨으로써 제기될 수 있다고 본다(Blumer, 1969).

미리 구성되어 있지 않은 비형식적 면접은 하나의 활동에 참여하는 동안 인과관계적 토의를 하는 것에서부터, 선택된 '핵심 정보제공자'와 개방적이고도 심층적인 면접을 하는 것에 이르기까지 다양할 수 있다. 비형식적 면접에서 질적 연구자들은 대체로 미리 준비된 질문의 목록을 가지지는 않지만, 참여자들의 진술을 유도하는 데 사용될 질문제기의 전략에 대한 레퍼토리를 가진다. "네, 그렇군요." 혹은 상대방이 계속 말을 하도록 머리를 끄덕여 준다든지 하는 것을 포함해서, 참여자가 이야기하는 것을 격려해 주기 위해 방금 말한 것을 되받아 반응한다든지, 혹은 특정의 이야기 주제에 대해 더 많은 정보를 얻기 위해 구체적으로 묻는다든지 하는 것들은 모두 연구자가 사용하는 전략의 레퍼토리들이다(Jocob, 1987).

본 연구가 채택한 질적 연구에서의 면접은 기본적으로는 비체계적이고 비형식적인 방식으로 진행하였는데 더 엄밀히 말하면, 반(半)체계적(semi‐structured)인 면접방식을 채택하였다고 할 수 있다. 연구하고자 하는 특정 주제에 초점을 맞추어 분석 지표를 미리 작성하여 면접을 수행하였으며, 확장된 질문을 통해 가능한 한 많은 자료를 수집하기 위해 유도적인 질문도 자주 사용하였다. 또한 Jocob(1987)이 말한 질문제기의 전략에 대한 레퍼토리를 충분히 사용하면서, 사례비교 연구의 질적 객관성을 높이기 위해 면접대상자들의 질문에 형평성과 융통성을 유지하려고 노력하였다.

이와 같이 면접 시에 미리 구조를 짜 놓고 하게 되면, 연구자는 개개 참여자가 연구에서 밝히고자 하는 토픽을 어떻게 구성해 가는가에 대한 이해를 얻어 낼 가능성은 상대적으로 줄어들 수 있다(김병하, 2002: 87). 그러나 그것을 알면서도 참여자들 간에 비교할 수 있는 자료가 수집될 가능성이 상대적으로 높다는 장점이 사례비교 연구에서는 더 적합하다고 판단하여 본 연구에서는 구조화가 가미된 심층면접방식을 진행하였다.

2. 조사도구

본 연구의 조사도구는 정책의 효과성에 관한 분석지표, 즉 1차 효과성 지표 10, 2차 효과성 지표 18개를 측정하기 위한 기본질문과 확장된 질문으로 구성된 반(半)체계적(semi‐structured)인 28개 문항이다. 이 지표들은 특정 학자의 논거를 토대로 한 것이 아니라

Rohe(2004: 160)의 사회자본측정지표, 곽현근(2003: 270)의 사회자본측정지표, 세계은행(김선희, 2008: 39 – 40)의 사회적 자본측정을 위한 통합설문지(Social Capital Integrated Questionnaire, SC – IQ), 영국 국가통계청(김선희, 2008: 7 – 11)의 사회적 자본특정을 위한 통합설문지(Harmonised Question Set), 최영출(2004: 389)의 사회자본측정지표 등을 참고하여 본 연구의 사례분석에 적합한 지표들을 개발하였다.

조사도구의 구체적인 내용은 다음과 같다. 1차 정책효과를 측정하기 위하여 사용한 지표는 마을문고 및 마을도서관 운영과 직접적으로 관련된 10개 항목이다. 이 10개 항목은 (1) 도서보유량, (2) 대출회원 수, (3) 도서관 이용자 수, (4) 대출권수, (5) 프로그램 수, (6) 프로그램 이용자 수, (7) 동아리(소모임) 수, (8) 재정자립의 정도, (9) 전담인력충원과 역량강화의 정도, (10) 조직의 역량강화 정도이다.

2차 정책효과를 측정하기 위하여 사용한 지표는 사회자본으로 설명될 수 있는 정책의 영향으로 도서관과 관련한 지역사회의 변화, 개인의 변화와 관련한 사회자본 구성요소 4개와 이에 따른 구체적인 지표 18개 항목이다. 18개 항목을 사회자본 구성요소별로 살펴보면, 첫째, 신뢰와 관련한 항목은 ① 차이(소득, 교육, 성, 종교, 지위 등)의 영향 정도, ② 장기거주 의사의 여부와 정도, ③ 친밀성, 사회적 응집성, 연대감, 협조성(집합적 효능감)의 정도, ④ 타인에 대한 신뢰의 정도, ⑤ 공공기관(공무원)에 대한 신뢰의 정도, ⑥ NGO에 대한 신뢰의 정도이다. 둘째, 네트워크와 관련한 항목은 ① 마을의 공동문제에 대한 관심과 제기 및 관여의 양적, 질적 정도, ② 사회적 소외집단의 지원기제 여부, ③ 지역문제의 정보획득수단과 자원(정보) 접근성의 정도, ④ 가입단체의 범위, ⑤ 마을기관 및 관련기관과의 협력관계의 정도이다. 셋째, 주민참여와 관련한 항목은 ① 집합적 효능감으로 공동체의 유지·발전에의 관심, 참여, 효과기대의 정도, ② 동네주민조직의 참여 정도이다. 넷째, 호혜와 관련한 항목은 ① 상호작용의 양적, 질적 정도, ② 도움 필요시 지원 획득 가능범위의 정도, ③ 집안일의 상부상조 정도, ④ 품앗이 교육과 품앗이 은행을 통한 상부상조의 정도, ⑤ 마을의 아동, 청소년에 대한 상호관심과 사랑의 정도이다.

3. 분석방법

본 연구는 10개의 복수사례연구를 수행하지만, 동질성 있는 5개의 사례들을 비교 가능성이 충분하면서도 서로 대조되는 2가지 형태의 사례로 분류하여 2개의 단일분석단위를 가지고 분석하고자 한다. 즉 10개의 사례를 전체로서의 분석단위, 즉 단일분석단위로 분석하는 것은 무리가 있어 동질성을 갖는 5개의 사례들을 2개의 정책과정 유형으로 묶어서 비교 분석하고자 하는 것이다. 분석의 방법으로는 질적인 방식을 선택하였다.

질적 연구는 의도된 표본추출과 반(半)체계적(semi-structured)이며 개방된 인터뷰를 통해서 데이터를 수집하고 분석하는 기법을 말한다. 이러한 기법은 사회·정치·경제적 과정에 대해 더 깊이 있는 분석을 가능하게 해 준다. 외부적 시각에서 빈곤 및 다른 주제를 연구한다면 기술적인 전문성에 치우쳐 다양한 현장의 의미를 담아내지 못할 수도 있기 때문이다. 질적 연구와 개방형 반응은 권력과 전문성의 균형을 조사자에게서 피조사자 및 공동체 멤버에게로 이동시켜 주므로, 복잡한 이슈의 원인 및 과정과 결과를 조사하는 데 아주 중요하다. 실제로 개방형 질문과 그룹토론은 피조사자들이 조사자의 한계와 편견에서 자유롭게 자신의 장점 및 관심을 발견하고 말할 수 있게 해 준다. 사회조사는 다양한 그룹의 관점에서 이슈를 조사하는 것이 중요한데, 질적 연구는 동일한 관점을 가진 그룹과 그렇지 않은 그룹들을 조사해서 한 공동체 내에서 다양한 생각을 표현할 수 있도록 해 준다. 또한 질적 연구 방법에서의 데이터 수집이나 분석과정은 조사자와 공동체가 조사결과에 대해 공동의 소유의식을 갖게 하며, 단순한 조사자와 반응자가 아니고 연구의 추진자가 되도록 해 준다. 또 질적 연구는 양적으로 연구를 하기 어려운 환경에서 유용할 수 있는데, 숫자가 많지 않은 공동체(예: 장애자나 과부)거나 혹은 외부인이 접근하기 어려운 경우(예: 섹스 노동자, 가정폭력의 희생자)에는 무작위 표본에 의한 조사로 그들의 관점과 경험을 조사하기 어렵기 때문이다.

이러한 장점을 가진 질적 연구도—양적 연구가 단점이 있는 것처럼— 단점을 가지고 있다. 첫째, 표본이 적고 무작위적 표본추출이 안 되기 때문에 상대적으로 많은 인구에게 질적 연구의 결과를 확대 적용하기가 어렵다. 둘째, 그룹이 주관적으로 선정(예를 들면 책임조사자의 결정)되거나 다른 참가자의 추천(한 참가자가 다른 참가자의 참여를 제공하는 눈덩이 표본추출 과정)으로 결정되기 때문에, 질적 연구의 결과를 재현하거나 독립적으로 증명하기가 어렵다. 셋째, 질적 연구는 조사자의 해석이 필요하기 때문에 두 명의 조사자가 같은 데이터를 가지고도 다른 결론에 도달할 수 있다. 넷째, 완화요소(mitigating factor)를 조절할 수 없고 사실을 기반으로 하지 않은 결론을 내릴 수도 있기 때문에 질적 연구의 데이터만 가지고는 인과관계를 강제적으로 결정하기 어렵다—물론 불가능한 것만은 아니지만—는 것이다(Duchwick et al, 2006: 3 - 5).

이러한 질적 연구의 단점을 간단하게 정리해 보면, '이야기의 주체가 갖는 대표성의 문제'와 '수집된 자료의 편집, 정리, 평가에서 연구자의 주관 또는 임의성이 개재될 여지'(최재현, 1985: 56 - 57)로부터 자유롭지 못하다는 사실이다.

그럼에도 불구하고 본 연구가 이러한 심층면접 위주의 질적 연구 방식을 선택한 이유는, 첫째, 정책의 효과성을 측정하는 데 있어서 표면적으로 드러난 1차원적인 정책의 효과성(1차 정책의 효과성)을 측정하는 데 그치기보다는 심층적으로 감춰진 2차원적인 정책의 효과성(2차 정책의 효과성)을 측정하고자 하고, 그 경우 2차 정책의 효과성은 사회자본의 형성의 정도나 수준과 연계시켜 측정하고자 하기 때문이다.

둘째, 연구자는 사회자본의 구성요소로서 신뢰, 네트워크, 주민참여, 호혜 등 4가지의 요소를 설정하고 정책의 효과성을 측정하고자 하는데, 이러한 사회자본의 측정은 본 연구의 대상 사례에 비추어 무작위 표본에 의한 단순한 설문조사로는 깊이 있게 피조사자들의 관점과 경험을 조사하기 어렵다고 판단하였다. 실제로 개방형 질문에 의한 심층면접은, 피조사자들이 조사자의 한계와 편견에서 벗어나 자신의 내면 깊숙이 자리 잡고 있는 관심과 생각까지도 발견하고 말할 수 있도록 설계하고 실시할 수 있는 가능성이 높으므로, 복잡한 이슈의 원인 및 과정과 결과를 조사하는 데 있어서 매우 유용하다고 할 수 있다. 양적 연구로는 측정할 수 없는 유용한 자료를 조사자들의 표정과 몸짓, 어투 등에서 수집할 수 있는 것이다.

셋째, 연구자도 2차 정책효과성을 사회자본 형성의 정도나 수준으로 이론적 논의를 전개하면서 마을문고나 마을도서관의 내부 구성원들의 상호교제에 따른 사회적 효과가 외부적으로 어떻게 나타나는가를 측정하고자 하였다. 즉 내부 구성원 중심이 아닌 마을주민들을 향한 혹은 마을주민들의 사회자본 형성을 측정하고자 하였으나 마을어린이도서관의 짧은 역사가 아직은 마을주민들 삶의 변화에 큰 영향을 미치지 못하고 있다고 판단되었다. 이러한 판단은 마을 주민들을 대상으로 무작위로 표본을 선정하여 측정하는 것은 적합하지 않을 뿐만 아니라 표본으로서의 의미도 없어 조사연구로서의 의미 있는 결과를 생산하지 못할 것이라는 예측을 가능하게 하였다. 그래서 본 연구는 내부자와 이용자를 중심으로 한 특정인원에 대한 면접방식의 질적 연구를 채택하게 된 것이다. 내부 구성원과 이용자를 중심으로, 총 40명을 대상으로 조사를 실시하되, 이용자보다는 내부 구성원들 간의 사회자본 형성에 더 많은 비중을 두고 연구를 진행하게 되었다.

B. 사례분석의 틀

이상 제1절 조사 설계에서 설명한 본 연구 사례에 대한 비교분석의 틀은 다음과 같은 그림으로 간단히 나타내 볼 수 있겠다.

정책과정 의 주체	정책효과 차원		지 표
정부 주도 마을문고 운동	정책 산출 (10개)		○ 도서보유량 ○ 대출회원 수 ○ 도서관 이용자 수 ○ 대출권수 ○ 프로그램 수 ○ 프로그램 이용자 수 ○ 동아리(소모임) 수 ○ 재정자립 정도 ○ 전담인력충원과 역량강화의 정도 ○ 조직 역량강화 정도
	정책 영향 (18개)	신뢰 (6개)	○ 차이의 영향 정도 ○ 장기거주 의사의 여부와 정도 ○ 친밀성·사회적 응집성·연대감·협조성(집합 　적 효능감)의 정도 ○ 타인에 대한 신뢰의 정도 ○ 공공기관(공무원)에 대한 신뢰의 정도 ○ NGO에 대한 신뢰의 정도
		네트 워크 (5개)	○ 마을의 공동문제에 대한 관심과 제기 및 관여 　의 양적·질적 정도 ○ 사회적 소외집단의 지원기제 여부 ○ 지역문제의 정보획득수단과 자원 접근성의 정 　도 ○ 가입단체의 범위 ○ 마을기관 및 관련기관과의 협력관계의 정도
NGO 주도 마을도서 관 운동		주민 참여 (2개)	○ 집합적 효능감으로 공동체의 유지·발전에의 　관심, 참여, 효과, 기대의 정도 ○ 동네주민조직의 참여의 정도
		호혜 (5개)	○ 상호작용의 양적·질적 정도 ○ 도움 필요시 지원획득 가능 범위의 정도 ○ 집안일의 상부상조의 정도 ○ 품앗이 교육과 품앗이 은행을 통한 상부상조 　의 정도 ○ 마을의 아동·청소년에 대한 상호관심과 사랑 　의 정도

비 교 · 분 석

〈그림 4-1〉 사례분석의 틀

C. 정부 주도 작은도서관 정책 사례분석

제1, 2절에서는 사례분석대상인 작은도서관으로서의 '마을문고'
와 '마을도서관'을 비교·분석하기 위하여 조사 설계를 하고 사례
분석의 틀을 제시하였다. 제3절에서는 정부 주도 작은도서관 정책
의 정책과정 분석과 정책효과성 분석을 하기로 하겠다.

1. 정책과정 분석

마을문고정책의 사례분석 대상인 대전광역시 마을문고는 여타
다른 지역의 마을문고와 같이 그 시작 배경, 소속, 활동 등이 동일
하다. 따라서 이하 마을문고정책의 정책과정에 대한 분석은 그런
일반적인 배경과 전개를 중심으로 서술하고자 한다.

1) 마을문고 정책문제의 인식

마을문고와 관련된 정책과정의 전개는 최초에 엄대섭이라는 한
개인의 문제의식으로부터 비롯되었다. 말하자면 독서를 통한 시민
의식의 향상이라는 공공문제에 대한 개인의 사적인 문제의식에서
시작된 민간의 자발적인 운동이, 재정적으로 어려움을 겪는 과정에
서 이를 지원하는 수준을 높여, 관여하는 수준과 범위를 확대해 나
가다가 급기야 동 운동이 제기하는 문제를 정부당국이 정부의 정책
문제로 인정하고, 사실상 동 운동을 정부의 사업으로 공식 편입·

전환하는 과정을 통하여 이른바 '정부 주도의 정책과정'이 시작되었다. 그 구체적인 상황과 전개과정을 살펴보면 다음과 같다.

다른 분야도 그러했겠지만, 1960년대 우리나라의 독서환경은 열악할 수밖에 없었다. 제도적인 독서운동 기관인 공공도서관이 수적으로나 질적으로 너무 열악하였는데, 특히 농촌의 경우에는 공공도서관이 거의 전무하다시피 하여 농민이 이용한다는 것은 거의 불가능한 일이었다. 혹시 도서관이 있다 하더라도 엄밀하게 말하면 그것은 학생들의 공부방 정도에 머물러 있는 상황이었다. 사정이 이렇다 보니 사회 각계에서 농촌 독서운동의 필요성을 절감하여 농촌 책 보내기 운동 등을 전개하기도 했으나 산발적인 운동에 머물러 있었고, 따라서 그 결과도 결코 성공적일 리가 없었다. 그나마 그런 운동을 착상하고 이끌어 왔던 대표자가 바로 당시 농촌 책 보내기 운동을 창안하고 스스로 회장이 되어 운동을 전개하였던 엄대섭이었다. 그는 극심하게 가난한 가정에서 태어나 불우한 소년시절을 보내면서 정규 교육을 받지 못하고 책 읽기를 통한 독학으로 탁월한 능력을 쌓고 발휘하여 마침내 자수성가한 이력의 소유자였다. 그런 그였기에 그는 인생 역전의 결정적인 계기는 바로 책과 독서 때문이라는 확고한 믿음을 갖고 있었다. 즉 그의 독서와 도서관이 중요하다는 확고한 신념은 젊은 시절 가난 극복을 통한 자아성취의 인생역정에서, 책을 삶의 반려로서 인식한 경험적 확신에 따른 것이었다. 이러한 사회적 독서환경의 열악함 속에서 배태된 엄대섭의 문제의식은 독서운동을 창안하고 전심전력으로 개인적인 열정을 쏟는 원동력이 되었다.

엄대섭 회장은 마을문고운동이 읽을 권리를 쟁취하는 문화 혁명적인 독서운동임을 천명하고, 1960년대의 농촌사회의 전통적인 특성을 감안하여, 그 설치 대상 지역을 주민이 쉽고 가까이 접근할 수 있는 자연부락 단위로 설정하였다. 그리고 그는 해방직후의 일방적인 책 보내기 운동에서 벗어나 주민 스스로의 힘으로 보고 싶은 책을 구입해 나가면서 문고를 자율적 · 자조적인 방법으로 관리 · 운영하는 독서운동을 표방하였고 그런 기조하에서, 마을문고의 지도 · 육성 사업에 심혈을 기울였다. 그리고 그런 마을문고 사업에 필요한 재정은 엄 회장 자신의 사재로 조달하였다. 이처럼 엄 회장은 자신의 의지와 열정으로 시작한 이들 민간 도서관에 대하여 '마을문고'라는 이름을 붙이고 우리나라에서 처음으로 본격적인 도서관운동과 독서운동을 적극 추진해 나갔다.

이렇게 한 개인에 의하여 사회문제가 사적(개인적) 의제화되면서 추진된 것이 마을문고운동이었는데, 엄대섭은 당시로서는 정부당국에 도서관과 관련한 정책문제로서의 인식이 부족하였기 때문에, 정부에 기대하기보다는 전략적으로 마을문고운동을 민간운동으로 시작하고, 우선 양적 팽창 방식을 취하기로 방침을 결정하고 추진하였다. 즉 엄대섭 회장은 마을문고를 민간이 시작하지만 이를 육성할 궁극적인 책임은 당연히 정부와 사회에 있다고 생각하고, 잠자코 있는 정부를 강제적으로라도 일깨워서 도서관에 대한 올바른 인식을 갖도록 압박하는 일이 필요하며, 문고에 대한 양적 팽창이 그 역할을 할 수 있을 것이라고 생각하고 문고의 숫자를 확보한 후 질을 채운다는 전략을 추진해 나갔던 것이다(이용남, 2001: 96).

이와 같이 도서관운동이 개인의 문제의식에 의하여 마을문고운동이란 방식으로 출발하였지만, 바로 그 때문에 재정문제에 직면하는 것은 시간 문제였다. 즉 사업비와 관리운영비를 개인의 사재로 충당하는 방식은 한계에 부딪혔다. 그리하여 이 문제를 해결하고자 엄 회장은 정부당국(문교부)에 찾아가 마을문고운동의 취지를 설명하고 정부 지원을 요청하기 시작하였다. 그때까지 정부의 정책문제로 심각하게 인식하지 못하고 있던 정부당국은 그때부터 본격적으로 도서관운동에 관심을 갖기 시작하는데, 이것이 소위 '정부 주도 정책과정'이 불완전하게나마 시작되는 배경이 된다. 비록 정부가 처음부터 주도하여 정책문제를 인식하고 정책의제로 편성하지는 못했지만, 개인의 사적인 공공문제의 인식을 공적인 공공문제로 인수하는 방식으로 정책문제화하고 정책의제화하게 되었던 것이다.

1963년 정부는 엄 회장의 청원을 받아들여 마을문고운동을 정책의제로 채택하고 검토한 후 마을문고운동에 소요되는 경비의 문제에 관여하기 시작하였다. 즉 마을문고운동에 소요되는 경비로서 마을문고를 설치하고 장서를 확보하는 데 필요한 사업비와 그 마을문고를 운영하는 관리운영비 중에서 관리운영비는 엄 회장 개인의 사재로 충당하되, 사업비 부분에 대해서는 정부보조금을 지급하기로 결정하였다.

이로써 정부가 관여하기 시작한 마을문고운동은 부분적으로 정부의 정책(마을문고정책)의 성격을 지니게 되었고, 이 사업비 보조금 지출의 결정은 마을문고정책과 관련된 최초의 정부정책결정의 의미를 띠게 되었다. 그런데 역시 마을문고의 관리운영비를 개인이 감당하는 것은 지속될 수 없는 일이었다. 그래서 마을문고운동 측은 1967년 마을문고운동의 중앙본부의 회장단(회장과 이사들)이 관리운영비를 출연하는 체제를 구축함으로써 지속적인 마을문고운동체제를 갖추고자 노력하였다.

그리하여 마을문고운동은 1960년대 후반부터 그 속도를 더해 1974년 설치된 마을문고의 수가 3만 5천 개를 넘어섰다. 또 도시의 저소득 근로자를 대상으로 한 독서운동을 위해―오래 지속되지는 못하였지만― 마을문고의 부대사업으로서 '직장문고' 설치 운동을 시작하기도 하였다. 그리고 마을문고운동의 사업추진 전략을 문고 설치에서 문고 육성으로 바꾸고 각급 문고 지도자에 대한 교육과 같은 다양한 지도·육성책을 전개해 나가게 되었다.

그러나 유력 인사를 회장으로 추대하여 관리운영비를 조달하는 방식 또한 지속될 수는 없었고, 마을문고운동은 주기적으로 재정위기 문제에 직면하였다. 그리하여 좀 더 근본적인 해결책으로 1억 원 기금의 재단을 만들어 이 사업을 인수해 줄 독지가를 찾아 나서게 되었다. 그러나 결국 창설 이래의 숙원을 성사시키지는 못하였다.

결국 마을문고운동 측은 문고 육성을 위하여 주민과 밀접한 지방 행정체제의 강력한 지원이 필요하다고 판단하여 소관부처를 문교부에서 내무부로 이관해 줄 것을 건의하였고, 정부는 이 건의를 받아들여 1977년 10월 소관부처를 문교부에서 내무부로 옮기면서 1978년부터 내무부 새마을사업의 하나로 추진하게 되었다. 이때부터 마을문고운동은 내무부와 지방행정당국의 지원을 받아 전국의 도·시·군 조직을 갖추고 각 마을문고에 유급 직원을 배치하는 체계적인 행정지원을 받을 수 있게 되었고, 도지부 및 시·군지부가 지방정부로부터 관리운영비를 지원받는 계기를 만듦으로써, 중앙의 마을문고 본부와 도지부, 시·군지부로 이어지는 문고운동의 추진체계가 확립되었다. 이로써 정부는 좀 더 본격적으로 마을문고운동에 관여하게 되었다. 이는 형식적으로 아직 완전한 의미의 '정부 주도'라고 규정하기는 어려울지 몰라도 실질적으로는 정부가 마을문고에 관한 정책결정과 정책집행을 주도하게 되었음을 의미하는 것이었다.

2) 마을문고 정책의 결정과 집행

1980년에 들어오자 마을문고운동 측은 항구적인 재정안정책을 찾기 시작하였다. 그리하여 이번에는 청와대에 마을문고 재정 지원을 위한 재단 설립을 주선하여 줄 것을 진정하게 되었다. 청와대는 오랜 검토 끝에 '마을문고 본부'를 새마을운동 중앙본부의 회원단체로 통합시켜 추진하는 방안을 확정하였다. 이리하여 마을문고 사업은 1981년 10월부터 새마을 운동체제로 편입·전환하게 되었다. 이로써 마을문고운동은 개인이 중심이 되어 민간운동으로 시작하였다가 차츰 중앙정부 및 지방정부와 긴밀한 협조관계를 유지하며 재정지원을 받는 민관협력체제로 유지되다가 결국은 정부 주도의 새마을운동의 회원단체로 편입·전환하는 과정을 겪게 된다.

마을문고가 새마을운동 중앙본부의 회원단체로 편입됨으로써, 마을문고운동은 명실상부하게 완전한 '정부 주도'의 도서관정책의 성격을 지니게 되고, 따라서 '정부 주도의 마을문고정책'이라는 위상과 성격을 확보하게 된다. 물론 새마을운동의 추진 주체가 정부 부처가 아니라 새마을운동 본부인 데 따라 마을문고정책도 '준정부' 또는 '관변' 주체의 정책이라고 규정할 수 있겠다. 그러나 새마을운동은 1970년 4월 22일 당시 박정희 대통령이 제창한 정부의 정책이었고, 그것도 가장 중요한 역점 정책이었다는 점에서, 새마을운동의 일환으로 편입된 마을문고 정책은 형식적인 소속에도 불구하고, 실질적으로는 분명한 정부정책이라고 규정할 수 있다. 그러므로 1981년 이후 마을문고정책은 정부정책으로서 강력한 중앙 및 지방의 집행체제를 통하여 새마을운동의 최우선 과제인 국민의식개혁을 위한 새마을 독서운동의 형태로 강력하게 집행되었다. 즉 정부 주도의 마을문고정책의 정책집행이 그 어느 때보다도 강력하게 이루어지게 되었다.

명칭 또한 '마을문고본부'에서 '새마을문고중앙회'로 변경하여 지금까지 사용해 오고 있다. 이에 따른 마을문고운동의 가장 큰 변화는 과거의 농어촌 중심의 단위문고 설치 육성에서 도시 지역의 단위문고의 설치·육성으로 확대된 독서운동을 들 수 있다. 마을문고운동 측은 도시 지역에 역문고, 공원문고, 경찰서문고, 병원문고 등 각종 특수문고를 설치 운영했으며, 지역과 직장·공장 및 군부대·교도소에까지 새마을독서대학을 설치·운영하였다.

3) 마을문고정책의 집행 중 평가와 환류

이와 함께 마을문고운동 측은 사회 환경에 맞추어 적응하고자 단위문고를 일제히 정비하는 사업에 착수하였다. 이는 정책과정의 이론으로 볼 때, 형성평가의 성격을 갖는 정책집행 중 평가에 해당함은 물론이다. 마을문고정책의 목표를 달성하기 위하여 동 정책의 집행과정에서 나타난 문제점들을 규명하고 분석하여 그 시정책을 현행 집행과정에 반영하는 환류(feedback)는 성공적인 정책집행에 의한 정책목표의 달성에 필수불가결한 요소이다. 그런 정책의 수정

관리의 맥락에서 마을문고 측은 문고의 일제 정비 결과 일정량 이상의 도서와 시설을 갖춘 기초·자조·자립 수준의 문고를 8,498개소를 추려 내고 기타 전국의 모든 읍·면의 문고를 그런 자립문고 수준으로 육성하는 것을 목표로 새롭게 설정하고 문고센터 및 단위문고들이 독서활동뿐만 아니라 교양강좌와 취미교실 및 학습교실 등을 운영하여 마을문고가 사회 교육·문화의 공간으로 활용되도록 지도하였다.

1981년부터 시작된 '마을문고경진대회'는 1985년부터는 참여의 폭을 대폭 넓혀 사회 각계각층이 참여하는 '국민독서경진대회'로 열리게 되었다. 그리고 1986년 서울시에서부터 이동도서관이 운영됨으로써, 새마을이동도서관 시대의 문을 열게 되었다. 이처럼 마을문고운동은 사회 여건의 변화에 따라 광역화·대형화를 추구하였고, 특수문고·독서대학·이동도서관 설치 운영 등으로 도시형 독서운동의 영역을 확대하였다.

1994년에는 '도서관 및 독서진흥법'이 제정되어, '도서관'의 기준에 미달되는 규모의 독서시설로 '문고'를 법제화하였고, 문고운동의 효율화를 위해 문고협회를 설립하도록 했는데, '마을문고중앙회'는 이 법에 의해 설립된 문고협회로 간주하도록 부칙에 명시되었다. 이로써 법에 명시된 단체로 위상을 갖게 되어 문고육성 및 독서진흥을 위한 각종 사업을 더욱 활발하게 추진할 수 있는 토대를 마련하였다. 그러나 1997년에는 중앙 사무국이 재정문제로 다시 존폐의 위기에 처하게 되었다. 그리고 1998년 3월 1일 새마을운동중앙회와 다시 사무국을 통합한 후 새로운 활로를 찾아 나서게 된다. 전 국민 책 읽기 운동 전개, 독서문화상 제정 및 시상, 기관지 <마을문고>

복간, 우리 마을 독서정보화 운동 전개, 마을문고 자료관리 시스템 (KOMLIS) 명명식, 마을문고운동 창립 40주년 기념식 및 <마을문고운동 40년사> 발간, 독서공간을 활용한 지역문화운동 전개, 독서문화지도사과정 강좌 개강, 독서를 근간으로 하는 지역문화운동 전개, 지식문화강국을 위한 독서문화운동 전개, 한국독서문화지도사회 발기인 총회 등의 활동을 벌여 오면서 현재에 이르고 있다.

이와 같이 현재도 집행 도중에 있는 마을문고정책은 잠정적으로 어떤 평가를 받고 있을까? 이에 대하여 도서관운동의 한 시민단체가 발간한 바에 의하면 다음과 같은 잠정적인 평가가 나오고 있다. 거기에서 마을문고정책은 몇 가지 사회변인을 잡아내지 못하는 한계를 드러냈다고 보고 이를 3M으로 정리하고 있다. 즉 ① 재정적 한계(Money), ② 전산화 미비로 인한 관리상의 한계(Management),[32] ③ 인적요인(Man)의 한계 등이다. 그리하여 일시에 대대적으로 설치된 35,000개의 문고들이 자생적으로 운영할 운영자가 없고, 확보된 수입이 없음으로 인해 일회성 문고설치 행사로 그쳐 버린 모습을 보여 주고 있다는 평가이다(어린이도서관 길잡이, 2004).

더욱이 정부 주도에 의해 수동적으로 견인되면서 마을문고는 역동적인 모습을 많이 잃어 가고 있다. 적은 비용으로 좁은 공간에 쉽게 만들 수 있다는 점 때문에, 행정부서 일부공간(동장실, 시민봉사실 등)에 전시행정으로 문고가 많이 설치되었는데, 책임자의 관심 여하에 따라 운영이 좌우되어 상당수의 문고들이 유명무실한 곳도 많다. 이러한 잠정적인 평가는 마을문고정책의 효과성을 분석하는

----

32) 공공도서관은 1980년대에 전산화를 시작하였는데, 그런 업무의 전산화, 자료의 전산화의 미비를 말한다.

다음 항에서도 분명하게 드러난다.

2. 정책효과성 분석

위에서 정부 주도 마을문고정책의 정책과정을 분석하였다. 이제 정부 주도 정책과정모형의 사례분석대상인 마을문고운동의 대두배경과 전개 및 마을문고정책의 1차・2차 정책의 효과성을 분석하기로 하겠다.

1) 정부 주도 마을문고운동의 대두배경과 전개

① 대두배경[33]

마을문고운동은 1960년대 시작되는데, 그 배경은 우선적으로 열악한 독서환경을 들 수 있다. 제도적인 독서운동 기관인 공공도서관이 수직적으로, 질적으로 너무 열악하여 농민이 이용하기는 거의 불가능하였을 뿐만 아니라, 대다수가 학생들의 공부방 구실에 머물러 있었다. 이에 따라 사회 각계에서는 농촌 독서운동의 필요성을 절감하여 농촌 책 보내기 운동 등을 전개하여 왔으나, 산발적인 운동에 머물러 있었고, 그 결과도 성공적이지 못했다.

또 다른 배경으로는 이 운동을 착상하고 이끌어 왔던 창설자 엄대섭 전 회장의 정신적 동인이다. 그는 극심하게 가난한 가정에서 불우한 소년시절을 보내면서 자수성가하였고, 정규 교육보다 책 읽

---

33) 이하 새마을문고운동 40년사: 1961 - 2000(새마을문고중앙회, 2000: 56 - 152)을 참조하였다.

기를 통한 독학으로 탁월한 자기성취의 능력을 발휘했으며, 인생 진로의 결정적인 계기는 바로 책의 영향 때문이라는 확고한 믿음을 갖고 있었다. 즉 그의 독서와 도서관에 대한 신념은 젊은 시절 가난 극복을 통한 자아성취 등 인생역정에서, 책을 삶의 도구로서 인식한 경험적 확신에 의한 것이었다고 말할 수 있다. 이러한 배경을 바탕으로 하여 착상되고 추진된 것이 마을문고 보급운동이고 현재에 이르고 있다.

② 전개

ㄱ. 1960년대

마을문고는 읽을 권리를 쟁취하는 문화 혁명적인 독서운동임을 천명하고, 60년대의 농촌사회의 전통적인 특성을 감안하여 그 설치 대상 지역을 주민이 쉽고 가까이 접근할 수 있는 자연부락 단위로 설립하였다. 그리고 마을문고는 해방 직후의 일방적인 책 보내기 운동에서 벗어나 주민 스스로의 힘으로 보고 싶은 책을 구입해 나가면서 문고를 자율·자조적인 방법으로 관리·운영하는 독서운동을 표방하였다. 문고운동은 처음부터 문고의 지도·육성 사업에 적지 않은 관심을 기울였다. 마을문고 사업의 재정조달은 초기에는 창설자의 사재로 시작하여, 1963년부터 사업비는 정부보조금, 관리운영비는 창설자의 사재로 분담해 오다가, 67년 후반부터는 유력한 회장과 이사진이 관리운영비를 출연하는 체제를 구축함으로써 마을문고운동은 초기의 불안을 씻고 사업에 박차를 가할 수 있는 기반을 마련하게 되었다.

초창기 마을문고운동의 발전 동인은 창설자의 개인역량에 큰 영향을 받았으며, 문고운동의 전략은 독서운동을 관념적인 명제로 받아들인 것이 아니라, 이를 구체적인 목표로 설정한 후 양적인 성과를 바탕으로 하여 정부와 사회의 관심을 유도해 나가는 것이었다.

ㄴ. 1970년대

문고 설치 사업은 1960년대 후반부터 그 속도를 더해 1974년 말에는 3만 5천 개를 넘어섰다. 이를 계기로 사업 추진 전략을, 문고 설치에서 문고 육성으로 바꾸고 다양한 지도·육성책을 전개해 나가게 되었다. 70년대 후반에 와서는 내무부의 지원으로 전국적으로 도·시·군 조직을 완료하고 유급 직원을 배치함으로써 문고 지도·육성의 기반을 마련하였다. 1970년대 문고 지도·육성을 위해 역점 사업의 하나로 추진된 사업은 각급 문고 지도자에 대한 교육이었다. 1973년부터 시작된 새마을총서 발간 사업 또한 문고 육성의 핵심 사업으로 추진되었다. 그리고 도시의 저소득 근로자를 대상으로 한 독서운동을 위해 마을문고의 부대사업으로서 '직장문고' 설치 운동을 시작하였다. 그러나 이 운동은 오래 지속되지는 못하였다.

한편, 유력 인사를 회장으로 추대하여 운영비를 조달해 오던 본회는 1970년부터 적지 않은 우여곡절을 겪게 된다. 주기적으로 닥치는 재정 위기 문제에 대한 근본적인 해결책으로 1억 원 기금의 재단을 만들어 이 사업을 인수해 줄 독지가를 찾아 나섰다. 그러나 결국 창설 이래의 숙원을 성사시키지 못하였다. 다행히 1977년 10월에 마을문고 사업이 내무부로 이관되고, 내무부가 당분간 국고보조금으로 본회의 관리운영비까지 충당할 수 있도록 해 주어, 폐문의 위기를 넘기게 되었다.

문고운동은 창립 이후 문교부 소관이었으나, 1977년 10월에 소관 부처가 내무부로 옮겨지게 되었다. 이에 따라 문고운동은 1978년부터 내무부 새마을사업의 하나로 추진되어 체계적인 행정 지원을 받을 수 있게 되었으며, 도지부 및 시·군지부가 지방정부로부터 운영 경비를 지원받는 계기를 만듦으로써, 중앙의 마을문고본부와 도지부, 시·군지부로 이어지는 문고운동의 추진체계가 확립되었다. 또한 1980년은 새마을 사업에 대한 사회적 인식을 높이는 결정적인 해여서 항구적인 재정 안정책의 실현 방안을 또다시 찾기 시작하였다. 그리하여 문고운동 측은 이번에는 청와대에 진정하여 마을문고 재정 지원을 위한 재단 설립을 주선하여 줄 것을 간청하게 되었다. 청와대 비서실에서는 오랜 검토 끝에 '마을문고본부'를 새마을운동 중앙본부의 회원단체로 통합시켜 추진하는 방안으로 확정되었다. 이리하여 마을문고 사업은 1981년 10월부터 새마을 운동체제로 전환하게 되었던 것이다.

ㄷ. 1980년대

새마을운동중앙회의 회원단체로 가입하면서 문고운동은 1980년대 새마을운동의 최우선 과제인 국민 의식개혁을 위한 독서운동을 전개하게 된다. 문고운동은 새마을운동 10여 년 전부터 추진되어 새마을운동의 밑거름이 되어 왔는데, 80년대에 들어오면서 마을문고가 본격적으로 새마을 정신계발운동 추진의 주축을 담당하게 된 것이다. 명칭 또한 '마을문고본부'에서 '새마을문고중앙회'로 변경하여 지금까지 사용해 오고 있다. 80년대 문고운동의 가장 큰 변화는 과거의 농어촌 중심의 단위문고 설치 육성에서 도시 지역의 독서운동을 들 수 있다. 도시 지역에 역문고, 공원문고, 경찰서문고, 병원문고 등 각종 특수문고를 설치 운영했으며, 지역과 직장·공장 및 군부대·교도소에까지 새마을독서대학을 설치 운영하였다. 이와 함께 80년대 사회 환경에 맞추어 적응하고자 단위문고를 일제히 정비하는 사업에 착수하였다. 문고운동 측은 문고의 일제 정비 결과 일정량 이상의 도서와 시설을 갖춘 기초·자조·자립 수준의 문고가 8,498개소였으며, 전국의 모든 읍·면의 문고를 자립문고 수준으로 육성하는 것을 목표로 하였고, 문고센터 및 단위문고들이 독서활동뿐만 아니라 교양강좌와 취미교실 및 학습교실 등을 운영하여 사회 교육·문화의 공간으로 활용되도록 지도했다.

1981년부터 시작된 '새마을문고경진대회'는 1985년부터 참여의 폭을 대폭 넓혀 사회 각계각층이 참여하는 '국민독서경진대회'를 열게 되었고, 1986년부터는 서울시에 이동도서관이 운영됨으로써 새마을이동도서관 시대의 문을 열었다. 이처럼 1980년대 단위문고 운동은 사회 여건의 변화에 따라 광역화·대형화를 추구하였고, 특수문고·독서대학·이동도서관 설치 운영 등으로 도시형 독서운동을 전개하였다. 그러나 과거 초창기부터 언론의 적극적인 보도를 통해 국민의 관심과 지원을 유도하여 왔던 문고운동은 1980년대 새마을 조직에 편입된 후 언론의 관심과 지원이 현격히 줄어들게 된다.

ㄹ. 1990년대

1990년대는 80년대 후반에 불어 닥친 세칭 '새마을사태'로 인해 지도자들의 사기가 땅에 떨어지고, 새마을운동중앙회의 인원감축 및 기구 축소로 일선 문고업무 담당 직원이 감원되어, 사업이 많은 어려움을 겪던 시기였다. 1994년에는 '도서관 및 독서진흥법'이 제정되어, 도서관의 기준에 미달되는 규모의 독서시설로 '문고'를 법제화하였고, 문고운동의 효율화를 위해 문고협회를 설립하도록 했는데, '새마을문고중앙회'는 이 법에 의해 설립된 문고협회로 간주하도록 부칙에 명시했다. 이로써 법에 명시된 단체로 위상을 갖게되어 문고육성 및 독서진흥을 위한 각종 사업을 더욱 활발하게 추진할 수 있는 토대를 마련하였다. 그러나 1997년에는 중앙 사무국이 재정문제로 다시 존폐의 위기에 처하게 되었다. 1998년 3월 1일 새마을운동중앙회와 다시 사무국을 통합하여 새로운 활로를 찾아나서게 된다.

ㅁ. 2000년 이후~현재

오랜 역사와 전통의 마을문고운동은 1974년에는 전국적으로 35,000개의 문고 설치를 이루어 내는 성과를 거두었지만 1981년 새마을운동 체제에 흡수, 통합되어 현재 새마을문고라는 이름으로 계승되어 오고 있다. 현재 새마을문고중앙회는 사단법인으로 새마을운동중앙회의 회원단체로서 새마을문고중앙회 시·도지부 16개, 새마을문고중앙회 시·군·구지회 234개, 새마을문고 읍면동분회 2,367개, 새마을문고회 1,741개로 조직되어 있다. 새마을문고회는 주로 동사무소 주민자치센터에 있으며 구청으로부터 도서구입비를 지원받으며 주민자치센터 프로그램으로 운영되고 있다. 이와 같이 마을문고운동의 시작은 개인으로부터 시작되었으나 전국적 운동으로 확산되는 과정에서 정부 주도의 마을문고운동으로 변화되었고, 그 운동의 과정에 대전지역도 예외가 아니었기 때문에 대전지역 역시 정부 주도 마을문고운동의 시작은 마을문고운동과 그 궤를 같이 하고 있다.

2) 1차 정책효과성(산출)의 분석 – 마을문고 운영 관련

사례분석에 사용된 1차 정책효과성 지표는 다음과 같다.

1차 정책효과를 측정하기 위하여 사용한 지표는 마을문고 및 마을어린이도서관 운영과 직접적으로 관련한 10개 항목이다. 이 10개 항목은 (1) 도서보유량, (2) 대출회원 수, (3) 도서관 이용자 수, (4) 대출권수, (5) 프로그램 수, (6) 프로그램 이용자 수, (7) 동아리(소모임) 수, (8) 재정자립의 정도, (9) 전담인력충원과 역량강화의 정도, (10) 조직의 역량강화 정도이다. 이 지표 가운데 (8), (9), (10)번 항목은 정책목표에 대한 달성도를 나타내는 직접적인 정책산출이라고 보기는 어렵지만 1차 효과성 지표로 설정한 이유는 다음과 같다. 마을문고는 자치단체의 산하기관으로 도서구입비와 기본운영에 대한 예산지원을 받고 있지만 자치단체가 직접 운영하는 문고는 아니며, 마을도서관 역시 민간이 운영하는 도서관으로, 이들은 문고나 도서관을 운영하는 데 필수적이고 기본적인 물적, 인적 토대를 스스로 만들어야 하는 존립의 문제가 있다. 따라서 마을문고나 마을도서관은 이러한 물적, 인적 토대를 만들어 내는 것, 그 자체가 1차적인 정책산출이 된다는 점에서 지표로 설정하게 되었다. (1) – (7) 항목은 기관의 자료를 통해 계량화 방식의 양적 분석을 하였고, (8) – (10) 항목은 면접 방식의 질적 분석을 하였다.

(5)번 항목의 '프로그램'이란 도서관에서 회원들에게 일상적으로

제공하는 도서나 교육, 체험학습과 관련된 것으로 예를 든다면, 부모강좌, 영어동화책 읽어 주기, 또래모임, 캠프, 기행, 북 아트(book art) 등이고 (6)번 항목의 '동아리'란 말 그대로 도서관 회원들 스스로 관심별 소모임을 구성하고 활동내용을 기획, 진행해 나가는 소모임 활동을 뜻하는 것으로 예를 든다면, 책서리(도서에 대해 공부하는 모임), 행복한 육아(육아에 대한 고민과 대안을 모색하는 모임), 손애손애(천연비누나 화장품을 만들고 나누는 모임) 등이다.

그러면 이러한 지표별로 구체적인 내용을 살펴보기로 하겠다.

(1) 도서보유량, (2) 대출회원 수, (3) 이용자 수, (4) 대출권수, (5) 프로그램 수, (6) 프로그램 이용자 수, (7) 동아리 수

대부분 마을문고는 도서보유량, 대출회원 수, 이용자 수, 대출권수를 정확하게 산출하지 못하고 있었다. 도서보유량의 경우, 폐기처분되고 새로 등록되는 도서의 관리가 제대로 이루어지지 않고 있었고, 대출회원의 경우도 이사를 가거나 장기간 이용하지 않는 회원에 대한 관리가 이루어지지 않아 정확한 산출이 어렵다는 반응을 보였다. 대전광역시나 각 구에서도 이에 대한 자료는 보관하지 않고 있었고, 문고의 운영책임자인 회장들조차도 이에 대해 제대로 몰라 관리를 소홀히 하고 있는 상황이어서 정확한 통계를 산출하는 것은 불가능하였다. 이용자 수의 경우도 문고에 와서 책을 읽고 가는 경우는 통계에 포함되지 않아 정확한 수를 알 수 없었고, 대출권수도 일지에만 기록이 될 뿐, 일별, 월별, 연도별 통계가 관리되고 있지 않았다. 이러한 상황은 마을문고의 1차 정책의 효과성을 가늠할 수 있는 현실로, 자치단체의 마을문고에 대한 행정지도와 관리가 절실히 요구된다고 하겠다. 또한 문고 활동으로서의 프로그램은 전혀 개설되지 않았고, 동아리(소모임)도 구성되어 있지 않았다.

<표 4-1> 마을문고의 지표별 1차 정책효과성

1차 지표 / 마을문고	도서보유량	대출회원 수	이용자 수	대출권 수	프로그램 수	프로그램 이용자 수	동아리 수
○○동	약 4,000권	약 505명	·	·	없음	없음	없음
○○동	약 5,000권	약 3,100명	·	·	없음	없음	없음
○○동	약 4,000권	○○동주민	·	·	없음	없음	없음
○○동	약 4,000권	약 2,540명	·	·	없음	없음	없음
○○동	약 3,500권	약 920명	·	·	없음	없음	없음

1차지표 / 마을문고	재정자립의 정도	전담인력충원과 역량강화 정도	조직의 역량 강화의 정도
○○동	비교적 낮은 편	비교적 낮은 편	비교적 낮은 편
○○동	〃	〃	〃
○○동	〃	〃	〃
○○동	〃	〃	〃
○○동	〃	〃	〃

(8) 재정자립의 정도

이 지표를 측정하기 위한 기본 질문은 후원과 기부의 여부, 후원 액 등이었고, 확장된 질문은 후원계기, 지속성 여부, 후원의 비활성 화 이유, 활성화 방안, 면접자들이 생각하는 다른 이들의 후원에 대 한 생각 등이었는데, 마을문고는 정기적인 후원과 기부가 어느 문 고에서도 이루어지지 않고 있어서 이에 대한 면접대상자들의 '직접 인용' 게재는 하지 않기로 하고, 다만 재정과 관련한 마을문고 운영 전반에 관한 내용들을 정리하였다.

마을문고 운영을 살펴보면 도서구입비는 자치구로부터 예산을 지원받아 사용하며 문고 운영비는 동사무소 예산으로 충당하고 있어 별도의 독립 재정을 운용하지 않고 있었다. 문고회원들이 내는 소액의 월례회비는 회의 시 식사나 친목비로 사용되고 있었고, 문고주최 행사가 있을 때 마을의 기관이나 단체들의 비정기적인 후원과 기부가 간헐적으로 있을 뿐이었다. 문고주최 행사로는 도서 바자회가 있는데, 이 또한 매년 정기적으로 이루어지는 것은 아니었고 필요시 이루어지고 있었는데, 최근 들어 문고주최 행사는 거의 없었고, 동사무소 산하 다른 기관이나 단체와의 연합행사에 참여하고 있었다. 독립적으로 운영하는 시스템이 아닌 동사무소 산하 관변단체의 성격을 지닌 마을문고는, 기금마련 행사나 정기적인 후원자를 모집할 필요성 자체를 느끼지 않기 때문에, 정기적인 후원과 기부는 이루어지지 않고 있었다. 즉 기본적인 재정은 자치단체의 지원과 동사무소예산으로 충당하고 있었고, 문고의 활성화를 위한 사업계획 등은 전무하여 최소한의 활동과 재정에 의존하고 있는 상황이었다.

(9) 전담인력충원과 역량강화 정도

문고의 전담인력 충원은 문고회원들의 자원봉사 활동으로 충원되고 있었다. 이 지표를 측정하기 위한 기본 질문은 문고 활동의 횟수, 평균시간 등이었고, 확장된 질문은 문고 활동의 계기, 지속할 의향 여부, 문고 활동의 보람 등이었다. 이 항목은 회장과 임원을 비롯한 문고회원들에게 질문하였고, 이용자들에게는 앞으로 향후 문고 활동계획에 대해 질문하였다.

문고 활동은 회원들이 요일과 시간을 정해서 하고 있는데, 문고 활동은 1주일에 평균 2 - 3시간 동안 책 대출과 반납 사무로 한정되어 있었다. 문고회원으로 참여하게 된 계기는 주로 이용자였다가 문고 임원이나 회원들의 권유로 시작하게 된 경우가 많았고, 그중에는 문고를 전혀 이용하지 않으면서도 주변의 권유로 시작하게 된 경우도 있었다. 따라서 적극적인 이용자가 자발적으로 봉사하고자 하는 마음을 갖고 시작하는 경우보다는, 책을 좋아하거나 책에 관심이 많은 사람, 봉사활동에 관심이 많아서 다른 활동도 하고 있는 사람, 시간의 여유가 많은 사람, 가정생활로부터 벗어나고픈 사람, 단순하고 쉬운 봉사활동을 하고 싶은 사람, 관변단체 활동을 했던 사람, 자신의 아이에게 도움을 주고 싶은 사람들의 욕구가 문고 관련자의 추천이나 권유와 맞물려 문고 활동을 하게 된 경우가 대부분이었다. 이용자들 중에서는 문고 활동에 대해 적극적인 생각이나 태도를 보이는 사람은 거의 없었다. 따라서 마을문고 운영의 기본적인 물적 토대라 할 수 있는 무보수 자원봉사 전담인력의 확보 정도는 최소한의 활동 속에서는 문고운영이 기본적으로 이루어지고 있지만 문고활성화를 위한 사업의 확대가 이루어질 경우에는 매우 불안정한 운영이 될 가능성이 많았다. 질문을 통한 면접대상자[34]들의 생각은 다음과 같다.

저는 안산도서관. 마루도서관. 마을문고 다 이용하는데요. 문고 관계자가 권유를 해서 문고에서만 자원봉사를 하게 됐는데 한 3개월 됐어요. 마루도서관은 다른 사람들이 다 잘할 것 같아서 굳이 내가 자원봉사를 안 해도 된다고 생각해서 안 하고 있죠. 자원봉사를 하긴 하는데요. 내가 이 정도는 할 수 있다고 생각해서 시간을 내지만 단순한 일이거든요. 아이들을 생각하고 헌신하면서 하는 활동이 아니어서 '이게 봉사인가' 싶을 때가 있어요. 더불어 하는 활동이어야

---

34) 면접대상자들의 면접내용은 익명을 원칙으로 하므로 사례대상 지역을 실명으로 표기하지 않고 '00동'으로 표기하기로 하겠다.

진정한 봉사라고 생각하구요. 명칭도 자원활동가가 맞는 거 같아요. 마루도서관처럼요(○○동 자원봉사자).

문고만의 매력보다는 다른 봉사도 하다 보니까 회장까지 하게 됐네요. 지역아동센터에서 종이접기 봉사를 했는데 봉사 자체가 그 안에 큰 뭔가가 있는 것 같고 보람도 있어서 하죠. 힘들 땐 그만두고 싶은 생각도 드는데 손 놓기가 애매해서요. 지금은 시들해졌는데 봉사활동을 왕성하게 할 때는 중독 같아요(○○동 회장).

책을 좋아해서 한밭도서관, 시립도서관에 다녔어요. 동네 살면서 문고를 이용하다가 너무 좋아서 다른 회원의 추천으로 하게 됐어요. 이사를 가게 된다 해도 인근동으로 갈 거구요. 그때에도 여기 와서 봉사하려고요(○○동 임원).

문고 봉사는 내가 하고 싶다고 하는 것이 아니라 동사무소에서 정해 주면 하는 것으로 알다가 아이 학교 친구 엄마가 문고회원이어서 소개로 하게 됐어요. 결혼 전에도 고아원에서 봉사한 적이 있는데 문고를 자발적으로 이용하다가 관심이 많아서 자원봉사를 하게 됐고요. 계속하고 싶어요(○○동 자원봉사자).

회장님 권유로 하게 됐어요. 아파트 부녀회장 한 적 있어요(○○동 임원).

안산도서관에서 주부 독서회 10년 했고요. 책과 관련된 봉사할 일을 찾다 보니 우리 동네에 문고가 있어서 봉사하게 됐지요(○○동 임원).

아이에게 도움이 될 것 같아서 권유로 처음 해 보게 됐어요. 쉬운 일은 아닌 것 같아요. 시간을 내야 하니까요. 봉사자들도 다 내 맘 같지가 않아서 '쉽게 뛰어들 일은 아니구나.' 싶어요. 지속한다고 장담하기는 어렵구요. 한 달에 2-3번 대출, 반납 봉사하지요(○○동 임원).

통장일을 오래했고 지금도 하고 있어요. 주민자치센터 생기면서 문고도 봉사하게 된 거죠(○○동 회장).

이용하다가 자원봉사하게 됐지요. 회장은 재작년에 하게 됐고요(○○동 회장).

시집살이하면서 폐쇄적으로 살다가 인정받고 싶고, 뭔가 추구하고 싶다는 생각이 들었는데 그때 누군가 권유해서 봉사하게 되었죠. 그만둘까도 생각했는데 70세가 넘은 할머니 한글을 가르쳐 주게 되면서 기쁨을 누릴 수 있는 곳으로 생각하게 됐어요(○○동 자원봉사자).

시간적 여유가 많아지다 보니 나이 들어 가면서 봉사하면 좋겠다 싶어서 하게 됐죠. 빨래방 봉사도 하고 있어요(○○동 자원봉사자).

전담인력의 역량강화를 측정하기 위한 기본질문으로는 활동으로 인한 보람과 자기발전의 모습, 활동 전과 활동 후의 변화된 모습 등을 질문하였고, 확장된 질문은 자아성장, 내적 성장에 대한 느낌과 감동, 자신감 등이었다.

마을문고의 경우, 주체적이고 자발적으로 사업을 기획하고 진행하는 과정이 없었고, 단순히 책을 대출하고 반납하는 활동에 그치고 있어서, 대부분의 사람들은 책을 통해서 얻는 자기만족, 유대관계의 확장 정도의 수준에 머무르고 있을 뿐, 자기성장에 대한 기쁨이나 보람을 느끼지는 못하고 있었다. 이러한 현상이 나타나는 주된 이유는 단순한 봉사에 그칠 뿐 자발적이고 주체적인 활동, 즉 함께 이루어 내는 활동이 없는 문고운영 때문으로 보였다. 단순 봉사에서 주체적인 활동으로, 주체적인 활동이 자기만족으로, 자기만족이 내적 성장과 연결되지 않는 것이 마을문고의 가장 큰 단점이라고 판단되었다. 질문을 통한 면접대상자들의 생각은 다음과 같다.

문고가 편하기는 하지만 아직은 내가 정신적으로 혹은 내적으로 성장한다는 것은 못 느껴요. 편안한 마음으로 시작한 거구요. 기간이 얼마 안 된 이유도 있겠죠(○○동 임원).

배우는 것은 많은데 이 일이 버거워요. 책임감이 느껴져서요(○○동 회장).

유대관계나 모든 면에서 많이 성장했어요(○○동 회장).

책을 접하다 보니 책 읽는 양도 많아지고 다양한 책을 보게 돼요. 아이들에게 책을 권하고 읽는 모습 보여 주고 좋죠. 그렇다고 이 일을 하면서 자신감이 생겨서 '나도 문고 임원 해야겠다.' 이런 생각은 안 들어요(○○동 자원봉사자).

봉사란 남을 도와주는 것이라고 생각했는데 하다 보니 이건 남을 돕는 게 아니라 나 자신이 성장하는구나! 내가 도움을 받는구나! 생각이 들어요. 나를 돌아보면서 뿌듯하죠(○○동 임원).

가장 잘되는 문고 중의 하나라는 자부심 가져요(○○동 임원).

사람들이 책을 읽으면서 내적 성장을 느낄 거예요(○○동 자원봉사자).

활동 전에도 책을 많이 빌려서 읽었는데 활동하면서 대중 앞에서 발표할 기회가 주어져 원고를 작성하고 발표하는 과정에서 자아발견을 하게 됐죠. 지금은 학교폭력예방 강의를 하고 있어요. 많이 성장했지요(○○동 자원봉사자).

시간 보내는 정도지 내적 성장 못 느껴요. 너무 단조로워요. 가치관이 향상될 만한 일을 접하지 못해요. 대출, 반납하는 일 그 이상도 그 이하도 아니에요(○○동 자원봉사자).

(10) 조직의 역량강화의 정도

이 지표를 측정하기 위한 기본 질문으로는 의사결정기구의 유무, 민주적 방식의 채택 등을 질문하였고, 확장된 질문은 회의가 민주적으로 진행되는지, 수평적으로 의사소통이 이루어지는지, 회장 중심의 운영과 집단적 협의구조에 따른 조직 성과와 그에 따른 조직 역량의 차이는 무엇인지 등이었다.

마을문고의 의사결정기구로는 월례회가 있는데, 동사무소 산하 관변단체들의 회의 형식을 그대로 취하고 있었다. 동장의 인사말과 동사무소의 공지사항이 있은 후 안건 심의가 진행되지만 자체 안건은 거의 없었고, 문고와 관련한 건의 안건을 다루고 폐회하는 순으로 진행되었다. 마을문고는 자체적으로 주최하는 사업이나 프로그램을 시행하지 않았고, 경직되고 단순화된 마을문고의 운영과 역할에 안주하고 있었기 때문에, 마을문고의 미션이나 비전에 대한 고민을 함께 나누고 기획, 집행하는 과정도 당연히 없었다. 회의는 자체 안건을 가지고 토론과 논의가 이루어지는 장이 되지 못하였고, 보고 중심의 회의로 진행되며 친목을 다지는 정도의 소통이 이루어지고 있었다. 따라서 집단적 협의 체제를 통한 민주적인 운영이나 수평적 소통의 정도가 미약할 수밖에 없었다. 질문을 통한 면접대상자들의 생각은 다음과 같다.

> 회장 위주로 진행이 되죠(○○동 자원봉사자).
> 정해진 일만 하니까……. 안건은 내죠. 그렇다고 주도적으로 나서는 건 아니
> 고요(○○동 자원봉사자).
> 동사무소에 건의 안건은 거의 없고요. 행사 참여 요청하면 협조하고 공지사
> 항 듣는 정도죠(○○동 자원봉사자).

3) 2차 정책효과성(영향)의 분석 – 마을문고와 관련한
지역사회의 변화, 개인의 변화

2차 정책효과를 측정하기 위하여 사용한 지표는 사회자본으로설
명될 수 있는, 정책의 영향으로 도서관과 관련한 지역사회의 변화,
개인의 변화와 관련한 것이다. 분석에 사용된 지표는 사회자본 구
성요소 4개와 이에 따른 구체적인 지표 18개 항목이다. 18개 항목
을 사회자본 구성요소별로 살펴보면, 첫째, 신뢰와 관련한 지표는
(1) 차이(소득, 교육, 성, 종교, 지위 등)의 영향 정도, (2) 장기거주
의사 여부와 정도, (3) 친밀성, 사회적 응집성, 연대감, 협조성(집합
적 효능감)의 정도, (4) 타인에 대한 신뢰(개인적 문제의 상의범위,
금전적 대차의 가능 정도와 수준)의 정도, (5) 공공기관(공무원)에
대한 신뢰의 정도, (6) NGO에 대한 신뢰의 정도다. 둘째, 네트워크
와 관련한 항목은 (1) 마을의 공동문제에 대한 관심과 제기 및 관여
의 양적, 질적 정도, (2) 사회적 소외집단의 지원기제 여부, (3) 지역
문제의 정보획득수단과 자원(정보) 접근성의 정도, (4) 가입단체의
범위, (5) 마을기관 및 관련 기관과의 협력관계의 정도이다. 셋째,

주민참여와 관련한 항목은 (1) 집합적 효능감으로 공동체의 유지·발전에의 관심, 참여, 효과기대의 정도, (2) 동네주민조직의 참여 정도이다. 넷째, 호혜와 관련한 항목은 (1) 상호작용의 양적, 질적 정도, (2) 도움 필요시 지원획득 가능범위의 정도, (3) 집안일의 상부상조의 정도, (4) 품앗이 교육과 품앗이 은행을 통한 상부상조의 정도, (5) 마을의 아동, 청소년에 대한 상호관심과 사랑의 정도로, 총 18개로 구성되어 있다.

* 신뢰

(1) 차이(소득, 교육, 성, 종교, 지위 등)의 영향 정도

이 지표를 측정하기 위한 기본 질문은 소득 등의 조건에 따른 신뢰의 차이가 있는지를 질문하였고, 확장된 질문은 문고 활동 이전과 이후의 '신뢰'에 대한 차이의 영향 정도의 변화 여부였다.

대부분의 면접대상자들이 소득이나 교육, 성이나 종교, 사회적 지위 등에 관계없이 사람을 대체로 믿는다고 답변함으로써 어떤 조건에 따라서 신뢰의 정도가 달라지지 않는다는 반응을 보여 주었다. 이에 대한 문고 활동 전과 후의 변화도 거의 없다고 답변하였다. 이러한 점에서 볼 때 마을문고 회원들의 신뢰에 대한 차이의 영향 정도는 문고 활동을 하면서 생긴 변화라고 보기는 어려웠고, 근본적으로 가지고 있는 개인적인 성향에 가깝다고 생각되었다. 면접대상자들의 이러한 반응을 직접 인용함에 있어서, 같은 내용을 나열할 필요가 없다고 생각되어, 내용이 다른 대표적인 반응만 직접인용으로 나열하였다. 질문을 통한 면접대상자들의 생각은 다음과 같다.

대체로 믿는 편이에요. 원래 가지고 있는 생각이에요(○○동 임원).

(2) 장기거주 의사

이 지표를 측정하기 위한 기본 질문은 거주기간, 이사 여부, 거주의 지속성 여부 등을 질문하였고, 장기거주 의사에 영향을 주는 요소는 매우 다양하지만, 그중 경제적 이유가 가장 1차적인 변수가 될 것이므로, 확장된 질문은 경제적 변수를 통제하고, 경제적 이유와 같은 불가피한 요소가 발생하지 않을 경우에 마을문고 때문에 이사를 가지 않고 오래 살고 싶은지, 이사를 가게 되면 마을문고가 있는 동네로 이사를 갈 것인지 등이었다.

대부분의 면접대상자들은 장기거주 의사가 있는 것으로 나타났는데 그 주된 이유를 보면 자신들이 사는 마을의 환경과 마을 사람들이 좋아서 오래 살고 싶다고 했다. 그중에 문고가 차지하는 비중에 대한 반응은 문고 비중이 큰 사람과 작은 사람, 아주 없는 사람에 이르기까지 다양하게 나타났다. 이사를 가게 되면 거의 모든 동에 마을문고가 있기 때문에 굳이 마을문고를 찾아서 이사 갈 필요성은 느끼지 못하고 있었고, 만약 이사를 인근동으로 간다면 새로운 동네에서 활동하지 않고, 지금 활동하고 있는 문고에서 계속 활동하겠다고 하였다. 이는 문고나 문고 활동 그 자체보다는 문고를 둘러싼 환경이나 문고를 통해 형성된 사람들과의 유대를 지속하고자 하는 욕구에서 출발하는 것으로 볼 수 있었다. 질문을 통한 면접대상자들의 생각은 다음과 같다.

> 18년 살았어요. 동네 자체가 너무 좋아요. 문고에 오면서 사람들이 좋아졌어요. 그리고 지역사회를 사랑하게 됐다고 할까요?(○○동 자원봉사자)
> 12년 살았는데요. 산도 있고 교통도 좋고, 이사 갈 생각은 없어요. 그런데 문고 때문에 이사 안 가겠다는 생각은 안 해요(○○동 자원봉사자).

문고 때문에 오래 살고 싶다는 생각은 없어요. 아이들이 어릴 때는 여기도 좋았는데 학교도서관이 너무 좋아서요. 그런 아쉬움이 없어요. 거의 학교로 가요(○○동 이용자).

23년 살았는데 이 동네에서 어우러져 할 일이 있고 역할이 있어서 계속 살아야죠(○○동 회장).

5년 살았는데……. 동네는 좋아요. 그런데 문고 때문에 이사에 영향을 주는 비중은 10% 정도에요(○○동 임원).

11년째 살아요. 지금은 회장이니까……. 이사 가도 여기에 대한 생각은 있을 거예요(○○동 회장).

회원도 좋고 동네도 좋고요. 근처로 이사를 가면 문고는 이 동네에서 계속할 것 같아요(○○동 임원).

10년 살았는데 이사에 영향을 주는 비중으로 마을문고가 가장 작죠(○○동 임원).

5년 살았는데 문고가 이사에 영향을 주는 비중은 크지 않아요(○○동 임원).

13년 살았는데 아이들이 아파트로 이사를 가자고 해서 옆 동네 아파트로 갈지 몰라요. 그래도 문고 활동은 여기로 와서 할 것 같아요(○○동 임원).

4년 살았는데요. 아이교육 때문에 이사 가고 싶기도 한데 이 동네가 살기 좋아서 계획은 없어요. 도서관은 어디나 있을 거고 마을문고 때문에 오래 살고 싶다고 생각한 적은 없어요(○○동 자원봉사자).

동네가 편안하고 깔끔하고 유흥업소가 없어서 좋아요. 문고 비중은 50% 정도 되고요. 이사를 간다면 이왕이면 문고가 있는 곳을 찾아가겠어요(○○동 자원봉사자).

도서관이 집 근처에 없어서 너무 좋아요. 갈마도서관은 너무 멀거든요. 도서관 비중이 80%는 돼요(○○동 이용자).

(3) 친밀성, 사회적 응집성, 연대감, 협조성(집합적 효능감)의 정도

이 지표를 측정하기 위해 기본적으로 친밀감, 응집성, 연대감, 협조성이 어느 정도 이루어지고 있는지를 질문하였고, 확장된 질문은 집합적 효능감의 생성이유와 계기, 활동 전과 후의 변화, 마을축제나 나눔장터와 같은 자체 행사를 통하여 집합적 효능감의 정도, 준

비과정에서의 기쁨, 보람 등을 물으려고 하였으나 마을문고의 경우, 현재 마을축제나 나눔장터를 정기적으로 개최하는 문고가 없어서 과거의 경험을 듣는 데 그쳐야 했다.

　마을문고 활동을 통해서 문고 회원들 간의 친밀성은 형성되고 있으나 사회적 응집성이나 연대감, 협조성은 미약하였다. 정해진 날에 자원봉사를 하면서 만나는 회원들 간의 친밀성이나, 문고 안에서 형성된 그룹별 친밀성은 높은 반면, 문고 운영과 관련한 활동을 통해서 생기는 사회적 응집성이나 연대감, 협조성은 거의 없다고 볼 수 있었다. 시간에 비례해서 생기는 정서적 친밀성 외에 활동(일)을 통해 형성된 신뢰를 바탕으로 한 사회적 관계와 집합적 효능감은 형성되지 않고 있다는 것이다. 그 이유는 활동(일)을 통해서 미션과 비전을 공유하지 않고 단순한 사무와 친목 위주로만 문고 활동이 이루어지기 때문에 이를 통한 집합적 효능감은 형성되지 않는 것으로 판단되었다. 또 마을문고가 주최하는 행사도 도서기금을 마련하기 위해서 바자회나 도서바자회, 일일찻집 행사를 비정기적으로 과거에 시행했던 경험이 있을 뿐이고, 이를 정기적으로 지속하는 문고는 없었다. 현재 문고주최 행사를 하는 문고는 관저동 새마을 문고로 독후감 경진대회를 시행하고 있는 반면 나머지 문고들은 자체행사를 해 본 경험이 없었다. 문고주최가 아니라 동사무소 산하 기관들의 연합행사에 함께 참여하는 정도의 수준이어서 이를 통한 집합적 효능감은 형성되고 있지 않았다. 질문을 통한 면접대상자들의 생각은 다음과 같다.

문고에서 바자회를 했는데 그때는 제가 직장 다닐 때였어요. 이용자들에게 공고하고 '이 행사가 잘될까' 했는데 호응이 좋았어요. 언제 또 할 거냐고 사람들이 물어보는데 수집이 어렵고 분류, 보관하기도 어려워서 더 하자고 못 하겠더라고요. 문고 회원 중에는 직장을 다니는 사람이 많다 보니 임원들이 고생을 많이 했지요(○○동 자원봉사자).

안건 가지고 티격태격할 때도 있지만 정리되면 밀어붙이고, 같이 협조해서 이루어 내면 뿌듯해요. 친밀감 생기죠. 통화도 하고……(○○동 자원봉사자).

가족 같아요. 회원으로 가입하면 탈퇴를 안 해요. 상당부분 고민도 해결돼요(○○동 임원).

이용자끼리는 서로 대화하거나 친교를 하지는 않아요. 이웃 엄마들끼리 같이 가서 책만 빌리고 나오죠. 조용히 해야 한다고 생각하니까요. 동사무소 직원들 바로 옆에서 일하고 있는데……. 봉사자들하고도 인사 정도 하지 속내 이야기는 못 하죠. 자주 다닐 때도 인사 정도 하고요. 책과 관련한 문의를 하는 정도죠(○○동 이용자).

저희는 저희 주최로 큰 행사는 못 하고 보조역할 정도 하는데요. 내부에서 이루어지는 회원들 간에 단합이 잘돼서 총무로서 고마워요. 그러나 아직 일을 도모하려고 하고 의욕적이지는 못해요. 앞으로 이루어지겠죠(○○동 임원).

언니들 중심으로 잘 뭉쳐요. 물론 저는 성격상 문고가 아닌 곳에서도 친밀하게 잘 지내지만요(○○동 임원).

문고를 이용하고 자원봉사하면서 이용자도, 자원봉사자도 많이 알게 되었어요. 그런데 꼭 문고를 통해서만 알게 된 건 아니고요. 엄마들이 안산도서관, 마루어린이도서관, 마을문고를 다 이용하다 보니까 세 곳에서 다 만나게 돼요. 제가 이용자일 때 보니까 문고 행사(일일찻집)할 때 다 같이 모여서 준비하더라고요. 여기 회원들은 다른 일에도 엄청 바빠서 여기에만 집중해서 일을 할 수가 없어요(○○동 자원봉사자).

(4) 타인에 대한 신뢰

이 지표는 개인적인 문제를 얼마나 많이, 어느 정도 깊이 상의하는지, 또 금전적 대차까지도 이루어지고 있는지를 통해 신뢰의 정도를 측정하고자 한 것으로, 기본 질문은 몇 가지 예를 들어 질문하였다. 예로는 자녀교육 문제, 부부간의 갈등을 비롯한 가족 간의 갈

등 문제, 가정 경제 문제, 금전적 대차 여부 등을 제시하였다. 이 중 금전적 대차의 경우는 신뢰가 깊을수록 오히려 의도적으로 금전관계를 피하는 사람들이 많이 있었다. 따라서 타인에 대한 신뢰를 측정하는 지표로 금전적 대차에 대해서 그 여부만 묻고 판단하는 것은 적절치 않다고 생각하여 신뢰와 관련한 정서적 배경까지 고려하여 판단하고자 하였다. 확장된 질문은 활동 전과 활동 후의 차이, 즉 문고에서 함께 일하는 사람들과의 관계 변화, 향후 타인 신뢰에 대한 정도의 변화 등이었다.

문고의 임원들은 타인에 대한 신뢰가 높을 것으로 예상하였으나 오히려 문고 임원들로부터 개인적인 이야기는 하지 않는다는 반응이 나왔다. 이들에 의하면 문고에서는 공적인 이야기나 업무적인 이야기에 한정해야지, 사적인 이야기를 하는 것은 오히려 문제를 야기할 소지가 많다는 것이었다. 그 외 임원은 소수 몇 명과는 개인적인 이야기를 한다고 하였지만 구체적인 내용이 결여된 단답형의 답변에 불과하여 신뢰의 정도를 측정하기가 어려웠다. 이용자들은 책만 빌릴 뿐이지 거의 대화를 하지 않음으로써 타인에 대한 신뢰가 없다고 보였고, 자원봉사자들의 경우는 개인적인 어려움을 몇 명에 한하여, 혹은 파트너하고만, 혹은 전혀 하지 않는다는 다양한 반응이 나왔다. 이상을 종합해 볼 때 문고 활동을 통해 생기는 타인에 대한 신뢰형성은 많이 부족한 것으로 나타나고 있었다. 질문을 통한 면접대상자들의 생각은 다음과 같다.

전에는 믿었어요. 그런데 회장 일을 하다 보니 잘해야 중간이라는 생각이 들더군요. 다양한 사람들을 만나고 교류하다 보니 오히려 사람에 대한 신뢰에 대해 다시 생각하게 되었죠. 평소에도 성격상 아무데서나 이야기 잘 안 해요. 제 이야기를 잘 안 하죠. 지금 그나마 조금 변했어요. 문고에서도 속을 털어났을 때 이해할 수 있는 사람 외에는 친해도 이야기를 잘 안 해요. 개인적으로 친한 사람한테나 하게 되죠. 그 외에는 업무적인 이야기를 하는 거고요. 문고에서 만난 사람이 아니라 원래 친분관계가 있는 3 - 4명 정도하고만 개인적 속내를 이야기하죠(○○동 회장).

문고는 공적인 이야기만 해야 되죠. 그러나 원래 문고 밖에서 친했던 사람과는 100% 이야기하죠(○○ 임원).

애들 교육 외에는 개인적인 어려움 이야기를 못 해요(○○동 자원봉사자).

개인적인 이야기 절대 안 하죠(○○동 회장).

몇 명은 정말 속내 내놓고 이야기할 수 있어요(○○동 회장).

원래 학교에서 알던 엄마들이 문고에서도 회원으로 만나니까요. 몇몇 친한 사람들은 교육, 부부관계, 일상적인 이야기는 다 하죠. 그렇지만 경제적 어려움까지는 잘 못 해요. 가족한테도 안 하게 되는데요(○○동 자원봉사자).

이용자들끼리 거의 대화 안 해요. 단지 책을 빌리는 정도여서 타인에 대한 신뢰는 거의 없어요(○○동 이용자).

돈 이야기는 일부러 안 하고요. 부부싸움 등은 이야기하죠. 그리고 가끔씩 번개팅을 해서 속상한 일 있으면 술 한잔 하면서 풀어 주고 해요(○○동 임원).

속마음을 살짝 비추어서 받아 주면 저도 모르게 술술 나와요(○○동 임원).

개인적인 이야기는 안 해요. 요즘에서야 시집살이 이야기 좀 하죠(○○동 자원봉사자).

회원들은 월례회 외에는 못 만나요. 파트너만 1주일에 한 번씩 만나게 되는데 파트너하고는 거의 다 이야기하는 것 같아요. 99%요. 자존심 때문에 정말 친한 친구한테는 하지 못하는 이야기를 부담 없이 만나는 회원에게는 하게 되는 심리가 있는 거 같아요(○○동 자원봉사자).

(5) 공공기관(공무원)에 대한 신뢰

이 지표를 측정하기 위한 기본 질문은 공공기관이나 공무원에 대한 신뢰를 질문하였는데, 언론에 비친 공무원들의 모습이나 공무원들을 직접 접하면서 느낀 부분에 대한 면접대상자들의 반응이 단편적이어서 확장된 질문은 하지 않았다.

마을문고가 동사무소 산하에 있는 관변의 성격을 띤 단체이고 동사무소 내에 위치하고 있기 때문에 공공기관에 대한 신뢰는 높게 나타나고 있었다. 면접대상자 중 소수가 공공기관에 관심이 없거나 신뢰를 하지 않는다고 응답하였으나 대부분의 면접대상자들은 공무원을 늘 접하면서 협력관계를 유지하고 있어서 공무원들의 입장을 이해하고 믿는 편이라고 하였다. 질문을 통한 면접대상자들의 생각은 다음과 같다.

저는 회장이라 공무원들을 많이 접하게 되잖아요. 항상 친절하시고 적극적으로 도와주시려고 하고……. 늘 그래요(○○동 회장).

저는 자주 접하지는 않는데요. 기본적으로 불신감이 있죠(○○동 임원).

나는 나, 공무원은 공무원. 뭐 그렇죠. 크게 부딪칠 일 없어서요(○○동 자원봉사자).

아버지가 군인 공무원 출신이셔서 그런지 아주 신뢰하게 돼요(○○동 자원봉사자).

60%는 신뢰해요. 공무원 자체를 못 믿는 것이 아니라 사람에 따라 다르다고 생각해요(○○동 이용자).

공무원에 대한 신뢰 크죠. 만족해요. 저희를 대하는 태도도 좋고 겸손하고 열심히 하고요(○○동 회장).

믿는 편이에요(○○동 임원).

많이 바뀌었다고 생각해요. 그래서 신뢰가 커요(○○동 자원봉사자).

신뢰 안 해요. 행정적 업무 시 보면 불친절하고 자신들 일이 추가된다고 생각해요. 불편해요. 단지 문고가 좋아서 오는 거예요(○○동 이용자).

전에는 신뢰 안 했는데요. 이제는 주민과 가까이 있기 때문에 신뢰가 어느 정도 가요(○○동 임원).

예전보다는 신뢰감이 생겼어요. 80% 정도는 더 생겼어요(○○동 임원).

공무원과의 유대관계가 생겼고요. 공무원 사정 아는 사람은 욕 못 하죠(○○동 임원).

성격상 믿지 않는 편이에요. 그저 그런가 보다 싶죠(○○동 자원봉사자).

(6) NGO에 대한 신뢰

이 지표 역시 기본 질문은 언론에 비친 **NGO**단체의 활동이나 주변에서 접하는 시민단체 구성원들에 대해 갖는 신뢰에 대하여 질문하였다. 이 지표에 대한 반응 역시 대부분 단편적으로 응답하여서 더 이상의 확장된 질문은 하지 않았다.

NGO에 대한 신뢰는 공공기관에 대한 신뢰보다는 낮은 수준의 신뢰를 형성하고 있었다. 부정적인 반응도 있었고, 자신들의 뜻과 생각에 맞는 사안에 대해서는 신뢰한다는 전제된 반응도 있었다. 또한 시민단체의 존재가 필요하다는 점, 개인의 이익을 위해서 활동하지 않는다는 점에서 신뢰를 하고 있었다. 따라서 전제된 반응까지 신뢰의 범위에 포함시킨다면 대체로 **NGO**에 대해서도 신뢰의 정도가 보통 수준으로는 나타나고 있었다.

필요하다고는 생각하지만 신뢰는 하지 않아요. 이익을 위한 행동이 보여요 (○○동 자원봉사자).

활동을 많이 해 주면 좋죠. 내가 못 하니까…… 공공기관보다는 NGO 신뢰가 더 크죠. 정부로부터 월급을 받고 일하지 않잖아요(○○동 이용자).

별로요. 부정적이에요(○○동 임원).

환경단체에 대한 신뢰만 있어요(○○동 자원봉사자).

잘 모르겠어요(○○동 이용자).

NGO라는 게 나도 만들 수 있는 거잖아요. 내 목소리를 내기 위해서, 또 나하고 뜻이 맞는 사람들이 만나는 거니까 당연히 나도 뜻이 맞으면 동참할 수 있다는 생각에서 그렇게 부정적이지는 않다(○○동 임원).

좋게 봐요. 긍정적으로…… 열심히 하고 고생하잖아요. 도움은 못 주지만……(○○동 임원).

마루도서관 같은 도서관을 보면 이게 신뢰인지 모르겠지만 대단하다고 생각해요. 어떻게 저렇게 할 수 있는지 의욕적이죠. 아이들에게 유용한 프로그램을 계속 생각하고 실제로 해요. 자발적으로 하라면 나는 못 할 것 같은데…… 나는 여기가 맞아요. 성격상(○○동 자원봉사자).

신뢰하는 편이에요(○○동 회장).

사안에 따라 나와 관계있는 일에 대해서만 신뢰해요. 나와 생각이 다르면 신뢰하지 않죠(○○동 회장).

촛불시위 때 적극 참여하고 싶었어요. 서울에 가서 같이 울분을 터트리고 싶었죠(○○동 임원).

꼭 있어야 될 존재라고 생각해요. 그 사람들 목소리가 있어야 균형이 잡히고 개선이 되는 거 아닌가요? 시끄럽긴 하지만요(○○동 자원봉사자).

* 네트워크

(1) 마을의 공동문제에 대한 관심과 제기 및 관여의 양적, 질적 정도와 수준

이 지표는 마을의 공동문제에 대한 관심과 문제제기 여부, 행동으로 실행에 나설 것인지를 질문하였다. 그 정도와 수준을 측정하기 위한 것으로 실행의 정도를 측정하기 위해, 서명과 청원, 그리고 시위에 직접 나설 수 있는지를 질문하였다. 대부분의 마을에서 구체적인 사례가 없었기 때문에 확장된 질문은 '만약에 사례가 있다면'이었다. 면접대상자들 중에는 극소수가 적극적으로 참여하겠다고 하였으나 대체로 서명 정도 하겠다는 소극적인 반응을 보이고 있었다. 면접을 통해 확인할 수 있었던 것은 문고 활동을 통해서 마을의 공동문제에 대한 관심이 더 생기거나 직접행동에 대한 참여의 정도와 수준이 달라진 것은 아니라는 것이었다. 본래 자기 성향이 반영된 반응으로 해석되었다. 질문을 통한 면접대상자들의 생각은 다음과 같다.

성격상 적극적으로 나서는 성격이 아니어서……(○○동 임원).

서명 정도는 해요. 그런데 시위에 나서는 것은 어떤 일이냐에 따라 달라지는데 마을에 엄청난 피해를 준다든지 하면 적극적으로 참여하지만 우리 마을에 이득이 되는 일을 하기 위한 것이라면 안 할 것 같아요(○○동 자원봉사자).

시위도 하게 되면 해야죠(○○동 회장).

서명도 하고 투표도 하고 시위에도 나갈 거예요(○○동 자원봉사자).

서명 정도는 하지만 마음은 있으나 시간도 없고……(○○동 이용자).

월평공원 반대운동 당시 서명은 많이 받아다 줬어요. 마음은 있으나 행동으로 나서지는 못하고요. 지금도 그래요(○○동 회장).

월평공원 당시는 못 했는데 지금은 참여할 것 같아요. 주민투표도 하고 시위 현장에도 가고……(○○동 임원).

서명은 해도 시위 못 하죠(○○동 회장).

성격상 서명 정도 해요(○○동 자원봉사자).

서명은 해도 시위는 못 해요(○○동 임원).

내 의도와 맞으면 적극적으로 시위도 하고 청원도 하고 할 것 같아요(○○동 임원).

서명 정도로 의사표현은 하죠(○○동 자원봉사자).

(2) 사회적 소외집단의 지원기제

5개 마을문고에서는 소외집단에 대한 지원을 한 사례가 없었다.

(3) 지역문제의 정보획득수단과 자원(정보) 접근성

이 지표를 측정하기 위한 기본 질문은 마을문고가 마을의 정보를 획득하기 위한 수단으로서의 기능과 역할 여부, 즉 마을의 정보를 문고를 통해 얼마나 많은 마을의 정보를 획득하고 있는지, 특히 마을신문이나 문고 소식지를 통해 얼마나 많은 정보를 수집하고 있는지,—자체적으로 마을신문이나 마을문고 소식지를 발행하는 마을문고는 없었다.— 정보를 얻기 위해 접근하기는 용이한지의 여부를 질문하였으나, 이에 대한 답변에서 정보획득에 대한 한계가 분명하게 나타나고 있었으므로, 확장된 질문은 하지 않았다.

마을문고가 동사무소 내에 위치하고 있어서 문고회원이나 이용자들이 동사무소에서 제공하는 각종 공지사항과 행정적인 정보들에 접근하고 획득하기는 용이하였다. 그러나 그것은 마을의 다양한 정보이기보다 행정적인 정보에 한정되는 한계를 가지고 있었다. 따라서 전체적인 지역문제에 관한 정보를 획득하는 수단으로서의 기능은 미흡한 것으로 보였다. 반면 입지적인 조건으로 인한 자원 접근성은 매우 좋은 것으로 나타나고 있었다. 면접대상자들은 마을문고가 동사무소 내에 있기 때문에 마을 사람들이 민원을 처리하고 마을문고를 이용하는 두 가지 일을 동시에 해결할 수 있다는 편리함을 강조했다. 질문을 통한 면접대상자들의 생각은 다음과 같다.

엄마들이 많이 와서 문고 활용을 잘하고 있다고 생각해요. 수다 떨면서 정보를 얻어 가지요. 동사무소에 서류 떼러 왔다가 "어? 문고가 있네?" 하면서 회원가입도 하고 책도 빌려 가죠(○○동 임원).

동사무소 정보를 빨리 알죠(○○동 회장).

동사무소 게시판 보고 알게 되죠. 홍보물 전단이나 포스터 보고 혼자 알게 되는 거예요. 문고 사람들이나 공무원을 접촉하면서 알게 되는 건 아니죠(○○동 이용자).

마을 정보를 알게 되죠. 재밌어요. 저도 처음엔 쭈빗거렸는데 최근에는 당당하게 와요(○○동 자원봉사자).

좋은 책들, 자주 이용하는 사람은 많이 얻어 가죠(○○동 회장).

문고에 접근하기는 쉬운 거 같아요(○○동 임원).

월례회 때 공지사항을 통해서 동사무소에 부착된 포스터들을 보고 마을정보를 알게 되죠(○○동 자원봉사자).

마을의 정보는 잘 모르겠고요. 편안하게 올 수는 있는 것 같아요(○○동 이용자).

동사무소 안에 있으니까 마을 정보를 알게 되죠. 동사무소에 왔다가 대출카

드 만들고 가는 사람들이 있죠(○○동 회장).

　마을 소식은 잘 몰라요. 그런데 동사무소에 왔다가 들러서 두 가지 일을 동시에 보니까 접근성은 좋다고 생각해요(○○동 임원).

　동사무소 회의 때 공지사항 통해서 알아요. 예전보다는 많이 알게 되었어요. 사람들과의 대화도 많아지고 동사무소 내에 마을문고가 있으니까 이런저런 정보를 많이 알게 되죠(○○동 자원봉사자).

　많이 알게 되죠. 문고 회원 중에 통장도 많고 하니까 사람들과의 대화 속에서⋯⋯. 15명 회원의 주위 이야기를 듣다 보면 자연스럽게 많이 알게 되죠(○○동 임원).

(4) 가입단체의 범위

　이 지표를 측정하기 위해 가입하고 있는 단체에 대해 질문하였으나 단체에서 가입하고 활동하는 구체적인 경험이 부족하여 답변의 내용이 매우 빈약하였고, 문고 활동과 연계하여, 이에 대한 특별한 관심과 태도를 보이지 않았으므로, 확장된 질문은 할 수 없었다.

　대부분 면접대상자들은 단체에 가입하여 활동하고 있지 않았다. 그중 소수가 교육청과 자치단체, 공공기관 산하 단체에 가입하여 활동하고 있었다. 질문을 통한 면접대상자들의 생각은 이 지표 역시 면접대상자들의 반응이 비슷하였으므로 대표적인 반응만 직접 인용 방식으로 정리하였다.

　통장 일 해요(○○동 회장).
　시교육청 학생상담 자원봉사활동을 해요(○○동 자원봉사자).
　회장 역할 때문에 다른 단체 가입은 생각하지도 못해요(○○동 회장).
　학부모 회장 하구요. 평생학습추진위원회 추진위원 하고 있어요(○○동 임원).

(5) 마을기관 및 관련기관과의 협력관계의 정도와 수준

이 지표를 측정하기 위한 기본 질문은 마을기관들, 즉 동사무소, 사회복지관, 금융기관, 학교 등과 어느 정도의 협력관계를 유지하고 있는지, 새마을문고중앙회 대전광역시지부 및 구지회와의 협력관계, 협력의 내용 등을 질문하였고, 확장된 질문은 협력과 지원이 형식적인지, 실질적인지, 이를 통해 일정한 네트워크가 생기고 유지된다고 생각하는지, 상호협력에 대한 지속성 여부 등이었다.

문고주최행사가 빈번하지 않은 만큼 마을기관이나 단체와의 협력관계도 활발한 수준은 아니었다. 그러나 문고주최의 행사가 열리면 동사무소 산하 기관, 단체는 물론이고 공공기관과 관계를 맺고 있는 마을의 기관, 단체들이 적극적으로 협력하고 지원하고 있었다. 여기서의 지원과 협력은 물적 지원과 협력이다. 이는 마을문고 자체의 관계형성에 따른 네트워크라고 보기는 어려웠고, 동사무소 산하 기관에 대한 마을 기관 및 단체들의 관례적인 관심과 협조로 보였다.

시지부나 구지회와의 상호협력과 네트워크는 수직적 네트워크로 대규모 행사 시 홍보 및 참석을 독려하거나 공문이 내려오면 협력해서 사업을 진행하는 정도였다. 상급기관과 하급기관과의 수직적 관계에 따른 일방적 상호협력 수준에 그치고 있었다. 질문을 통한 면접대상자들의 생각은 같은 내용을 반복 나열할 필요가 없다고 생각되어 대표적인 반응만 직접인용으로 정리하였다.

> 대규모 행사 때 참석을 독려하는 협조 공문 같은 거 오지요(○○동 임원).
> 구지회와의 만남이나 모임 없어요(○○동 임원).
> 구지회, 그런 거 잘 몰라요(○○동 자원봉사자).

* 주민참여

(1) 집합적 효능감으로 공동체의 유지·발전에의 관심, 참여,
　　효과기대의 수준

이 지표를 측정하기 위한 기본 질문은 공동체의 유지, 발전과 관
련된 집합적 효능감을 측정하는 것으로 아이들 배회 문제, 쓰레기
투기, 낙서, 우범지대를 예로 제시하고 질문하였다. 확장된 질문으
로는 활동 전·후의 생각과 태도의 변화 등이었다.

전체적으로 집합적 효능감은 부족하다고 할 수 있었으나, 아이들
관련한 집합적 효능감이 생활상의 문제에 대한 집합적 효능감보다
는 상대적으로 크게 나타나고 있었다. 생활상의 문제를 통한 집합
적 효능감은 거의 민원을 제기하는 수준에 그치고 있어 집합적 효
능감의 수준은 매우 미흡한 것으로 보였다. 특히 문고 활동을 통해
서 변화된 집합적 효능감의 정도와 수준은 나타나지 않았다. 질문
을 통한 면접대상자들의 생각은 다음과 같다.

> 동사무소에 전화하죠. 아이가 배회하고 있으면 말을 건네고요(○○동 임원).
> 문고사람들은 마을 일에 대해 이야기를 많이 하고 지역사회에 대해 이야기를
> 많이 해요. 그런 문제에는 앞장을 서는 것 같아요. 저도 관심 가지려고 노력하
> 고 있어요(○○동 자원봉사자).
> 관심만 있지. 부딪쳐 봤는데 싸늘한 시선 때문에 중고생들에게는 접근 안 해
> 요. 무서워서……. 나서지는 못해요. 민원을 제기하죠(○○동 임원).
> 동네에 대한 애착은 있지만 민원을 제기하는 정도지 행동으로 나서지는 못해
> 요(○○동 회장).
> 학교에 안 가고 배회한다든지 무단횡단을 한다든지 하면 적극적으로 개입하
> 고 나서죠. 그런데 다른 일은……(○○동 자원봉사자).
> 그전에는 오히려 상관했어요. 그런데 지금은 무서운 큰 아이들은 못 해요.

어린아이들의 행동에는 적극적으로는 못 해도 간섭하긴 해요. 동사무소에 전화 정도 하죠(○○동 회장).

아이에게는 관심 있어요. 내 아이 같아서⋯⋯. 그런데 다른 일에는 못 해요 (○○동 이용자).

31개 통 중에서 16개 노인회관이 있는데 이제 1개 통에 1개 노인회관을 만들려고 해요. 정책에 반영해서 사회를 변화시키는 일을 주도적으로 할 기회가 있어요(○○동 회장).

아이들이 위험하다고 생각되면 참견하고 개입하죠. 그런데 다른 일은 동사무소에 전화해서 이런 문제가 있다고 정보를 주는 정도죠(○○동 자원봉사자).

관심 정도만 있어요(○○동 임원).

동사무소에 민원을 제기하죠. 내가 나서야 다른 사람도 나설 것 같아요. 누군가 나서야 따라오죠. 골목길 가로등 문제가 있는데 동사무소에서 시정을 안 해 줘서 주민으로서 화가 나서 구청에 전화하고 시정을 요구했죠(○○동 임원).

관심을 갖고 있지만 행동은 못 해요. 다른 사람들이 하겠죠(○○동 자원봉사자).

(2) 동네주민조직의 참여 정도와 수준

이 지표를 측정하기 위한 질문은 동네주민조직에 참여하고 있는지, 그 정도는 어떠한지를 질문하였다. 확장된 질문으로는 동네주민조직참여와 문고 활동과의 관계, 앞으로의 계획 등이었으나 기본 질문조차도 답변이 빈약하여 확장된 질문은 하지 않았다. 동네주민조직에는 거의 참여하고 있지 않았고, 학교조직 중 소수가 학부모회에서 활동하고 있었다.

* 호혜

(1) 상호작용의 양적, 질적 정도와 수준

이 지표를 측정하기 위한 기본 질문은 같이 식사하는 정도, 여가시간의 공유 정도, 경조사 참여 등을 질문하였다. 확장된 질문으로

는 문고 안과 밖에서의 상호작용의 양과 질의 차이, 문고 활동 이전
과 활동 이후의 차이 등이었다.

　문고 임원을 포함한 회원들 간의 상호교류와 접촉은 월례회의 시
주로 함께 식사하고 회원 경조사에 참여하는 정도이며 친한 그룹별
로 개인적인 교류와 접촉이 있었다. 반면 평상시에는 봉사활동 파
트너 외에는 만남이 전혀 없는 자원봉사자도 있었고, 오히려 임원
을 하면서 문고 안에서는 사적인 교류보다는 공적인 관계만 맺으려
고 한다는 면접대상자들도 있었다. 이용자들은 문고 안에서 조용히
책을 빌리거나 읽을 뿐 상호교류나 접촉은 잘 이루어지지 않고 있
었다. 문고회원들은 활동 전보다 상호작용의 양과 질이 더 증가하
는 회원도 있지만, 오히려 개인적인 상호작용은 더 적어져서, 상호
작용의 양은 증가해도 그 질에 있어서는 감소하는 회원들도 있었다.
질문을 통한 면접대상자들의 생각은 다음과 같다.

　　요즘 다 이기적이고 개인주의적이잖아요. 아는 척하기보다는 다들 그냥 책
　보고 있죠. 옆에 가서 말 거는 분위기 안 돼요. 친해질 수 있는 장소가 아니에
　요(○○동 이용자).
　　문고회원들하고는 경조사 챙기고 여가시간도 같이 보낼 수 있고 식사도 자주
　해요. 예전과 비교하면, 예전에는 내성적이어서 사람을 사귀면 만나는 사람만
　만나고 오래 깊이 사귀는 스타일인데 문고 활동을 하면서 성격이 밝아졌어요.
　'언니' 소리가 자연스럽게 나오더라고요(○○동 임원).
　　상호교류나 접촉은 별로 없는 거 같아요. 경조사는 문고 자체로 챙기지
　만……(○○동 자원봉사자).
　　동사무소 안에 문고가 있으니까 조용해야 된다는 생각 때문에 책 찾아 달라
　고 요청하는 정도의 말만 해요. 상호 간에 대화나 교류는 없죠. 바로 나오니
　까……(○○동 이용자).
　　월례회 외에는 못 만나요. 같은 날 봉사하는 파트너만 만나죠. 만날 기회나

시간이 없어요(○○동 자원봉사자).

　월례회, 번개팅 때 만나고요. 이 동네 사니까 시장에서. 마트에서 보니까 차 마시러 가고 하죠. 그런데 휴일은 가족들과 함께해요. 경조사나 생일 정도는 챙겨요. 챙겨 줄 수 있는 부분은 챙겨 줄려고 하는 편이에요(○○동 임원).

　문고회원들 중에서도 그룹별로, 끼리끼리 친하게 교류해요(○○동 회장).

　식사 같이하고 경조사 참여하죠(○○동 자원봉사자).

　식사나 여가시간 같이하죠. 몇 명은(○○동 임원).

　먹을 거 가져와서들 먹고요. 음악회나 연극도 시간 되는 사람들끼리 가고 천변에서도 만나고 많이들 만나죠(○○동 회장).

　학교 자모들이 문고 회원이기도 해서 문고에서도 보고 학교에서도 보고 그래요. 그래서 몇 명하고는 식사도 하고 놀러 가고 집에 와서 밥도 먹고 하죠. 예전보다 교류가 더 많아진 것 같아요. 지나가다가도 들러 보고 통화해서 오라고도 하고⋯⋯(○○동 자원봉사자).

　개인친분 있는 사람과 상호교류, 접촉이 더 활발해요. 일단은 시간을 맞추기가 힘들고 일은 일이지 개인감정이 들어가면 오히려 안 좋다는 생각이 들어요. 회장을 하다 보니까 개인감정이 개입이 돼서 마냥 좋을 수는 없다고 보고요. 사적 관계보다는 공적으로 가려고 해요(○○동 회장).

(2) 도움 필요시 지원획득 가능범위 정도와 수준

　이 지표를 측정하기 위한 기본 질문은 아프거나 갑자기 돈이 필요하게 됐을 경우를 예로 제시하고 질문하였다. 확장된 질문으로는, 문고 밖보다 안에서 활발한지의 여부, 문고 활동 이전과 활동 이후의 변화와 차이 등이었다. 역시 정서적으로 금전적인 관계는 의도적으로 피하는 경향이 있었고, 도움을 요청하는 우선적인 대상 역시 개인적인 친분이 있거나 가까운 이웃, 가족에게 요청하는 면접대상자들이 더 많았다. 이는 문고 활동 이후에도 여전히 도움을 요청하는 정도와 수준은 크게 증가하지 않고 있다는 것을 말해 주고 있었다. 질문을 통한 면접대상자들의 생각은 다음과 같다.

돈 문제는 주변사람에게 안 하게 되고요. 아플 때 문고 언니들이 편해서 지원요청을 하게 돼요(○○동 임원).

문고에 요청 안 해요. 밖에 하죠. 프라이버시가 중요하기 때문에……(○○동 회장).

굳이 문고회원들에게까지 지원 요청을 할 것 같지 않아요. 연락 안 할 것 같아요. 주변의 친한 엄마들한테 하죠(○○동 자원봉사자).

지원 요청 여기까지 안 할 것 같아요. 가족들에게 하죠. 신경 쓰게 하고 싶지 않아요. 나는 도와줘도 내가 도움을 받고 싶지는 않아요. 궁색하게……. 가족이 없다면 그럴 수 있겠죠(○○동 회장).

요청하면 2-3명은 올 것 같아요. 그런데 집주변 이웃들에게 더 요청을 하게 되죠. 공유한 시간이 틀리잖아요(○○동 자원봉사자).

요청하면 몇 명은 올 것 같아요(○○동 임원).

아파서 입원했을 때 문고회원들이 많이 왔고요. 전화해 주고 밥도 사 주고 챙겨 주고 너무 고마웠어요. 서울에 있었는데 너무 챙겨 줘서 고마웠죠. 경제적으로 어렵다고 해도 도와줄 것 같은데요(○○동 임원).

지원요청도 개인 친분 있는 사람에게 해요. 그러면 올 거예요. 문고는 정을 주지 않아요. 공정성이 침해되기 때문에 불협화음을 감당할 수가 없어서 공적으로 대하고 있어요. 문고에서도 정을 준다면 있겠죠(○○동 회장).

공적으로 대하고 접근하게 돼요(○○동 임원).

두 명 정도는 달려올 것 같은데요. 갑자기 일이 생겨서 아이급식 부탁한 적 있어요. 30분 전에 준비물 부탁하고……. 뭐 그런 정도죠(○○동 자원봉사자).

(3) 집안일의 상부상조의 정도와 수준

이 지표를 측정하기 위한 기본 질문은 아이 돌봄, 김장 등의 예를 제시하고 질문하였고, 확장된 질문으로는 상부상조에 대한 기대, 의식의 변화 등이었으나 질문에 대한 반응은 빈약하게 나타났다. 이 지표에 대한 대체적인 반응은 큰일로 상부상조한 경험이나 사례는 거의 없었다는 것이었다. 과거와 달리 큰 일손이 필요한 것들은 자본주의 시장경제 체제 안에서 이미 상업적으로 이루어지고 있고 그 것이 당연한 삶의 모습이 되어 버린 현실에서 볼 때 큰 규모의 상부

상조를 기대하는 것 자체가 무리일 수 있었다. 문고회원들 중에서
도 연령층이 높은 회원들은 주로 김장 시 서로 품앗이로 도와 가면
서 상부상조하는 경우가 가장 많다. 연령이 적은 회원들은 김장도
친정이나 시댁에서 공동으로 하는 경우가 많아 김장을 통해 상부상
조하는 경우는 드물었다. 또한 김장 외에는 특별히 개인적으로 상
부상조할 일이 없다고 느끼는 경우가 많았고, 문고회원들과는 상부
상조를 의도적으로 하지 않는 면접대상자들도 있었다. 질문을 통한
면접대상자들의 생각은 다음과 같다.

> 상부상조는 별로 할 일도 없고 그래서 안 해요(○○동 임원).
> 상부상조하는 일이 없어요(○○동 자원봉사자).
> 상부상조하는 사람 많은 것 같아요. 문고를 소중하게 생각하는 것 같아요. 스
> 트레스 확 풀고 가죠(○○동 회장).
> 집 주변 이웃들하고 소소한 일들 상부상조하죠(○○동 자원봉사자).
> 김장 서로 도와요(○○동 임원).
> 김장하러 서로 왔다 갔다 해요(○○동 임원).
> 공적으로 대하니까 상부상조 안 하게 되죠(○○동 회장, 임원).

(4) 품앗이 교육과 품앗이 은행을 통한 상부상조의 정도와 수준

품앗이 교육과 품앗이 은행을 준비하는 새마을 문고는 없다.

(5) 마을의 아동, 청소년에 대한 상호관심과 사랑의 수준

이 지표는 내 아이에 대한 사랑과 관심이 마을문고 활동의 출발
이었다면 마을문고 활동을 통해서 마을 아이들에 대한 사랑의 호혜
가 얼마나 이루어지고 있는지를 측정하는 것으로, 기본 질문은 내
아이뿐 아니라 마을의 아이들과 청소년에 대한 관심과 사랑의 정도
를 질문하였고, 확장된 질문은 내 아이와 다른 아이와의 경계나 차

별 정도가 어떻게 변화되었는지, 도서관 활동 전과 후에 나타나는 다른 아이들에 대한 상호관심과 사랑의 정도의 차이는 어떠한지 등이었다. 그러나 마을문고는 어린이만을 대상으로 하는 것이 아니라 전 주민을 대상으로 하고 있기 때문에 문고회원의 구성을 보면, 어린이를 둔 학부모 위주가 아니라 연령층이 다소 높은 편이다. 아이들을 다 키우고 단순히 봉사의 차원에서 참여하는 회원들의 비중이 많아서 마을 아이들에 대한 상호관심과 사랑의 수준을 측정하기에 어려움이 있었다. 때문에 주로 어린이를 둔 학부모들의 생각을 중심으로 직접인용을 나열하였다. 학부모가 아닌 문고회원들의 반응은 책을 열심히 보는 아이들이 사랑스럽다는 정도의 표현을 하였다. 학부모들의 경우는 '내 아이만큼 다른 아이들도 사랑스럽다'는 긍정적인 사랑의 마음보다는 훈계와 가르침의 대상으로 아이들을 바라보면서, 다른 아이를 보면서 내 아이를 이해한다거나 다른 아이는 혼내지 않는다거나 내 아이를 더 혼낸다거나 하는 등의 반응을 보이고 있었다. 이는 오히려 사랑의 표현이 더 이중적인 것을 볼 수 있는 표현들로, 이런 점에서 볼 때 문고 활동을 통해 마을 아이들에 대한 사랑의 호혜 정도나 그 변화의 정도는 아주 미약하다고 할 수 있었다. 질문을 통한 면접대상자들의 생각은 다음과 같다.

버릇없는 게 싫어요. 그래서 내 아이에게도 모질게 해요. 내 아이와 다른 아이가 있을 때 다른 아이 먼저 챙겨요. 내 아이 챙기면 다른 아이가 소외되니까요. 우리 아이를 혼내고 사과하도록 다른 아이도 정도가 지나치면 혼내죠(○○동 회장).
내 아이나 다른 아이나 똑같이 대하는 주의였는데 내 아이가 크면서 불만이 생기더라고요. 그래서 이제 방식을 바꿔서 우리 아이 편을 들어 주기로 했어요.

그리고 아이의 입장을 세워 주는 거죠. 혼내지 않고 집에서 훈계를 해요. 또 한 가지 변한 건 남의 아이는 혼내지 않아요. 훈계는 부모의 몫이라고 생각해요 (○○동 임원).

다른 아이를 보면서 내 아이도 저럴 수 있겠다 싶어요. 집에서는 반듯한데 왜 저럴까? 그래서 아이와 대화를 많이 하고 내 아이를 바라보는 시선이 넓어졌어요. 애들 심리를 파악하면서 나를 반성하게 되죠(○○동 임원).

성격상 눈에 거슬리면 참견하게 돼요. 다른 아이한테 더 부드럽게 말하게 되고요. 마음은 더 사랑스러워져요(○○동 자원봉사자).

관심은 더 가죠. 잘하는 거 칭찬해 주고……(○○동 임원).

매일매일 책 읽는 아이 보면 예뻐요(○○동 회장).

예전에는 관심 없다가 책을 보면 예쁘고 자주 오는 아이들은 이름을 불러 주게 되고, 기억에 남죠(○○동 임원).

예전에는 내 아이만 끼고 있다가 많이 보니까 내 아이 다른 아이 구별이 조금씩 없어지는 것 같아요. 문고를 이용하는 영향이 있는 것 같아요(○○동 자원봉사자).

문고 영향은 아니고 원래 성격이 내 아이 다른 아이 구별을 잘 안 해요. 같이 키워 줘야 된다는 생각이 있고요. 내가 그래야 남도 그렇게 할 것이고 나부터 잘해야 그 덕이 돌아온다고 생각해요(○○동 이용자).

이상에서 분석한 마을문고의 지표별 2차 정책효과성을 표로 정리해 보면 다음과 같다.

<표 4-2> 마을문고의 지표별 2차 정책효과성

지 표		마을문고
신뢰	차이의 영향	비교적 중간 정도
	장기거주 의사	〃
	친밀성·사회적응집성 등	비교적 낮은 편
	타인에 대한 신뢰	〃
	공공기관에 대한 신뢰	비교적 높은 편
	NGO에 대한 신뢰	비교적 낮은 편

지 표		마을문고
네트워크	마을의 공동문제 관심·제기·참여	〃
	사회적 소외집단 지원기제	〃
	지역문제의 정보획득과 자원 접근성	지역문제정보획득은 비교적 낮은 편, 자원 접근성은 비교적 높은 편
	가입단체 범위	비교적 낮은 편
	마을기관 및 관련기관과의 협력	〃
주민참여	공동체의 유지·발전에의 관심과 참여·효과에 대한 기대	〃
	동네 주민조직의 참여	〃
호혜	상호작용의 양과 질	비교적 중간 정도
	자원 획득 가능 범위	비교적 낮은 편
	상부상조의 양과 질	비교적 중간 정도
	품앗이를(학교 & 은행) 통한 상부상조	비교적 낮은 편
	아동·청소년에 대한 관심과 사랑	〃

D. NGO 주도 작은도서관 정책 사례분석

1. 정책과정 분석

1) 마을도서관 정책문제의 인식

　모퉁이어린이도서관(이하 모퉁이도서관)은 1998년 갈마동에서 선배어린이도서관으로 시작하였다. 어린이독서문화에 깊은 관심을 갖고 있던 '이선배'라는 개인의 의지로 개관한 모퉁이어린이도서관은 '대전동화읽는어른모임'과 함께 좋은 책 알리기 운동, 어린이 책에 대한 부모교육 등을 실시하며 대전 지역의 어린이 책과 독서문화에 큰 영향을 끼쳤다. 그러나 운영에 대한 개인의 의지가 상대적으로 높아 설립의 의도와는 달리 지역공동체적 성격은 약하였다. 이러한 인식하에 '이선배'와 적극적인 자원활동가들은 어린이도서관의 방향성에 대한 논의를 하였고, 그 결과 도서관은 2002년 전민동으로 이전하게 되면서, 지역공동체의 모습을 갖추기 위해 지역주민을 중심으로 운영위원회를 결성하고 주민들이 주체적으로 운영하는 체계를 갖추기 시작했다.

한편, '도서관운동' 영역에서 어린이도서관의 공공성에 대한 재조명이 전국적으로 활발히 일어났는데, 공공성에 대한 논의는 한 푼의 적은 비용이라도 도서관을 이용하는 문턱이 되어서는 안 된다는 논지가 핵심이었다. 즉 도서관의 열악한 운영을 책임지기 위해 받았던 회비와 프로그램의 유료화를 무료화로 바꿔야 한다는 주장이 강조되었던 것이다. 이에 마을도서관을 만들기 위해 준비하던 석교동 주민들은 마을도서관의 공공성을 지키기 위해 설립부터 운영까지 마을주민들의 공동 책임을 전제로 알짬마을어린이도서관(이하 알짬도서관)을 만들기로 결정하고 마을도서관 설립을 추진하였다. 대전 참여자치시민연대에서 시민운동에 참여하고 있던 한 회원을 중심으로 석교동에 사는 6명의 주부들이 순수하게 스스로의 힘으로 추진한 결과, 2004년 '알짬도서관'을 개관하게 되었다. 이러한 과정에서 대전참여자치시민연대 어린이도서관추진위원회(이하 추진위)와 알짬도서관은 2년 동안 주민밀착형 풀뿌리운동의 하나인 마을어린이도서관 사업을 추진하면서, 이 운동이 사회·경제적 격차해소를 통한 공동체 형성에 기여할 수 있음을 확인하였다. 또한 마을도서관운동은 대전 시민들의 삶의 욕구와 매우 밀접한 영향을 갖고 있으며,

그 필요성이 크다는 것을 절감하게 되면서, 지역사회 내의 중요한 의제로 대두되었다. 그러나 추진위와 알짬도서관은 모퉁이도서관과 알짬도서관 만으로는 그 마을의 범위를 벗어나지 못할 뿐 아니라, 다른 생활영역으로 확산되지 못하는 한계를 스스로 발견하게 되었다. 도서관에서의 비시장적 생활과 도서관 밖에서의 시장적 생활이 가져오는, 개인적의 모순된 삶의 이중성을 극복하기 위해서는 대전 전 지역에 마을도서관이 확대될 필요성과 당위성을 갖게 되었다. 이것이 바로 지역시민사회가 마을도서관운동을 NGO 주도의 정책문제로 인식하게 되고, 정책과정을 전개하게 되는 시발점이다. 이에 마을도서관운동의 추진 주체인 추진위와 알짬도서관은 마을도서관을 대전광역시 전체로 확산하기 위한 준비 체제에 들어가게 된다.

2) 마을도서관 정책의 결정과 집행

추진위는 사전 준비작업을 토대로 마을도서관 추진단결성을 제안하기로 정책결정을 하고 시행한바, 2006년 7월, 대전 마을도서관운동의 동력이 되었던 모퉁이도서관과 (사)대전동화읽는어른모임, 시민단체, 마을주민조직, 또 도서관에 관심을 가지고 있는 단체에 마을어린이도서관 추진단 결성을 제안하여 2006년 7월 6일 '마을어린이도서관추진단' 결성 준비모임을 시작하였다. 준비모임을 시작으로 마을도서관운동은 본격적인 정책집행에 들어갔고, 밀도 있는 논의를 위해 기획위원회를 만들었다. 기획위원회는 우선 마을로 나누고 마을1인과 알짬도서관, 모퉁이도서관 등을 포함하여 10명이 활동하기로 하였다. 2번의 전체 모임과 3번의 기획회의를 통해 '마을어린이도서관추진단'을 '대전 마을어린이도서관 만들기 모임(이하 만들기 모임)'으로 변경하였는데 만들기 모임은 30여 명의 회원, 10여 명의 기획위원으로 구성되었으며 2006년 7월부터 2007년 3월까지 활동하였다.

만들기 모임은 참여자를 중심으로 마을도서관 건립 가능지역을 형성하였다. 만들기 모임은 논의를 통해 초기주체를 중심으로 마을에서 입소문과 홍보지를 통해 마을도서관 만들기 주민주체를 형성해 나갔다. 관저동, 태평동, 와동은 초기주체들이 마을에서 마을주민주체들을 형성하고 확대해 간 반면, 다른 지역은 마을주민주체가 형성되지 않았고, 중촌마을의 경우 중촌동에 자리 잡고 있는 (사)대전여민회 소모임인 '동화읽는엄마모임'이 '중촌동 마을어린이도서관 만들기 모임'의 주체가 되었다. 주민주체가 형성된 마을은 정기적인 모임과 회비를 납부하는 '설립추진위'라는 정형화된 조직으로 발전했고, 동아리를 구성하며 주민모임을 계속 확장하게 되었다. 또한 만들기 모임은 전문가로서의 자부심과 활동가로서의 리더십은 꾸준한 교육과 실천을 통해 가능하다고 판단하고, 주민을 만나는 일과 함께 정기적인 교육을 실시하였다. 만들기 모임결성 이후부터 4개의 도서관 설립 전까지 두 차례의 전체 교육과 4번의 사서교육이 실시되었다. 이러한 과정을 거쳐 만들기 모임은 관저동의 '해뜰', 와동의 '또바기', 중촌동의 '짜장', 태평동의 '짝꿍' 도서관을 추가로 설립하였다. 총 6개의 마을도서관이 설립되자 도서관운동의 주체들은 "주민에 의해 운영되고, 평화를 지향하는 어린이독서문화운동을 펼치며, 특수목적을 위해 운영하지 않는다."라는 3가지 원칙을 세우고, 마을도서관의 체계를 세우는 일과 안정적인 운영을 위해

서로 협력하겠다는 결의를 통해 '대전마을어린이도서관협의회'를 구성하였다.

이후 대전마을도서관운동은 이 운동을 주관했던 대전참여자치시민연대 부설 대전시민사회연구소가 2007년 4월 노동부 사회적 일자리 창출사업 참여기관으로 선정됨에 따라, 대대적 확산의 계기를 마련했다. 이를 계기로 대전마을도서관운동은 양적 확대의 과정을 전개하게 되었는데, 만들기 모임의 협력기관이었던 대전시민사회연구소는 일부 추진사업이었던 마을도서관 만들기 사업을 별도의 사무 공간 확보 및 실무자 확보를 통해 '반디불터사업단'이라는 독립적인 사업단을 구성하고 현장지원 사업을 진행하였다. 반디불터사업단은 자신들의 마을에 도서관을 설립하겠다는 목표를 가진 참여자들을 모집하였고, 면접을 통해 약 50여 명의 참여자를 선정하였으며, 참여자를 대상으로 약 6개월에 걸쳐 강의 및 토론, 모둠발표, 현장학습, 조사연구, 위탁교육 등의 방식으로 교육과 훈련을 진행하였다. 교육의 내용은, 1단계로 마을도서관 입문과정과 기초과정, 2단계로 주민조직가 CO과정, 3단계로 마을도서관 실무과정과 전문과정으로 이루어졌다. 이러한 과정을 거쳐 2007년 4월부터 5월 말까지 월평동의 '꿈터', 도마동의 '달팽이', 내동의 '작은 나무', 법동의 '마루', 비래동의 '꾸러기', 홍도동의 '어깨동무', 갈마동의 '땅콩' 도서관이 개관을 하였고 추동의 '대청호숫가마을'은 2008년에 개관하게 되었다. 이러한 일련의 과정은 NGO가 정책결정과 정책집행의 주체로서, 주도적으로 정책과정 전체를 전개하고 있는 것을 보여 주는 것이다.

3) 마을도서관정책의 집행 중 평가와 환류

현재 집행 도중에 있는 대전 마을도서관 만들기 운동은 위의 정책과정에서 보이듯 마을도서관운동에 있어서 대전이 가지는 독특한 특성을 가지고 있음을 알 수 있다. 이러한 특성은 대전 마을도서관 만들기 운동의 잠정적 평가로 향후 마을도서관발전의 토대가 될 수 있을 것이다.

이를 살펴보면 첫째, 생활영역의 마을주민에 기초한 주민공동체로 설립되었다. 초등학교를 중심으로 마을주민이 공동으로 설립했다는 것이다. 전국의 많은 공동체는 대부분 의식공동체이다. 삶의 방법을 같이 추구하는 사람들이 한곳으로 이동하여 구성되는 것이 의식공동체라면 대전의 경우는 생활영역이 같은, 특히 초등학교를 같이 보내는 주민들의 마을 공동체에 대한 희망을 통해 만들어진다는 것이다. 대전의 생활영역중심의 공동체가 아직은 그 내용에 있어 부족한 면이 많지만, 마을도서관을 통해 돈과 재능과 시간을 함께 나누는 품앗이 공동체를 꿈꾸고 있다. 이는 마을도서관을 협동조합적 원리에 의해 운영하고자 하는 것으로, 뜻 맞는 사람을 찾아 마을을 떠나는 것이 아니라, 내가 사는 마을에서 삶의 문제를 스스로 해결하고자 하는 생활공동체의 특징을 가지고 있다.

둘째, 대전마을도서관 전개과정에서 살펴본 바와 같이, 초기 설립과정과 2기 - 3기, 3기에서 - 반딧불터사업단으로 넘어오는 질적 변화의 시기마다 시민단체와 강한 협력관계를 이루었다. 그러나 시민단체와 마을도서관은 철저하게 독립된 조직이어서 시민단체의 간섭을 전혀 받지 않는다는 사실이다. 다른 시·도의 경우 시민단체와 마을도서관의 관계를 보면, 시민단체로부터 위탁받는 경우나 주민들이 직접 만들고 운영하는 사례의 경우, 주민공동체적 성격을 갖는 도서관으로 성장하지 못한 예를 볼 수 있다. 그러나 대전의 경우, 시민단체의 성격과 역할은 주민공동체적 성격의 마을도서관의 성격이나 역할과는 다름을 정확히 인식하고 있었기 때문에, 시민단체는 주민공동체도서관을 지원하는 역할로 스스로를 규정하고 있었다. 시민단체는 주민운동의 인큐베이팅(incubating) 역할로 충분하다고 생각하고 있는 것이다. 또한 주민공동체적 성격의 마을도서관도 운영에 있어 시민단체에 의존적이지 않으면서, 시민단체와 마을도서관은 마을도서관의 운동영역을 넓히는 기반확대와 교육에 있어 긴밀히 협력하고 있다.

셋째, 전국의 어린이도서관은 지자체가 만드는 경우와 몇 개의 도서관을 제외하면 개인의 희생을 바탕으로 운영되면서 장소의 불안정과 재정의 불안정이 가장 큰 문제이다. 마을도서관의 장소로 공공기관의 공간을 무상으로 사용하고, 설립 기금을 마을에서 함께 모아 내는 대전의 사례가 대안이 될 것이다. 물론 대전도 풀뿌리 모금이 훨씬 강화되어야 하는 과제를 안고 있지만, 지역사회의 인적·물적 자본을 적극적으로 활용함으로써 개인의 희생을 요구하지 않았다는 것이다. 또한 '대전마을어린이도서관협의회'를 통해 도서목록의 표준화, 공동교육, 공동사업을 진행하면서 개별도서관만으로 하기 힘든 지역사업을 함께해 나가고 있다. 이러한 잠정적 평가는 마을도서관의 정책효과성을 분석하는 다음 절에서도 분명하게 나타나고 있다.

2. 정책효과성 분석

위에서 NGO 주도 작은도서관 정책의 정책과정을 분석하였다. 이제 NGO 주도 정책과정모형의 사례분석대상의 개요로서 마을도서관운동의 대두배경과 전개과정을 살펴보고 마을도서관 정책의 1차·2차 정책의 효과성을 분석하기로 하겠다.

1) NGO 주도 마을도서관운동의 대두배경과 전개

① 대두배경

NGO 주도 마을도서관운동의 대두배경을 살펴보기 전에 먼저 마을도서관운동의 법적, 운동적 성격을 근거로—본 연구의 핵심인 NGO 주도 모형의 사례에서 명칭으로 사용되는— '마을도서관운동'의 개념을 정리하기로 하겠다.

마을도서관은 '작은도서관'의 범주에 속한다. '마을'이란 사전적 의미, '주로 시골에서, 여러 집이 모여 사는 곳' '이웃에 놀러 다니는 일'(인터넷 네이버 국어사전)에서 볼 수 있듯이 걸어서 놀러 다닐 수 있는 정도의 규모 안에 있는 도서관이기 때문이다. 이러한 '작은도서관'은 그동안 시설과 규모 면에서 볼 때 법률상 '도서관'이 아니라 '문고'였다가 2009년 3월 2일 도서관법개정안(정병국 의원 대표발의)이 국회 본회의를 통과하고 2009년 3월 25일 공포되어 지난 9월 26일부터 시행됨으로써 법률상 '작은도서관'이되고 있다. 도서관법이 개정되기 전에도 풀뿌리운동적 성격의 작은도서관들이 '문고'라는 명칭을 사용하지 않는 것은 기존의 문고와는 다른 차별성을 추구했기 때문이다. 또한 기존 '문고'의 부실함 때문에 가졌던 이용자들의 부정적 평가를 넘어서기 위해서도 문고가 아닌 다른 여러 가지 명칭을 사용해 왔다.

> 법적으로만 한다면 '문고'라고 해야 할 것입니다. 하지만 이미 정부에서도 〈 창의 한국 〉이라는 계획서를 내면서 '이웃도서관'이라는 용어를 사용한 적이 있을 뿐만 아니라 '마을도서관' '동네도서관' 등과 같은 용어도 사용하고 있습니다. '작은도서관'은 도서관 서비스를 제공하는 곳이 문고라기보다는 도서관이어야 하겠다는 시민들의 요구가 반영된 용어로서, 우리나라의 도서관 문제를 정책적, 혹은 운동적으로 풀어 나가기 위해 사용하고 있다는 것입니다(안찬수, 2007).

뿐만 아니라 이러한 '작은도서관'은 단순히 시설이나 형태이기 전에 지역사회공동체 형성, 지역문화의 발전, 지식 평등화를 통한 계층양극화 완화 등 운동적 이념성을 반영하고 있다. 그래서 작은 도서관들은 안찬수(2007)의 말처럼 '동네도서관', '마을도서관', '이웃도서관' 등과 같은 그에 부합되는 명칭들로 불려 왔다.

본 연구에서는 법률상 용어인 '작은도서관'이 아니라 지역사회의 작은 단위로 사용되는 '동네' 혹은 '마을' 개념 중에 '동네'보다는 '마을'이란 개념을 사용하여 '마을도서관운동'으로 명시하고자 한다. 물론 4가지 측면에서 동네도 마을과 비슷한 개념이다.—첫째, 동네도 이제 더 이상 사회적·공간적으로 통합된 게마인샤프트적인 지역사회로서가 아니라 사람들이 물질적·사회적 자원들에 접근하는 장소이다. 둘째, 도시생활의 스트레스와 긴장으로부터 '지속적인 회복작업(ongoing repair)'을 위한 장소이다. 셋째, 이웃과의 꾸미지 않은 일상적인 접촉을 통한 느슨한 유대의 발전과 유지를 위한 장소이다. 넷째, 자신들과 다른 사람들에게 거기에 살고 있다는 정체성의 측면을 상징화하는 중요한 생활의 장소로서 유용한 초점을 제공한다(곽현근, 2003: 260).— 그럼에도 불구하고 '마을'로 명시하고자 하는 것은 몇 가지 이유에서이다. 첫째, 작은 단위의 지역사회를 지칭하는 말로 우리나라의 풀뿌리운동에서는 '마을'이란 용어를 많이 사용하고 있고, 실제로 행정안전부(과거 행정자치부)의 '마을 만들기 사업'을 비롯한 민간주도의 '마을 만들기' 사업이 활성화됨으로써, '마을'이라는 용어가 많이 사용되고 있다. 둘째, '직장마을', '컴마을', '영화마을' 등과 같이 주거공동체 이외에도 직업, 종교, 취미를 공유하는 다양한 사회적 관계망 또는 커뮤니케이션 그룹까지를 포괄하고 있는 용어도 주로 '마을'이란 용어가 사용되고 있다. 셋째, 주거지에서뿐만 아니라 다양한 지역에서 다채롭게 전개되고 있고, 물리적 환경개선에만 국한되지 않고 공동체 만들기와 문화 만들기까지를 담고 있는 주민 주도의 생활환경 개선 활동을 지칭하는 용어로서는, 제한적인 의미를 갖는 '동네'보다는 '마을'이란 말이 더 적합하다고 하는 견해(어린이도서관 길잡이, 2004: 146)도 있다. 넷째, 대전에서의 작은도서관운동도 '한 아이를 키우는 데 온 마을이 필요하다'는 아프리카 속담을 캐츠 프레이즈(catch phrase)로 내세우고 있으며, 이에 따라 마을도서관의 정식명칭이 '○○마을어린이도서관'으로 불리고 있기 때문이다.

그러면 다음으로 마을도서관운동이 대두하게 된 배경을 도서관운동, 생활정치, 신사회운동, 사회자본 형성의 측면에서 살펴보기로 하겠다.

ㄱ. 도서관운동 측면

도서관운동은 다른 운동과 마찬가지로 기본적으로 사서직 전문
운동과 대중운동이라는 큰 두 축으로 구성된다. 이 두 축은 서로 긴
밀하게 연결되어 있으면서 서로의 운동성을 보완하고 또 상호 긴장
을 유지하는 역할을 하면서 도서관운동을 실현해 나가게 된다. 도
서관운동의 궁극적 목적은 국민들에게 바람직한 도서관 서비스를
제공할 수 있는 도서관 환경을 조성하여 국민들의 삶의 질 향상과
이를 기반으로 한 우리 사회의 민주화와 발전에 기여하는 것이다.
모든 운동이 그렇듯이 도서관운동도 개인이나 단일도서관 차원에
서의 개별적 운동은 효과를 거둘 수 없고 운동조직은 '조직력, 자금
력, 사회의 호응'이라고 하는 3대 요소를 갖추어야 한다. 현재 우리
나라 도서관 운동은 꾸준히 수행되고 있기는 하지만 아직 소기의
성과를 거두고 있다고 하기는 어렵다. 그 이유는 우리나라 공공도
서관 부문이 가진 몇 가지 제한점이 있기 때문이다. 우리나라의 공
공도서관은 서구와 달리 일제의 식민지 통치기구로 출발했다는 근
본적 한계를 안고 있다. 농촌의 사상적 장악력을 강화하기 위하여
'농촌문고운동'을 총독부 주관으로 실행하였다. 이렇게 시작된 공
공도서관은 해방 이후에도 제 이념을 찾지 못한 채 정치적·경제
적·사회적 어려움 속에서 사상과 지식의 민주성에 근거하지 못한
채 단순히 독서실 기능이나 책의 열람·대출 기능, 일부 사회 교육
적 활동 정도에 머물러 있다.

공공도서관은 궁극적으로 시민들의 민주적·인간적 삶에 필요
한 제반 정보를 공적인 관점에서 보장해 주어야 한다. 특별히 정보
의 소지 여부가 중요한 삶의 요인이 되는 현대 사회에서 개인적인

차별이 존재하지 않는, 여타의 편견과 빈부의 격차, 이념 등에 영향을 받지 않는 정보에 대한 평등한 접근이 이루어져야 한다. 그러나 한국의 도서관들은 이러한 입장을 가지고 있지 못하고, 이러한 입장을 견지할 사서들의 지위나 의식도 미흡하다. 또한 국민들 스스로 도서관을 통한 정보 접근에 대한 이해 역시 부족하다. 이는 그동안 도서관이 학생들의 공부방으로 전락해 있었고, 무엇보다도 국가 차원에서 국민들의 자유로운 정보 접근권에 대한 올바른 이해가 부족하였다. 또한 정치적으로도 우리나라에는 전반적으로 정보의 자유로운 획득과 활용에 대한 부정적인 이해가 광범위하게 확산되어 있었기 때문에 정보에 대한 국민들의 주도권 획득이 쉽지 않았다. 도서관 운동은 이러한 문제의식에서 출발했다. 국민들 각자가 정보의 중요성을 인식하고 이를 확보하기 위한 행동에 나서야 하고 특별히 모든 사회운동단체들은 정보의 자유로운 유통과 활용을 통한 민주시민사회 건설을 위해 공동의 운동을 조직해 나가야 한다는 공감대가 확산된 것이다. 퍼블릭 액세스의 관점에서 보아 가장 중요한 도서관 운동 영역은 접근공간으로서의 도서관건립운동이다. 국가나 지방자치단체에 맡겨져 있는 도서관건립이 많이 나아지고 있기는 하지만 여전히 만족할 만한 수준에 이르지는 못하고 있다. 따라서 이제 도서관을 건물의 개념이 아니라 서비스가 제공되는 공간으로 이해하고 확대해야 할 것이다. 즉 도서관운동은 책을 많이 읽자는 단순한 독서운동이 아니라 '지식공유 사상'에 입각하여 사상과 지식에 대한 대중들의 자유로운 접근을 통하여 보다 나은 사회를 만들자는 민주적이며 진보적인 사회운동이라는 점을 주목해야 한다. 이러한 점에서 마을도서관 운동은 도서관 운동 전반에서 전

체 사회운동, 민주화 운동, 생활운동의 한 부분으로서 중요하다고
할 수 있다(이용훈, 2004: 33 - 38).

ㄴ. 생활정치와 신사회운동 측면

마을도서관운동은 생활정치의 영역에서 나타난 대표적인 신사회
운동으로 주민운동이자 대안공동체를 지향하고 있는 운동이다.

신사회운동이란 지난 1970 - 80년대 서유럽과 미국에서 새롭게
등장한 환경, 평화, 여성, 연대, 반문화, 동성애, 반핵, 녹색당 운동
등 기존의 사회운동 영역에서 볼 수 없었던 새로운 사회운동들을
지칭한다. 이러한 신사회운동은 복지국가의 정치적 위기에 대응하
는 새로운 패러다임의 중심을 이루는 저항 형태, 즉 정치적 의사결정
에 직접 참여함으로써 대의민주주의의 한계를 대체 혹은 보완할 수
있는 참여민주주의 전략으로, 가치와 생활양식의 변화 및 시민사회
방어를 주요 목표로 설정하고 네트워크와 풀뿌리 조직을 통해 직접
행동과 문화혁신을 주요 행동수단으로 활용한다(김호기, 2007: 90).

한국에서도 1990년대의 시작과 함께 신사회운동의 물결이 급속
하게 확산되었다. 1987년 6월 항쟁과 6 · 29선언, 1995년의 민선지
방자치제의 실시는 시민들로 하여금 혁명에 의하기보다는 제도정
치를 통해 현실변화가 가능하다는 인식을 하게 하였고, 그동안 민
주화운동에 의해 대변되지 못했던 다양한 계층들의 다양한 사회정
치적 관심들이 시민운동의 형태로 분화, 분출하게 된 것이다. 이러
한 시민운동은 기존의 사회운동과 운동의 목표 · 주체 · 방식에 있
어 차이를 보이며, 민중운동과 시민운동은 노선분화가 진행되기 시
작하였다. 그리고 이러한 사회운동의 분화는 시민사회의 지형이

1987년 이전의 '국가 대 시민사회'의 '단일한' 대결구도에서 1987
년 이후 '국가와 시민사회'의 '다층적인' 대결구도로 이행했음을 보
여 주고 있다(김호기, 1995: 328).

물론 이와 같은 1990년대 이후의 한국의 시민운동이 이전의 민중
주의 및 민주화운동과 차별적인 새로움을 갖는다고 하더라도 여전
히 운동조직, 주체, 운동방식에 있어서는 그것들과의 연속선상에 있
다는 점에서 서구 신사회운동과 큰 차이를 갖는다(조대엽 외, 2008:
30). 그럼에도 불구하고 한국의 최근 각종 시민운동들을 신사회운
동의 범주에 포함시키는 까닭은 한국의 신사회운동에도 서구적 의
미의 이념적 지향성이—다소 미약하기는 해도— 분명하게 존재하기
때문이다. 즉 한국사회에서도 1990년대 이후 시민운동의 다양한 이슈
들은 신사회운동 이슈의 다양성을 반영하고 있다는 것이다.

이 때문에 한국의 신사회운동들은 그 범주에 포함되어 있다 해도
과도기적인 혹은 초창기 특유의 이념적 혼란성과 모호성에 노출되
어 있다. 과거의 혁명적 성격의 계급운동이나 민중운동과는 상이한
자기정체성을 확립해야 하는 한국의 신사회운동이 때로는 지나친
현실 타협적 개량주의에 빠지기도 하고, 때로는 민중운동과 시민운
동적 요인들이 서로 통합되지 않은 채 이중구조를 이루며 불안정한
공존을 이루기도 한다(김성국, 1998: 56 - 57).

이러한 이유로 한국의 신사회운동은 환경, 여성, 교육, 사회복지,
인권, 소비자 문제 등 다양한 영역으로 성장, 분화되었으나, 운동조
직의 차원에서 시민사회의 미성숙에 따른 '구태의연한' 제약성을
여전히 가지고 있다(김성국, 1998: 62). 즉, 시민사회가 활동의 중심
을 소수 활동가나 전문가들의 명망성에 두고, 서울지역을 거점으로

공식적이고 거대한 조직을 갖고 있으며, 언론 의존적인 이슈 파이팅 전략을 취함으로써, 지역의 일상생활과의 밀착성이 떨어지고, 대중의 참여를 어렵게 한다는 일정한 한계를 보여 온 것이다. 이는 한국의 지역운동의 세 가지 영역 가운데 지역의 주요현안에 대응하는 운동 내지 제도개선 운동에 주력하는 과정에서 나타난 문제점들로, 이를 극복하기 위해 한국에서도 대안사회에 대한 전망을 집단화, 사회화하면서 현실 속에서 실체화하려는 노력들이 곳곳에서 일어났다. 농민운동가, 대안교육운동가, 시민운동가와 지역주민운동가, 환경단체, 종교단체, 생협단체 등 많은 사람들이 지역사회에서 다양한 형태의 실험적 공동체들을 만들기 위해 노력해 왔다(김경식 외, 2002: 2). 이러한 흐름 속에서 대안운동들이 1990년대 중반 이후 대거 등장하는데, 기존의 삶 자체를 새롭게 변화시키려는 생활공동체 운동들이 지역과 마을을 중심으로 아주 다양하게 나타났다. 이러한 현상은 1990년대 이후 특히 1990년대 중반 이후 지역주민운동단체들이 양적으로 증가한 데서 뚜렷하게 볼 수 있다. 운동의 성격도 이전의 일시적인 요구나 저항형의 운동이 아니라, 지속성을 가진 참여와 자치, 창조형, 대안형의 운동들이 증가하고 있는 것이 특징이라고 볼 수 있다. 이렇게 지역운동의 성격이 변화하는 시점에서 생활세계를 바꿈으로써 삶의 질을 바꾸려는 운동들, 즉 주민운동, 대안공동체운동 등의 풀뿌리운동이 대거 등장하게 되었는데, 그중의 대표적인 운동의 하나가 바로 '마을도서관운동'이다.

마을도서관운동은 변화한 사회적 조건하에서 현실 그 자체의 문제들에 대처하기 위해 지역주민들이 주체가 되어 일상생활상의 문제에 집합적으로 대응하며 아래로부터 자연발생적으로 발전해 왔다고 볼 수 있다. 따라서 자발적인 참여를 통해 다양한 생활상의 이슈에 대항하는 사회운동으로서의 마을도서관운동은 생활정치의 중요한 전략적 과정이다. 그 이유는 첫째, 생활의 정치란 바로 생활세계의 곳곳에서 나타나는 삶의 안녕을 위협하는 요소들, 혹은 권력과 폭력에 대해 성찰하고 저항하는 정치이기 때문이다. 둘째, 국가와 자본의 거시적 폭력뿐 아니라 전통과 일상에서 나타나는 다양한 권력에 대해 '성찰적 인식'을 통해 대항하고, 새로운 규범체계와 조직을 만들어 나가는 운동 자체가 바로 삶의 정치이기 때문이다. 셋째, 일상생활의 정치는 국가에 의해 점차 관료화되고 자본에 의해 더욱 조직화되는, 그리고 억압적 전통에 의해 무기화되는 일상생활의 보수성을 극복하는 진보적 정치이기 때문이다(김왕배, 2005).

생활정치의 현실적 동원전략은 사사롭고 진부하기 짝이 없는 다양한 행위들로 이루어진 일상세계, 즉 일상생활의 '공간적 조건'들을 고려할 필요가 있다. 일상의 삶이 일정한 시간과 공간의 궤적을 따라 움직이는 것인 만큼 생활정치의 현장은 일차적으로 그가 속해 있는 시간, 공간의 장소다. 이는 물리적 토대나 문화양식이 공간적으로 차별화되어 있기 때문에 모든 사람들의 일상적 삶이 균일한 것은 아니다. 공간적 조건은 구체적인 일상생활의 내용을 규정한다. 특히 환경·교통·주택·공공시설 등을 둘러싼 일상생활상의 갈등은 특정한 공간의 조건에 따라 매우 다양하게 나타난다. 일상생활의 정치는 이런 공간적으로 차별된 생활상의 문제들을 생활인들 스스로의 참여에 의해 해결해 가는 과정이다. 따라서 생활정치의 원동력은 '풀뿌리'들의 주체적 '참여'와 '책임'(김소희, 2008)에 있다고 할 수 있는데, 생활정치에서 정치의 행위란 개개인의 삶의 과정

일 수도 있고 일정한 조직이나 집단에의 참여를 통한 사회운동의 형식을 띨 수도 있다는 점에서, 마을도서관운동은 일상생활세계의 공간인 '마을'에서 풀뿌리들의 주체적 참여와 책임으로 전개되고 있는 작은도서관운동이자 지역공동체운동이며 풀뿌리운동이다.

이러한 풀뿌리운동에 대해 하승수(2007)는 "결정해 놓고 사람들을 동원하는 것이 아니라 모든 일의 기획단계에서부터 참여하는 사람들과 함께 논의하고 함께 공감하는 문화를 가진 운동", "기존에 운동을 하는 사람이 익숙한 방식이 아니라 삶을 살아가는 사람들이 참여하기 쉬운 방식의 운동", "느리더라도 사람 사이의 관계와 신뢰를 중시하는 운동", "가시적인 성과에 집착하지 않고 참여하는 사람들의 삶을 변화시킬 수 있는 운동"이라고 하였다. 이렇게 풀뿌리운동을 정의한 표현 속에는, 마을도서관운동의 정신과 가치가 그대로 반영되어 있다. 이는 마을도서관운동이 풀뿌리운동 그 자체이며 지역공동체운동임을 말해 주는 것이다.

ㄷ. 사회자본의 형성 측면

앞에서 '작은도서관'은 단순히 시설이나 형태이기 전에 지역사회공동체 형성, 지역문화의 발전, 지식 평등화를 통한 계층양극화 완화 등 운동적 이념성을 반영하고 있기 때문에, 안찬수(2007)의 말처럼 그런 작은도서관들은 '동네도서관', '마을도서관', '이웃도서관' 등 그에 부합되는 명칭들로 불리고 있다고 하였다. 즉 마을도서관은 단순히 책을 읽고 빌리는 공간이나 시설이 아니라, 마을 아이들의 놀이터이자 공부방이고 민주시민을 키우는 프로그램 그 자체이며, 내 아이만이 아니라 '우리아이들'을 키우려는 엄마들의 내적 성장을 돕는 공간이자 생활 나눔 공간이다. 또 동네 어르신들을 비롯한 주민들의 사랑방으로, 마을의 다른 문제에 대해서도 참여하고 공동체 문화를 가꿔 나가며 생활공동체를 꿈꾸는 희망 터이기도 하다. 이런 마을도서관의 구성원들은 도서관운동을 통하여 사람을 중심에 세우고, 비시장 경제 방식으로, 일상의 문제를 해결하고 삶을 변화시키려는 가치와 비전을 공유하고 있다. 즉 마을도서관 활동은 자본의 논리를 뛰어넘는 삶의 철학이자 방식을 실현하기 위한 운동으로, 사회과학 분야에서 활발하게 연구가 진행되고 있는 '사회자본(social capital)' 형성과정과 깊은 관계가 있다고 할 수 있다.

사회자본에 대한 연구들은 Putnam(1993b)의 연구 이래로 거시적 수준에서 진행되어 왔는데, 최근에 이르러서야 학자들 간에 사회자본의 개념적 속성들에 대한 합의가 이루어지는 경향이 나타나고 있다. 즉 사회자본의 개념적 공통요소로 사회적 상호관계, 공공재 성격, 자발적으로 강화되거나 축적되는 실체, 다차원적인 개념들의 집합체 등과 같은 것들에 대한 합의가 이루어짐에 따라, 단체구성원 간의 관계가, 가치 있는 자원을 형성함으로써, 사회자본이 구성원들에게 집단적인 자본을 제공한다는 가정이 마련되게 되었다(Bourdieu, 1986; 박희봉, 2002). 다시 말하면, 사회자본이 사회발전의 선행조건으로 인식되고 있다는 것이다(Putnam, 1993b). 그러나 이렇게 사회자본이 사회발전이나 사회개혁을 추구하는 데 있어 선행조건으로 인식되고 있기는 하지만 현실적으로 사회자본이 공공정책 등에 의해 쉽게 창출되는 성질의 것은 아니라는 데 문제가 있다. 오히려 사회자본은 공공정책보다는 건전한 시민사회에 의해 보다 용이하게 창출될 수 있다는 측면에서 시민사회의 역할에 주목하게 된다. 그런데 시민사회가 사회자본을 형성하는 과정에서, 지역사회조직은 시민사회의 기초를 형성하는 데 핵심적 역할을 수행한다. 그래서 사회자본은 시민사회의 발전, 지역사회공동체와는 불가분의 관계를 맺고 있다. 이런 측면에서 볼 때 지역공동체에서 중심적인 역할을 수행하는 지역사회조직은 사람들로 하여금 함께 행동을 취하도록 만드는 사회자본에 달려 있는데(김태룡, 2006: 28) 이를 형성하는 것은 바로 인간관계를 활성화시키는 시민단체와 같은 수평적 공동체라고 할 수 있다(Bourdieu, 1986; 장수찬, 2002; 2004).

장수찬(2004)의 연구를 보면, 시민단체와 같은 결사체에 참여하고 있는 사람이 참여하지 않은 사람보다 사회신뢰와 정부신뢰의 정도가 높다는 결과에 기초해, 시민단체가 사회자본의 형성에 지대한 역할을 담당하고 있다고 주장하고 있다. 한국사회와 관련하여 사회자본의 한 요소로 간주되는 사회신뢰의 형성주체인 시민단체와 같은 결사체의 직접적 역할이 중요하다는 것이다. 이와 같이 시민사회와 관련된 사회자본 연구의 중심에는, 미시적 수준의 지역사회조직과 지역공동체가 있다는 점에서, 사회자본의 형성은 마을도서관운동의 중요한 등장 배경이 되고 있다.

② 전개

1980년대와 1990년대는 NGO 주도의 작은도서관운동의 자발적 확산시기이다. 1987년 민주화운동은, 1980년 광주항쟁 이후 군사정부의 살벌한 통치로 억압된 시민들의 민주화에 대한 열망이 폭발적으로 터져 나온 시민혁명이었다. 6·10항쟁 민주화운동이 개헌을 약속한 6·29선언으로 일단락되자 그해 7·8월에 그동안 억눌렸던 노동자들의 요구가 폭발하기 시작했다. 7·8월 노동자대투쟁이라고 불리는 그 시기를 지난 후 사회 곳곳에는 이전과는 다른 활력과 생기가 넘쳐흐르기 시작했다. 청년회나 여성회와 같은 단체들이 생기기 시작했고, 생산현장에서는 노동조합 결성을 위한 움직임이 활발해졌다. 또한 주민도서관이나 대중도서관35)을 표방하는 민간도서관들이 자발적으로 생겨나기 시작했다. 부산지역의 노동도서원, 마산의 책사랑, 서울의 난곡주민도서실 등이 이때 문을 열었다.

이러한 민간의 도서관 결성 움직임은 사회 각계각층의 민주화를 향한 몸부림과 함께 점차 커지기 시작한 대중의 지적 욕구를 기존의 공공도서관 체제가 뒷받침해 주지 못함으로써 발생한 것으로 추측된다. 이는 1980년대 초중반 대학가 주변에서 진보적인 서적을 공급하고 학생들의 모임방, 아지트 노릇을 한 사회과학 서점의 역할과 같은 맥락에서 살펴볼 수 있는 것이다. 이는 80년대 학생운동 중심의 사회변혁운동에서 생산현장과 사회 각 부문으로 운동의 영역이 확장되기 시작한 것과 관련이 있다고 볼 수 있다. 시민들이 만든 민간도서관은 생산현장 주변에 위치하면서 노동계층을 주요 대상으로 한 '노동도서원', 시내 중심가에 위치하면서 다양한 계층의 시민들이 드나드는 문화공간의 형태를 지향한 '시민도서관', 그리고 빈민계층이 모여 사는 지역에 설립된 '주민도서관' 등으로 나누어진다.

부산지역은 사상, 양산의 공단을 중심으로 노동도서원이 발전하였고, 대공장이 밀집한 마산지역의 특수성 때문에 마산 책사랑 같

---

35) 대중도서관이라는 개념은 마산 책사랑의 전세중 전 관장이 처음 사용하였다. 그는 우리나라에 진정한 의미의 Public Library가 없다고 보고, 민간이 기금을 모아 설립한 책사랑을 진정한 Public Library의 맹아로 보면서, 대중도서관이라는 용어를 사용하였다.

은 경우도 노동도서원의 성격을 강하게 띠었다고 볼 수 있다. 부산의 늘푸른도서원, 대구의 새벗도서원 같은 경우는 시내 중심가에 위치하면서 청소년과 중소기업이나 서비스직에 종사하는 청년 계층이 주로 드나드는 시민도서관으로 설립되었다. 서울의 난곡주민도서실, 대구의 작은 교회 주민도서실 같은 경우는 저소득층 거주 지역에 위치한 주민도서실이었다. 빼놓을 수 없는 또 하나의 형태는 각종 단체 안에 부설로 설립된 문고형태도 많았다는 점이다. 대구의 진보정치연합이나 노동정책연구소 같은 경우 노동 자료나 진보정치와 관련한 자료들을 집중적으로 소장하였다. 이처럼 조금씩 다른 성격으로 설립된 민간도서관들은 1980년대 후반에서 1990년대 초반까지 한때 100여 곳에 이를 정도로 활발하게 설립되었으며, 이용자들도 많았다.

사회가 민주화되어 가면서 시민들의 공공도서관 이용도 점차 활성화되어 갔다. 도시 외곽에 대규모 아파트단지가 생겨나면서 시민들의 생활권도 도심에서 주변으로 분산되어 갔다. 공공도서관의 절대적 부족 속에 동네마다 도서대여점이 생겨나면서 베스트셀러 등을 손쉽게 빌려 볼 수 있게 되었다. 1980년대 후반 1990년대 초반 사회 민주화에 대한 기대로 부풀던 사회분위기는 직장별 노조결성이나 참여연대와 같은 제도개선운동에 주력하는 흐름과 급속한 도시화의 산물로 나날이 심각해 가는 환경문제에 대처하는 환경단체 설립 등으로 주요 흐름이 변화되어 갔다. 기존의 주민도서관들은 이런 사회적 분위기 속에서 하나둘씩 문을 닫기 시작했다.

90년대 중반부터의 또 다른 흐름은 생활권 중심지역에 어린이와 주부 등을 대상으로 하는 작은 규모의 어린이 도서관이 하나둘씩 생겨나기 시작한 것이다. 이는 사회민주화라는 거대담론이 조금씩 해결되면서 생활 속에서 공동체성을 복원하고 더불어 사는 사회를 만들어 나가려는 시민운동의 연장선상에 놓여 있는 것이며, 어린이 교육문화 운동의 일환으로 볼 수 있다(신남희, 2005: 186 - 188).

민간 어린이 도서관은 어린이들에게 안정적으로 좋은 책과 만날 공간이 필요하다는 인식 속에 등장하여 현재 어린이 책 문화 운동의 한 축을 담당하고 있다. 우리나라에서 어린이를 주 대상으로 한 도서관 서비스를 위해 민간에서 처음으로 만들어진 어린이도서관은 1980년 잠실 시영아파트에 사는 채규철 씨 집에 마련한 가정문고이다. 그리고 가장 오래 운영된 민간 어린이도서관은 1984년에 세워져 2000년까지 17년 동안 운영된 강릉 '보람의 집'이다(전영순, 2002). 또 시흥의 '작은 자리', 김포의 주민도서관 '책나눔' 같은 책 사랑방들이 이어서 생겨났다. 1994년에는 서울 송파구 풍납동에 지역문화사랑방을 취지로 하는 '함께 크는 우리도서관', 1997년에는 중랑구에 '파랑새' 어린이 작은도서관, 1998년에는 인천 연수구에 '늘푸른' 어린이도서관, 1999년에는 경기도 고양시 일산구에 어린이도서관 '웃는 책'과 청주의 '초롱이네' 도서관이 만들어졌다.

이와 같이 1990년대에 들어서면서 민간부문이 주도한 작은도서관은 시민운동의 색채가 더 강해지기 시작하면서 여러 지역에서 생활도서관, 주민도서관 등의 명칭을 갖고 다양한 형태의 소규모 도서관으로 설립되는데, 이들의 궁극적인 목표는 지역주민의 생활공간 내에 위치하면서 충실한 도서관 서비스를 제공하고 지역 내의 다른 시민단체들과 함께 역동적인 문화 활동을 진행하면서 주민의 주체의식과 자아개발을 강화하는 데 있었다.

1994년 3월에는 '작은도서관'의 연합모임으로 '작은도서관협의회'도 결성되어 '작은도서관' 건립운동을 전개하였다. 이러한 '작은도서관' 운동은 기존의 공공도서관이 채워 주지 못하는 지역 주민의 도서관에 대한 '욕구(needs)'를 대변해 주고자 했다. 그러나 당시 작은도서관들은 실제적 운영에서 어려움을 많이 겪었다. 즉 도서관을 운영하는 사람들이 자기 돈으로 책을 사는 경우가 다반사였고, 지방자치단체의 인식부족, 공공도서관의 지원 결핍 등의 이유로 열악한 상황에서 경영을 하는 사례가 많았다(김소희, 2006). 결국 이들은 열악한 환경조건과 안정적이지 못한 운영으로 인해 공공도서관이나 해당 정부부처로부터 '도서관'의 대안으로 인정받지는 못했다.

　　2000년 이후로는 특히 어린이도서관이 두드러지게 등장한다. 2001년 서울 성동구 행당동의 '책 읽는 엄마 책 읽는 아이', 은평구 대조동의 '꿈나무', 2002년 동대문구 전농동의 '꿈틀', 경기도의 고양시 일산구 '숲속 작은도서관', 2003년 역시 경기도 고양시 덕양구의 어린이도서관 '동화나라'와 청원군의 '들꽃방', 2004년 익산의 삼성도 어린이도서관, 2005년 인천 '달팽이 도서관' 등이 그 예이다. 한편 이 시기에 어린이도서관을 건립하고자 하는 지방자치단체들도 늘어 갔다. 이를 대표하는 사례가 2003년부터 전개된 '기적의 도서관(Miracle Library)' 프로젝트이다. 시민단체인 책 읽는 사회 만들기 국민운동과 문화방송이 범국민운동을 벌였고, 지방자치단체가 공간과 운영예산을 부담하기로 하면서, 2003년 순천, 제천, 진해, 2004년 서귀포, 제주, 청주, 울산, 2005년 금산, 2006년 부평 등에 기적의 도서관이 건립되게 되었다.

　　이렇게 눈에 띄는 대안으로 주목받게 된 '작은도서관'은 정부만

이 아니라 지방자치단체, 사회적 기업, 언론 등이 앞다투어 국민적
운동, 시민사회운동으로 작은도서관을 세우겠다고 나섰다. 지방자
치단체가 참여하는 대표적인 지역은 부천시와 순천시를 들 수 있다.
부천시는 2002년부터 시립도서관과 민관협력조직인 '푸른 부천 21
실천협의회'가 공동으로 작은도서관 사업에 적극 나선 자치단체로
알려지게 되었고, 도서관이 있는 도시의 모범 사례로 꼽히게 되었
다. 2003년 최초로 기적의 도서관이 들어선 순천시는 기적의 도서
관이 있는 도시라는 이미지를 지속적으로 이어 가고자, 기존의 문
고와 5백 세대 이상 아파트 단지에 도서관 공간을 확보하는 데 지
자체가 일정한 예산을 지원했다.

　이러한 현상은 우리나라에서도 작은도서관이 획기적으로 발전할
수 있는 기대를 낳고 있긴 하나, 기존의 마을문고가 민(民)이 주도
했지만 관의 정책에 유입되면서 그 역동성을 잃어 갔던 것처럼, 작
은도서관도 관(官)의 정책에 의해 광범위한 시설로 확충되고 그 운
영책임을 관이 갖게 되면서, 민간 주체들의 자발적이고 실험적인
활동이 생명력이었던 작은도서관의 특성을 잃어 갈 우려가 있는 것
도 사실이다(김소희, 2008: 36 - 45).

　이렇게 전국적으로 작은도서관운동이 획기적으로 확대되는 과정
에서 대전에서도 민간주도의 작은도서관운동이 마을어린이도서관
운동을 중심으로 전개되었는데, 대전마을어린이도서관운동의 지향
은 마을도서관운동의 캐츠 프레이즈(catch phrase)인 "한 아이를 키
우는 데 온 마을이 필요하다."는 아프리카 속담에서 잘 드러나고 있
다. 그 역사와 전개과정은 다음과 같다(대전 마을어린이도서관 설
립 사례집, 2007: 11 - 17).

ㄱ. 운동의 시작: 1기 모퉁이 어린이도서관의 탄생

모퉁이 어린이도서관은 1998년 갈마동에서 선배어린이도서관으로 시작하였다. 어린이독서문화에 깊은 관심을 갖고 있던 '이선배'라는 개인의 의지로 개관한 모퉁이도서관은 '대전동화읽는어른모임'과 함께 좋은 책 알리기 운동, 어린이 책에 대한 부모교육 등을 실시하며 대전 지역의 어린이 책과 독서문화에 큰 영향을 끼쳤다. 그러나 운영에 대한 개인의 의지가 상대적으로 높아 설립의 의도와는 달리 지역공동체적 성격은 약하였다. 이러한 인식하에 이선배와 적극적인 자원활동가들은 어린이도서관의 방향성에 대한 논의를 하였고, 그 결과 도서관은 2002년 전민동으로 이전하게 된다. 도서관은 이전 후 지역공동체의 모습을 갖추기 위해 지역주민 중심의 운영위원회를 결성하고, 지역주민들이 주체적으로 운영하면서 현재의 모퉁이 어린이도서관으로 발전하게 되었다.

ㄴ. 운동의 전개: 2기 주민공동체 알짬마을어린이도서관 탄생

우리나라의 도서관운동은 난곡도서관처럼 빈민지역의 도서실사업을 의미하는 경우가 많았다. 국가정책이 경제적 약자인 빈민을 대상으로 하는 프로그램에 대한 비전을 제시하지 못하고 있었고, 공공도서관이 사회적 역할을 제대로 수행하지 못하면서, 이에 대한 반작용으로 빈민지역이나 저소득층이 밀집한 지역에서 자생적인 민간도서관운동이 많이 발생되었기 때문이다.

2000년대 들어 어린이도서관의 공공성에 대한 제 조명이 전국적으로 '도서관운동' 영역에서 활발히 일어났다. 공공성에 대한 논의는, 한 푼의 적은 비용이라도 도서관을 이용하는 문턱이 되어서는

안 된다는 논지가 핵심이었기 때문에 도서관의 열악한 운영을 책임지기 위해 받았던 회비와 프로그램의 유료화를 무료로 운영해야 한다는 주장이 강조되었다. 이러한 논의에 따라 마을도서관을 만들기 위해 준비하던 석교동 주민들은 이러한 도서관의 공공성을 지키기 위해 마을도서관 설립부터 운영까지 마을의 공동 책임을 전제로 알짬마을어린이도서관을 만들기로 하였다(이하 알짬도서관). 결국 알짬도서관은 대전참여자치시민연대에서 시민운동에 참여하고 있던 한 회원을 중심으로 석교동에 사는 6명의 주부들이 순수하게 스스로의 힘으로 2004년 알짬도서관을 개관하게 되었다. 처음부터 마을 주민들의 개미모금이나 적극적인 자원봉사활동으로 탄생한 주민공동체적 성격의 알짬도서관은 지금까지도 이러한 활동이 자연스럽게 이루어지고 있다. 그러나 알짬도서관은 그 마을의 범위를 벗어나지 못할 뿐 아니라, 다른 생활영역으로 확산하지 못하는 한계를 스스로 발견하게 되었고, 마을도서관 안에서의 비시장적 생활과 마을도서관 밖에서의 시장적 생활이 가져오는, 개인의 모순된 삶의 이중성을 극복하기 위해서 대전 전 지역에 마을어린이도서관(이하 마을도서관)이 확대될 필요성과 당위성을 갖게 되었다.

ㄷ. 운동의 확산: 3기 마을마다 어린이도서관 만들기 시작

- 각 마을의 도서관 만들기 주체형성

대전참여자치시민연대 어린이도서관추진위원회(이하 추진위)와 알짬도서관은 2년여 간의 주민밀착형 풀뿌리운동으로써 마을어린이도서관 사업을 추진하면서 이 운동이 사회·경제적 격차해소를 통한 공동체 형성에 기여할 수 있음을 확인하였다. 또한 마을어린

이도서관운동은 대전 시민들의 삶의 욕구와 매우 밀접한 영향을 갖고 있으며 그 필요성이 크다는 것을 절감하게 되면서 지역사회 내의 중요한 의제로 대두되었다. 대전참여자치시민연대의 어린이도서관추진위원회는 이미 2004년 4월부터 작은 지역단위의 어린이도서관이 주민들의 공동관심사인 보육, 교육의 문제를 매개로 삶을 공유하는 마을공동체의 중심으로 발전될 수 있다고 보고, 알짬도서관과 함께 '마을도서관 의의와 과제' 토론회 개최 및 대전지역 공사립문고 현황파악 및 작은도서관 1, 2차 교육, 그리고 도서관 선진지역 도서관견학을 통해 시범적인 마을도서관 설립을 추진하고 있었다. 이러한 활동을 기반으로 추진위와 알짬도서관은 2006년 7월, 대전 어린이도서관의 역사를 가진 모퉁이도서관과 (사)대전동화읽는어른모임, 시민단체, 마을주민조직, 도서관에 관심을 가진 단체에 마을도서관 추진단 결성을 제안하여 2006년 7월 6일 '마을도서관추진단' 결성 준비모임을 시작하였다. 결성 준비모임은 시민단체들에, 마을도서관은 시민단체들의 동아리나 회원조직이 아님을 주지시키고 단체의 실무자가 아닌 단체의 회원들이 참석할 것을 강하게 요구하였다. 이러한 취지를 확실하게 인지하고 참여한 주체들은 자신들이 생활하고 있는 마을에서 마을도서관을 만드는 일에 적극 참여하고 중심적인 주체로 성장하는 반면, 단체의 실무자가 추진위에 결합한 경우에는 사업추진의 동력이 없어 더 이상의 진전을 하지 못했다.

2006년 7월 6일 '마을도서관추진 1차 모임'은 대전어린이문화센터, 대전여민회, 대전여성환경포럼, 대전의제21추진협의회, 대전참여자치시민연대, 대전충남생명의숲, 모퉁이도서관, 사람연대 대전

모임, 알짬도서관, 어린이도서연구회, 동화 읽는 어린이대전지부, 한밭생활협동조합 마을모임의 실무자 및 회원 10여 명과 도서관에 관심 있는 시민 15명이 참석하였다. 이후 밀도 있는 논의를 위해 마을을 나누고 마을1인과 알짬도서관, 모퉁이도서관 등을 포함하여 10명의 기획위원회를 만들었다. 기획위원회는 2번의 전체 모임과 3번의 기획회의를 통해 '마을도서관추진단'을 '대전 마을도서관 만들기 모임'(이하 만들기 모임)으로 변경하였다. 만들기 모임은 이 모임을 대전에서 지역공동체형성을 통한 마을도서관을 만들고자 하는 사람들의 모임으로 규정하였다. 만들기 모임은 30여 명의 회원, 10여 명의 기획위원으로 구성되었으며 2006년 7월부터 2007년 3월까지 활동하였다.

- 마을어린이도서관건립가능지역 선정과 마을주민주체 형성 및
  4개 도서관 추가 설립

만들기 모임은 참여자를 중심으로 마을도서관 건립 가능지역을 형성하였다. 가능지역은 대덕구의 와동, 동구의 대성동, 서구의 내동·도마동·관저동, 유성구의 노은동·신성동·어은동·궁동·송강동, 중구의 문화동·중촌동·태평동이었다. 만들기 모임 참여자를 마을단위로 나누니 11개의 마을이 형성되었고, 한 마을에 2, 3인의 초기 주체가 구성되었다. 서로 모르는 참여자들은 생활 나눔을 중심으로 마음 열기를 시작했고 마을이야기를 통해 친분을 다져나갔다.

만들기 모임은 우선 논의를 통해 초기주체를 중심으로 마을에서 입소문과 홍보지를 통해 마을도서관 만들기 주민주체를 형성해 나

갔다. 각 마을의 주체들은 모임장소를 섭외하여 정기적인 모임을 통해 '우리 마을에 왜 도서관이 필요한가?'라는 기본적인 철학공유와 함께 도서관 만들기 참여 주체를 확대해 나갔다. 마을주민주체가 형성된 마을은 운영 중인 마을도서관을 방문하고 운영자들과 간담회를 하거나, 공립도서관, 기적의 도서관 등 여러 형태의 도서관을 견학하는 활동을 진행하였다. 또한 스스로 공부하고 아이들과 함께한다는 생각으로 어린이 책과 어린이문화에 대한 공부를 하기도 하는 등 다양한 활동을 통해 결속력을 높여 갔다. 이러한 활동을 통해 자기발전적인 생활을 하게 됨으로써 스스로 성장하는 기쁨을 공유하게 되었다. 관저동, 태평동, 와동은 초기주체들이 마을에서 마을주민주체들을 형성하고 확대해 나간 반면, 다른 지역은 마을주민주체가 형성되지 않았고, 중촌마을의 경우 중촌동에 자리 잡고 있는 (사)대전여민회 소모임인 '동화 읽는 엄마모임'이 중촌동 마을도서관 만들기 모임의 주체가 되었다. 주민주체가 형성된 마을은 정기적인 모임과 회비를 납부하는 설립추진위원회(이하 설립추진위)로, 정형화된 조직으로 발전하면서 동아리를 구성하고 주민모임을 계속 확장하는 양상을 보였다. 그러나 설립추진위 구성을 하지 못한 마을의 경우 더 이상의 진전이 없었다.

한편, 아이를 행복하게 키우고 싶은 엄마들에게 도서관의 필요성은 절실하지만, 주민이 주체가 되고 설립추진위가 결성되어도 개인이 책임지기엔 어마어마한 사교육비로 해결해야 하는 교육현실은 마을도서관을 준비하고 진행하는 과정에서 많은 갈등과 충돌을 일으켰다. 또한 마을도서관에 대한 정보가 부재할 뿐 아니라, 설령 마을도서관에 대한 정보를 갖고 있다 해도, 각기 다른 비전을 가지고 있고, 마을도서관을 운영하기 위해 필요한 어린이 책, 어린이발달, 도서관에 대한 정보 보유량이 적어서, 마을도서관을 만들 활동가로서, 자신이 적합한지에 대한 끝없는 의심과 낮은 자존감이 형성되고 있었다. 이러한 문제를 해결하기 위해서는 전문가로서의 자부심과 활동가로서의 리더십이 필요하고, 이 리더십은 꾸준한 교육과 실천을 통해 가능하다고 판단한 만들기 모임은 주민을 만나는 일과 함께 정기적인 교육을 실시하였다. 만들기 모임결성 이후부터 4개의 도서관이 설립되기 전까지 두 차례의 전체 교육과 4회의 사서교육을 실시하였다. 이러한 과정을 거쳐 만들기 모임은 관저동의 '해뜰', 와동의 '또바기', 중촌동의 '짜장', 태평동의 '짝꿍' 도서관을 추가로 설립하였다.

- 대전마을어린이도서관협의회 구성

모퉁이도서관과 알짬도서관을 비롯한 4개의 도서관이 추가로 설립되자, 도서관운동의 주체들은 '주민에 의해 운영되고, 평화를 지향하는 어린이독서문화운동을 펼치며, 특수목적을 위해 운영하지 않는다.'라는 3가지 원칙을 가지고 어린이도서관의 체계를 세우는 일과 안정적인 운영을 위해 서로 협력하겠다는 결의를 하였다. 이러한 결의하에 6개의 도서관은 '대전마을어린이도서관협의회'를 구성하게 되었다.

- 반디불터사업단 활동과 7개 도서관 추가 설립

이후 대전마을도서관운동은 이 운동을 주관했던 대전참여자치시민연대 부설 대전시민사회연구소가 2007년 4월 노동부 사회적 일자리 창출사업 참여기관으로 선정됨에 따라 대대적 확산의 계기를

마련했다. '출산 및 육아문제로 인해 경제활동이 정지되었던 30－
40대 노동의욕을 갖춘 여성인력을 발굴하고, 교육을 통해 어린이도
서관 전문운영자로 성장할 수 있도록 함으로써, 질 높은 사회적 서
비스를 창출해 낼 수 있다'는 사업의 취지가 인정되어 2007년 5월
부터 2008년 5월까지 사회적 일자리 창출사업 참여기관으로 선정
된 것이었다. 이를 계기로 대전마을도서관운동은 양적 확대의 과정
을 전개하게 되었는데, 만들기 모임의 협력기관이었던 대전시민사
회연구소는 일부 추진사업이었던 '마을도서관 만들기' 사업의 별도
사무공간을 확보하고, 실무자 확보를 통해 '반디불터사업단'이라는
독립적인 사업단을 구성한 후 현장지원 사업을 진행하였다.

　반디불터사업단은 마을도서관운동에 참여하여 자신들의 마을에
도서관 설립을 목표로 하는 참여자들을 대상으로 면접을 통해 약
50여 명의 참여자를 선정하고, 약 6개월에 걸쳐 강의 및 토론, 모둠
발표, 현장학습, 조사연구, 위탁교육 등의 방식으로 교육과 훈련을
진행하였다. 교육의 내용은 1단계로 어린이도서관 입문과정과 기초
과정, 2단계로 주민조직과 CO과정, 3단계로 어린이도서관 실무과
정과 전문과정으로 이루어졌다. 이러한 과정을 거쳐 2007년 4월부
터 5월 말까지 월평동의 '꿈터', 도마동 의 '달팽이', 내동의 '작은
나무', 법동의 '마루', 비래동의 '꾸러기', 홍도동의 '어깨동무', 갈
마동 '땅콩' 마을도서관이 개관을 하게 되었고, 추동의 '대청호숫
가' 마을도서관은 2008년에 개관하여 현재에 이른다.

2) 1차 정책효과성(산출)의 분석 – 마을어린이도서관 운영 관련

사례분석에 사용된 1차 정책효과성 지표는 다음과 같다.

1차 정책효과를 측정하기 위하여 사용한 지표는 마을문고 및 마을어린이도서관 운영과 직접적으로 관련한 10개 항목이다. 이 10개 항목은 (1) 도서보유량, (2) 대출회원 수, (3) 도서관 이용자 수, (4) 대출권수, (5) 프로그램 수, (6) 프로그램 이용자 수, (7) 동아리(소모임) 수, (8) 재정자립의 정도, (9) 전담인력충원과 역량강화의 정도, (10) 조직의 역량강화 정도이다. 이 지표 가운데 (8), (9), (10)번 항목은 정책목표에 대한 달성도를 나타내는 직접적인 정책산출이라고 보기는 어렵지만 1차 효과성 지표로 설정한 이유는 다음과 같다. 마을문고는 자치단체의 산하기관으로 도서구입비와 기본운영에 대한 예산지원을 받고 있지만 자치단체가 직접 운영하는 문고는 아니며, 마을도서관 역시 민간이 운영하는 도서관으로, 이들은 문고나 도서관을 운영하는 데 필수적이고 기본적인 물적, 인적 토대를 스스로 만들어야 하는 존립의 문제가 있다. 따라서 마을문고나 마을도서관은 이러한 물적, 인적 토대를 만들어 내는 것, 그 자체가 1차적인 정책산출이 된다는 점에서 지표로 설정하게 되었다. 또한 (1)–(7) 항목은 기관의 자료를 통해 계량화 방식의 양적 분석을 하였고, (8)–(10) 항목은 면접 방식의 질적 분석을 하였다.

(5)번 항목의 '프로그램'이란 도서관에서 회원들에게 일상적으로 제공하는 도서나 교육, 체험학습과 관련된 것으로 예를 든다면, 부모강좌, 영어동화책 읽어 주기, 또래모임, 캠프, 기행, 북 아트(book art) 등이고 (6)번 항목의 '동아리'란 말 그대로 도서관 회원들 스스

로 관심별 소모임을 구성하고 활동내용을 기획, 진행해 나가는 소모임 활동을 뜻하는 것으로 예를 든다면, 책서리(도서에 대해 공부하는 모임), 행복한 육아(육아에 대한 고민과 대안을 모색하는 모임), 손애손애(천연비누나 화장품을 만들고 나누는 모임) 등이다.

그러면 다음에서 지표별로 구체적인 내용을 살펴보기로 하겠다. 그런데 효율적인 분석을 위하여 그 구체적인 내용을 먼저 일목요연하게 제시한 후 지표별로 그 의미를 분석하는 방식으로 논의하고자 한다.

〈표 4-3〉 마을도서관의 지표별 1차 정책효과성

마을도서관/연도	1차 지표	도서 보유량	대출회원 수	이용자 수	대출권수	프로그램 수	프로그램 이용자 수	동아리 수
작은 나무	2007년							
	2008년	2,236	104	3,600	1,400	9	135	2
	2009년	3,295	171	4,800	4,698	7	110	4
해뜰	2007년	3,283	159	4,500		12	400	3
	2008년	5,200	597	5,900	6,500	9	300	4
	2009년	6,077	844	6,295	13,494	8	200	5
알짬	2007년	4,881	525	4,410	5,361	21	2,410	4
	2008년	5,290	592	4,830	3,879	26	2,830	4
	2009년	6,200	635	2,680	2,505	19	1,680	3
마루	2007년							
	2008년	1,085 (개관 시)	242	월 400	2,228	10	1,348	2
	2009년	3,043	332	월 500	3,043	14	1,520	3
또바기	2007년	3,508	348	5,793	4,362	27	3,593	1
	2008년	4,592	572	11,948	6,232	33	3,078	3
	2009년	5,126	683	10,215	5,037	27	1,686	4

자료: 대전마을어린이도서관협의회(2009. 10.)
* 작은나무도서관과 마루도서관의 2007년도 통계가 기재되지 않은 것은 2007년 봄에 개관하여 그해에는 대출을 시행하지 않았고, 초기 운영시기의 다소 미흡한 활동에서 비롯된 것이다. 또한 해뜰도서관도 2007년 대출권수가 기재되어 있지 않은 것은 2007년도에는 대출업무가 시행되지 않았기 때문이다.

1차지표 마을 도서관	재정자립의 정도	전담인력충원과 역량강화 정도	조직의 역량 강화의 정도
작은 나무	비교적 높은 편	비교적 높은 편	비교적 높은 편
해뜰	〃	〃	〃
알짬	〃	〃	〃
마루	〃	〃	〃
또바기	〃	〃	〃

자료: 대전마을어린이도서관협의회(2009. 10)

(1) 도서보유량

도서보유량은 5개 도서관 모두 지난 3년 동안 해마다 크게 증가하고 있음을 알 수 있다. 작은나무도서관은 2008년 2,236권, 2009년 3,295권으로 약 32% 증가하였으며, 해뜰도서관은 2007년 3,283권, 2008년 5,200권, 2009년 6,077권으로 2007년보다 약 45% 증가하였고, 알짬도서관은 2007년 4,881권, 2008년 5,290권, 2009년 6,200권으로 약 21% 증가하였다. 마루도서관은 2008년 1,085권 2009년 3,043권으로 약 200% 증가하였고, 또바기도서관은 2007년 3,508권 2008년 4,592권, 2009년 5,126권으로 약 32%가 증가하였다. 최저 21%에서 32%, 45%, 최대 200%의 증가율을 보이고 있다. 도서관별로 큰 편차를 보이고 있지만, 도서보유량을 통한 마을도서관의 1차 정책효과성은 매우 크게 나타나고 있음을 알 수 있다.

(2) 대출회원 수

대출회원은 가족회원인데, 역시 지난 3년 동안 해마다 크게 증가하고 있음을 알 수 있다. 작은나무도서관은 2008년 104명, 2009년 171명으로 약 70% 증가하였으며, 해뜰도서관은 2007년 159명,

2008년 597명, 2009년 844명으로 약 432% 증가하였고, 알짬도서관은 2007년 525명, 2008년 592명, 2009년 635명으로 약 20% 증가하였다. 마루도서관은 2008년 242명, 2009년 332명으로 약 20% 증가하였고, 또바기도서관은 2007년 348명, 2008년 572명, 2009년 683명으로 약 100% 증가하였다. 최저 20%에서 70%, 100%, 최고 430%의 증가율을 보이고 있는데, 도서관별로 큰 편차를 보이고 있긴 하지만 대출회원 수를 통한 마을도서관의 1차 정책효과성은 매우 크다는 것을 알 수 있다.

(3) 이용자 수

이용자 수는 대출회원뿐 아니라 도서관에서 독서하는 사람, 도서관 프로그램에 참여하는 사람들을 포함한 숫자로 방명록에 기록하게 하여 통계를 산출하고 있었다. 작은나무도서관은 2008년 3,600명, 2009년 4,800명으로 약 30% 증가하였으며, 해뜰도서관은 4,500명, 2008년 5,900명, 2009년 6,295명으로 약 28% 증가하였고, 알짬도서관은 2007년 4,410명, 2008년 4,830명, 2009년 2,680명으로 약 40% 감소하였다. 마루도서관은 2008년 4,800명, 2009년 6,000명으로 25% 증가하였고, 또바기도서관은 2007년 5,793명, 2008년 11,948명, 2009년 10,215명으로 2008년까지 약 100% 증가하였다가 2009년에 약 14% 감소된 것을 볼 수 있다. 작은나무도서관과 해뜰도서관, 마루도서관은 약 25% - 30%의 증가율을 보이고 있고. 또바기도서관은 약 14%, 알짬도서관은 약 40%의 감소율을 보이고 있다. 도서관별로 매우 큰 편차를 나타내고 있지만, 또바기도서관은 2008년에 거의 100% 증가한 데서 비롯된 상대적 감소 경향으로 보이고, 알짬도서관은 환경과 시스템의 변화에서 오는 일시적인 현상의 과도기적 현상이라는 점을 감안하면 전체적으로 이용자 수도 꾸준히 증가하고 있는 것을 알 수 있다.

(4) 대출권수

대출권수도 대출회원이 늘어남에 따라 증가하고 있는데, 작은나무도서관은 2007년 1,400권, 2009년 4,693권으로 약 300% 증가하였으며, 해뜰도서관은 2008년 6,500권, 2009년 13,493권으로 약 200% 증가하였고, 알짬도서관은 2007년 5,361권, 2008년 3,879권, 2009년 2,505권으로 약 50%가 감소한 것으로 나타나고 있다. 마루도서관은 2008년 2,228권, 2009년 3,043권으로 약 30%로 증가하였고, 또바기도서관은 2007년 4,362권, 2008년 6,232권, 2009년 5,037권으로 2008년에는 약 29% 증가했다가 2009년에는 약 20% 감소한 것을 볼 수 있다. 증가율을 보면 마루도서관 약 30%, 해뜰도서관 약 200%, 작은나무도서관은 약 300%로 크게 증가하고 있는 반면 또바기도서관은 약 20% 감소, 알짬도서관은 약 50% 감소하고 있다. 또바기도서관의 경우 2008년엔 약 30% 증가하다가 2009년에는 약 20% 감소하는 현상을 보이고 있는데, 이는 도서보유량은 증가하였으나 그 증가율이 둔화되면서 나타난 현상으로 보인다. 알짬도서관 역시 지역의 환경과 시스템 변화와 도서보유 증가율의 둔화로 인하여 발생하는 문제로 보였는데, 이를 감안한다면 전체적으로는 대출권수도 증가하는 것을 알 수 있다.

(5) 프로그램 수 · (6) 프로그램 이용자 수 · (7) 동아리(소모임) 수

프로그램 수와 프로그램 이용자 수는 마루도서관을 제외하고는

감소하고 있는 경향을 보이고 있었고, 동아리 수는 알짬을 제외하고는 증가하고 있음을 알 수 있다. (5)·(6)·(7) 지표는 프로그램 사업비를 사회복지공동모금회로부터 지원을 받아 사업이 진행되고, 도서관 상황에 따라 유동적으로 시행이 되기 때문에 연차적으로 일률적인 증가가 나타나지는 않을 수 있다. 위의 통계가 이를 잘 말해 주고 있다. 따라서 이 지표의 증가율과 감소율을 가지고 정책효과성을 단순 측정하기는 무리가 있다. 다만 지표와 관련된 사업이 꾸준하게 진행되고 있다는 점에서 마을도서관의 1차 정책효과성은 비약적인 발전을 하고 있는 것으로 볼 수 있다. 이 지표에 관한 측정은 특히 계량적 방식과 심층면접을 병행하여 측정하였는데, 이는 단순 측정에서 발견할 수 없는, 사업을 통한 도서관 구성원들과 이용자들의 내적 성장과 자기변화를 볼 수 있었기 때문이다. 이 지표를 위한 기본 질문으로는 프로그램과 동아리(소모임) 참여를 통한 네트워크와 자기변화 등이었다. 운영자라고 할 수 있는 관장과 운영위원은 이미 소모임과 프로그램을 주도하는 위치에 있었으므로 그들보다는 자원봉사자와 이용자를 중심으로 질문하였다.

마을도서관의 프로그램은 주로 어린이를 대상으로 하고 있지만 부모교육, 아빠모임 등 어른들을 대상으로 진행하는 프로그램과 소모임도 여러 가지가 있었다. 어른들은 주로 동아리 형태의 소모임이나 프로그램에 참여하고 있었는데, 면접대상자들은 거의 한 개 이상의 프로그램과 소모임에 참여하면서 자신의 능력개발은 물론 도서관에서 활동하는 사람들과의 관계 및 일반 주민들과의 상호접촉과 교류를 통한 인간관계를 넓혀 나가고 있었다. 질문을 통한 면접대상자들의 생각은 다음과 같다.

프로그램에는 되도록 참여하려고 해요. 아이들은 물론이고 저도 시간이 겹치지 않으면 참여하려고 해요. 지금 모이는 모임의 구성원들이 그때 그 프로그램에서 만난 사람들 중에 남아 있는 사람들이에요. 결혼을 하면 아이들 학년 따라서 엄마들이 모임을 하게 되는데 그것이 별로 좋지는 않았어요. 그런데 도서관에서는 나 김○○로 만나게 되는 사람들이어서 모임이 그것과는 다르고 발전이 있는 것 같아 좋아요(○○동 이용자).

직장생활을 하기 때문에 평소에는 어렵고 방학에는 프로그램에 거의 참여하려고 해요. 시간이 안 맞아서 참여 못 하는 경우가 있지요. 저는 이 집 저 집 놀러 다니는 스타일이 아니어서 실은 도서관이 사람들과의 관계를 만들어 나가는 유일한 통로예요. 예전과 비교해 보면 인사를 안 하고 지냈던 사람들도 도서관에서 대출이라도 한 번 하게 되면 밖에서 만났을 때 눈이라도 마주치게 되고 때로는 인사하면서 대화까지 하게 돼요. 밖에서 만나게도 되고요. 도서관에서 만난 사람들은 따뜻한 사람이 돼 가는 것 같아요(○○동 자원봉사자).

도서관에서 체험학습이나 프로그램을 신청할 때 전화나 인터넷으로 접수를 받는 것이 아니라 도서관에 와서 게시판을 보고 신청해야 했어요. 그래서 저는 시간도 없는데 자주 와서 눈으로 확인해야 했죠. 안 그러면 이미 마감이 돼서 끝나 버리거든요. 날마다 궁금해서 프로그램 확인하려고 알짬에 더 자주 들렀던 거 같아요(○○동 이용자).

글소풍이라는 동아리 모임을 하고 있어요. 사람들도 많이 사귀게 되었고요. 아이들도 많이 알게 되었어요. 좋은 책에 대한 정보도 많이 얻게 되고요. 이곳에 오면 주로 아이와 도서관에 관련된 대화가 주가 되다 보니 이용자끼리도 많이 이야기하게 되고 밖에서 만나면 인사도 하죠. 얼마 전에는 롯데마트에서 누가 인사를 하는데 어디서 봤지 싶었는데 도서관에서 만난 엄마더라고요. 아이와 어른 모두에게 꾸준히 할 수 있는 프로그램이 많았으면 좋겠어요. 재정적 어려움 때문에 한계가 있지만 다목적으로 활동할 수 있는 기회를 많이 만들어 줬으면 좋겠어요(○○동 이용자).

일주일에 3－4일은 도서관에 와요. 하루에 4시간 정도 봉사를 하는데 시간이 나면 더 도와주다 가곤 하죠. 저는 '책서리'라는 동아리에서 집중적으로 활동하고 있어요. 이 모임을 하면서 도서관 사람들과 많이 알게 되고 가까워지게 됐어요. 예전에는 아파트 엄마들끼리 몰려다니며 차 마시고 수다 떨고 했는데 시간이 아깝게 느껴졌어요. 그래서 '책을 보자'라는 생각으로 도서관에 몸을 담그게 되었죠(○○동 자원봉사자).

사무실에서 기획하는 일은 안 하려고 해요. 예전에는 '가까이에 있는 동네

문화원'이라고 불러야 할 정도로 저희가 다 했어요. 고급 프로그램을 제공했죠. 차를 타고 가지 않으면 우리 동네 아이들은 경험할 수 없었으니까. 그런 역할을 마을에서 하고 싶어서 했던 거죠. 그런데 지금은 환경이 변해서 학교와 가오도서관, 평생학습관, 홈플러스에서 엄마들이 하고 싶은 악기, 독서, 과학 등 프로그램을 많이 해요. 굳이 이제 우리가 안 해도 되겠다 싶어요. 그래서 새로운 일을 도모하고 우리 역할을 다시 정립하려고요. 엄마들이 할 수 있는 일을 아이에게 베푼다든지…… '색깔 물들이기'라고 중2 아이들이 초등 아이들에게 가르치는 프로그램이 있어요. 직접 참여하는 재주 나누기 프로그램으로 바꾸려고요. 배우는 것으로 끝나는 것이 아니라 가르치는 일까지 하자는 거죠. 일방적으로 가르치고 배우는 것이 아니라 서로 배우고 가르치자는 거예요(○○동 임원).

(8) 재정자립의 정도

이 지표를 측정하기 위한 기본 질문은 후원과 기부의 여부, 후원액 등이었고, 확장된 질문은 후원계기, 지속성 여부, 후원의 비활성화 이유, 활성화 방안, 면접대상자들이 생각하는 다른 주민들의 후원에 대한 인식 등이었다.

대전마을도서관은 활동기간이 개관 후 1년 이상 3년 이하이기 때문에 아직은 후원 및 기부가 활발하게 이루어지지 않고 있었다. 그러나 그 짧은 기간에 비하면 상당한 성과를 거두고 있다고 할 수 있었다. 후원 및 기부의 정도와 수준은 활동기간과 깊은 연관이 있었는데, 1년이라는 활동기간의 차이에 따라 그 성과가 다르게 나타나고 있기 때문이다. 면접대상자 그룹에 따라서도 후원 및 기부의 정도와 수준은 차이를 보이고 있었다. 도서관의 운영자라고 할 수 있는 관장과 운영위원은 대체로 후원의 활성화와 관련한 반성 및 향후 방안에 대한 계획과 책임을 강조하고 있는 반면, 자원봉사자는 자신들의 후원의 계기가 다른 이용자들에게 영향을 미치고 후원에 참여하기를 바라고 있었다. 단순이용자들은 운영자나 자원봉사자들에 비하여 도서관에 대한 관심과 애정이 다소 덜하긴 하지만, 도서관을 이용하고 도서관의 사정을 알게 되면서, 후원에 대한 생각이 자발적으로 생겨나고 있음을 발견할 수 있었다. 질문을 통한 면접대상자들의 생각은 다음과 같다.

후원자들이 천천히 늘어나는 것이 문제는 아니라고 생각해요. 뜸하다가 갑자기 자발적으로 후원자들이 늘어날 때도 있거든요. 이용자들이 꾸준히 이용하다가 스스로 신청서를 요구할 때가 있어요. 처음에는 회원가입신청서 옆에 놓여 있는 후원신청서를 보면 부담을 갖다가 시청이나 구에서 운영하는 도서관이 아니라 엄마들이 모여서 만들고 스스로 운영하는 것을 아는 순간 이상한 엄마로 보면서 질문이 많아지고 관심을 갖게 되더라고요. "아! 그렇구나!"라고 공감을 하면서 후원 신청서를 쓰시게 돼요. 그리고 다른 사람의 후원신청서를 받아 오는 경우도 있어요. 꾸준히 잘될 거라고 생각하고요. 운영위원들이나 자원봉사자들의 영향이 클 텐데요. 우리가 도서관 운영에 내실을 기하면 후원은 문제 되지 않을 것이라 생각해요. 그리고 앞으로는 후원자 개발보다는 현재 하고 있는 바자회나 벼룩시장을 통해 재미있게 기부에 대해 배우는 기회를 만들려고 해요. 그래서 내년에는 기금모금에 집중해 보려고요. '돈'만 아니라 '생각'을 다지는 기회로 삼고, 에너지를 소모하는 일이 아니라 독립운영에 대한 전환의 시점으로 생각하고 열심히 하려고 해요. 일에 대한 자부심과 기금모금이 별개가 아니거든요(○○동 관장).

CMS로 후원하고 있어요. 작은 금액이라도 '마음'이라고 생각해요. 아끼는 마음. 잘 운영되기를 바라는 마음으로 하고 있어요. 사랑과 신뢰죠. 기업이 하는 게 아니고 관에서 하는 게 아니라서 이런 마음이 든다고 생각해요. 그래서 자원봉사도 하고 있지요(○○동 자원봉사자).

저는 직장생활을 하기 때문에 방학 중에라도 돕고 싶어서 아이들과 일하시는 분들 점심을 해 주고 있어요. 그냥 나누고 싶어요. 근데 능력이 안 돼서……(수줍게 웃음). '도서관' 하면 딱딱한 느낌이 드는데 '마을'이라는 이름이 붙어서 그런지 느낌이 달라요. 여기 오면 스스럼없이 다 내놓고 싶은 마음이 들어요. 매달 작지만 후원하고 있어요. 국가에서 하는 것이라면 애착심이 덜 갈 텐데요. 엄마들이 애써서 하는 것을 보면 마음이 더 가요. 그래서 내가 보태야겠구나 생각이 들지요(○○동 자원봉사자).

운영위원인 저도 후원에 대한 개념이 정리가 잘 안 되어 있는 것 같아요. 도서관 운영이나 관계형성, 그리고 신뢰형성에 더 치중하다 보니 그렇게 된 것 같아요. 홍보를 제대로 하지 못한 부분도 있고요. 사람들의 마음이 잘 안 열리는 건 우리에게 그만한 믿음이 없어서 그렇지 않나 싶어요. 이제야 후원에 대한 생각이 더 들기 시작해요. 도서관을 만들 때부터 함께했던 친구의 말이 떠오르네요. 불가피하게 이사를 가게 되어 환송회를 하는데 그때 그 친구가 "이사 가는 것이 억울하다."라는 말을 했어요. 그 말에 큰 충격을 받았어요. 저는 억울하다고까지는 생각 안 하지만 도서관이 내 삶에 영향을 줬고 많은 것을 주고 있다고 생각해요. 전혀 아깝지 않고요. 내 것이라는 생각이 들어서 이제 도서관에 많이 줄 수 있을 것 같아요. 저는 짠순이고 개인주의적인 성향이 강해서 내가 줄 것이 있을까 생각했는데 나만 주는 게 아니라 서로 주고받는 것이라고 생각해요. 그래서 많이 줄 수 있을 것 같아요. 이제……(○○동 임원).

도서관에서 일하시는 분들을 보면 너무 죄송해서 더 하고 싶어요. 접하는 사람만 사정을 알거든요. 일하시는 엄마들의 헌신에 감사해서 후원을 하게 되는 것 같아요. 항상 쪼들리거든요. 어디선가 후원을 받아서 운영할 것이라는 고정관념으로 도서관을 바라보는 것이 안타까워요. 그런 사람들은 이용도 안 하면서 참여도 안 하거든요(○○동 이용자).

후원하고 싶어 알아봤다가 그만 시기를 놓쳐서 마음에서 사라지는 바람에 못 하고 있는데 나만 도움을 받고 도서관에는 도움을 못 주는구나 싶어서 후원을 하긴 해야겠다고 생각하고 있어요. 못 하니까 마음이 개운치 않죠. 저는 석교마을문고도 이용하는데 거기는 관에서 지원도 하고 정해진 시간만 봉사하면 되지만 알짬은 사업이 생길 때마다 노력봉사를 해야 해요. 그러니 동참하고 싶고 저도 돕고 싶죠. 대출하러 왔다가 수다 떨고 가도 알짬 식구들이 편해요. 이웃사촌 같고 친척 같고……. 바자회 할 때도 아기자기한 따뜻한 느낌이었어요(○○동 이용자).

CMS 회원이면서 봉사하고 있어요. 봉사하고 후원하는 일은 책을 대출만 해 가는 이용자일 때와는 정말 느낌과 생각이 달라요. 이제는 도서관과 떼려야 뗄 수 없는 관계라고나 할까요? 다른 사람들에게 후원을 권유하면 콧방귀를 뀌는 경우가 많아요. 사실 후원하면 더 얻어 가고 느껴지고 배워지는 게 많은데 사람들은 돈에 너무 많은 비중을 두는 것 같아요. 큰돈이 아니어도 동전후원부터 하면 되지 않을까요? 그래서 저는 아이 미래를 위해서 아이에게도 후원을 한 번 해 보라고 권유하려고요. 그래서 아이가 기쁨을 느끼게 해 주고 싶어요(○○동 자원봉사자).

후원문제가 급해요. 저도 처음에는 뒤에 정부가 있다고 생각했어요. 순수하게 지역주민과 사랑의 열매가 지원해서 도서관이 만들어졌다는 것이 너무 놀라운 일이라고 생각했어요. 그래서 후원을 하게 됐는데요. 장애인한테 1,000원 던져주는 거 말고 자기가 보람되게 쓸 수 있는 후원 사업이 정말 중요하구나! 작은 후원이 복지가 될 수 있구나! 이런 면에서 도서관이 정말 큰 역할을 하고 있다고 생각해요. 어느 누가 만 원을 냈는데 이렇게 도서관이 운영된다고 생각하겠어요? 사실 너무나 놀라운 일인데 그걸 알리기가 쉽지 않아요. 후원이라는 것이 돈과 연결이 되니까 알리기가 힘들어요. 후원하시는 분들은 대개 아름아름해서 스스로 하는 거 같아요. 다른 분들도 정부가 하는 일이 아니라는 걸 알면 첫마디가 와! 대단하다 어떻게 해요? 책값이 얼만데? 그래서 한두 시간 이야기하게 되죠. 근데 그게 개인적 차원에서는 이야기가 되지만 홍보차원에서 밖으로 나가게 되면 잘 못 해요(하하 웃음)(○○동 자원봉사자).

엄마들이 믿는 도서관이라 회원들 회비로 운영이 되고 있어요. 엄마는 스스로 CMS 후원자가 되죠. 개미군단이라고 할 수 있어요. 그래도 늘 운영비가 부족해요(○○동 자원봉사자).

(9) 전담인력의 충원과 역량강화 정도

마을도서관의 전담인력 충원은 마을도서관 구성원들의 자원봉사 활동으로 충원되고 있었다. 이 지표를 측정하기 위한 기본 질문은 자원봉사의 횟수, 평균시간 등이었고, 확장된 질문은 자원봉사의 계기, 지속할 의향 여부, 자원봉사의 보람 등이었다. 이 항목은 관장과 운영위원에게는 질문하지 않았다. 그 이유는 관장은 운영책임자이고 운영위원은 준운영자로서 거의 도서관에 나와 역할을 하고 있기 때문이다. 주로 자원활동을 하는 회원에게 질문하였고 이용자들에게는 향후 봉사활동계획에 대하여 질문하였다.

마을도서관의 자원활동은 정해진 시간 동안 단순히 자리를 지키고 앉아 있는 것이 아니라, 프로그램의 일부를 맡아 진행하거나 동아리 혹은 팀별 활동을 통해 함께 활동하는 자원 활동가로 성장하고 있었다.

대다수의 자원봉사자들이 도서관 활동에 나서게 된 계기는 엄마들 스스로 도서관을 만들었다는 점에 감동을 받았고, 이에 힘이 되어 주고 싶어서 스스로 봉사를 결심하게 되었다고 했다. 또 이용하다 보니 사람과 도서관이 너무 좋아서 지속적으로 봉사를 하게 되고 받은 혜택을 다시 나누고 싶어서 봉사를 하게 된다고 하였다. 이용자들 역시 마음은 있어도 개인과 집안의 사정으로 함께하지 못하는 것을 아쉬워하며 함께 돕고 싶다는 반응을 보였다. 질문을 통한 면접대상자들의 생각은 다음과 같다.

> 도서관 운영이 어디서 지원을 받는 것도 아니고 엄마들의 자발적인 노력으로 이루어지기 때문에 엄마들이 대단하다고 생각해요. 그래서 좋은 일 하는 데 돕고 싶은 마음이 생겨서 하게 되었고요. 아이를 위해서라도 도서관에 와서 책을 읽히고 저는 자원봉사하면 아이도 책 읽는 환경을 접하게 되고 일석이조죠. 또 자원봉사를 하는 것과 안 하는 것은 큰 차이가 있어요. 단순히 이용만 하면 소극적이고 내성적인 성격에 도서관에 자주 못 오게 되고 대화도 못 하고 서먹서먹하게 돼요. 그렇지만 이렇게 자원봉사를 하게 되면 엄마들과 마음속 이야기도 하고 자주 만나서 가까워지게 돼요. 저희는 자원봉사모임을 '가족모임'이라고 부르고 있어요. 정말 가족 같은 분위기로 만나게 되죠(○○ 자원봉사자).
> 처음에는 아이 친구 엄마 따라왔다가 책만 보러 다녔어요. 그런데 도서관일이 너무 많더라고요. 손이 많이 필요하다고 생각했어요. 게다가 관에서 만들고 돈도 지원되고 하는 것이 아니라 엄마들이 스스로 만들어 온 그 과정에 너무 감동을 받았어요. 엄마들의 용기가 대단하다고 생각했지요. 그래서 '내가 조금이라도 도와서 힘이 되어야겠다.' 생각했어요. 일주일에 3－4번 와요. 제가 너무 많은 혜택을 받았기 때문에 저도 이제 봉사로 나누어야겠다고 생각해요. 도서관을 통해서 아이 스스로 책을 선택해서 보게 되었고 무질서하게 노는 것 같지만 놀면서 질서가 생겨요. 여느 아이들과 다른 것 같아요. 더불어 저도 많이 성장했어요. 엄마와 아이가 같이 자란 거지요. 이 동네를 안 떠난다면 자원봉사는 계속할 거예요. 도서관은 한편으론 좋은 보육시설이에요. 다른 도서관과는 정말 다르구나 생각해요. 제 나이가 마흔인데요. 직장에 다니다 아이 때문에 그만두

고 도서관에 오게 되었는데 우울함을 극복할 수 있었어요. 도서관 때문에……. 그리고 사교육으로부터 벗어날 수 있어요. 그게 보람이에요(○○동 자원봉사자).

아이들 독서에 관심이 있어서 오게 되었지요. 책을 가까이 접할 수 있도록 해 주고 싶었는데 도서관이 생긴 거예요. 개관 후 와 보니 아담하고 사랑방 같고 너무 좋았어요. 봉사한 지 1년 6개월째인데요. 사람이 좋아서 계속할 수 있는 것 같아요. 큰 동네가 아니어서 친분관계가 좋아지고 도서관행사가 많아서 소통도 잘되고 많은 도움을 받아요. 동네엄마들이어서 믿음이 가고요. 도서관 엄마들은 말이 많지 않고 와전되는 일이 없어요. 정말 사람들이 좋아요. 엄마도 아이들도 너무 순수해요. 그래서 계속할 거예요. 책을 읽어 주면 똘망똘망한 눈으로 쳐다볼 때 저도 도서관과 함께 커 가고 아이들과 함께 자라는 것 같아요(○○동 자원봉사자).

자주 이용하는 이용자였어요. 느낌이 뭐랄까? 국가가 운영하는 도서관과는 차별화된 느낌이었어요. 어수선하기도 하지만 자연스러움으로 받아들이게 됐고요. 차츰 정이 가게 되고 그래서 자주 오게 되었고 자연스럽게 봉사를 하게 되었지요. 도서관에서 봉사를 한다는 것은 아이들에게 도움을 주는 엄마로서의 역할에 충실할 수 있다고 생각해요. 봉사는 계속 더 늘려 갈 생각인데요. 도서관 봉사를 위주로 하지만 다른 봉사도 하고 싶은 생각이 있어요. 봉사를 하면 스스로에게 플러스 효과가 있고요. 이 장소가 너무 고맙고 내 도서관, 우리라는 생각에 더 가까워지게 돼요(○○동 자원봉사자).

기웃거리다가 차도 마시고 볼일이 있을 때 아이들이 혼자 집에 있지 않아서 좋아요. 집 안에서 엄마들끼리 수다 떠는 것이 아니라 엄마도 책을 접할 수 있어서 너무 좋고 자원봉사자들을 존경하게 돼요. 하는 일이 있어서 봉사는 못 하지만 가끔씩 올 때마다 컵도 닦게 되고 도와주고 싶은 마음도 생기고 난방비도 걱정되고 그래요. 그래서 다른 사람들에게 홍보를 하게 되지요(○○동 이용자).

자주 오다 보니 저는 도서관에 오는 것이 꼭 마실 오는 거 같아요. 어려운 점을 부탁하면 들어줄 것 같고요. 따뜻한 마음이 느껴지고 일하시는 분들이 믿음직스럽고 아이들이 놀아도 도서관에 가서 놀았으면 싶어요. 학원에 안 보내도 여기 오면 해결될 수 있을 것 같아요. 그래서 나도 봉사해야겠다 싶지만 꾸준히 할 자신감이 없고 마음은 있으나 '내 능력이 될까?' 싶어 적극적으로 못 나서게 되는 것 같아요(○○동 이용자).

도서관을 처음 만들 때부터 4년 이상 도서관과 함께했어요. 매력이 크죠. 제 인생에 활력도 주고……. 특별히 제가 베푸는 것은 없지만 하고 싶은 일이고 할 수 있는 일이라고 생각해서 여기까지 왔어요. 엄마가 직장생활을 해서 엄마

보호 밖에 있는 아이들이 너무 예뻐요. 문 닫기 10분 전에 오면 1시간 연장해 줘요. 같이 노는 게 너무 좋아요. 어떤 책을 좋아하는지 물어보고 골라 주고, 책 읽어 주고, 종이접기를 하고……. 늦게 오는 애들이 좋아요(○○동 임원).

전담인력의 역량강화를 측정하기 위한 기본 질문은 마을도서관 활동으로 인한 보람과 자기발전의 모습, 활동 전과 활동 후의 변화된 모습의 차이 등을 물었고, 확장된 질문은 자아성장, 내적 성장에 대한 느낌과 감동, 자신감 등이었다.

도서관을 통한 참여자들의 내적 성장은 괄목할 만한 성과라고 생각되었다. 이용자에서 자원봉사자로, 자원봉사자에서 운영위원으로, 운영위원에서 관장으로 성장하는 경우를 흔히 볼 수 있었다. 면접대상자들은 도서관 활동이 자신들의 의식을 바꾸고, 삶의 방식까지 변화시키고 있다는 것을 확실하게 표현하고 있었다. 자발적 참여를 통해 도서관을 이용하고 꾸준히 참여하면서 자신감과 만족감, 내적 성장과 보람을 느끼게 되었다는 것을 많은 참여자들에게서 볼 수 있었다.

'책놀이 이끔이' 활동을 하면서 제가 배운 것을 다시 아이들에게 활용한다는 것이 좋고요. 저에게는 이런 활동이 배움의 기회를 더 주고 활동을 지속할 수 있게 해 줘요. 가르친다는 뿌듯함이 있고요. 책임감과 함께 부담감도 크지만 더 노력하게 돼요(○○동 자원봉사자).
저는 작가와의 만남 포스터를 보고 도서관에 왔다가 엄마들이 스스로 만들고 꾸려 간다는 것을 알게 되면서 자원봉사를 하다가 운영위원 역할까지 하고 있어요. 이 과정에서 이런저런 생각과 활동을 하면서 어울리고 참여하다 보니 나의 삶 외에 다른 사람의 생각을 보고 느끼게 되었지요. 내성적인 성격으로 집에만 있다가 이런 활동을 하면서 외향적이고 적극적으로 변했고요. 그러다 보니 저의 재주를 남들이 알아줘서 하다 보면 보람도 느끼고 그래요. 저뿐 아니라 활동하는 사람들 대부분은 그렇다고 생각해요. 끌어내서 억지로 손잡고 와서 될 일은 아니고요. 자기 발로 와서 꾸준하게 이용하고 참여해야 성장하게 되는 것 같아요. 시켜서는 못 해요(○○동 임원).

정말 후회하지 않고요. (도서관 오길) 너무 잘했다 정말 정말……. 집에서 빠른 시간 내에 책을 읽는다는 게 힘든데 여기서는 책을 많이 읽게 됐고요. 제가 똑똑해지는 것 같고 내실이 튼튼하게 쌓아지는 것 같아요. 남편도 너무 좋아하고 아이도 우리 엄마는 책을 들고 산다고 생각하고 있어요. 아이에게도 너무 좋은 것 같아요(○○동 자원봉사자).

제 이름을 찾았어요. 누구 엄마가 아니라 제 이름을 불러 주니까 너무 좋았어요. 저를 다시 찾은 기분이죠. 그리고 뭔가를 하면 주변에서 잘한다고 칭찬하니까 의욕이 더 생겨요. 수다 떨고 노는 것 같지만 여러 사람 만나고 일을 하면서 정말 많은 것을 얻었죠(○○동 자원봉사자).

애들 키우는 것밖에 몰랐어요. 처음 도서관 만드는 준비작업을 할 때, 사실 큰 뜻이 없었어요. 나와 내 아이에게 좋을 것이라는 이기적인 생각에서 시작했지요. 그런데 활동하면서 자신감이 커지게 되었어요. 처음엔 '내가 할 수 있겠어?' 하다가 '한번 해 볼까?' 그리고 '안 되더라도 내가 해 볼게요.' '한번 해 보지 뭐.' 이렇게 자신감이 생기면서 없던 능력을 스스로 만들어 내게 되더라고요. 책임감 때문에 밤을 새워 가면서 책을 보고 해 본 적도 있어요. 내가 커지는 것 같아요. 그리고 스스로 만족감을 느끼게 되니까 전문적으로 배워 보고 싶은 생각이 들어요. 그래서 '학교에 다녀 볼까' 생각하게 되고요. 실제로 우리 도서관에서 활동하다가 청소년 관련해서 더 배워 보고 싶다고 방송통신대학교에 다니는 회원도 있어요(○○동 임원).

엄마들이 일하는 거 보면 '나도 했으면…….' 하는 생각이 들면서 '참 좋다. 참 부지런하다. 참 대단하다.' 생각하죠. '정말 존경스럽다. 어떻게 저렇게 아이들을 위해서 마음을 다해 할 수 있을까? 내가 만약 시간이 된다면 저렇게 헌신적으로 할 수 있을까?' 생각하게 되죠. 정말 존경스럽다고 생각해요(○○동 이용자).

거의 다 사람들이 개인주의적인데 여기 엄마들은 자기 아이뿐 아니라 아이들을 위해서 포괄적으로 행동을 한다는 것이 좋고 그것을 보면서 '나도 해야겠다.'는 생각과 느낌이 들어요. 하긴 해야 하는데 아직은 느낌에 머물고 있고요. 시간이 없다는 핑계로 행동에 옮기지는 못해요(○○동 이용자).

사익을 위해서가 아니라 공익을 위해서 하니까 각자 스스로 다 리더가 되고 있어요. '다 관장해도 돼.'라고 할 정도로 비슷한 경험을 함께해서 다들 지도자가 돼 가는 것 같고요. 각자의 몫을 하면서 '각자 온전하게 컸구나.' 싶어요. 그렇다고 '너희들 성장했으니 문제없겠네?'는 아니고요. 이만큼 알았다고 생각하지만 그것이 다가 아니잖아요? 도서관운동이 신앙생활과 다르지 않아요. 영적으로 성장하는 부분이 도서관, 공동체운동을 하면서 보니 비슷한 유형으로 나타나고 그런 방향으로 가고 있는 것 같아요(○○동 관장).

초창기 도서관 만들 때부터 참여했으나 제가 가장 소극적인 사람이었어요. 실은 저는 사서 출신이고 직업을 가져야 하는 상황이었기 때문에 공익적 일보다는 전문직 사서로 진출하는 발판으로 삼으려는 개인적인 욕심에서 참여하게 되었어요. 그런데 이 일이 단순히 도서관을 만드는 것뿐 아니라 운동을 해야 하는 일이더라고요. 내 생각과는 좀 달랐어도 '아! 이런 세계가 있구나.' 하고 느꼈어요. 공익적인 일, 사회에 대한 관심, 제대로 살아 보는 일에 대해서 알짬 관장님이나 다른 활동가들을 통해서 자극을 받게 되었지요. 그러나 늘 이상과 현실에서 회의적이었어요. 한 일 년 동안은 슬럼프도 있었죠. 밥벌이를 위해 생활전선에 뛰어들어야 하는데 도서관은 도서관대로 문제가 있었고 저도 개인적인 문제가 있고⋯⋯. 너무 고민이 많았어요. 그런데 병약한 작은 아이를 놓고 나갈 수 없어서 밥벌이는 포기했죠. 그러면서 생각에 변화가 왔어요. '자원활동인데 힘들게 하지 말고 재미나게 신나게 하자. 열심히 하는 게 좋겠다.'라는 생각이 들었어요. '이 일은 내가 해야 할 몫이다.'고 생각을 정리했지요. 그리고 여기까지 왔어요. 저는 여기서 배운 것을 토대로 앞으로 생활이 달라질 것 같아요. 그동안 가져왔던 친환경, 생태에 대한 관심이 환경단체와 일을 하면서 많은 사람들을 통해서 배우게 됐죠. '평생 친환경적인 삶, 느리게 사는 삶을 생활화하고 살아야겠다.' 다짐했어요. 앞으로 대전을 떠나고 도서관을 떠나게 되더라도 평생 시민운동과 사회에 대한 관심을 가지고 살아갈 것 같아요(○○동 관장).

(10) 조직의 역량강화의 정도

이 지표를 측정하기 위한 기본 질문으로는 의사결정기구의 유무, 민주적 방식의 채택 등을 질문하였고, 확장된 질문은 회의가 민주적으로 진행되는지, 수평적으로 의사소통이 이루어지는지, 관장 중심의 운영과 집단적 협의구조에 따른 성과의 차이는 무엇인지 등이었다. 의사결정기구의 유무는 조직운영의 방식과 밀접한 관계가 있을 뿐 아니라 이로 인한 참여자들의 참여욕구와 활동의지에 큰 영향을 미치고 있었다. 모든 도서관들은 운영위원회 체제를 통해 참여자들의 책임감, 사명감이 훨씬 더 증진되고 있었다. 참여자들은 회의 구조를 통해 능동적으로 참여함으로써 가시적으로 나타나는 결과를 직접 경험하고 있었기 때문에, 앞으로 이런 방식으로 도서관 운영이 이루어진다면 참여자들의 능동적이고 적극적인 활동은 더 활발하게 이루어질 것으로 예상되었다. 단순이용자들은 조직이나 내부운영체계에 대한 관심이 적어서 이 지표에 대한 충분한 답변을 하기가 어렵다고 판단하여 이 지표에서는 제외하였다.

혼자 하는 일이 아니라 하나하나의 요소들이 모여서 일이 되는 것 같아요. 저희는 직함만 관장, 사무장이지 이 사람들이 없으면 우리는 아무것도 아니에요. '나는 그저 밀려서 가는구나.' '나 혼자 가는 게 아니고 이 자리에 내가 있는 것만으로도 가는구나.' 이런 생각이 들죠. 독단적으로 끌고 가는 건 정말 아니고요. '세상은 혼자 사는 게 아니다.'라는 어릴 때 배웠던 공동체이론을 도서관에서 체험하게 되는 것 같아요. 처음엔 회의할 때 엄마들이 힘들어했어요. 회의는 학급회의 정도 경험해 봤잖아요. 하고 싶은 이야기가 많으니까 회의가 길어지고 핵심에서 벗어나고……. 그래서 보완책으로 실행위원회를 만들었는데 엄마들이 자원봉사로 일을 하니까 그때그때 일이 진행이 잘 안 되는 거예요. 그래서 상근자를 요구하는 목소리도 있었는데 그건 우리들이 너무 조급하게 생각하는 것 같고요. 신기한 건 보이지 않게 결정한 일들이 자리를 잡는다는 거예요. 어느새 몇 달이 지나면 시간에 맞춰 딱딱 된 건 아니지만 방향대로 잘 가고 있고, 이루어지고 있다는 거예요(○○동 관장).

의사결정구조가 있느냐 없느냐, 자기참여가 있느냐 없느냐의 차이는 100% 다르다고 생각해요. 제가 도서관을 준비하던 초창기에는 조직도 없고 추진위원들과 함께한 정도였는데 그때는 거의 독재였죠. 그렇다고 해도 그때도 추진위원들이 움직여 줬고 일도 다 같이 해 줬어요. 그런데 사람들이 하고자 했던 마음이 생겨서 했던 사업과는 너무 달랐어요. 자기가 하고 싶고 그런 마음이 들어서 한 결과는 너무 달라요. '아! 사람은 자기가 움직여야만 성장하는구나.' 싶어요.

그렇게 한 가지 사업이 끝나면 사람들 모습이 너무 달라지지요. 자기 거라 말이 많아지는 거예요. 그렇지 않을 때는 앞에서는 '예' 하면서 좋다고 하지만 사업은 저 혼자 하게 되는 거예요. 그때는 도와주는 것도 자기 일이 아니기 때문에 너무 다른 거죠(○○동 관장).

관장 위주로 운영이 된다면 정이 안 가고 불편하고 답답할 것 같아요. 내가 해야 할 일을 관장에게 미룰 것 같아요. 그렇지만 이렇게 운영위원회를 통해 협의를 하다 보면 역할 분담이 자연스럽게 되고 일에 대한 책임감 때문에 참여가 더 높아지죠. 그래서 이 운영위원회를 확대하려고 해요. 전에는 동아리의 장들만 참여했는데 이제 총무들까지 참석시켜서 역할을 맡기면서 참여를 높이려 하고요. 자원봉사자들도 참관하면서 참고발언도 하게 해서 소통은 물론이고 모두의 역할과 비중을 넓혀 나가려고요(○○동 임원).

저는 운영위원회 회의하는 것은 책 반납하러 왔다가 두 번 본 적이 있어요. 실행위원회에 참석해서는 의견도 내고 있고요. 회의하는 것을 보면서 '이런 방식으로 회의를 하는 것이 도서관 운영에 도움이 되겠다.'고 생각했고요. 독단적으로 한다면 운영이 안 될 것 같아요. 모두 자발적으로 민주주의 정신을 가지고 하는데……. 그만한 자질들이 다 있으신 것 같아요. 깜짝 놀랄 때가 많아요. 아마추어 아닌 아마추어들 같아요. 1년이란 기간을 생각하면 많이 성숙되어 있다고 봐요(○○동 자원봉사자).

상하관계가 아니라 서로의 생각을 듣고 옳다고 생각하는 쪽으로 가는 것 같아요. 관장님이 끌고 간다는 생각은 안 들고요. 듣기만 하는 것이 아니라 자유롭게 의사표출을 하고 조정하니까 더 잘되는 것 같아요. 그렇지만 관장님은 힘들 것 같아요. 들어주고 맞춰 주고 해야 하니까(○○동 이용자).

관장님이 지시나 명령하는 게 아니라 각각의 사람들 의견을 듣고, 생각을 공유하고 각 사람의 능력에 따라 역할을 하게 되니까 각자 모두의 발전이 있게 되는 거죠(○○동 임원).

저희는 운영 시스템이 바뀌어서 한 달에 두 번 자원봉사자 모임을 해요. 한 번은 일을 중심으로 개선점, 혹은 좋은 프로그램에 대한 안건을 만들어서 회의를 통해 논의를 하죠. 또 한 번은 친목 위주로 각자 해 온 음식으로 만찬을 하면서 수다를 두 시간 정도 떨어요. 처음엔 음식을 팔아 보려고 했는데 그것이 잘 안 돼서 그냥 나눠 먹는 수준이에요. 자기 입에서 나온 이야기는 책임을 지려고 하죠. 너무 좋아요. 말 안 하는 사람도 간혹 있지만 자기가 하고자 하는 이야기는 거의 다 하죠. 출석률 거의 100%에요. 자기들이 결정하고 자기들이 하는 일이기 때문에 가능하다고 생각해요(○○동 임원).

3) 2차 정책효과성(영향)의 분석 – 마을어린이도서관과 관련한 지역
사회의 변화, 개인의 변화

2차 정책효과를 측정하기 위하여 사용한 지표는 사회자본으로 설
명될 수 있는, 정책의 영향으로 도서관과 관련한 지역사회의 변화,
개인의 변화와 관련한 것이다. 분석에 사용된 지표는 사회자본 구
성요소 4개와 이에 따른 구체적인 지표 18개 항목이다. 18개 항목
을 사회자본 구성요소별로 살펴보면, 첫째, 신뢰와 관련한 지표는
(1) 차이(소득, 교육, 성, 종교, 지위 등)의 영향 정도, (2) 장기거주
의사 여부와 정도, (3) 친밀성, 사회적 응집성, 연대감, 협조성(집합
적 효능감)의 정도, (4) 타인에 대한 신뢰(개인적 문제의 상의범위,
금전적 대차의 가능 정도와 수준)의 정도, (5) 공공기관(공무원)에
대한 신뢰의 정도, (6) NGO에 대한 신뢰의 정도다. 둘째, 네트워크
와 관련한 항목은 (1) 마을의 공동문제에 대한 관심과 제기 및 관여
의 양적, 질적 정도, (2) 사회적 소외집단의 지원기제 여부, (3) 지역
문제의 정보획득수단과 자원(정보) 접근성의 정도, (4) 가입단체의
범위, (5) 마을기관 및 관련 기관과의 협력관계의 정도이다. 셋째,
주민참여와 관련한 항목은 (1) 집합적 효능감으로 공동체의 유지·
발전에의 관심, 참여, 효과기대의 정도, (2) 동네주민조직의 참여 정
도이다. 넷째, 호혜와 관련한 항목은 (1) 상호작용의 양적, 질적 정
도, (2) 도움 필요시 지원획득 가능범위의 정도, (3) 집안일의 상부
상조의 정도, (4) 품앗이 교육과 품앗이 은행을 통한 상부상조의 정
도, (5) 마을의 아동, 청소년에 대한 상호관심과 사랑의 정도로, 총
18개로 구성되어 있다.

* 신뢰

(1) 차이(소득, 교육, 성, 종교, 지위 등)의 영향 정도

이 지표를 측정하기 위한 기본 질문은 소득 등의 조건에 따른 신뢰의 차이가 있는지를 질문하였고, 확장된 질문은 도서관 활동 이전과 이후의 '신뢰'에 대한 차이의 영향 정도 변화 여부였다.

대부분의 면접자대상자들이 소득이나 교육, 성이나 종교, 사회적 지위 등에 관계없이 사람을 대체로 믿는다고 답변하였다. 물론 같은 종교냐 아니냐에 따라 신뢰가 달라진다고 응답하는 면접대상자도 있었지만, 외적인 조건에 따라서 신뢰의 정도가 달라지는 것은 아니고 이러한 생각은 도서관 활동 전·후에 변함이 없다고 응답하였다. 그런 반면에 도서관에 와서 사람을 만나고 함께 일을 하는 과정에서 생기는 신뢰는 매우 크다고 응답하고 있었다. 조건에 따라서 신뢰의 정도가 달라지는 것이 아니라, 나와 어떻게 관계하느냐, 얼마나 함께하는 일에 열정적이냐 아니냐에 따라서 신뢰의 형성 여부가 달라진다고 응답하였다. 즉 도서관활동을 통하여 타인에 대한 신뢰가 형성되고 그 정도와 수준도 변화되고 있었다. 질문을 통한 면접대상자들의 생각은 다음과 같다.

> 저는 사람들을 보면서 거리낌을 느끼고 싶지는 않아요. 그런 생각이 안 들어요. 사람을 믿는 편이죠. 그렇다고 돈이 있고 없고, 배우고 못 배우고 뭐 그런 것 때문에 믿고 안 믿고 하는 것은 없는 것 같아요. 도서관 엄마들도 우연히 은행에 왔다가 도서관에 와서 알게 되고 사귀게 되었는데……. 그러니까 그 사람을 알아서 온 게 아니라 와서 알게 된 거라는 거죠. 여기서 자주 어울리고 프로그램도 같이하고, 월례회 때 아이들 데리고 와서 같이 음식도 나누고 하다 보니 서로에게 믿음이 생기게 되는 것 같아요(ㅇㅇ동 자원봉사자).

대체로 사람을 믿어요. 어느 날 보니까 도서관 엄마들 학력을 서로가 아무도 모르고 있더라고요. 이야기를 해 본 적이 없어요. 그래서 전혀 몰라요. 그런데 프로그램 진행하는 엄마들 중에는 제가 확실히는 몰라도 대략 대졸보다는 고졸이 많을 거예요. 그래서 사람을 둘러싼 환경보다는 얼마나 열정이 있느냐, 없느냐, 열심이냐, 아니냐에 따라 신뢰가 달라진다고 생각해요. 그리고 여기 사람들은 대부분 가난해요. 집이 있는 사람이 거의 없죠(웃음)(○○동 관장).

믿어요. 조건에 상관없이 믿어요. 예전에는, 사람들을 상대해야 하는 직업임에도 내성적이어서 그게 너무 힘들고 스트레스였어요. 그런데 전업주부로 살면서 그런 면이 좀 사그라졌었어요. 그렇지만 도서관에 와서도 처음에는 성격상 낯선 사람을 만나고 상대해야 한다는 것이 싫었죠. 그런데 자원봉사를 하면서 사람들이 서로 왕래하고, 부담 없이 편하게 대하면서 어우러지니까, 또 사람들이 좋으니까 저의 그런 부분이 극복되게 되었어요. 그러면서 믿게 되는 거죠(○○동 임원).

믿는 편이에요. 그런데 도서관을 통해서 더 좋았던 건 신앙생활을 하면서 만난 친구도 있고 또 도서관에서 만난 사람들이 있는데 성당 친구들은 좀 한쪽으로 치우쳐 있다는 생각을 해요. 그런데 도서관 엄마들은 자신이 성장해 가는 이야기, 내면의 상처 이야기를 하는 것을 들어 보면 정말 외적인 조건과는 전혀 별개로 보석 같은 사람들이 있어요. 정말 순수하고 예쁜……. 저만 느끼는 게 아니라 다른 사람들도 다 알아봐요. 사람을 보는 안목이 생겼죠(○○동 관장).

솔직히 좋은 어린이 책을 많이 습득한 사람 보면 호감이 가고 신뢰가 더 가죠. 그런데 겪어 보면 꼭 그런 것 같지도 않아요. 어찌됐든 도서관이 지역공동체를 형성하고자 한다면 도서관 사람들과의 관계를 벗어나 집단적으로 마을과 관련한 일, 예를 든다면 '불량식품 없애기' 같은 일을 하고 이를 통해 마을주민들에 대한 신뢰, 마을주민들 간의 신뢰를 형성했어야 했는데 그런 일을 제대로 하지 못한 것이 많이 아쉽죠. 그렇지만 마을축제는 도서관 엄마들이 지인들에게 홍보하는 것에 불과한데 우리 마을 주민 약 5,000명 가운데 약 300명 정도가 축제 때 모인다는 것은 주민들이 도서관에 신뢰를 보내고 있다는 것을 보여 주는 거죠. 특히 제 개인의 신상에 문제가 생기면 주민들이 제 주변 사람들에게 안부를 물어 오곤 해요(○○동 관장).

믿기가 어려운데 한 번 믿으면 끝까지 믿는 거죠. 믿으려고 노력해요. 조건을 따져 가면서 믿는 것은 아니에요. 특히 도서관 엄마들을 보면서 '능력이 대단하다'는 생각을 하게 되고요. 자연히 믿음이 가게 돼요. 그런 믿음이 나 자신에게도 좋고 '나도 잘해야 되겠다.'는 생각을 하게 해요. 직장 다닐 때는 내 할 일만 하면 된다고 생각했는데 이곳 엄마들을 보면서 '나도 베풀어야겠다.' 생각하죠 (ㅇㅇ동 이용자).

20대 때의 안 좋은 기억 때문에 안 믿는 편이었어요. 안 믿는다기보다 내가 정확히 모르고 어수룩하면 당할 수 있다는 생각이 지배적이었죠. 그래서 꼼꼼히 따지고 그랬는데요. 도서관 활동하면서 그런 마음을 가라앉히고 다른 시선으로 바라봐야겠다는 생각을 하게 됐어요. 다르게 생각하려고 노력해요. 조건에 따라 신뢰가 달라지는 건 아니에요. 그런데 도서관도 영향을 줬지만 나이 먹으면서 드는 생각이지 않을까 싶기도 하고요(ㅇㅇ동 임원).

믿지 않으면 일을 못 할 것 같아요. 조건에 따른 신뢰 차이 없고요. 그것보다 는 저는 도서관 일에 애정을 가지고 일하는 사람이냐 아니냐가 신뢰의 차이에 영향을 준다고 생각해요(ㅇㅇ동 관장).

시간과 관계 속에서 믿음이 생기지 무작정 믿지는 않아요. 그렇다고 불신하 는 것은 아니지만……. 도서관 이용자들에 대한 신뢰는 있지만 약간 잘 차려입은 사람에 대한 거부감은 있어요. 다가가기 힘들어요(ㅇㅇ동 임원).

조건에 따라 사람을 신뢰하지는 않지만 대체로 사람에 대해 낯을 많이 가리 는 편인데요. 도서관 활동이 이제 다른 곳에서도 사람들과 친해질 수 있는 발판 이 되는 거 같아요(ㅇㅇ동 자원봉사자).

예전에는 사람들에 대해서 관심 없었어요. 도서관에 와서 신뢰가 깊어지고 커지고 있어요(ㅇㅇ동 자원봉사자).

(2) 장기거주 의사

이 지표를 측정하기 위한 기본 질문은 거주기간, 이사 여부, 거주의 지속성 여부 등을 질문하였고, 장기거주 의사에 영향을 주는 요소는 매우 다양하지만, 그중 경제적 이유가 가장 1차적인 변수가 될 것이므로, 확장된 질문은, 경제적 변수를 통제하고, 경제적 이유와 같은 불가피한 요소가 발생하지 않을 경우에 마을도서관 때문에 이사 가지 않고 오래 살고 싶은지, 이사를 가게 되면 마을도서관이 있는 동네로 이사를 갈 것인지를 질문하였다. 대다수의 면접대상자들의 반응은 장기거주 의사가 매우 크다는 것이었다. 설령 불가피한 이유로 이사를 가게 되더라도 형편이 좋아지면 다시 온다거나 마을 도서관이 있는 곳을 찾아 이사를 가겠다는 반응이 대부분이었다. 도서관 활동을 하면서 장기거주 의사가 훨씬 더 커진 것으로 판단되었다. 특이한 것은 다른 지표와 다르게 운영자, 이용자를 막론하고 비슷한 반응이 나타났다는 점이다. 질문을 통한 면접대상자들의 생각은 다음과 같다.

6−7년 살았는데요. 계속 살고 싶어요. 사람들이 좋고, 마을 분위기도 좋고, 도서관은 사랑방 같고 그래서 오래오래 살 것 같아요. 이사 가지 않는 이유로 도서관이 차지하는 비중은 약 70−80% 정도 돼요. 무지 크죠?(웃음)(○○동 자원봉사자)

도서관 비중이 60% 정도 되는 것 같아요. 정말 저에게는 마을도서관이 책을 제공한다는 것을 떠나서 어디 가면 맘이 편하다는 느낌이 있잖아요? 저에게는 그것이 도서관인 것 같아요. 그만둘까도 했지만 지금은 그 마음이 쏙 들어갔어요. 이제 붙박이로 있어야겠다고 마음을 정리했어요(○○동 임원).

3년 정도 살았어요. 여동생이 울산에는 도서관이 없다고 해서 제가 '울산에도 마을어린이도서관 만들어라.' 할 정도로 도서관 때문에 오래 살고 싶은 생각이 많아요(○○동 임원).

도서관 때문에 살고 싶은 생각 많아요. 안산도서관이나 신탄진도서관은 너무 멀어서 다니기가 불편해요. 도서관이 있어서 심심하지가 않아요(○○동 이용자).

도서관 때문에 오래 살고 싶어요. 이사를 가더라도 마을도서관 찾아서 갈 거예요. 우선 고려하게 될 것 같아요(○○동 자원봉사자).

4년 살았는데요. 아이들 교육 때문에 이사를 가야 하나? 이런 생각을 한 적은 있지만 아직 특별하게 확실한 계획이 없기 때문에 지금처럼 도서관을 이용하면서 살면 좋을 것 같아요. 이사를 간다고 해도 마을도서관 있는 곳을 찾아서 갈 거예요(○○동 이용자).

6−7년 살았어요. 저는 경제적으로 상황이 나빠져서 옆 동네에 살고 있는데요. 형편이 좋아지면 다시 올 거예요. 우리 마을만 한 동네가 있나요? 깨끗하고 조용하고 튀는 동네가 아니고 평범한 동네라서⋯⋯. 도서관 때문에 이사를 못 가요. 도서관이 차지하는 비중이 약 80% 정도 돼요. 남편은 이사 가자고 하지만⋯⋯.

제 경우는 도서관이 거의 100% 맘먹어요. 애가 펄쩍 뛰어요. 자기는 너무 좋다고. 만약 이사를 간다면 마을어린이도서관 있는 데로 가야죠. 운영위원 정도면 이사 못 가요. 도서관 때문에⋯⋯(○○동 임원).

8년 정도 살았어요. 계속 살고 싶어요. 이사 가도 이 근처로 갈 거 같은데요. '도서관이 좀 더 가까운 곳으로 이사 가면 좋겠다.'라고 생각한 적 있어요. 횡단보도 안 건너고 갈수 있으면 좋잖아요. '그럼요. 그럼요.' 이사 가도 마을어린이도서관 찾아가야죠(○○동 자원봉사자).

4년 살았는데요. 동네가 좋아서 집도 샀어요. 도서관 때문에 이사 안 가죠. 이사 간다고 해도 도서관이 있는 곳으로 갈 거예요. 남편이 직장을 그만두고 새로운 일을 다른 곳에서 시작해야 된다고 해도 남편만 가고 저는 안 갈 거예요(웃음)(○○동 임원).

6년 살았어요. 살다 보니 어른들이 많고 옛날 마을 같은 느낌이 들어서 푸근해요. '도서관 때문에 이사 가고 싶지 않다.'는 생각해요. 그 비중은 한 20% 정도 될 것 같은데요(○○동 이용자).

5년 살았어요. 이 마을이 너무 좋아요. 그런데 제가 이사를 가려니 이사 가면 사람들과 또 친해져야 하는데⋯⋯. 아! 그래서 이 문제가 제일 걸려요. 그러니 도서관 때문에 오래 살 수밖에요. 만약에 이사 가게 돼도 도서관 때문에 많이 서운할 것 같아요. 도서관이 차지하는 비중은 약 30 - 40% 정도 될 거예요(○○동 이용자).

여기 아파트가 사택인데요. 직장을 그만두게 돼서 사택을 내주고도 이사 안 가잖아요! 마을도 좋지만 도서관 비중이 크기 때문이에요. 40% 정도 돼요. 멀리 안 가도 책을 볼 수 있고 다른 사람들과의 관계 때문에 이사 안 가죠. 좋아서 안 가는 거예요. 그러니까 방학에 1시부터 5시까지 긴 시간 도서관에 있잖아요. 봉사하면서⋯⋯(○○동 자원봉사자).

(3) 친밀성, 사회적 응집성, 연대감, 협조성(집합적 효능감)의 정도

이 지표를 측정하기 위해 기본적으로 친밀감, 응집성, 연대감, 협조성이 어느 정도인지, 마을축제나 나눔장터와 같은 도서관이 주최하는 마을행사를 통하여 형성되는 집합적 효능감은 어느 정도인지를 질문하였고, 확장된 질문은 준비과정에서의 기쁨, 보람 등을 통해 생기는 집합적 효능감의 변화와 도서관 활동 전과 후의 변화 등이었다. 도서관을 만들기 위해 초기 준비과정부터 함께했던 도서관 사람들의 집합적 효능감은 매우 크고 또 지속적으로 증가하고 있다는 것을 알 수 있었다. 그 이유는 같은 목표와 생각과 경험을 공유하는 과정에서 자연스럽게 생긴 것이었다. 따라서 초창기 준비과정부터 함께했던 사람들과 도서관이 만들어진 후 도서관 활동을 통해 알게 된 사람들과의 집합적 효능감의 정도도 차이가 있을 수밖에 없었다. 이는 면접대상자들의 말과 표정, 감정에서도 잘 나타나고 있었다.

집합적 효능감이 도서관 활동을 통해서 자연스럽게 나타난 것은 도서관의 단순한 기능이라고 할 수 있는 대출과 반납에 그치지 않고, 아이들과 어른들을 위한 다양한 프로그램을 준비하고 시행하는 과정이 있었기 때문이다. 또한 어른들의 동아리 활동이나 딤벌 활동 역시 단순한 취미활동에 그치는 것이 아니라, 도서관이 지향하는 정신을 구현하기 위한 탐사나 기행, 그리고 프로그램을 위한 학습의 과정으로 진행되는 것이 많았기 때문이라고 보였다. 이러한 활동의 과정을 통해 자신들의 내적 성장은 물론 함께하는 사람들과의 관계 형성을 통하여 친밀성, 사회적 응집성, 연대감, 협조성이 도서관 활동 이전의 삶보다 훨씬 커지고 있었다. 도서관을 이용하는 사람들의 눈에도 이들의 이러한 집합적 효능감이 드러나고 있어서, 이용자들로 하여금 도서관 활동에 참여하고픈 욕구를 갖게 하였다. 또한 대부분의 도서관이 마을축제(잔치)나 나눔장터를 통해 도서관 기금마련과 내부의 결속의 기회로 삼고 있었으며 도서관에 소속되어 있는 사람들과 일반 주민들 간의 교류와 소통의 장으로 삼고 있었다. 도서관 활동가들은 준비과정에서 힘을 모아 함께 행사를 개최하는 경험을 하게 되고, 이를 통하여 깊은 감동은 물론 자신감과 성취감을 얻고 있었다. 도서관 주최의 마을축제나 나눔장터가 온 마을 사람들을 다 아우르지는 못하고 있지만 주민들 스스로 마을에서 펼쳐 내는 주민들의 잔치 마당으로서의 기능과 역할을 함으로써 주민들과의 친밀감은 물론 도서관 구성원들의 집합적 효능감을 크게 증가시키고 있었다. 질문을 통한 면접대상자들의 생각은 다음과 같다.

> 물론 각자 조금씩은 다르지만 같은 목표, 비슷한 마음을 가지고 모였기 때문에 친밀감이나 연대감 그런 부분이 크죠. 그리고 점점 더 커지죠. 같이 삶을 알아 가니까. 삶을 공유하다 보면 당연히 많이 생길 수밖에 없죠. 운영위원이나 자원봉사자들도 새로운 사람이 들어오고 또 나가고 하잖아요. 그러면서 새로운 친밀감을 또 형성하게 되고 그렇죠(○○동 임원).

> 집에 있을 때와 달리 여기서는 뭉치면……. 여기 일은 갑자기 생기면 다 같이 후다닥하게 돼요. 미리 머리를 써 가며 하는 것이 아니라 아줌마 스타일로 밀고 나가는 거죠. 뭉치면 될 것 같다는 생각을 하니까……. 사람들도 좋고……. 혼자 해서 안 되는 일이 있고 둘이 하면 되고 셋이 하면 더 잘되는 거잖아요. 그런 희열을 느끼게 해 줘요. 아마 도서관이 없었으면 이런 경험 못 해 봤을 거예요. 가오도서관에 가서 책이나 빌려서 읽었겠죠. 어떻게 제가 그림책 공부를 했겠어요(○○동 자원봉사자).

> 여기 엄마들 똘똘 뭉쳐서 뭔가 이루어 내려는 것이 밖에서 보면 보여요. 제가 지금은 적극적으로 몸을 담고 있지 않지만 저도 참여를 적극적으로 한다면 그렇게 되겠죠. 여기 엄마들이 일을 해내는 것을 보면 대단해요(○○동 이용자).

> 결속감이 많이 커졌어요. 엄마가 아이를 데리고 같이 만나니까 항상 엄마들이 아이와 책과 늘 같이 있고 시간을 활용할 수 있으니까 친밀감이 더 생기게 돼요. 물론 아파트나 학교에서도 만남이 있지만 대개 그런 만남은 엄마들끼리 차 마시는 정도예요. 그렇지만 도서관 모임은 아이들을 위해서 뭘 해 줄 수 있을까를 늘 생각하게 돼요. 그리고 품앗이 은행을 도서관에서 준비하고 있는데 시작이 되면 아마도 같이 느끼는 만족감, 기대감이 훨씬 더 커질 것이라고 생각해요(○○동 자원봉사자).

사실은 저는 원래 사람을 좋아하니까 관계 맺는 일을 잘해요. 그런데 우리 도서관 친구 중 하나가 이런 말을 했어요. 자기는 평생 함께하고 싶은 사람을 만났다고……. 저도 정말 고맙고 반갑고 희한하죠? 나이 차이를 초월해서 정말 '지기'같이 나누고 좋아하고 그래요(○○동 관장).

우리 식구라는 거 그런 거 있잖아요. 외부에서 누굴 추천해 달라고 하면 성실하고 착한 도서관 엄마들, 같이 일했던 사람들이 가장 먼저 생각날 것 같아요. 예전에는 사람에게 별로 관심이 없었어요. 아파트에 살면서 몰려다니며 수다 떨고 그랬는데……. 이런 것은 별로 의미가 없어요. 그런데 여기 엄마들은 달라요. 정말 신뢰가 가죠. 서로 간에……(○○동 자원봉사자).

그전엔 그렇게 큰 친밀감이나 연대감은 없었죠. 아줌마들이 그렇잖아요? 아이를 통해서 어울리고 수다 떨고 몰려다니고 하는데 도서관에서는 그런 방식이 아니라 모이더라도 뭔가 하자는 일이 꼭 나온다니까요? 도서관과 연결된 말이 꼭 나오니까……. 도서관 식구들 생일날 번개해서 술 한잔 하다 보면 도서관이나 마을과 관련된 이야기가 나와서 좋더라고요. 그런데 뭔가를 하자면 힘든데 나누면서 하니까 역할분담이 되고 수월하고 일도 잘되고 하니까 기대치도 높아지는 거지요(○○동 임원).

전에는 활동을 안 하고 집에만 있는 스타일이어서 누구랑 허심탄회하게 이야기도 안 했어요. 그런데 도서관 활동이 저에게는 사회로 나가는, 마을로 나가는 통로가 됐어요. 집에서 마을로 나오는 통로가 된 거죠(○○동 자원봉사자).

정말 크죠. 도서관을 같이하면서 생기는 친밀감, 연대감, 응집성 등은 정말 크죠. '숙명처럼' 커요. 함께 가야 하는 동지적 관계죠. 어쩌면 가족보다 더 애증관계일 수 있어요. 개인의 가장 안 좋은 부분과 좋은 부분을 다 봤잖아요. 벗어날 수 없어요. 그리고 동아리에 대한 소속감이나 만족도가 아주 커요. 거기서 나오는 정보들의 질적 수준도 높고요(○○동 관장).

아파트 사람들보다는 도서관 사람들 생각이 깨어 있다고 생각해요. 그래서 그런 친밀함, 연대감, 만족감은 훨씬 더 클 것이라고 생각해요(○○동 이용자).

엄마들이 다 훌륭하다 그런 생각이 드니까 배워야 될 게 많다는 생각을 많이 하고요. 적극적으로 나서지는 못하지만 '같이 뭐 하면 좋겠다.' 생각하죠. 여기 운영위원들은 엄청 친한 것 같아요. 저도 도서관 사람들이 편하고요. 부탁하면 잘 들어주고 정보도 주시니까 친밀감 느끼게 되죠(○○동 이용자).

엄청 커졌죠. 예전에는 무슨 일을 해도 나 혼자로 끝났어요. 혼자 어떤 일을 하고 혼자 평가하는 거죠. '이건 너무 잘했어.' 이런 식으로요. 그런데 도서관 하면서 같이 일하는 사람 보기만 해도 좋고요. 사람들과 함께 같은 일을 한다는 동질감이 생기니까 친밀감이나 연대감 등은 무척 커졌죠. 행사 치러 보면 알아요. 아옹다옹하고 싸우다가도 행사를 다 끝내고 나면 '야! 우리 너무너무 잘했어! 잘 만들었어!' 말하죠. 도서관에 있으면 뭐든 다 잘될 것 같은 기분이 들고 자화자찬하게 돼요(○○동 임원).

마을축제 때 바자회를 했는데요. 정말 그때는 물건 하나에서부터 열까지 모든 것이 머리에, 가슴에 남고요 아이에게도 아주 큰 경험이 되었어요. 이런 경험을 통해 보람도 조금씩 커지고 있고요. 마치 반죽에 이스트를 넣는 과정 같아요(○○동 자원봉사자).

작년 가을 그리고 올봄. 도서관 생일날 두 번 했는데요. 올봄 행사는 체험행사 위주였는데 고 노무현 대통령 서거와 맞물려 추모 분위기였고요. 작년가을 나눔장터는 지역주민들이 재활용품을 너무 많이 가져오셔서 너무나 풍성했어요. 90여만 원의 수익금도 나왔고요. 이때 일반주민들이 회원으로 많이 가입해 주셨어요. 자원활동의 기반이 이때 생겼다고 생각해요. 이 행사가 끝난 후 활동가들은 '도서관이 자기 것이다.'라는 평가가 있었고요. 500여 명 참석한 것 같은데……. 그래서 도서관은 몇몇 소수가 참여한다는 생각에서 벗어나게 되었어요. 관장인 제가 감동을 받았어요. 준비과정에서 팀별로 모든 팀원이 자기 일처럼 나서서 했었거든요. 아! 정말 너무너무 좋았던 감동적인 날이었어요(○○동 관장).

마을축제는 3번 했는데요. 아이들 엄마 할 것 없이 많이 와요. 처음 보는 사람도 많이 있고 연령층도 다양해요. 그동안 이런 행사가 없어서 그런지 도서관이 주최해서 마을축제를 한다는 것에 마을주민들께서 긍정적으로 받아들이시는 것 같아요. 극단을 초청해서 연극을 했는데 아주 많은 분들이 오셔서 보셨고요. 마을축제를 통해서 서로 간에 알게 되고 도서관을 알게 되고 그래서 자연스럽게 이용하게 되는 것 같아요(○○동 자원봉사자).

마을잔치는 일단 반응이 너무너무 좋아요. 정말 너무 큰일이고 힘든 일인데 '이게 진짜 마을축제구나!'라고 느끼는 이유는 어느새 보니까 되어 있는 것이에요. 뚝딱! 동아리별로, 부서마다 모두가 자기 역할을 맡아서 하는 거지요. 즐기면서……. '힘들고 고단해도 되는구나!'라는 생각을 하게 돼요. '아! 정말 우리는 함께한다, 할 수 있다.'는 느낌을 갖게 되는 거죠(○○동 관장).

티켓을 팔았는데요. 장터를 열었는데 사람들이 안 오면 안 되니까. 만 원짜리 150매를 팔았어요. 이 티켓 파는 작업이 홍보의 매개가 됐죠. 힘들었지만……. 매출은 250만 원 정도 올렸고요. 아주 사람들이 많고 복잡했어요. '잘되는구나.' 느끼는 엄마들이 일 년에 한 번 정도는 이런 행사를 통해서 인사해 주고 격려해 주고 후원해 주고……. 좋은 사람들 많아요(○○동 관장).

작년에 이어서 올해 두 번째 '책잔치'를 10월 17일로 계획하고 있어요. 작년 경험을 바탕으로 기획회의를 화요일 밤마다 하고 있죠. 작년에는 책놀이 위주로 했는데 올해는 자연을 주제로 정해서 하려고요. 회의를 통해서 참여자들이 직접 참여하고 체험할 수 있도록 하기 위해서 '생각 끌어내기'를 하고 있어요. 참여하시는 분들은 엄마, 아빠, 할아버지, 할머니 3대가 온 집들도 많았어요. 할머니가 여기 사시지 않았는데도 오신 거죠. 마치 학교 운동회 분위기였어요. 참여하시는 분은 정말 많았는데 봉사하는 사람은 엄마들과 도서관 출신 중고생들이 많이 하고 아빠들은 한 열 분 정도 오셔서 하셨죠(○○동 임원).

(4) 타인에 대한 신뢰

이 지표는 개인적인 문제를 얼마나 많이, 어느 정도 깊이 상의하는지, 또 금전적 대차까지도 이루어지고 있는지를 통해 신뢰의 정도를 측정하고자 한 것으로, 기본 질문은 몇 가지 예를 들어 질문하였다. 예로는 자녀교육 문제, 부부간의 갈등을 비롯한 가족 간의 갈등 문제, 가정경제 문제, 금전적 대차 여부 등을 제시하였다. 이 중 금전적 대차의 경우는 신뢰가 깊을수록 오히려 의도적으로 금전관계를 피하는 사람들이 많이 있었다. 따라서 타인에 대한 신뢰를 측정하는 지표로 금전적 대차에 대해서 그 여부만 묻고 판단하는 것은 적절치 않다고 생각하여 신뢰와 관련한 정서적 배경까지 고려하여 판단하고자 하였다. 확장된 질문은 활동 전과 활동 후의 차이, 즉 도서관에서 함께 일하는 사람들과의 관계의 변화, 향후 타인에 대한 신뢰의 변화 가능성 등이었다.

관장을 비롯한 운영자들의 관계는 거의 가족 같은 관계를 유지하면서 많은 부분, 즉 속마음까지도 서로 주고받는 신뢰를 형성해 가고 있었다. 그러나 자원봉사자들의 경우는 그 정도까지의 깊은 신뢰는 형성되지는 않고 있었지만, 자원 활동의 양과 질이 확장되면서 신뢰형성의 가능성은 충분히 보였다. 특히 품앗이 은행을 설립하기 위해 교육과 품앗이 놀이를 시도하고 있는 도서관들의 경우는, 이를 통해 상호교류와 접촉이 더욱 활발하게 이루어지면서 신뢰형성의 가능성이 훨씬 더 클 것으로 보였다. 한편, 이렇게 나타나고 있는 타인에 대한 신뢰 형성의 기초가 무엇인지에 주목할 필요가 있었는데, 시간이 지나면서 자연스럽게 생기는 정서적 신뢰 형성도 있었지만 도서관의 미션과 비전을 통해서 교감하는 동질적 유대감이 신뢰 형성에 큰 영향을 주고 있다고 보였다. 따라서 짧은 기간 동안의 활동을 통하여 이 정도의 신뢰가 형성되었다는 것은 도서관의 미션과 비전이 나눔과 참여에 기반하고 있다는 점에서 앞으로 형성될 신뢰의 깊이와 넓이는, 시간에 비례해 생기는 신뢰와는 분명하게 차이가 있을 것으로 판단되었다. 질문을 통한 면접대상자들의 생각은 다음과 같다.

> 지금부터 시작이지 싶네요. 도서관이 생긴 지가 얼마 안 돼서 그렇지 바로 그 전 단계까지 왔다고 생각해요. 좀 더 친해지면 그렇게 되지 않을까요? 캠프 갔을 때 서로 품앗이를 하려고 준비단계로 품앗이 놀이를 했는데 아직 시행은 안 하고 있지만 그 전 단계까지는 온 거 같아요. 음식 나누기, 아이 돌보기, 미용팩 배우기 등을 품앗이하다 보면 앞으로는 관계가 더 돈독해지고 속 깊은 이야기까지도 할 수 있을 것 같아요. 도서관 활동을 통해서 사귐이 더 좋아지고 있고요. 그래서 푼수가 되더라도 나의 개인적인 어려운 문제를 이야기하는 것이 좋겠다고 생각해요. 말을 하면서 스스로 해답을 찾게 되잖아요. 그런데 돈 문제까지는……. 그 문제는 해결이 안 되잖아요(○○동 자원봉사자).
>
> 교육문제는 물론이고 경제적인 문제, 금전관계까지도 이야기가 돼요. 서로 간에 신뢰가 있기 때문에 정말 고민을 이야기해도 어디 가서 이야기 안 할 것이라는 믿음이 있어서 고민 들어 주고 해결책에 대한 이야기가 충분히 되고 있어요(○○동 임원).

엄마들은 누구나 가장 큰 관심사이자 문제가 아이들 교육문제죠. 저도 애들 키우는 문제 때문에 고민을 많이 했는데, 그런 이야기는 많이 하지만 개인적인 이야기는 별로 안 해요. 애들 문제가 가장 크니까요(○○동 이용자).

아직 개인적인 문제는 이야기하기 어려워요. 오히려 오랫동안 친했던 동네 언니와 하죠(○○동 자원봉사자).

신뢰가 커지고 있죠. 같이 활동하는 사람들의 마음이 읽혀요. 얼마나 힘든 게 많을까 생각하게 돼요. 그래서 암웨이 방문 판매하는 언니의 마음도 이해가 가지요. 믿음이 쌓여 가는 것을 느껴요(○○동 임원).

다 이야기해요. 살림걱정까지 해 주는걸요. 남편들끼리도 잘 알고요. 돈 빌리는 문제는 민감해서 안 하구요. 신뢰가 클수록 돈 이야기는 더 안 하는 것 같아요. 개별적인 모임에서 가슴속 깊은 이야기도 하고요. 언니 동생처럼 친해지게 되죠. 점점 더……(○○동 관장).

운영위원회끼리는 거의 다 이야기하죠. 경제적인 어려움까지도……. 자원봉사자나 이용자들과는 책과 교육에 관련된 일상적인 이야기 정도 하게 되고요. 소액이라면 대차관계도 할 수 있어요(○○동 임원).

거의 뭐 애들, 신랑이야기, 경제적 어려움까지도 이야기하죠. 완전 바닥까지는 못하지만……. 봄에 경제적으로 우리 집에 힘든 일이 있었는데요. 그 정도 이야기는 거의 하는 편이에요. 금전적 대차도 소액은 하죠. 일상적으로 필요한 돈 정도는요. 그런데 빌리는 사람은 없더라고요. 돈 관계는 되도록 안 하려고 하잖아요. 많은 부분을 이야기하는데요. 진짜 안 해야 될 부분은 못 하죠(○○동 자원봉사자).

(5) 공공기관(공무원)에 대한 신뢰

이 지표를 측정하기 위한 기본 질문은 공공기관이나 공무원에 대한 신뢰를 질문하였는데, 언론에 비친 공무원들의 모습이나 직접 접하면서 느끼는 부분에 대해 질문하였으나 대체로 짧게 대답할 뿐, 풍성한 이야기가 나오지 않았다. 면접대상자들의 반응이 단편적이어서 확장된 질문은 하지 않았다.

이런 반응이 나타나게 된 이유는 첫째, 평소에 이 지표에 대해 생각을 깊이 해 보지 않았고, 둘째, 언론이나 대중매체를 통해 인식하는 정도이지 개별적으로 접하거나 부딪친 경험들이 많지 않아서 자원봉사자나 이용자의 경우는 난감해하거나 단답으로 반응하였다. 공무원 출신 이용자의 경우 유일하게 공무원에 대한 신뢰가 매우 컸으나 대부분 면접대상자들은 공공기관은 행정업무를 집행하는 단순한 행정기관으로 인식할 뿐이어서 신뢰도를 측정하기는 매우 어려웠다. 반면, 관장을 비롯한 운영자들은 도서관을 하면서 공공기관과 접하는 과정에서 경험한 사례들이 부정적인 경험들이어서 매우 낮은 신뢰를 보여 주었다. 전체적으로 볼 때 공공기관과의 관계 형성이 대체적으로 미흡하기 때문에 나타나는 반응으로 보였다. 질문을 통한 면접대상자들의 생각은 다음과 같다.

존재이유에 대한 의구심이 들 때가 많아요. 진정으로 주민을 도와주려 하기보다는 그 기관의 시스템대로만 움직이려고 하죠. 따지고 귀찮아하고……. 저도 도서관에서 그런 모습을 보이지 않을까 돌아보게 돼요(○○동 관장).

불만도 있지만 그저 그래요. 보통이에요(○○동 이용자).

별 느낌이 없어요(○○동 임원).

별 관심이 없다고 해야 하나? 그러니 특별한 불만도 신뢰도 없어요. 그저 등본 떼러 가고 요가교실 돈 내러 가는 정도니까. 도서관하고 비교하면 천지 차이예요. 하늘과 땅이에요(○○동 자원봉사자).

내 삶에 영향을 미친다고 생각 안 해요. 그저 행정적으로 이용하는 단순한 공공기관일 뿐이죠. 신뢰? 잘 모르겠어요(○○동 자원봉사자).

책임자, 기관장 마인드에 따라 달라지죠(○○동 관장).

주어진 일만 하는 사람들로 보여요. 별로 생각 안 해 봤어요(○○동 임원).

서로 힘든 것 같아요. 책임자와 실무자가 자꾸 바뀌니까 신뢰가 생길 수가 없죠. 우리를 귀찮게 하는 존재로 보는 것 같아요(○○동 관장).

공무원 출신이어서 신뢰가 크죠(○○동 이용자).

나름 이해되는 부분도 있지만 서로 협조는 안 되고 있어요. 신뢰를 형성할 기회가 별로 없죠(○○동 운영위원).

시스템이 바뀌지 않으면 신뢰? 어렵죠(○○동 관장).

공무원 나름이죠(○○동 자원봉사자).

(6) NGO에 대한 신뢰

이 지표 역시 기본 질문은 언론에 비친 NGO의 활동이나 주변에서 접하는 시민단체 구성원들에 대해 갖는 신뢰에 대해 질문하였다. 도서관 활동을 통해서 신뢰의 정도가 활동 전보다 커지고 있다는 점에서 이 지표를 측정하기에 충분하였으므로 그 이상의 확장된 질문은 하지 않았다.

시민단체와 직·간접으로 관계를 맺어 왔던 일부 관장들은 NGO에 대한 기본 신뢰가 형성되어 있었다. 그러나 시민운동과 관련이 없었던 관장이나 운영위원들도 도서관운동을 하면서 시민단체에 대한 관심과 신뢰가 점점 증가되어 가고 있었다. 자원봉사자들이나 이용자들도 시민들 스스로 자발적으로 만들고 개인의 이익을 위해서가 아니라 공익을 위해서 활동하고 있다는 점에서 신뢰가 형성되어 가고 있음을 알 수 있었다. 질문을 통한 면접대상자들의 생각은 다음과 같다.

> 연대해서 마을에서 성과를 낸 경험은 없지만 신뢰부분만 보면 믿음이 가죠. 든든해요. 뭔가를 요청할 때 우리 식구처럼 요청하게 돼요(○○동 임원).
> 잘 모르겠어요(○○동 이용자).
> 도서관을 통해서 시민단체 이야기는 들었죠. 연관이 있다는 정도……. 매스컴 통해서 듣는 정도죠. 잘 모르지만 믿음은 가요(○○동 자원봉사자).
> 신뢰가 크죠. 참여하고 싶기도 해요(○○동 자원봉사자).
> 개인의 이익을 추구하는 활동이 아니기 때문에 신뢰감이 생겨요(○○동 임원).
> 관심을 갖게 되고요. 예전보다는 신뢰가 많이 가요(○○동 이용자).
> NGO단체는 잘 몰랐는데요. 도서관과 같은 이런 주민단체에 대해서는 이제 훨씬 신뢰가 가죠(○○동 자원봉사자).
> 앞으로의 인생은 이런 활동에 관심을 두고 살고 싶어요. 이런 세계를 알게 됐다는 것이 저에게는 소득이구요. 아이들에게도 알려 주고 싶어요(○○동 관장).

신뢰가 훨씬 더 크죠(○○동 임원).

잘 몰랐어요. 그런데 도서관운동 함께하면서 저 같은 사람이 시민단체에 새로운 사람으로 충원이 되는 거죠. 참여하면서 알게 되고 그래서 신뢰하게 되는 것 같아요(○○동 임원).

개인적인 사익(돈)을 위해 하는 것이 아니니까 신뢰도는 훨씬 높죠(○○동 이용자).

자발적으로 결합해서 만든 단체는 사람들이 더 적극적일 것 같고요. 그래서 더 믿음이 가죠(○○동 자원봉사자).

저와 같은 생각을 가지고 일하는 사람들이고 단체이기 때문에 믿음이 가죠(○○동 임원).

* 네트워크

(1) 마을의 공동문제에 대한 관심과 제기 및 관여의 양적, 질적 정도와 수준

이 지표는 마을의 공동문제에 대한 관심과 문제제기 여부, 행동으로 실행에 나설 것인지를 질문하였고, 그 정도와 수준을 측정하기 위한 것으로 실행의 정도를 측정하기 위해, 서명과 청원, 그리고 시위에 직접 나설 수 있는지를 질문하였다. 대부분의 마을에서 구체적인 사례가 없었기 때문에 확장된 질문은 사례발생을 전제로 한 질문이었다. 도서관 활동 전과 후의 변화가 명확하게 나타나고 있음을 알 수 있었는데, 마루 관장의 경우 도서관이 마을의 공동문제에 주도적으로 역할을 해야 한다고 생각은 하고 있으나 아직은 도서관의 안정적인 정착과 운영이 우선인 만큼, 앞으로의 과제로 설정하고 현 상태에서는 주도하는 집단과 함께 적극적으로 참여하겠다고 하였다. 대다수 면접대상자들은 도서관 활동을 하면서 도서관 활동 이전에는 관심도 없던 일들에 대해, 옆에서 같이 활동하는 사람들의 사고나 가치관에 자연스럽게 영향을 받으면서 의식과 생각

이 변화하고 있었다. 또 도서관에서 자원 활동을 하면서, 내 아이의 미래에 대한 관심이 우리 아이들의 미래에 대한 관심으로, 더 나아가 마을에 대한 관심과 애정으로 확장됨으로써, 이제는 마을의 공동문제에 적극적으로 개입하고 관여하겠다는 입장으로 변해 가고 있었다. 질문을 통한 면접대상자들의 생각은 다음과 같다.

선비마을 생길 때 항의 집회가 열린 적이 있었는데 안 나갔어요. 반대한다고 될까 하는 생각도 있었고 주민들이 돈으로 보상받으려 한다는 생각에 안 나갔죠. 주민들이 돈으로 보상을 받으려고 나서는 문제가 아니라면, 마을 전체에 해가 되는 이슈가 생긴다면, 그때는 나가죠. 최소한 내가 나가서 서명운동은 할 것 같아요. 조금씩 의식이 변하는 것 같아요. 보는 게 있고 듣는 게 있으니까요(○○동 자원봉사자).

마을의 공동문제에 대해서 도서관이 어떤 역할을 하는 것이 맞는다고 생각해요. 그런데 아직 1년 남짓밖에 안 되다 보니 도서관 내부 일에 급급해서 내부 역량이 많이 부족해요. 지금은 힘이 없는 거죠. 마을의 문제에 대해 같이 회의하고 녹여 내고자 하는 관심과 마음은 있어요. 그러기 위해서는 자립적인 주민운동 기관이 많아야 하고 협력할 수 있는 모델을 만들어 내야 한다고 생각해요. 지금 당장은 마을의 문제를 해결하기 위해 주도적으로 나설 수는 없어요. 섣불리 할 수가 없는 거죠. 그러나 어떤 단체나 기관이 주도하면 적극적으로 움직일 거예요(○○동 관장).

대전시 최초 주민발의 조례인 '대학학자금 이자감면 조례' 발의 운동에 우리 도서관에서 서명받아서 전달했어요. 시민단체도 함께했는데 동네기관에서는 참여 안 했어요. 마을의 공동문제가 생긴다면 아이들 미래를 위해서도 청원, 시위 등 적극적으로 할 거예요(○○동 임원).

서명 정도는 할 것 같아요. 적극적으로 요청하면 나가서 시위할 수도 있어요. 내 삶과 직접 연관되는 일이라면……(○○동 이용자).

관심이 많아지죠. 예전에는 관에서 잘못하면 누군가 하겠지 그렇게 생각했는데 노무현 전 대통령 서거 때도 '아휴 분해. 꼭 가야 되겠어.' 하면서 같이 분향도 하러 가고……. 그런 마음이 생겼어요. 예전에는 관심이 있어도 말만 했지만 이제는 도서관 엄마들끼리 공감이 되니까 같이 가자고 해서 집회에도 나갈 것 같아요(○○동 자원봉사자).

그렇게 적극적일 것 같지는 않아요. 서명이나 투표 정도는 하죠. 의사표현은 하지만 집회에 나가고 하는 정도까지는 안 되고요(○○동 이용자).

도서관에서 먼저 논의하고요. 대책을 세워 보자 논의하고 합의가 되면 서명을 받으러 다니고 시위도 하고…… 앞장서는 리더는 아니어도 무리에는 포함되어 있을 것 같아요(○○동 임원).

월평공원 문제가 있었어요. 월평공원 터널공사 반대운동을 하면서 도서관 만들었죠. 그래서 도서관에서 서명받고 했는데요. 처음에 도서관 운영위원들이 다같이 하지는 않았어요. 두세 사람 정도가 같이 서명하는 것 도와주는 정도였고 시위에 참여하고 그러지도 않았죠. 그런데 도서관 활동을 하면서 점점 더 관심을 갖게 된 거예요. 도서관에서 그런 이야기와 소식을 늘 들으니까. 얼마 전에는 전혀 관심 없던 엄마들이 8명이나 6·10항쟁 기념행사에 버스 타고 다 갔다 왔어요. 거부감이 없는 거죠. 광우병 집회 때도 두세 명씩 함께 나갔고요. 촛불집회가 대전역에서는 종료되었을 때 마을 슈퍼 앞에서 돗자리 펴고 엄마들이 앉아 있었죠. 경찰들이 와 있고 부녀회사람들은 불평하고…… 이제 도서관 사람들이 이런 일에 익숙해지는 거예요. 자발적으로 참여하는 거죠. 애들이 제일 많이 들었죠. 애들은 놀이잖아요. 이런 이슈가 생기면 도서관에서 안건으로 올려요. 매번 '나가자'는 아니고요. 여론을 수렴해서 각자의 의견을 존중해 줘요. 약간 뒤로 물러나 있는 사람도 있고 빠지기도 하고…… 그것도 너무 좋다고 봐요(○○동 관장).

월평공원 때 서명만 했었죠. 관심이 적었으니까요. 그때는 도서관 활동을 안하기도 했지만 성격상 내가 나서지 않아도 누군가 하는데 하면서 먼발치에 있었어요. 옆에서 박수 쳐 주고 응원은 해도 내가 깃발 드는 건 못 하죠. 지금이라면 저도 참여해요. 시위에도 나가고요. 적극적으로 참여할 것이에요. 이제는…… 아마도 자원봉사라는 작은 경험이 이런 변화의 출발이 되는 것 같고요. 도서관 사람들의 사고나 가치관도 저에게 영향이 있는 거 같아요(○○동 자원봉사자).

월평공원 반대운동 당시는 그 문제에 대해서 심각하게 관심을 갖거나 고민하지 못했어요. 이사 온 지도 얼마 안 되고 도서관 사람들과의 연대도 없었던 때라 나와 무관하게 생각했지요. 그런데 지금 그런 문제가 생긴다고 하면 아이들을 데리고 나가지는 못하겠지만 적극적으로 나가서 반대할 것 같아요. 마을에 대한 애정도 생기고 도서관에서 활동하면서 사람들과 생각과 마음을 나누다 보니 영향을 받게 된 거 같아요(○○동 임원).

적극적으로 나서야죠. 참여해서 바꿔야죠. 옳은 일이 아니라고 생각이 되면

해야죠. 서명. 청원. 시위 다 할 거예요(○○동 임원).

　솔직히 별로 관심 없었어요. 서명은 했지만 적극적 참여는 안 했죠. 이제 그런 문제가 다시 생긴다면 달라지겠죠? 참여도 할 것 같아요. 도서관에서 진행하는 생태체험을 하면서 돌아다니다 보니까 생각이 좀 달라졌죠(○○동 이용자).

(2) 사회적 소외집단의 지원기제

　이 지표를 측정하기 위한 기본 질문은 마을잔치나 나눔장터 등을 통한 수익금의 여부, 수익금의 용도 및 사회적 소외집단에 대한 지원 여부 등을 질문하였고, 확장된 질문은 소외집단에 대한 지원이 없는 경우, 향후 계획과 실천 여부였다.

　대부분의 도서관들이 1년에서 3년 사이의 짧은 역사 속에서, 자발적 운영체제를 만들어 가고 있는 과정상에 있었으므로, 현재로서는 도서관의 독립적인 운영이 우선 과제였다. 따라서 현재 상황에서의 사회적 소외집단에 대한 지원기제의 정도와 수준도 중요하지만 이에 대한 향후 계획과 실천 여부를 통해 그 가능성을 판단하고자 하였다. 그럼에도 불구하고 '책잔치'라는 마을 잔치를 통해 수익금이 아닌 매출액 전액을 기부한 도서관도 있었고, 소외집단에 대한 지원을 차 연도에 계획하고 있는 도서관도 있었으며, 원활한 도서관의 독립운영 자체가 저소득층을 지원하는 기반을 만들고 있다고 생각하는 도서관도 있었다. 따라서 각자의 방식으로 소외집단에 대한 지원기제를 형성해 나가려는 비전을 가지고 활동하고 있음을 알 수 있었다. 질문을 통한 면접대상자들의 생각은 다음과 같다.

　동네 자체가 크게 4개 아파트인데 약간의 차이는 있지만 13평. 15평이에요. '우리는 다 저소득층이다.' 이렇게 이야기해요. 전세가 2,000만~3,000만 원 정도니까요. 그래서 특별히 소외집단에 대한 지원 사업은 못 하고 있죠(○○동 관장).

'찾아가는 도서관'이라는 행사를 해요. 저희가 책을 선정하고 구매해서 300권을 드렸어요. 지역아동센터나 공부방 3곳에…… . 100권씩 돌아가면서 보는 거예요. 인력이 부족해서 힘들었어요(○○동 자원봉사자).

누구를 돕기보다는 우선 도서관 운영을 튼튼히 하는 것이 사회적 기반이 되기 때문에 도움을 주지 않아도 도서관 자체가 그런 역할을 하고 있고 도서관 문 안 닫는 것이 도와주는 것이라고 생각해요. 앞으로 이동도서관을 실시해서 지원하고픈 생각은 있어요. 자발적으로 주민들 스스로 만든 도서관이 마을 사람들에게 도움을 주는 공간으로서의 역할을 하는 것만으로도 큰일이라고 봐요(○○동 임원).

내년에는 도서관뿐 아니라 마을 전체의 단체, 기관들과 연합해서 마을행사를 할 생각인데 그때 소외된 아이들을 지원할 계획이 있어요(○○동 관장).

작년 추석명절에 하루 종일 송편 만들어서 동네 독거노인들에게 드렸어요. 동사무소에서 명단을 안 줘서 신협과 연결해서 김하고 같이 드렸죠. 작년 책잔치 수익금은 재료비도 빼지 않고 전액을 석교초생중 림프암 투병하는 아이에게 다 지원했고요. 올 책잔치 수익금도 다문화가정이나 조손가정 아이들에게 교복을 사 주는 데 쓰자고 계획하고 있어요. 그리고 도서관에 같은 책이 3권 이상이면 2권은 비치하고 나머지 한 권은 산간벽지 아이들에게 보내 주고 있어요(○○동 자원봉사자).

(3) 지역문제의 정보획득수단과 자원(정보) 접근성

이 지표를 측정하기 위한 기본 질문은 마을도서관이 마을의 정보를 획득하기 위한 수단으로서의 기능과 역할 여부, 즉 도서관을 통해 마을의 정보를 얼마나 획득하고 있는지, 마을신문이나 도서관소식지의 활용 여부 등이었고, 정보를 얻기 위해 접근하기는 용이한지의 여부를 질문하였으나, 정보획득에 있어서 한계가 분명한 답변들이었으므로, 확장된 질문은 하지 않았다.

마을도서관이 마을과 관련된 포괄적인 정보를 얻는 수단이라기

보다는 도서관과 관련한 책과 교육, 보육에 관한 정보를 얻는 수단
으로서의 기능과 역할이 훨씬 많은 것을 알 수 있었다. 모든 도서관
들은 마을신문이나 도서관 소식지를 발행하고 있었는데, 법동의 마
루도서관만이 현재 도서관 소식지 1호를 준비하면서 편집 중에 있
었고, 다른 도서관들은 도서관 소식지 편집 팀을 엄마들로 구성하
여 발행하고 있었다. 대부분의 도서관들은 도서 및 교육과 관련한
양질의 정보를 얻는 정보의 획득 수단으로서의 역할은 충분히 하고
있었으며, 일부 도서관의 경우 마을의 정보를 취득할 수 있는 기회
도 제공하고 있었다. 그러나 아직은 도서관 운영을 통한 고유의 역
할에 집중할 수밖에 없는 짧은 역사가 지역의 다양한 정보를 포괄
적으로 획득하기에는 부족함이 있다고 판단되었다. 그러나 또바기
도서관의 경우 마을 전체를 아우르는 마을신문을 발행함으로써 마
을의 정보를 획득할 수 있는 기초를 마련하고 있었는데, 도서관 소
식지는 엄마들이 주도적으로 만들고 있었으며, 마을신문은 어린이
기자단이 구성되어 아이들 스스로 만들고 있었다는 점에서, 또바기
도서관의 큰 성과로 인식되고 있었다. 마을신문이나 소식지가 마을
사람들에게는 책과 교육에 관한 정보를 취득하는 수단으로 활용되
고 있었고, 또한 도서관을 홍보하는 수단으로 활용하고 있었으며
이를 통한 주민들과의 관계형성의 작은 동력도 되고 있었다. 또한
정보를 접근함에 있어서도, 주민들은 대체로 지리적으로, 심리적으
로 쉽고 편안하게 이용하고 있었다. 질문을 통한 면접대상자들의
생각은 다음과 같다.

마을신문은 어린이 기자단이 방학 때만 발행하고 소식지는 엄마들이 분기별로 발행하고 있어요. 그런데 마을신문 때문에 욕도 많이 먹고 칭찬도 많이 듣고 있죠. 녹색연합과 함께한 공기오염도 조사결과를 마을신문에 실었더니 동네 어르신들이 집값 떨어진다고 아우성이었어요. 기사목록을 위한 기획회의를 하면서 많은 이야기들이 나오게 돼요. 자연히 마을의 정보를 기자단이 모아 오게 되지요. 대전시의 버스노선 개편이나 마을의 역사와 유래, 마을의 최고령자이신 99세, 98세 어르신들을 인터뷰하는 등 마을의 이야기를 함께 나누는 겁니다. 이런 활동이 도서관을 통해서 이루어지고 어린이들이 역할 하는 것을 보면 너무나 뿌듯합니다. 또 이 아이들이 자기 친구들에게 신문을 직접 나눠 주며 홍보도 합니다(○○동 관장).

소식지는 늘 꼼꼼히 보고 있고요. 참여도 해요. 소감 글을 가끔 올리고 있거든요. 지난 호에 제 글이 사진과 함께 실렸는데 제가 직접 쓴 글이 신문에 나오니까 새롭더라고요. 신문에 나온 문구들도 다시 또 보게 되고……. 뒤로 주춤하던 저를 다시 일으켜 세워 줬어요. 나태하던 저를 돌아보게 했고요. 다른 사람들도 꼼꼼하게 보면 득이 될 것 같아요. 많은 정보를 얻고 있어요(○○동 자원봉사자).

계간지로 연 2회 발행하는 것으로 알고 있어요. 올해는 자전거길 홍보 때문에 초·중학교에 설문지를 돌리면서 배포를 하다 보니 동나 버렸어요. 우편으로도 배포하고 직접 전달하기도 하는데 엄마들 권유로 도서관에 왔다는 사람이 가장 많지만 소식지 보고 왔다는 사람도 두 번째로 많은 것 같아요. 그리고 세 번째로는 카페를 통해서 오는 사람들이죠(○○동 자원봉사자).

발행부수는 정확히 모르지만 많이 읽히고 있는 것 같아요. 오시는 분들도 한 부씩 가져가시거든요. 관심 있게 보는 사람이 많은 것 같아요. 도서관을 믿으니까 거기서 나오는 정보도 믿게 되고 그러니까 많이 보게 되죠. 특히 어린이기자단이 하니까 엄마들이 관심을 보이게 되고 아이들도 마을신문을 통해 성장하게 되고요. 자신의 마을에 대해 몰랐던 환경, 역사 등에 대해 '아! 그렇구나!' 하고 알게 되지요(○○동 자원봉사자).

초창기부터 직접 만들고 있는데요. 사람들이 볼 것이라고 생각해서 정말 글씨 하나하나에도 신경을 써서 만들고 있어요. 처음에는 관심들이 별로 없었다고 생각되었는데……. 그리고 저희들도 도서관 자료로 남기기 위해서 만들었는데 요즘 들어 소식지 보고 왔다는 말을 많이들 하시고요. 뒤에 있는 후원명단에서 자기 이름 찾는 것을 보면서 알게 모르게 많이들 본다는 것을 알 수 있었어요. 많은 정보를 얻어 가는 데는 한계가 있고요. 도서관 홍보에 많이 활용하고 있지요(○○동 임원).

소식지나 신문을 통해서 도서관 소식이 많이 알려지고 있다고 생각해요. 그러나 이용계층에 따른 정보는 차이가 있어요. 초등, 유아 관련한 정보는 도서관에서 다 거론된다고 보는데 어르신들 정보는 도서관에서는 잘 모르죠(○○동 관장).

어떤 정보냐에 따라 다른데요. 마을에서 생활하고 있는 사람들에게 필요한 교육, 보육 관련한 정보에 대해서는 도서관이 구심점 역할을 하고 있다고 생각해요. 보육지원에 관한 정보에 대한 문의전화로 도서관 전화가 불이 났던 적이 있어요. 서로 정보를 교류하고 동사무소에 가서 따지고 항의하고 했던 적이 있죠(○○동 관장).

마을 전체 소식에 대해서는 아니지만 책과 교육에 관련한 정보는 도서관에서 다 얻게 돼요. 시민단체에서 하는 활동을 알게 되고요. 새로운 정보를 많이 얻게 되죠. 정보의 질이 달라요. 학원이야기나 교과에 관련된 것이 아니라 아이들의 전인적인 교육과 관련한 정보를 얻게 돼요. 접근성이나 신뢰감은 훨씬 높죠. 밖에서 하는 엄마들 이야기는 대체로 학원 이야기여서 믿을 수가 없지만 여기서 얻는 정보는 수준이 달라서 믿게 되죠(○○동 이용자).

정보 많이 알게 되죠. 책이나 교육 관련한 것은 물론이구요. 저는 부녀회 활동이나 복지만두레에 대해 도서관에 와서야 알게 됐어요(○○동 이용자).

이사 와서 동네 자체에 대해 모를 때 어떤 사람이 '자원봉사를 한 번 해 볼게요.' 해서 봉사를 하게 되면 관저동의 모든 것을 알게 돼요. 많은 사람을 만나잖아요. 부담 없이 쉽게 오는 거 같아요. 처음 오기가 어렵지 분위기가 편하니까. 공공도서관 사서들처럼 딱딱하고 불친절하게 대하지 않고 우리들이 편하게 대해 주니까요. 공공도서관은 딱딱하잖아요. 조용하고 떠들면 안 될 거 같고……(○○동 임원).

도서관에 와서 사람들이 마을의 정보를 얻어 가야 할 만큼 도서관 역할은 아직 욕심인 거 같고요. 접근성으로만 보면 오고 싶어 하는 것 같아요. 저희가 설문을 통해 '도서관 위치 아느냐? 올 의향이 있느냐?' 등 도서관 관련한 개선점을 조사했는데 거의 만족한다고 결과가 나왔거든요. 자원 접근성은 지리적으로나 심리적으로나 좋은 것 같아요(○○동 관장).

지나가다 들르고, 애 맡겨 놓고 갔다가 찾아가고, 차 마시려고 들어오고, 시원하다고 있다 가고 뭐 사랑방 같은 곳이죠(○○동 임원).

저희는 아이가 좋아서 도서관을 해서 그런지 아이들 관련한 것이나 도서 관련한 정보들이죠. 내 아이지만 혼자 키우기 힘들 때 주변 언니들한테 도움을 많이 받아서 나도 그런 역할을 하고 싶어서 도서관 활동을 해요. 마을 정보는 좀 어렵죠. 접근이 좀 쉽지 않은 것 같아요. 물론 지리적 접근은 좋은데……. 학교 옆에 있고 대로변에 있고……. 그런데 심리적으로는 어려운가 봐요. 지켜볼 대로 지켜보고 오는 사람들이 가끔 있어요. 봉사자들의 역할에도 문제가 있는 것 같긴 한데……. 봉사자들 끼리끼리는 너무 좋은데 새로 오는 사람에 대한 배려가 부족하지 않았나 하는 생각을 해요(○○동 임원).

부담 없이 올 수 있어서 좋아요. 학교 주변이고 집에서 가깝고……. 학교 가다 들르고……. 학교도서관이 있지만 알짬이 왠지 훨씬 편해요(○○동 이용자).

(4) 가입단체의 범위

이 지표를 측정하기 위해 가입하고 있는 단체에 대해 질문하였으나 단체에 가입해서 활동하는 구체적인 경험이 부족하여 답변의 내용이 매우 빈약하였고, 이 부분을 보완할 점으로 인식하고 있었으므로, 확장된 질문은 앞으로의 계획과 적극적인 자세 등이었다. 면접대상자 가운데 관장이나 운영위원들은 학교조직이나 1-2개 이상의 시민단체에 가입하고 있었으나 마을단위의 단체에 가입되어 있는 경우는 단 한 명도 없었다. 그러나 향후 동대표나 부녀회, 학교도서관 조직에 관심을 가지고 가입할 계획은 가지고 있었다. 반면 자원봉사자나 이용자들은 학교조직 외에 마을 밖의 시민단체나 마을 안의 공동체조직, 관변단체 등에 거의 가입한 사례가 없었다.

(5) 마을기관의 협력 및 관련기관과의 협력관계 정도

이 지표를 측정하기 위해 기본적으로 마을기관들, 즉 동사무소, 사회복지관, 금융기관, 학교 등과 어느 정도의 협력관계를 유지하고 있는지, 사회복지공동모금회, 대전마을어린이도서관협의회와의 협력관계, 협력의 내용 등을 질문하였고, 확장된 질문은 협력과 지원이 형식적인지, 실질적인지, 이를 통해 일정한 네트워크가 생기고 유지된다고 생각하는지, 상호협력과 네트워크의 발전 가능성 및 지속성 여부 등이었다.

마을기관과의 협력에 대해서는 대부분 매우 부정적으로 응답하였다. 협력과 지원을 한다 하더라도 기관의 이해나 욕구와 일치할 때 이루어진다고 하였고, 이는 기관책임자들이 자주 이동하는 것이 큰 영향을 미치고 있다고 인식하고 있었다. 형식적 지원조차도 어렵게 이루어지는 상황이어서 네트워크의 형성까지는 여전히 큰 과제로 남아 있었다. 이 지표는 운영자들과 마을기관과의 관계에서 비롯되는 것이어서 주로 관장과 운영위원 중심으로 면접이 이루어졌다.

사회복지공동모금회와의 협력에 대해서는 마을도서관을 확산하는 시기에 초기 시설자금을 지원했다는 점 때문에 도서관 사람들에게 모금회의 존재가 많이 알려져 있었다. 이용자들을 제외하고는 실제로 상호협력과 참여에 대한 적극적 사고가 면접대상자들의 의식 속에 내재되어 있는 것을 알 수 있었다. 모금회의 톨게이트 모금 행사에 참여했던 면접대상자들은 모금과 기부에 대한 새로운 느낌과 인식(감동)을 공유하게 되었고, 사회복지공동모금회와 지속적으로 상호협력관계를 유지하기 위해 모금회의 사업과 행사에 참여할 의사를 보이고 있었다.

대전도서관협의회와의 협력관계에 대해서는 도서관 구성원들은 협의회와 도서관은 불가분의 관계 속에서 성장해 왔고, 서로의 상호협력과 네트워크는 도서관운동의 성패와 직결된다고 인식하고 있었다. 그러나 개별 도서관들이 초기 안정화를 위하여 각자의 독자적인 운영에 집중하다 보니 네트워크의 정도와 수준이 지체되고 있는 현실적 문제가 나타나고 있지만, 스스로 이에 대한 대안모색과 활로를 찾아가는 과정을 겪고 있는 것으로 보였다. 질문을 통한 면접대상자들의 생각은 다음과 같다.

참 어려워요. 동장님이 바뀌셔서 인사를 하러 갔는데 "우리한테 도움을 요청하지 말아 달라. 소식지나 가져다가 동사무소에 비치해라."고 하셨어요. 동직원이 도서관에 와서 사진을 찍어 가요. 우리 동네에 이런 시설이 있다는 사실을 성과물로 생색만 내려는 거지요. 우리의 존재를 알리려고 행사 때마다 초대장을 들고 가면 "오지 말라고, 이야기 안 하는 게 좋다."고 하면서, "위치가 어디냐?"고 전화는 늘 해 대고…… . 학교요? 벽이 높죠. 교장선생님들 왈 "잘해 보시죠." 정도예요. 마을의 금융기관은 자기들도 어렵다며 고개를 살래살래 흔들어요. 참 어려운 문제예요(○○동 관장).
동네 병원에 찾아갔다가 마음을 너무 다쳐서 다시는 못 가겠더라고요. 적은 액수라도 마음이 가야 후원을 하는 거잖아요. 관계가 잘 맺어지지 않아요. 물품을 사용하는 정도는 학교에서 협조를 하는데 후원금이나 참여는 거의 없으시고 몇 분만 오시죠. 시간이 간다고 해서 해결될 것이라고 생각은 안 하고요. 힘을 길러야 될 것 같아요. 선거철만 되면 느끼는데 '저 사람이 내 편인가 아닌가.' 계산한다는 생각이 들어요. 우리를 지켜보고 있다는 생각이 들어요. 우리가 힘이 커져야 저 사람들이 관심을 가질 것 같아요(○○동 임원).
도서관 구성원들이 마을기관들과 같이해야 한다는 인식이 부족하다고 생각해요. 도서관 리더의 역량 속에서 스스로의 자원으로만 모든 일을 해결하려는 생각들을 가지고 있지요. 어찌 보면 숭고하다고 볼 수도 있지만 그건 아니죠. 같이하겠다는 의지가 중요하다고 생각해요. 그런 면에서 마을축제가 중요하지요. 실제로 해를 거듭하면서 마을축제가 마을기관들과의 협력에 있어서 기반을 만들어 주고 있어요. 아직까지는 도서관 사람들이 이런 훈련이 부족하고 지역사회가 도서관을 파트너로 인식하지 못하고 있어서, 어려움은 많지만 실제로 이를 위한 노력들은 이루어지고 있다고 생각해요. 또바기도서관이 앞서 가고 있지요(○○동 관장).
동사무소, 특히 안 도와줘요. 귀찮아하죠. 지역의 구의원님은 정말 많이 도와주셔요. 저희도 처음에는 개인욕심에서 그러려니 했는데 변함없이 도서관 행사 때마다 오셔서 동네아저씨처럼, 친오라버니처럼 그렇게 도와주셔요. 그분이 복지관이나 농협 같은 기관과도 연결시켜 주시죠. 독자적인 네트워크는 어려워요, 학교는 '주민참여형 녹색자전거 마을' 사업을 할 때 많이 도와줬죠. 중학교 한 곳이 녹색성장 시범학교여서 설문조사 등에 적극적으로 도와줬어요(○○동 관장).

동사무소의 경우 천막을 빌려 주고 가져가고 하는 등의 형식적 협력은 이루어져요. 못 해 주는 것이 없다고 생각되지만 귀찮아하는 것이 역력해요. 학교나 관공서는 기관장이 누구냐에 따라 많이 다른 것 같아요. 저소득층을 대상으로 하는 미술놀이를 민예총 주관으로 도서관에서 하게 되어서 초등학교에 찾아갔는데 도서관을 믿지 못한다며 협조를 안 해 줘서 실제로 그 학교에 저소득층학생이 많은데 혜택을 못 받았던 경우가 있어요. 대신 은행, 우체국, 안산도서관, 대덕구평생학습원은 도움을 많이 주셨는데 말이죠(○○동 임원).

홍보 정도의 도움은 많이 주시는 편이에요. 참여율은 높지 않지만 마을 행사를 할 때는 가서 이야기하고 도움을 청하면 홍보에 도움을 주시죠. 초등학교의 경우 작년에는 좀 껄끄러웠지만 올해는 아주 많이 도와주셨고 고등학교도 칭찬과 격려를 많이 해 주셨어요(○○동 관장).

톨게이트 모금에 참여했어요. 추워서 감기는 걸렸지만 아이들이 엄마의 봉사활동에 대해 관심 갖고 자랑스러워했어요. 이 모금에 참여하면서 동전(기부하는 돈)으로 사람을 평가하게 되더라고요. 지폐를 넣고 가시는 분이 계시면 환호성이 터지고 고급승용차가 그냥 홱 지나가 버리면 다시 쳐다보게 되지요. 이 모금에 참여하면서 사회복지공동모금회를 새롭게 보는 계기가 되었고요. 주위 사람들에게 단돈 100원이라도 넣으라고 권유하게 되었어요(○○동 자원봉사자).
도서관에 와서 모금회를 알았죠. 그 전에는 모금회 돈이 불우이웃을 돕는 데만 쓰이는 줄 알았어요. '아! 불우이웃만 돕는 것이 아니라 모아서 알차게 실속 있게 도서관처럼 진짜 필요한 곳에도 쓰이고 있구나 알게 된 거죠. 도서관 일도 '내 일'이 아닌데 순수하게 봉사하는 것처럼 모금회에 대해서도 지원받았으니 우리가 이 정도는 해야 하지 않나 하는 순수한 마음으로 톨게이트 모금에 참여하는 거죠. 모금회를 알고 나니 모금회 조직과 사업에 더 관심이 가고 솔깃한 마음이 생겨요(○○동 자원봉사자).

전에는 전혀 관심이 없었는데요. 저희들에게 지원을 해 주셔서 모금회에 관심이 커지고 있어요. 아이들에게도 모금회가 하는 일에 대해서 설명해 주고 모금함에 돈을 넣으면 이런 도서관이 더 많이 만들어진다는 이야기를 하게 돼요. 특히 톨게이트 봉사를 하면서 더 절실히 느끼게 되었어요. 모금의 어려움을……. 자연스럽게 관심이 더 가지더라고요(○○동 임원).

모금회 잘 몰랐는데요. 도서관 만들 때 지원했다는 사실에 관심을 갖게 됐고요. 자원봉사자로서 모금회와 상호협력 관계를 계속 유지하고 발전시켰으면 좋겠어요(○○동 자원봉사자).

톨게이트 모금행사에서 엄마들이 감동을 많이 받고 오는 것 같아요. 참 희한해요. 그렇게 고생을 하고서 감동을 받는다는 게 놀라워요. '아! 이렇게 돈이 모아지는구나!' 모금에 함께 참여한다는 감동, 그리고 함부로 쓰면 안 되겠다는 생각들을 하더라고요. 처음 지원받았을 때는 잘 쓰면 된다는 생각이었다면 그때와는 다르게 두 번째 톨게이트 모금에 나갈 때는 잘 쓰는 부분에 대한 고민이 자발적으로 나오더라고요(○○동 관장).

톨게이트 모금에 운영위원과 자원활동가 5－6명이 참가했는데요. 사실 모금회에 대해서는 불우이웃을 돕는 단체 정도로 알고 있었죠. 나하고는 관계없는 기관으로 멀게 느껴졌는데 톨게이트 모금에 참여하고 나서야 '이렇게 모아서 나한테 혜택이 오는구나!' 생각하게 되었고 그 기관이 너무 가깝게 느껴졌어요. 모금활동은 너무나 춥고 힘들었지만 그런 기회가 없었으면 아마 몰랐을 거예요. 저도 물론이고 대부분 참여자들이 다시 참여하고 싶다고 하였고 앞으로 모금회 일에 관심 갖고 협력하겠다는 생각이 들었어요(○○동 임원).

협의회가 필요하고 위로가 되고 하는데, 도서관 운영자들이 도서관 운영 때문에 힘든 상황이다 보니 상대적으로 약한 다른 도서관을 어떻게 도울까, 이끌어 줄까, 잡아 줘야 할까에 대한 고민이 충분하게 나누어지지 않아서 안타까워요(○○동 관장).

협의회가 정말 필요하죠. 개별도서관들을 묶어 주고 연결해 주는 고리잖아요. 그런데 개별도서관들이 너무 바빠서 협의회 일에 시간을 내서 가기가 참 어려워요. 또 협의회도 전문활동가가 아닌 자원봉사 시스템이니까 부족한 점이 많이 있죠. 활성화가 되어야 하는데……(○○동 임원).

정말 있어야 하고 개별 도서관에 필요한 기관인데 크기나 형태에 비해 역할이 원활하게 이루어지지 못하고 있는 게 안타깝죠. 실질적으로 일할 사람이 없는 것이 문제인 거 같아요(○○동 임원).

협의회가 제 기능을 하기 위해서는 무엇보다도 먼저 지역리더십의 향상이 이루어져야 한다고 생각해요. 그래서 올해는 협의회 교육의 주요내용이 리더십 교육이에요(○○동 관장).

굉장히 어렵죠. 개별도서관의 입장에서는 협의회에 도움을 요청하게 되는데 협의회가 각 도서관에서 파견한 자원봉사체제로 운영을 하니까 저 같은 경우 사무장을 맡고 있지만 제 역할을 제대로 하지도 못하면서 이중적 부담을 가지게 되는 거죠. 어려워요. 정말 협의회가 필요하고 뗄 수 없는 관계인데 우려가 돼요. 간사 혼자 감당하기 어렵죠. 기로에 서 있는 것 같아요. 고민이 돼요(○○동 관장).

* 주민참여

(1) 공동체의 유지·발전에의 관심, 참여, 효과기대(집합적 효능감)의 수준

관저동의 해뜰도서관은 주민설문조사와 실태조사를 실시하여 마을 자전거길 실태를 직접 파악하였다. 주민들이 자주 이용하는 도서관, 시장, 간선버스 정류장, 구봉산을 연결하는 마을자전거길 네트워크를 제안하여 우수한 평가를 받아 '주민참여형 녹색마을자전거길' 조성사업에 선정되었다. 녹색 자전거마을 조성사업은 관저동 주민들의 '자전거 타기 가장 좋은 도시 대전'을 향한 첫걸음이며, 더 나아가 관저동이 세계적인 자전거 모범도시를 만들기 위하여 주민들이 자발적으로 추진하고 참여한 주민주도의 사업으로, 해뜰도서관이 그 중심에 있었다. 따라서 해뜰도서관의 경우 '주민참여형 녹색마을자전거길' 조성사업은 이 지표를 측정하기 위한 적합한 사례였으므로, 해뜰도서관은 이 사업을 중심으로 분석하였다. 다른 도서관들(해뜰 포함)은 이 지표를 측정하기 위한 기본 질문으로 아이들 배회 문제, 쓰레기 투기, 낙서, 우범지대를 예로 들면서 질문하였고, 확장된 질문은 활동 전과 후의 생각, 그리고 이에 대한 태도의 변화를 질문하였다. 이에 대한 반응은 마을문고와 마찬가지로 아이들 관련한 집합적 효능감이, 생활상의 문제를 통한 공동체의 유지, 발전에 대한 집합적 효능감보다 훨씬 큰 것을 알 수 있었다. 도서관의 구성원이 주로 엄마들이고 또한 아이들과 늘 접하는 도서관의 특징이 반영된 결과로 보였다. 그러나 그 정도와 수준은 마을문고보다 마을도서관이 크게 나타났다. 또한 "도서관이라는 곳 자체가, 마을의 유지·발전에 관심을 갖고 참여하면서 일에 대한 기대수준

이 높은 사람들이 모여서 만들고 운영하는 곳"이라는, 작은나무도
서관 관장의 표현처럼 도서관의 활동과 집합적 효능감은 돌고 도는
순환적 관계를 형성하는 것으로 보였다. 질문을 통한 면접대상자들
의 생각은 다음과 같다.

> 일단 너무 자랑스럽고……. 한 사람 힘으로 될 수 있는 일이 아닌데…….
> 마음만 있으면, 두드리면 길이 열리는 것 같아요. 이 일이 하루아침에 된 일은
> 아니에요. 우리가 이미 도서관을 만들려고 준비할 때부터 생태와 환경에 관심을
> 두고 준비과정에서 기획을 했었으니까요. 이미 제대로 관심사를 잘 둔 거고 그
> 러면서 우리 아이들을 잘 키운 거고(어린이기자단 발족) 그런 바탕에서 3년 후
> 기회가 왔을 때 기회를 잡았다고나 할까요? 이걸 기회로 태양광 사업도 한다면
> 주민주도 및 주민참여 환경마을로는 첫 마을이니까 환경도서관으로 특화될 수
> 있다고 생각해요. 이 사업이 다른 마을로 확산이 될 텐데. 친환경 태양광 사업을
> 같이하면 에너지를 자급자족할 수 있고 에너지를 팔 수도 있다는 거죠. 그렇게
> 되면 환경교육에 있어 특화된 도서관으로 성장할 수 있다고 생각해요. 이번에
> 구봉중학교가 녹색성장 시범학교로 선정이 되면서 이 사업에 아주 적극적이었어
> 요. 담당선생님과 교장선생님이 설문조사와 홍보를 적극적으로 도와줬어요. 이
> 학교도 녹색연합과 함께 시범적으로 프로그램을 할 계획이라더군요. 이 사업이
> 지역사회의 좋은 모델이고 좋은 에너지가 된다고 생각해요. 해뜰도서관은 공모
> 에 참여할 때 모두 적극적으로 참여했어요. 각 동아리별로 해야 되는 설문지 작
> 업 다 했고요. 공모에서 선정됐다는 것이 마을에 좋은 기운을 가져온 것이 확실
> 해요. 주민들과 함께했으니까요. 구봉중, 봉우중, 서남초, 구봉고 즉 초·중·고
> 에 협력을 요청해서 다 알리고 설문조사를 통해 주민들의 의견을 수렴하면서 하
> 다 보니 주민들께서 자연스럽게 관심을 가지고 참여하게 되신 거죠. MOU 체결
> 을 했는데 그때 통장님들 다 모이고 뉴스에도 나오고 시장님이 일부러 여기까지
> 와서 체결하고 홍보도 했어요. 이후 7인의 전문가 집단과 공청회할 때는 '자전
> 거 달인을 찾아라' 공모하고 상가 돌면서 홍보했어요. 주민들 관심이 컸고요.
> 정말 되면 좋겠다고 생각하셨어요. 단지 상가분들의 반응이 조심스러웠죠. 설문
> 조사의 반응을 보면 주민들이 적극적으로 설문에 응해 줬어요. 찬성, 반대로 따
> 진다면 약 70 – 80%가 찬성과 함께 많은 의견을 주셨으니까요. 할아버지들은
> 말뿐이지 되겠냐고 걱정하셨지만 대전시에서 10년 계획으로 진행하고 있으니까

잘될 것이라고 생각해요. 해뜰도서관이 클 수 있는 발판이 되고 홍보가 되니까요. 제가 라디오 TV에서 인터뷰도 했다니까요(○○동 관장).

녹색마을자전거길에 대한 효과나 기대가 커요. 마을의 유지, 발전에 대해 많은 생각을 하게 해요. 너무 좋은 일이어서 고맙게 생각하고 있어요. 제가 주도적으로 나서지는 못하지만……(○○동 이용자).

사실 마을의 유지발전에 대해 관심 별로 없잖아요. 기껏해야 '뭐가 생긴대?' 정도의 관심이죠. 그런데 도서관 하면서 도서관 관련해서 이야기를 하다 보면 되는 것이 신기해요. 예전에는 '누군가 하겠지' 했는데 도서관에서 일을 하다 보니 우리가 하게 되는 거예요. 그런데 정말 되는 게 너무 신기해요. 이 자전거길만 해도 '사람들이 관심이 있을까?' 했어요. 그런데 이 이야기를 누가 우연히 하게 되면 '저도 서명했는데요.' 하면서 참견하는 거예요. 알게 모르게 관심이 많이 퍼져 있는 것 같아요. 적극적으로 나서지는 못하지만 관심은 있고요. 누군가가 해 주면 동참은 다 하는 것 같아요. 설문지도 너무 잘 걷어 주고 서명하는 것이 신분을 노출하는 건데 전혀 거리낌 없이 해요. 이 사업에 대한 기대도 저를 비롯해서 주민들도 엄청 커요. 대 놓고 진행과정을 물어보진 않지만 말해 주면 좋아하고 반응을 해요. 단지 그 관심이 감추어져 있는 거 같아요. 동참은 하겠지만 누군가가 나서 주길 바라는 거죠(○○동 임원).

도서관분들은 학교 안 가고 배회하는 아이들을 보면 물어보고 학교에 데려다 줄 것 같아요. 저는 물론이고 다른 사람들도 그렇게 할 것 같아요(○○동 자원봉사자).

도서관 활동을 하면서 마을에 대한 관심이 확 달라진 거 같지는 않고 기본적으로 마을의 유지·발전에 대한 관심 있는 사람들이 도서관에 모인 것 같아요. 실제로 도서관 때문에 우범지역이던 옆 놀이터가 활기를 띠고 밝아졌어요. 저희가 행사도 많이 하고 아이들이 뛰어놀다 들어오거든요. 의도한 건 아니지만 도서관 때문에 마을이 달라지는 거죠(○○동 관장).

코오롱 아파트와 롯데아파트 아이들이 철조망 담을 넘어 다니면서 다리 부러진다는 소리 들으면 답답하죠. 그래서 롯데아파트 아는 사람들에게 관리사무소에 전화하라고 권유도 했어요. 사람들이 힘을 합쳐 뭔가를 할 때의 감동. 기대감 커요. 도서관에서는 장터를 준비하면서 그랬어요(○○동 임원).

저는 크게 와 닿지는 않는데요. 민원제기 정도죠. 도서관 사람들은 적극적일 것 같아요. 아주 많이(○○동 이용자).

마을학교나 마을 돈을 통해서 도서관 내의 신뢰를 쌓고 이를 토대로 주민들과의 신뢰를 쌓아서 공동체의식을 확산시켜 나가야 하는데, 도서관 사람들이 경제적으로 어려워지다 보니, 품앗이 학교, 은행 등이 크게 확장되지 못하는 문제점이 나타나고 있어요. 마을공동체를 향한 관심과 참여는 이러한 문제를 어떻게 풀어 나가느냐와 연동되어 있지요. 아직은 부족하지만 마을 전체에 대한 사랑이 저희들의 마음이고 희망이고 그래요. 해 나가야죠. 그것이 바로 공동체를 만들어 가는 일이니까요(ㅇㅇ동 관장).

(2) 동네주민조직의 참여 정도와 수준

이 지표를 측정하기 위한 질문은 동네주민조직에 참여하고 있는지, 그 정도는 어떤 수준인지를 질문하였다. 확장된 질문은 동네주민조직참여와 도서관 활동과의 관계, 앞으로의 계획 등이었다.

동네주민조직의 참여 정도는 거의 전무한 상태라고 해도 과언이 아닐 정도의 수준에 머물러 있었다. 그 이유는 면접대상자들의 다음과 같은 반응에서 정리해 볼 수 있었다. 현재 마을어린이도서관은 도서관 운영의 안정화를 이루어야 하는 초기 정착 단계에 있는 역사가 매우 짧은 도서관들이다. 다른 동네조직에 관심을 두거나 참여할 수 있는 여유와 환경이 조성되어 있지 않았다. 때문에 동네조직에 참여할 필요성과 당위는 가지고 있었으나 현실적으로 실행에 옮기지 못하고 있었으며, 다만 도서관 운영이 안정되는 과정 속에서 추진할 계획을 가지고 있었다. 또한 도서관에서 단순 대출과 반납만 이루어지는 것이 아니라 각종 소모임과 프로그램의 운영, 마을신문이나 소식지 제작 등의 다양한 사업과 활동을 하고 있어서 다른 조직에 참여할 여유와 시간이 없었다. 동네 주민조직 중 관변의 성격이 짙은 조직은 도서관 활동을 하는 사람들과는 기본적인 시각과 철학의 차이가 있어서 참여하기가 어려운 측면도 있었다. 질문을 통한 면접대상자들의 생각은 다음과 같다.

내년에 학교의 사서 어머니회나 부녀회에 가입할 것인지의 여부를 놓고 논의한 적이 있어요(○○동 관장).

학부모회나 유치원 부모모임, 동대표 등에 가입할 의향이 있어요(○○동 관장).

색깔이 달라서 동네주민조직에 다가가기가 어려워요(○○동 관장).

도서관 일을 위해 아파트 부녀회에 가입할 의사가 있긴 한데 도서관 일에 바빠서 아직 못 하고 있죠(○○동 임원).

아쉬울 게 없어요. 도서관이 다 해결해 주니까요. 해뜰도서관의 비중이 너무 커서 여기에 올인하고 있어요. 5-6년 지나야 동네 다른 조직에 신경 쓰고 참여할 것 같아요(○○동 임원).

필요성은 느끼는데요. 아직은 욕심이라고 생각해요. 동네조직과 사람을 아우르기가 너무 어려워요. 저희가 그런 일을 정말 못 해요. 특히 관변 사람들 대하기가 어려워요(○○동 관장).

도서관은 말이죠. 누가 그러더라고요. "40대가 할 일이 아니에요." 30대 열정과 젊음이 더 맞아요. 상근직 관장과 총무는 생활이 거의 도서관이기 때문에 내 생활과 양립하기가 버거워요. 느티나무 관장님처럼 경계가 없는 삶이 되어야 하는데 우리는 그 정도 내공이 없잖아요. 차라리 직장은 공과 사가 구별되지만 여기는 일도 해야 하고 애도 거두어야 하고……. 도서관에 오는 엄마들하고 이야기해야 하고요. 그러니 일은 또 집에 가져가서 해야 하고……. 너무 힘들어 다른 일은 못 해요(○○동 관장).

"살림은 '꽝' 됐어요."(웃음) 그래도요 도서관에 있다가 힘이 들어 외식하려고 하다가도 도서관에서 친환경 먹을거리에 완전 세뇌돼서 '사 먹으면 안 되지 좋은 먹을거리로 해 먹여야지.' 이렇게 되니까 이중으로 힘들어요. 차라리 월급을 받고 일하는 것이 쉬워요. 주어진 시간만 하면 된다고 생각하지만 늘 머릿속에 도서관 일 생각이에요. 보람은 있지만 너무 힘들죠. 다른 활동을 할 여력이 없어요(○○동 자원봉사자).

그래서 내부리더는 키워 내지만 외부를 향한 리더십 확장의 기회를 놓치게 되는 문제가 있어요(○○동 관장).

* 호혜

(1) 상호작용의 양적, 질적 정도와 수준

이 지표를 측정하기 위한 기본 질문은 같이 식사하는 정도, 여가시간의 공유 정도, 경조사 참여 등을 질문하였다. 확장된 질문은 도서관 안과 밖에서의 상호작용의 양과 질의 차이, 도서관 활동 이전과 활동 이후의 차이 등이었다.

대부분 도서관들은 점심을 거의 도서관에서 같이 직접 해서 먹거나 준비해 온 반찬을 풀어 놓고 함께 나누는 시스템으로 자리를 잡아 가고 있었다. 엄마의 보호 밖에 있는 아이들도 함께 밥을 먹고 가족처럼 생활하고 있었다. 여가시간도 박물관 기행이나 생태체험 등을 도서관 프로그램 안에서 함께 공유하고 있었고, 시간이 맞는 사람들끼리 '번개 미술관 탐방' 등을 하면서, 가족단위로 여가시간을 함께 공유하고 있었다. 운영자들은 경조사 교류를 기본적으로 하고 있었지만, 자원봉사자의 경우는 아직 그 정도의 상호작용까지는 이루어지지 않는 경우도 있었다. 그러나 대체로 밖에서보다는 도서관에서 상호교류와 접촉이 더욱 활발하며, 도서관 활동 이전보다는 도서관 활동 이후에 상호교류가 훨씬 활발하게 이루어지는 것을 알 수 있었다. 질문을 통한 면접대상자들의 생각은 다음과 같다.

> 아직까지는 도서관에 와서 모이는 정도죠. 집에 서로 왔다 갔다 하거나 경조사까지는 못 챙겨요. 여가시간을 함께 보내는 것에 대해서도 품앗이를 통해서 하려고 해요. 지금 그 준비단계니까 품앗이를 통해서 많이 이루어질 것 같아요 (○○동 자원봉사자).
>
> 저는 빌라에 살다가 아파트로 이사 오면서 사람들과의 관계를 꿈꾸면서 왔죠. 생각한 만큼 잘 안 되더라고요. 시간이 필요한 거 같아요. 관계를 형성하는

시간이 필요한 거죠. 시간이 가면서 자연스럽게 이루어지는 것 같아요. 도서관에 올 때는 집에서 싸 온 반찬들을 가지고 거의 여기서 같이 점심 먹고요. 시간 맞는 사람끼리 주말에 놀러 가기도 해요. 생각지도 않았는데 동생결혼도 챙겨 주시고요. 아버님 편찮으실 때도, 시어머님 돌아가셨을 때도 서울인데 오셨어요. 아이 돌 때도 챙겨 줬고요. 너무 고마웠어요(○○동 임원).

원래 먼저 말을 못 붙이는 형이었는데요. 도서관이 사람을 바꿔 놓아요. 먼저 인사하게 되고 붙임성이 생겼어요. 앞집도 먼저 가게 되고⋯⋯. 상호 간에 교류하고 접촉하는 것은 도서관에서 훨씬 활발하게 일어나죠(○○동 임원).

밥도 먹고 술도 먹고 놀러 가고 나눠 먹고 경조사 챙기고⋯⋯. 물론 밖에서도 하지만 도서관에서 더 활발하죠. 도서관 사람들하고 더 친밀해요(○○동 임원, 자원봉사자).

너무 친밀해서 경조사는 기본이구요. 경조사 챙기니까 서로 고맙고 그렇죠. 도서관에서 늘 밥을 해 먹고 시끄럽고 해서 비판의 대상이 되기도 했는데 밥 먹는 데서 힘이 나는 거 같아요. 지난번엔 용산도 갔다 왔어요. 뭘 거기까지 가냐고 하는 엄마도 있었지만 어떤 엄마는 못 가지만 전해 달라며 후원금도 주고요. 두 사람은 같이 갔고요. 이런 말을, 행동을 할 수 있다는 게 정말 좋아요. 정말 힘을 받는다는 생각이 들고요. 그 영향도 분명 있어요(○○동 관장).

운영위원들은 한 달에 한 번 정도는 술 먹어요. 집에 돌아다니면서⋯⋯. 자기 집에 오기를 바라고요. 서로 모여서 나누고 해요. 자원봉사자나 이용자들과도 어떤 모임이나 도서관 일을 통해서 관계가 있게 되면 아이 봐 주고 생신상 도와주고 학원 시간 챙겨 주고⋯⋯. 이런 정도는 충분히 하죠. 자원봉사자끼리도 같은 팀이나 동아리 활동을 하는 사람들은 서로 간에 더 친해지고 왕래하고 그렇죠(○○동 관장).

운영위원이나 자원 활동가들은 경조사 서로 다 챙겨요. 그리고 점심때 관장님이 늘 밥을 하시니까 저희는 반찬 싸 와서 같이 밥 먹고 이런저런 이야기 늘 하죠. 여가시간은 남편 때문에 많이 함께하지는 못하지만 다른 분들은 시간 맞으면 함께하죠(○○동 자원봉사자).

도서관에서 같이 식사해요. 사 먹는 건 안 하고요. 여기 엄마들 친환경 먹을거리에 신경을 많이 써서 도시락 싸 가지고 밖에서 먹기도 해요. 산에도 같이 다니는데 아직 경조사까지는 서로 못 챙겨요(○○동 자원봉사자).

경조사 챙겨요. 도서관에서 밥을 같이 해 먹기도 각자 싸 와서 나눠 먹기도 하고요. 쌀은 늘 준비해 놓으니까요. 관심사가 같은 사람들끼리 '번개 미술관' 해서 같이 미술관이나 박물관 기행을 하죠. 개인적으로 가는 게 아니라 공공의 목적을 띠고 있을 때는 도서관 차를 이용해서 같이 가요(○○동 임원).

　내가 해 와서 같이 나눠 먹고 해 먹기도 하고 등산도 같이 다니고 도서관에서 단체로 휴일 놀러 가기도 하고……. 도서관 내에서 상호 간에 교류하고 접촉하는 것이 더 활발하죠. 밖에서보다(○○동 자원봉사자).

(2) 도움 필요시 지원획득 가능범위 정도와 수준

이 지표를 측정하기 위한 기본 질문은 아프거나 갑자기 돈이 필요하게 됐을 경우의 예를 제시하고 질문하였다. 이 지표 역시 확장된 질문은 도서관 밖보다 안에서 활발한지의 여부, 도서관 활동 이전과 활동 이후의 변화의 차이 등이었다.

대체로 도움을 요청했을 때 도와줄 것이라는 신뢰와 호혜가 내재해 있었다. 도움을 받은 사람은 '나도 도와줄 수 있다.'는 생각을 하게 되고, 도움을 준 사람 역시 '나에게 도움을 주겠구나.'라는 생각을 한다고 하였다. 그런 경험이 없는 면접대상자들도 자신이 그런 마음을 가지고 있으니 다른 사람도 같은 마음을 가지고 있을 것이라는 호혜의 정신이 살아 있었다. 자원봉사자의 경우 자원봉사자 모임을 '가족 모임'으로 부르는 도서관에서는 호혜에 대한 기대가 있었고 이용자들의 경우도 아직은 호혜정신이 부족하지만 도서관 사람들은 상호 호혜가 잘 이루어지고 있다고 여기고 있었다. 금전적으로 서로 지원하는 부분은 호혜의 정신이 부족해서가 아니라, 오히려 신뢰가 깊을수록 피하는 정서상의 배경이 있다고 보였다. 도서관 밖에서보다 안에서 활발하게 그 정신이 살아나고 있었고, 도서관 활동 이전보다는 이후에 훨씬 많은 변화를 경험하고 있었다. 질문을 통한 면접대상자들의 생각은 다음과 같다.

제가 도와줄 마음이 있기 때문에 다른 사람들도 도와줄 것이라고 기대해요 (○○동 임원).

전부는 아니지만 올 것 같아요. 경험이 있는데 관장님한테 갑자기 돈이 필요해서 요청했던 적이 있어요. 다른 사람도 해 줄 것 같아요. 그만큼 편해졌다고 할까요? 허물없어졌다고 생각해요(○○동 임원).

죽 끓여 주고 죽 사 주고 병원에 데려가 주고 돈이 다급해도 꿔 줄 것 같아요. 실제로 당장 생활에 필요한 것을 구매해야 하는데 갑자기 돈이 없을 때 꿔 줬어요. 힘든 거 알고 도와줘요. 각자의 생활형편 다 아니까. 도서관 때문에 생긴 영향이 저는 정말 커요. 단순하게 가사노동만 하면서 살 수도 있었는데 네트워크가 많이 생긴 거죠(○○동 임원).

아프면 당연히 올 거고요. 경제적으로 어려워지면 아마도 모금해 주지 않을까요?(웃음) 엄마들이 모금에 하도 익숙해져서……. 서로 돕겠다는 거죠. 어려울 때 맘이 더 쏠리잖아요(○○동 관장).

밖에서는 잘 안 되는데 도서관에서는 병문안이나 생일 챙겨 주는 정도는 다 하죠(○○동 자원봉사자).

저는 도서관에서 도움받은 적이 있어요. 요즘 도서관에서 사귄 사람에게 1박 2일 캠프를 가야 하는데 강아지를 놓고 가야 해서 부탁을 했더니 선뜻 맡아 주겠다는 거예요. 애기도 어린 집이고 여름철에 귀찮았을 텐데……. 너무 고마웠어요. 그런 경험을 하고 나니 나한테도 도움을 청하면 나도 도와줄 수 있는 마음이 생기고 서로 도움을 주고받는 것에 자신감도 생기고 희망을 갖게 되고 그랬어요(○○동 자원봉사자).

자원봉사자 모임이 가족모임이라고 했잖아요. 우리는 '가족'이기 때문에 다급할 때는 가족회원들이 의논해서 도와줄 것 같아요(○○동 자원봉사자).

아프면 와 줄 것이라고 생각해요. 돈 문제는 일부러 서로 안 하게 되고요. 제가 도움을 준 적 있어요. 전화했더니 혼자 앓고 있어서 병원에 데리고 갔어요. 그런데 제가 누워 있어도 요청할 거고요. 도움받을 것 같아요. 도서관은 많이 달라요. 감동, 재미, 보람 정말 여러 가지가 있지요. 도서관 활동 전과 후가 너무 많이 다르죠(○○동 자원봉사자).

도움을 요청하면 다 와 줄 것 같아요(○○동 자원봉사자).

도움 요청하면 받아 줄 것 같아요. 돈 이야기 빼고요. 돈 이야기는 제가 못 해요(○○동 자원봉사자).

미안해서 말을 못 할 것 같긴 한데요. 소소한 것은 하죠. 그런데 운영위원이나 자원봉사자들은 얼마든지 가능할 것 같아요(○○동 이용자).

다는 아니어도 대부분 달려올 것 같아요. 제가 잘 아프거든요. 그러면 병원 데리고 가겠다고 와요. 학교 자모 모임하고는 너무 다르죠. 자모 모임은 큰아이 1학년 때 만난 엄마들이 6학년이 된 지금에도 만나는데 개인적인 이야기는 해요. 많이 달라요(○○동 자원봉사자).

아플 때 도와줄 것 같아요. 가까이 있는 게 중요하죠. 자주 도서관에서 만나는 사람들과는 충분히 그런 관계가 돼요. 제가 도움을 요청하면 도와줄 것이라는 믿음이 있어요. 도서관에 가야 하는데 불가피한 사정이 있으면 도서관 아는 언니들에게 부탁하면 다 들어주셔요. 어려운 부탁 많이 해요. 흔쾌히 들어주죠 (○○동 임원).

(3) 집안일의 상부상조의 정도와 수준

이 지표를 측정하기 위한 기본 질문은 아이 돌봄, 김장 등의 예를 제시하고 질문하였고, 확장된 질문은 상부상조에 대한 기대, 의식의 변화 등이었다. 이에 대한 반응을 보면, 큰일로 상부상조한 경험이나 사례는 거의 없는 것으로 나타났다. 과거와 달리 큰 일손이 필요한 것들은, 자본주의 시장경제 체제 안에서 이미 상업적으로 이루어지고 있고, 그것이 당연한 삶의 모습이 되어 버린 현실에서 볼 때 큰 규모의 상부상조를 기대하는 것 자체가 무리일 수 있었다. 그러나 일상의 작은 부분들을 서로 도와 가면서 함께 생활하는 것이 현재 마을도서관들의 활동이자 지향점이라는 점에서 앞으로 도서관이 마을 공동체의 중심으로 역할을 할 수 있는 가능성을 볼 수 있었다. 또한 도서관에서부터 품앗이 은행을 설립하고 마을 돈을 사용할 수 있다면, 옛 전통의 상부상조가 활발하게 일어날 가능성이 충분하다고 판단되었는데, 마을어린이도서관은 유아나 초등학교 학부모들로 연령이 높지 않아 김장을 스스로 하는 경우가 거의 없었다. 따라서 현재 김장을 통한 상부상조는 나타나지 않고 있지만, 앞으로 도서관에서 김장학교를 연다면, 도서관 엄마들뿐 아니라 마을 사람들이 함께 모여서 김장을 함으로써, 협력하고 나누는 상부상조가 이루어질 것으로 보였다. 이러한 것들이 재현되고 확장된다면, 그 이상의 상부상조, 즉 마을 안에서 대안 경제시스템이 시도되고 발전할 수 있는 가능성도 볼 수 있었다. 질문을 통한 면접대상자들의 생각은 다음과 같다.

아이 돌봄은 빈번하고요. 목욕시켜서 밥 먹여서 보내라고도 하죠. 또 도서관 언니 시어머님 편찮아서 우리가 가서 김장 같이했어요. 마음들이 따뜻해서 서로 상부상조 잘해요. 물론 도움은 주는데 받는 거 불편해하는 사람도 있잖아요. 성향은 다르지만 그 안에서 나름대로 형편대로 잘해요(○○동 임원).

이번 여름에 자원봉사자 시댁 감자밭에 가서 같이 캐고 도와드렸어요(○○동 자원봉사자).

옷 같은 재활용품 서로 나누고 딸기잼 같이 만들어 먹고 사소한 것에서 많이 도움을 받아요. 서로 상부상조하게 되죠(○○동 이용자).

큰일은 아닌데요. 깻잎김치가 필요한 사람들이 모여서 같이 담가요. 깻잎김치가 시간과 손이 많이 가거든요. 또 돈가스가 필요한 사람들끼리 모여서 같이 만들고요. 큰일을 치러 보지는 못했지만 같이 힘을 모아 도우면서 하는 일들은 많이 있죠(○○동 임원).

김장요? 너무 모여요. 아이 돌봄은 기본이고요(○○동 관장).

김장을 올해는 같이하자고들 했어요. 올부터 몇 집은 같이 할걸요. 애들 맡기는 건 부담 없어요. 도서관이 완전 육아도 담당하잖아요. "우리 애 밥 먹여 줘.", "도서관에 데려다 놔."가 기본이지요. 도서관 통해서 많이 생겨났죠 (○○동 임원).

뭐가 필요하다고 사석에서 이야기했는데 전화가 왔더라고요. 정말 신경을 써주고 도움을 줬어요. 그래서 저도 다른 사람이 필요한 것은 알아보고 연결해 주고 하게 되죠. 김장은 아직까지 같이는 안 해 봤는데요. 운영위원들은 서로서로 도와서 하는 일이 정말 많은 것 같아요. 그렇지 않아도 관장님께 우리 김장학교 열어서 김장 같이하자고 했는데 머릿속에서 생각나는 것을 회의에서 제안하면 시간이 지나면서 되더라고요. 신기하죠? 아마 몇 년 안 돼서 김장학교 할걸요.

벼룩시장도 벼르다가 했는데 처음엔 기증받아서 파니까 100% 수입이 되긴 하는데 버리는 물건이 많았어요. 그래서 지금은 벼룩시장 수익금의 반은 본인이 가져가고 반은 도서관에 후원을 하는 방식으로 하니까 좋은 물건이 많이 나와서 반응이 너무 좋았어요. 절기별로 하자고들 하네요. 마을잔치는 1년에 한 번 하고 벼룩시장은 절기별로 하자고……(○○동 자원봉사자).

(4) 품앗이 교육과 품앗이 은행을 통한 상부상조의 정도와 수준

이 지표는 사례분석의 대상으로 선정한 5개 도서관에 모두 해당되는 지표는 아니다. (사)풀뿌리사람들이 진행하고 있는 품앗이 은행을 설립하기 위한 준비과정에 참여하면서 품앗이 교육을 받고 있는 도서관은 5개 도서관 중에 마루도서관과 작은나무도서관이다. 따라서 이 지표는 두 도서관에 해당하는 것으로 준비과정에서 어느 정도의 상부상조가 이루어지고 있는지를 측정하기 위한 것이었다. 품앗이 교육을 받으면서 품앗이에 대한 신뢰와 호혜에 대한 기대가 있다는 것을 알 수 있었고, 실제로 낮은 단계의 품앗이 형태의 벼룩시장이 내동 작은나무도서관 주최로 마을에서 진행되고 있었다. 아직 준비단계에 있었으므로 이를 통해 구체적 효과를 측정하기는 어려운 측면이 있었으나 준비가 완료되고 시행을 하게 된다면, 품앗이를 통한 비시장적 경제생활이 시도됨으로써 상호 신뢰와 호혜가 이루어지는 마을의 공동체적 생활이 가능할 것으로 보였다. 질문을 통한 면접대상자들의 생각은 다음과 같다.

품앗이 교육을 받고 와서 벼룩시장 하고 있는데요. '우리는 아직 대안화폐까지는 너무 버겁고 현금이 좋다'고 해서 벼룩시장을 했는데요. 만든 물건 팔고, 안 쓰는 물건 나눠 쓰고 하는 정도 인데 너무 재미있어 해요. 체질인 것 같아요. 그날 하루 종일 웃느라고 정신이 없었어요. "우리는 도서관보다 이게 더 잘

맞나 봐!" 하면서 "기금도 만들어 보자." 하고 있어요. 일단은 나누는 데 재미를 붙이고 있고요(○○동 관장).

아직까지는 도서관에 와서 모이는 정도조. 집에 서로 왔다 갔다 하거나 경조 사까지는 못 챙겨요. 여가시간을 함께 보내는 것에 대해서도 품앗이를 통해서 하려고 해요. 지금 그 준비단계니까 품앗이를 통해서 많이 이루어질 것 같아요 (○○동 자원봉사자).

(5) 마을의 아동, 청소년에 대한 상호관심과 사랑의 수준

이 지표는 내 아이에 대한 사랑과 관심이 도서관 활동의 출발이 었다면, 도서관 활동을 통해서 마을 아이들에 대한 사랑의 호혜가 얼마나 이루어지고 있는지를 측정하는 것으로 기본 질문은 내 아이 뿐 아니라 마을의 아이들과 청소년에 대한 관심과 사랑의 정도를 질문하였고, 확장된 질문은 내 아이와 다른 아이와의 경계나 차별 정도가 어떻게 변화되었는지, 도서관 활동 전과 후에 나타나는 다른 아이들에 대한 상호관심과 사랑의 정도의 차이는 어떠한지 등이 었다. 자원봉사자에 대한 호칭이 아줌마에서 선생님으로, 선생님에서 이모로 바뀐 도서관이 있는가 하면, 아이들에 대한 사랑을 눈물로 표현하는 도서관 엄마가 있었고, 아이들을 사랑하는 마음이 다른 곳에서는 우러나지 않아도 도서관에서는 솟아난다고 말하는 도서관 아줌마가 있는 것을 볼 때, 마을도서관이 바로 이러한 사랑의 호혜가 일어나는 삶의 공간이고 현장이라는 것을 알 수 있었다. 단순히 아이들을 도서관의 고객으로만 보는 것이 아니라 도서관에서 항상 만나고 함께하는 여러 가지 활동과 경험을 통해서 성숙해지는 새로운 모정의 표현으로 보였다. 질문을 통한 면접대상자들의 생각은 다음과 같다.

내 아이, 다른 아이 경계가 있죠. 전혀 없다면 거짓말이죠. 분명 구분은 있지만……. 제가 애들을 잘 혼내요. 어우르기도 잘 하구요. 그렇지만 아이들을 보면서 드는 느낌은 아이들이 다 같이 잘 자랐으면……. 작은나무라는 울타리 안에서 함께 예쁘게 잘 자랐으면 하는 마음이 들어요. 도움을 주거나 베풀 게 있으면 다 베풀고 싶고요. 제 아이가 어리기 때문에 아이들한테 받는 영향이 크더라고요. 그래서 다 함께 잘 컸으면 싶죠. 누가 그러더라고요. 여기 사람들은 '도서관 family'라고……. 언젠가 아이들이 놀이터에 나가서 놀았어요. 나가서 보았더니 큰 아이들이 작은 아이들 그네를 너무나 잘 밀어 주고 있는 거예요. 그 장면이 너무너무 예뻤어요(눈물을 흘리며 말을 못 함). 애들이 너무 예뻐요. 엄마들도 애들도 너무 예뻐요. 도서관에 제 마음이 묻어 나오는 거 같아요. 개관식 때도 울고……. 아이가 2살 때 이 일을 시작했는데요. 도서관이었기 때문에 움직일 수 있었어요(○○동 임원).

내 아이 다른 아이 그런 생각 안 들어요. 점심 먹을 때 도서관에서는 개인접시에 먹는 것이 아니라 그냥 같이 먹어요. 야! 정말 우리 가족 같다! 생각이 들죠. 처음엔 깜짝 놀랐어요. 집에서 먹는 것처럼 숟가락을 서로 한곳에 담그면서 먹으니까. 그런데 정말 가족 같아요. 그게 너무 좋더라고요(○○동 자원봉사자).

많이 달라졌죠. 그 전에는 귀찮으면 다른 아이가 눈에 들어오나요? 그런데 제가 프로그램을 진행하다 보니까 아이들을 보는 시선이 달라졌어요. 같이 놀고 부대끼다 보니 애들이 더 예뻐 보이고 관심이 가죠. 친근감도 더 생기고……(○○동 자원봉사자).

내 아이 다른 아이 경계가 100% 다 없어졌다고는 못 해도 거의 없어졌어요. 내 아이 같아요. 내가 봐 줘야 될 아이들 같은 거죠. 물론 아이마다 조금씩 다르기도 하지만 거의 비슷해요. 아이들이 부르는 호칭도 아줌마에서 선생님으로, 선생님에서 이모로 바뀌었어요(○○동 임원).

학원강사를 하면서 아이들을 가르치면서 가졌던 마음과 지금은 너무나 많이 바뀌었죠. 내 아이 다른 아이 모두에게(서로에게) 관심과 애정이 가요. 놀이터에 나가 놀 때 아들을 보면서는 그런 마음이 안 들었는데 도서관에서는 그게 가능해요(○○동 임원).

이상에서 분석한 마을도서관의 지표별 2차 정책효과성을 표로 정리해 보면 다음과 같다.

<표 4-4> 마을도서관의 지표별 2차 정책효과성

지 표		마을도서관
신뢰	차이의 영향	비교적 높은 편
	장기거주 의사	〃
	친밀성·사회적응집성 등	〃
	타인에 대한 신뢰	〃
	공공기관에 대한 신뢰	비교적 낮은 편
	NGO에 대한 신뢰	비교적 높은 편
네트워크	마을의 공동문제 관심·제기·참여	비교적 중간 정도
	사회적 소외집단 지원기제	〃
	지역문제의 정보획득과 자원 접근성	지역문제정보획득은 비교적 낮은 편, 자원 접근성은 비교적 높은 편
	가입단체 범위	비교적 낮은 편
	마을기관 및 관련기관과의 협력	마을기관 협력은 비교적 낮은 편, 관련기관과의 협력은 비교적 높은 편
주민참여	공동체의 유지·발전에의 관심과 참여·효과 기여	비교적 높은 편
	동네 주민조직의 참여	비교적 낮은 편
호혜	상호작용의 양과 질	비교적 높은 편
	자원 획득 가능 범위	〃
	상부상조의 양과 질	〃
	품앗이(학교 & 은행)를 통한 상부상조	〃
	아동·청소년에 대한 관심과 사랑	〃

E. 정부 주도 모형과 NGO 주도 모형의 비교분석

1. 정책과정 비교분석

정부 주도 정책과정모형(이하 정부모형)으로서의 마을문고 정책과 NGO 주도 정책과정모형(이하 NGO모형)으로서의 마을도서관 정책은 출발의 주체가 개인이었다는 점에서 같다. 운동의 시작이 두 사례 모두 개인의 문제의식에서 출발하고 있기 때문이다. 그러나 개인을 떠나 공적 성격의 정책이 형성되고 집행되는 과정과 내용에서는 분명하게 차이를 보이고 있다. 마을문고는 관변 성격의 운동으로 전환하면서 이른바 정부 정책모형이 되는 반면, 마을도서관 운동은 NGO가 주도하는 풀뿌리 주민운동으로 확대되면서 NGO모형이 되고 있다.

마을문고 정책의 과정을 살펴보면 다음과 같다. 당초 문고운동의 창설자인 엄대섭이라는 한 개인의 헌신적인 노력과 투자에 의하여 마을문고운동은 시작된다. 그러나 그는 1980년 초반까지 여러 차례 닥친 재정적 어려움을 견디지 못하고 결국 자발적으로 정부에 지원과 협조를 요청하게 되면서, 마을문고는 정부의 관할 아래 있는 새마을운동중앙본부로 흡수되는 역사적 과정을 겪는다. 이 과정에서 자연스럽게 사적인 문제가 공적 정책과정의 영역으로 들어오게 된다.

다시 말하면 마을문고운동은 새마을운동중앙회에 편입되기 전에는 양적 성과라는 명분을 내세우면서 정부의 지원을 자발적으로 요청하여 내무부의 지원으로 유지되었고, 이후에는 1970년 4월 22일

당시 박정희 대통령의 제창으로 시작된 새마을운동중앙회의 회원 단체로 편입하면서, 정부의 주도하에 운동과 정책이 진행되었다는 점에서 정부모형이 되었다.

마을도서관운동 역시 1998년 대전광역시 서구 갈마동에서 개관한 이선배라는 개인의 '선배어린이도서관'에서부터 그 시초를 찾아볼 수 있다. 물론 운동의 정체성에 대한 시각에 따라 어느 시점을 마을도서관운동의 출발점으로 보느냐의 문제가 있을 수 있고 그 경우 후술할 대전알짬마을어린이도서관(이하 알짬도서관)을 운동의 출발점으로 보는 사람들도 있다. 그럼에도 불구하고 선배어린이도서관까지 소급해 보는 것은 선배어린이도서관이 간접적인 영향을 미친 것은 분명하다고 보이기 때문이다.

한편으로 선배어린이도서관은 지역공동체의 모습을 갖추기 위해 지역주민 중심의 운영위를 결성하고 모퉁이도서관으로 발전한다. 다른 한편으로는 이때 전국적으로 확산되고 있었던 민간도서관운동에 힘입어, 대전참여자치시민연대에서 시민운동에 참여하고 있던 한 개인을 중심으로 석교동에 사는 6명의 주부들이 순수하게 스스로의 힘으로 석교동에 알짬도서관을 개관하게 된다. 알짬도서관은 이후 대전 지역사회에 마을도서관운동과 관련한 주민운동과 지역공동체운동의 모델로서 지역 의제형성의 견인차 역할을 하면서, 대전의 마을도서관운동의 새로운 모델로 성장하게 된다. 그런데 당시 대전참여자치시민연대는 알짬도서관이 개관하기 전부터 어린이도서관추진위원회(이하 추진위)를 구성하고 활동하고 있었던바, 알짬도서관이 개관한 후에는 알짬도서관과 함께 토론회 개최 및 교육과 견학을 통해 시범마을도서관설립을 추진하기 시작하였다. 그리고 동 연대는 이러한 활동을 기반으로 2006년 7월 6일 '마을어린이도서관추진단' 결성 준비모임을 시작하여 대전마을어린이도서관만들기모임(이하 만들기 모임)을 구성하기에 이르렀다. 만들기 모임은 대전광역시 관내 관저동의 '해뜰', 와동의 '또바기', 중촌동의 '짜장', 태평동의 '짝궁' 등의 도서관을 추가로 설립하는데, 이미 활동하고 있던 석교동의 '알짬'과 전민동의 '모퉁이'를 포함한, 이 6개의 도서관은 '대전마을어린이도서관협의회'를 구성하고 어린이도서관의 체계를 세우는 일과 안정적인 운영을 위해 서로 협력하게 된다. 이후 대전마을어린이도서관운동은 이 운동을 주관했던 대전참여자치시민연대 부설 대전시민사회연구소가 2007년 4월 노동부 사회적 일자리 창출사업 참여기관으로 선정됨에 따라 대대적 확산의 계기를 마련하고 2007년 4월부터 5월 말까지 월평동의 '꿈터', 도마동의 '달팽이', 내동의 '작은나무', 법동의 '마루', 비래동의 '꾸러기', 홍도동의 '어깨동무', 갈마동의 '땅콩' 등의 7개 도서관을 추가로 개관하고 추동의 '호숫가마을'은 2008년에 개관하여 현재에 이른다.

이와 같이 대전마을도서관운동은 마을문고운동과 마찬가지로 먼저 한 개인으로부터 시작되었으나, 얼마 후 대전참여자치시민연대 내 추진위가 중심이 되어 명실 공히 NGO가 주도하는, NGO와 함께하는 주민운동으로, 지역공동체운동으로 발전하게 된 것이다.

2. 정책효과성 비교분석

1) 1차 정책효과성 비교분석

제3절과 제4절에서 마을문고와 마을도서관의 제1차 정책효과성의 분석은 10개의 지표를 가지고 분석하였는데, 일부 지표는 계량화하여 표로 제시하였고, 일부 지표는 심층면접방식으로 분석하였다. 이제 지표별로 두 사례를 비교·분석함으로써 제1차 정책효과성의 차이를 살펴보기로 하겠다. 심층면접의 질문내용은 제3절과 제4절에서 이미 언급하였으므로 생략하고자 한다.

(1) 도서보유량, (2) 대출회원 수, (3) 이용자 수, (4) 대출권수

대부분 마을문고는 도서보유량, 대출회원 수, 이용자 수, 대출권수를 정확하게 산출하지 못하고 있었다. 대전광역시나 각 구에서도 이에 대한 자료는 보관하지 않고 있었고, 문고의 운영책임자인 회장들조차도 이에 대해 제대로 몰라 관리를 소홀히 하고 있는 상황이어서 정확한 통계를 산출하는 것은 불가능하였다. 이러한 상황은 마을문고의 1차 정책의 효과성을 가늠할 수 있는 현실로, 자치단체의 마을문고에 대한 행정지도와 관리가 절실히 요구된다고 하겠다.

반면, 마을도서관은 도서보유량과 대출회원은 지난 3년 동안 해마다 크게 증가하고 있었다. 이용자 수의 경우도 작은나무도서관과 마루도서관, 해뜰도서관은 해마다 증가하고 있었다. 다만 알짬도서관과 또바기도서관의 이용자 수가 감소하는 경향을 보이고 있었는데, 또바기도서관의 경우는 2008년에 거의 100% 증가한 데서 비롯된 상대적 감소 경향으로 보이고, 알짬도서관은 시스템 변화에서

오는 과도기적 현상으로, 이를 감안한다면 전체적으로는 꾸준히 증가하고 있다고 볼 수 있다. 대출권수 역시 알짬도서관과 또바기도서관을 제외하고는 대출회원이 늘어남에 따라 전체적으로 증가하고 있어, 전체적으로 볼 때 4개 지표에 있어서 1차 정책효과성은 높게 나타나는 것을 볼 수 있었다.

(5) 프로그램 수, (6) 프로그램 이용자 수, (7) 동아리(소모임) 수

프로그램을 진행하거나 소모임(동아리) 활동을 하는 마을문고는 전혀 없는 반면, 마을도서관은 프로그램과 소모임 활동을 일상적으로 하고 있었다. 도서관의 프로그램은 주로 어린이를 대상으로 하고 있었지만 부모교육, 아빠모임 등 어른들을 대상으로 하는 프로그램도 있었다. 어른들은 주로 프로그램에 참여하거나 팀별활동, 혹은 동아리 형태의 소모임을 통하여 도서관 활동에 참여하고 있었는데, 거의 한 개 이상의 프로그램과 소모임에 참여하면서 자신의 능력개발과 자아성장은 물론, 도서관에서 활동하는 사람들과의 관계 및 일반 주민들과의 관계를 넓혀 나가고 있었다. 도서관활동에 있어서 프로그램이나 소모임을 활성화하는 것은 그 자체가 중요한 것이 아니라, 프로그램과 소모임에 참여함으로써 형성되는 개인 간, 또는 개인과 조직과의 관계가 개인과 도서관, 더 나아가 마을공동체 형성에 미치는 영향이 크고, 또한 이러한 활동이 단순하게 일시적인 활동으로 그치는 것이 아니라, 지속적으로 순환, 발전되기 때문에 중요한 요소로 보였다. 프로그램과 소모임의 참여는 자원 활동의 수준과도 비례하고 있었는데, 프로그램이나 소모임을 통하여 얻은 정보나 기술, 그리고 그로 인한 자신감은 도서관 프로그램의

자원교사로, 혹은 보조강사 자원 활동으로 이어지게 하고 있었다. 더 나아가 이러한 활동을 통하여 형성된 인간관계는 신뢰, 주민참여, 네트워크, 호혜 등의 사회자본 형성으로 이어지고 있었다.

(8) 재정자립의 정도

2009년 현재 대전광역시 마을문고 운영을 살펴보면, 도서구입비는 자치구로부터 예산을 지원받아 사용하며 문고 운영비는 동사무소 예산으로 충당하고 있어, 별도의 자체 재정을 운용하지 않고 있었다. 문고회원들이 내는 소액의 자체 월례회비는 회의 시 식사나 친목비로 사용되고 있었고, 문고주최 행사가 있을 때 마을의 기관 및 단체들의 비정기적인 후원과 기부가 간헐적으로 있을 뿐이었다. 문고주최 행사는 도서 바자회가 있는데, 이것도 매년 정기적으로 이루어지는 것은 아니었고 필요시 이루어지고 있었는데, 최근 들어 문고주최 행사는 거의 없었고, 동사무소 산하 다른 기관이나 단체와의 연합행사에 참여하고 있었다. 독립적으로 운영하는 시스템이 아니라 동사무소 산하 관변단체의 성격을 지닌 마을문고는 기금마련 행사나 정기적인 후원자를 모집할 필요성 자체를 느끼지 못하고 있기 때문에, 정기적인 후원과 기부는 이루어지지 않고 있었다.

반면, 대전마을도서관은—알짬도서관을 제외하고는 활동기간이 개관 후 1년 이상 3년 이하로, 도서관의 짧은 역사 때문에 후원 및 기부가 현재로서는 아직 활발하게 이루어지지 않고 있으나— 짧은 역사에 비하면 상당한 성과를 거두고 있다고 보였다. 1년 이상 2년 이하 도서관의 정기 CMS후원이 평균 약 27명이고, 2년 이상의 도서관은 약 90명으로, 이러한 성과가 의미하는 바는 일반적으로 후

원 및 기부의 정도와 수준은 활동기간과 깊은 연관이 있다는 것이
다. 실제로 대전마을도서관은 짧은 역사 속에서도 1~2년의 활동기
간 차이에 따라 그 성과가 다르게 나타나고 있었다. 이는 도서관이
안정화되고 정착될수록 후원 및 기부와 관련한 마을도서관의 정책
효과성은 향후 점점 증가할 것으로 예측되었다. 그 이유는 첫째, 도
서관의 운영자들이 현재 수준의 후원과 기부에 대한 반성과 평가를
심도 있게 하고 있었으며, 둘째, 향후 독립운영에 대한 계획과 활성
화 방안을 깊이 고민하고 있었다. 셋째, 이를 위한 구체적인 모금과
실천방안에 대한 교육에도 적극적으로 참여하고 있었고, 넷째, 시범
적으로 마을에서 모금운동을 시도하고자 노력하고 있었기 때문이다.

현재 가시적으로 보이는 재정자립의 정도는 마을문고가 더 높게
나타나는 것 같지만, 실제 내용에 있어서는 마을도서관의 재정자립
의 정도가 더 높은 것으로 판단되었다. 마을문고는 최소한의 조직
운영에 그치고 있을 뿐 문고 관련 프로그램이나 소모임을 진행하지
않고 있기 때문에 재정자립의 정도가 높게 나타나는 것으로 보이고
있을 뿐이다. 따라서 마을문고는 재정확충에 대한 노력과 의지를
보이지 않고 있는 반면, 마을도서관은 다양한 활동과 사업을 통한
사업비와 운영비를 스스로 조달하고 있고, 이에 대한 노력과 의지
가 지속적으로 전개되고 있다는 점에서 재정자립의 질과 내용에 있
어서는 마을도서관이 마을문고보다 훨씬 높은 것으로 보였다.

(9) 전담인력충원과 역량강화의 정도와 수준

마을문고의 경우 문고 활동을 위한 인력충원은 문고 회원들이 요
일과 시간을 정해서 하고 있었는데, 자원봉사로 이루어지고 있었다.

이들의 주된 활동은 1주일에 평균 2-3시간 동안 도서 대출과 반납 사무로 한정되어 있었다. 문고회원으로 참여하게 된 계기는 주로 이용자였다가 문고 임원이나 회원들의 권유로 시작하게 된 경우가 가장 많았고, 그중에는 문고를 전혀 이용하지 않으면서도 주변의 권유로 시작하게 된 경우도 있었다. 따라서 적극적인 이용자가 자발적으로 봉사하고자 하는 마음을 갖고 시작하는 경우보다는 책을 좋아하거나 책에 관심이 많은 사람, 자원봉사활동에 관심이 많아서 다른 봉사활동도 하고 있는 사람, 시간의 여유가 많은 사람, 가정생활로부터 벗어나고픈 사람, 단순하고 쉬운 봉사활동을 하고 싶은 사람, 관변단체 활동을 했던 사람, 자신의 아이에게 도움을 주고 싶은 사람들의 욕구가 문고 관련자의 추천이나 권유와 맞물려 문고 활동을 하게 된 경우가 대부분이었다.

그런 반면에, 마을도서관의 경우 자원봉사를 하게 된 동기나 계기는 주로 엄마들이 스스로 도서관을 만들었다는 점에 감동받아 힘이 되어 주고 싶어서 스스로 봉사를 결심하게 되었다고 하였다. 또 이용하다 보면 사람과 도서관이 너무 좋아서 지속적으로 봉사를 하게 되고 받은 혜택을 다시 나누고 싶어서 봉사를 하게 된다고 하였다. 마을도서관의 자원봉사자들은 정해진 시간 동안 단순히 자리를 지키고 앉아 있는 것이 아니라, 프로그램의 일부를 맡아 진행하거나 동아리 혹은 팀별 활동을 통하여 자원활동가로 성장하고 있었다. 이와 같이 대다수의 자원봉사자들이 도서관 활동에 나서게 된 자발적 계기가 바로 자원활동가로 성장하는 기반이 되었던 것이다. 이용자들 역시 활동하고픈 마음은 있지만 개인과 집안의 사정으로 활동하지 못하는 것을 아쉬워했고, 함께 활동하며 돕고 싶다는 반응이 두드러지게 나타났다. 이를 종합해 보면, 마을문고와 마을도서관의 전담 인력충원의 정도와 수준은 다음 세 가지 측면에서 차이를 보이고 있었다. 첫째, 스스로 참여한다는 점, 둘째, 단순한 자원봉사가 아닌 함께하는 활동이라는 점, 셋째, 호혜가 일어나고 있다는 점이다.

전담인력의 역량강화의 정도와 수준은 다음과 같다. 마을문고는 주체적이고 자발적으로 사업을 기획하고 진행하는 과정이 없고, 단순히 책을 대출하고 반납하는 활동에 그치고 있어서, 대부분의 사람들은 책을 통해서 얻는 자기만족, 유대관계의 확장 정도의 수준에 머무르고 있었을 뿐, 자기성장에 대한 기쁨이나 보람을 느끼지는 못하고 있었다. 이러한 현상이 나타나는 주된 이유는, 단순한 봉사에 그칠 뿐 자발적이고 주체적인 활동, 즉 함께 참여하는 활동이 없는 현실 때문으로 보였다. 자원봉사에서 주체적인 활동으로, 주체적인 활동이 자기만족으로, 자기만족이 내적 성장과 연결되지 않는 것이 마을문고의 가장 큰 단점이었다.

반면 도서관을 통한 참여자들의 내적 성장은 괄목할 만한 성과라고 생각되었다. 이용자에서 자원봉사자로, 자원봉사자에서 운영위원으로, 운영위원에서 관장으로 성장하는 경우를 흔히 볼 수 있었기 때문이다. 이는 도서관 활동이 자신들의 의식을 바꾸고, 삶의 방식까지 변화시키고 있다는 것을 확실하게 증명하는 것으로, 자발적 참여를 통해 도서관을 이용하고 꾸준히 참여하면서 자신감과 만족감, 내적 성장과 보람을 느끼고 있다는 것을 많은 참여자들에게서 볼 수 있었다.

(10) 조직의 역량강화의 정도

마을문고의 의사결정기구로는 월례회가 있었는데 동사무소 산하 관변단체들의 회의 형식을 그대로 취하고 있었다. 동장의 인사말과 동사무소의 공지사항이 있은 후 안건 심의가 진행되지만 자체안건은 거의 없었고, 문고와 관련한 건의 안건을 다루고 폐회하는 순으로 진행되었다. 마을문고는 자체적으로 주최하는 사업이나 프로그램을 시행하지 않고, 경직되고 단순화된 마을문고의 운영과 역할에 안주하고 있었기 때문에, 마을문고의 미션이나 비전에 대한 고민을 함께 나누고 기획, 집행하는 과정도 당연히 없었다. 따라서 월례회의는 자체안건을 심의하기 위한 토론과 논의가 이루어지는 장이 되지 못하였고, 보고 중심의 회의로 진행되며 친목을 다지는 정도의 소통이 이루어지고 있었다. 따라서 집단적 협의 체제를 통한 민주적인 운영이나 수평적 소통의 정도가 미약할 수밖에 없다고 보았다.

반면, 5개의 모든 마을도서관은 의사결정기구로 운영위원회를 두고 있었다. 운영위원회는 마을문고와 마찬가지로 월 1회 개최되는 경우가 일반적이었는데, 도서관에 따라서는 자원봉사자 모임으로 월 2회 모이는 도서관도 있었고, 실행위원회 1회, 운영위원회 1회를 개최하는 도서관도 있었다. 운영위원회 구성은 팀별 책임자와 소모임 책임자들을 당연직으로 참여시켜 구성하는 도서관도 있었고, 운영위원회의 하위기구로 실행위원회를 두어 1차 의견수렴을 거친 후 운영위원회의 안건으로 상정하는 시스템도 있었는데, 도서관의 여건과 상황에 맞게 조직을 구성하고 있었다. 도서관과 관련한 모든 안건은 운영위원회를 거쳐 의결되고 있었으며, 관장은 운영책임자인 동시에 운영위원회의 일원으로 참여하였다. 마을도서관은 운영위원회를 통해 집단적 협력 체제를 갖추고 있었는데, 민주적인 운영과 수평적 의사소통을 이끌어 내고 있었다.

의사결정기구의 유무는 조직운영의 방식과 밀접한 관계가 있을 뿐만 아니라 이로 인한 참여자들의 참여욕구와 의지에 큰 영향을 미치고 있다는 것을 알 수 있었다. 모든 도서관들의 운영위원회 체제는 참여자들의 책임감, 사명감을 훨씬 더 증진시키고, 참여자들의 자기개발과 자아성장에 견인차 역할을 함으로써 조직의 역량강화에 직접적으로 영향을 미치고 있었다.

결론적으로, 마을문고와 마을도서관의 조직의 역량강화의 정도와 수준은 형식적인 면에서는 마을문고에도 월례회라는 의사결정구조가 있어서 별 차이가 없어 보일 수 있지만, 실질적으로는 의사결정기구의 운영방식과 운영내용은 매우 크다는 것이었다. 마을문고의 월례회는 행정홍보를 위한 단순보고와 기타 건의사항에 국한하고 있어 의사결정기구의 역할 자체를 하지 못하고 있었다. 이러한 회의 구조는 책임감이나 사명감을 고취시키고 조직의 역량을 강화하기에는 지극히 부족하다고 보였다. 그러나 마을도서관의 의사결정기구인 '운영위원회'는 조직의 역량강화에 직접적으로 매우 큰 영향을 미치고 있었다.

이상에서 마을문고와 마을도서관 운영과 관련한 직접적인 정책산출로서의 1차 정책효과성은 10가지 지표를 통해서 비교·분석한 결과 마을도서관이 마을문고보다 훨씬 큰 것으로 나타났다. 이를 표로 정리해 보면 다음과 같다.

<표 4-5> 마을문고와 마을도서관의 1차 정책효과성 비교분석

정책과정 주체\n지표	정부 주도 마을문고	NGO 주도 마을도서관
도서 보유량	낮음(정확한 산출 불가)	높음(연차적 증가)
대출회원 수	〃	〃
도서관 이용자 수	〃	〃
대출권수	〃	〃
프로그램 수	낮음(없음)	높음
프로그램 이용자 수	〃	〃
동아리(소모임) 수	〃	〃
재정자립 정도	낮음	높음
전담인력 충원과 역량강화의 정도	〃	〃
조직의 역량강화 정도	〃	〃

2) 제2차 정책효과성 비교분석

앞에서 마을문고와 마을도서관의 제1차 정책효과성을 비교·분석하였다. 이제 개인의 변화, 사회의 변화와 관련된 지표, 즉 사회자본 구성요소와 이에 따른 지표들을 가지고, 정책영향으로서의 2차 정책효과성을 비교·분석해 보기로 하겠다.

* 신뢰

(1) 차이(소득, 교육, 성, 종교, 지위 등)의 영향 정도

마을문고나 마을도서관이나 대다수의 면접대상자들이 소득이나 교육, 성이나 종교, 사회적 지위 등에 관계없이 사람을 대체로 믿는다고 답변하였다. 차이 즉 외형적 조건에 따라 일반적인 사람에 대

한 신뢰가 영향을 받지는 않는다는 것이다. 또한 이러한 생각은 마을문고나 마을도서관 모두 활동 전이나 후의 변화가 없었다.

(2) 장기거주 의사

장기거주 의사에 영향을 주는 요소는 매우 다양하다. 특히 경제적 이유가 가장 1차적인 변수가 될 것이다. 따라서 경제적 이유와 같은 불가피한 요소를 배제시키고 면접을 한 결과, 마을문고의 대다수의 면접대상자들은 장기거주 의사가 있는 것으로 나타났다. 그 주된 이유는, 면접대상자 중 다수가 우선적으로 자신들이 사는 마을의 환경과 사람들이 좋기 때문이라고 하였는데, 장기거주 의사를 결정한 이유 중에 마을문고가 차지하는 비중을 보면, 비중이 큰 사람과 작은 사람, 아주 없는 사람에 이르기까지 다양하게 나타났다. 이사를 가게 되면 거의 모든 동에 마을문고가 있기 때문에 굳이 마을문고를 찾아서 이사 갈 필요성은 느끼지 못하고 있었고, 만약 가까운 인근동으로 이사를 간다면 새로운 동네에서 활동하지 않고, 현재 활동하고 있는 문고에서 계속 활동하겠다고 응답하였다. 이는 문고 활동 그 자체보다는 문고를 통해 관계를 형성한 사람들과의 유대를 지속하고자 하는 욕구에서 출발하는 것으로 보였다.

마을도서관의 경우 역시 대다수 면접대상자들의 반응은 매우 적극적으로 장기거주 의사를 밝힘으로써 장기거주 의사가 매우 크고, 그 비중 역시 크게 나타나는 것을 볼 수 있었다. 불가피한 이유로 이사를 가게 되더라도 형편이 좋아지면 다시 돌아온다거나, 마을도서관이 있는 곳을 찾아 이사를 가겠다는 반응이 대부분이었다. 운영자, 이용자를 막론하고 장기거주 의사가 매우 큰 것으로 나타났다.

이상에서 볼 때, 마을문고와 마을도서관의 장기거주 의사는 대체로 큰 것으로 나타나고 있었다. 그러나 마을문고는 문고가 차지하는 비중의 크고 작은 정도가 다양하게 나타나는 반면에, 도서관의 경우는 그 비중이 대부분 매우 크게 나타나고 있었다. 이는 면접 시의 표정이나 태도에서도 큰 차이를 보였다. 이러한 차이는 마을문고의 경우, 오랜 시간 속에서 문고회원으로서 정서적인 친밀감이나, 유대를 맺고 있는 사람들 중심으로 장기거주 의사가 나타나는 반면, 마을도서관의 경우는 짧은 역사에도 불구하고, 운영활동이나 자원활동을 통하여 쌓인 신뢰가 바탕이 되어 형성된 정서적 친밀감, 유대감, 연대감, 협조성 등이 크기 때문에 나타나는 것으로 판단되었다.

(3) 친밀성, 사회적 응집성, 연대감, 협조성(집합적 효능감)의 정도

마을문고 활동을 통해서 문고 회원들 간의 친밀감은 형성되고 있었으나, 사회적 응집성이나 연대감, 협조성은 미약하였다. 특히 문고의 경우 정해진 자원봉사 날에 만나는 회원들이나 친한 그룹별로는 친밀성이 높지만, 문고 활동을 통해서 생기는 사회적 응집성이나 연대감, 협조성은 거의 없는 것으로 나타났다. 또한 마을문고가 주최하는 행사를 통해서 나타나는 집합적 효능감도 거의 없는 것으로 나타났는데, 즉 도서기금을 마련하기 위해서 여는 바자회나 도서바자회, 일일찻집 등을 과거에 간헐적으로 진행한 경험이 있을 뿐이었고, 이를 정기적으로 지속하는 문고는 없었다. 현재 문고주최 행사를 하는 문고는 관저동 마을문고로 독후감 경진대회를 시행하고 있는데, 나머지 문고들은 자체 행사를 주최해 본 경험이 없었고, 행사를 한다 하더라도 문고주최 행사가 아니라 동사무소 산하 기관

들의 연합행사에 함께 참여하는 정도의 수준이었다. 따라서 자체 행사를 통하여 나타날 수 있는 집합적 효능감은 거의 없었다. 이와 같이 시간에 비례해서 생기는 정서적 친밀감 외에, 활동을 통해서 형성된 신뢰로 인한 사회적 응집성이나 연대감, 협조성이 형성되고 있지 않는 이유는 앞의 다른 지표들에서도 나타난 것처럼 활동을 통해서는 미션과 비전을 공유하지 못하는 반면, 단순한 사무와 친목 위주로 문고 활동이 이루어지고 있기 때문으로 판단되었다.

반면, 마을도서관의 경우, 도서관을 만들기 위해 초기 준비과정부터 함께했던 도서관 사람들의 집합적 효능감은 매우 크고, 또 지속적으로 증가하고 있다는 것을 알 수 있었는데, 그 이유는 같은 목표와 생각, 그리고 경험을 공유하는 과정에서 자연스럽게 생기는 것으로 보였다. 따라서 초창기 준비과정부터 함께했던 사람들과, 도서관이 만들어진 이후 도서관 활동을 통해 알게 된 구성원들 간의 집합적 효능감도 그 정도에 있어서는 차이가 나타나고 있었다. 즉 집합적 효능감에 있어 그 정도의 차이는 분명 있지만 전체적으로 볼 때 도서관에서 활동하는 사람들의 집합적 효능감은 매우 큰 것으로 나타났다.

집합적 효능감이 도서관 활동을 통해서 자연스럽게 나타나는 것은 도서관의 단순한 기능이라고 할 수 있는 대출과 반납에 그치지 않고, 아이들과 어른들을 위한 다양한 프로그램을 준비하고 시행하는 과정 속에서 형성된 신뢰와 네트워크가 작동하기 때문으로 보였다. 또한 어른들의 동아리 활동이나 팀별 활동 역시 단순한 취미활동에 그치는 것이 아니라, 도서관이 지향하는 철학과 정신을 구현하기 위한 탐사나 기행의 형태로 나타나고 있었고, 프로그램을 위한 학습의 과정으로 진행되는 것이 많았다는 것도 중요한 원인으로 보였다. 이러한 활동의 과정을 통하여 자신들의 내적 성장은 물론, 함께하는 사람들과의 관계형성을 통해 친밀성, 사회적 응집성, 연대감, 협조성이 도서관 활동 이전의 삶보다 훨씬 커지고 있었다. 도서관을 이용하는 이용자들의 눈에도, 이들의 이러한 집합적 효능감이 드러남으로써, 이용자들로 하여금 도서관 활동에 참여하고 싶은 욕구를 갖게 하였다.

또한 대부분의 도서관들은 마을축제(잔치)나 나눔장터를 도서관 내부의 결속과 기금마련의 기회로 삼고 있었으며, 도서관에 소속되어 있는 사람들과 일반 주민들 간의 교류와 소통의 장으로 삼고 있었다. 또한 도서관 활동가들은 이러한 행사를 준비하는 과정 속에서 자체 행사를 스스로의 힘으로 개최하는 경험을 하게 됨으로써 자신감과 성취감은 물론, 큰 감동을 느끼고 있었다. 이를 계기로 마을도서관 구성원들은 도서관의 존재를 마을주민들에게 알리고, 주민들의 관심과 참여를 이끌어 내고 있었다. 도서관 주최의 마을축제나 나눔장터가 마을 사람들을 포괄적으로 참여시키지는 못하지만, 마을에서 펼쳐지는 주민들의 잔치 마당으로서의 기능과 역할을 함으로써 구성원들 간의 집합적 효능감은 매우 크게 증가하고 있는 것을 알 수 있었다.

(4) 타인에 대한 신뢰

문고의 임원들은 타인에 대한 신뢰가 높을 것으로 예상하였으나, 오히려 문고 임원들로부터 개인적인 이야기는 하지 않는다는 반응이 나왔다. 이들에 의하면 문고에서는 문제를 야기할 소지가 많기 때문에 공적인 이야기나 업무적인 이야기에 한정해야 한다는 것이다. 그 외 임원들은 소수 몇 명과는 개인적인 이야기를 한다고 하였지만, 구체적인 내용이 결여된 단답형의 답변이어서 신뢰의 정도를 측정하기가 어려웠다. 자원봉사자들의 경우는, 몇 명하고는 개인적인 어려움을 상의한다는 사람, 봉사 파트너하고만 상의한다는 사람, 아무하고도 전혀 하지 못한다고 하는 사람 등 다양한 반응을 나타내었고, 이용자들은 책만 빌릴 뿐이지 거의 대화를 하지 않는다는 반응이 많았다. 종합적으로 볼 때 마을문고의 경우, 자원봉사활동을 통해 생기는 타인에 대한 신뢰형성은 많이 부족한 것으로 나타났다.

반면, 마을어린이도서관은 관장을 비롯한 운영위원들의 관계는 거의 가족 같은 관계를 유지하면서 많은 부분 속마음까지도 서로 주고받는 신뢰를 형성해 가고 있었다. 자원봉사자들의 경우는, 그 정도까지의 깊은 신뢰는 형성되지 않고 있었지만, 자원활동의 양과 질이 확장되면서 신뢰형성의 가능성은 충분히 있다고 보였다. 특히 품앗이 은행을 설립하기 위해 교육과 품앗이 놀이를 시도하고 있는 도서관들의 경우는, 이를 통해 상호교류와 접촉이 더욱 활발하게 이루어지면서, 신뢰형성의 가능성이 훨씬 더 클 것으로 보였다. 한편 이렇게 나타나고 있는 타인에 대한 신뢰 형성의 기초가 무엇인지에 주목할 필요가 있었는데, 시간이 지나면서 자연스럽게 생기는 정서적 신뢰 형성도 있었지만, 도서관의 미션과 비전을 통해서 교감하는 동질적 유대감이 신뢰 형성에 큰 영향을 주고 있다고 보였다. 따라서 짧은 기간 동안의 활동을 통해 이 정도의 신뢰가 형성되었다는 것은, 도서관의 미션과 비전이 나눔과 참여에 기반을 두고 있다는 점에서, 앞으로 형성될 신뢰의 깊이와 넓이는 시간에 비례해 생기는 신뢰와는 분명하게 차이가 있을 것으로 판단되었다.

(5) 공공기관(공무원)에 대한 신뢰

마을문고가 동사무소 산하에 있는 관변의 성격을 띤 단체이고 동사무소 내에 위치하고 있기 때문에 공공기관에 대한 신뢰는 높게 나타나고 있었다. 면접대상자 중 소수가 공공기관에 관심이 없거나 신뢰를 하지 않는다고 응답하였으나, 대부분의 면접자들은 공무원을 늘 접하게 되고 협력관계를 유지하고 있어서 공무원들의 입장을 이해하면서 믿고 있었다.

반면 마을도서관은 공공기관이나 공무원에 대한 신뢰를 묻는 질문에는 대체로 짧게 대답해서 풍성한 이야기가 나오지 않았는데, 그 이유로는 첫째, 평소 이 부분에 대한 생각을 깊이 해 보지 않았고, 둘째, 언론이나 대중매체를 통해 인식하는 정도이지 개별적으로 접하거나 부딪힌 경험들이 많지 않아서 자원봉사자나 이용자의 경우는 난감해하거나 단답으로 반응하였다. 공무원 출신 이용자만 유일하게 공무원에 대한 신뢰가 매우 크다고 응답했으나, 대부분 면접대상자들은 공공기관은 행정업무를 집행하는 단순한 행정기관으로 인식할 뿐이어서, 신뢰도를 측정하기는 매우 어려웠다. 반면, 관장을 비롯한 운영자들은 도서관을 하면서 공공기관과 접하는 과정에서 경험한 사례들이 부정적인 경험들이어서 매우 낮은 신뢰를 보여 주었다.

(6) NGO에 대한 신뢰

마을문고 회원들의 NGO에 대한 신뢰는 공공기관에 대한 신뢰수준만큼은 아니었다. 그러나 자신들의 뜻과 생각에 맞는 사안에 대

해서만 신뢰한다는 전제된 반응까지 신뢰하는 것으로 포함시킨다
면, 대체로 NGO에 대한 신뢰의 정도는 보통 수준으로 나타났다.
특히 존재의 필요성이나 개인의 이익을 위해서 활동하지 않는다는
점에서 NGO를 신뢰하고 있었다.

반면 도서관의 NGO에 대한 신뢰는 시민단체와 직·간접으로 관계
를 맺어 왔던 일부 관장들의 경우는, NGO에 대한 기본적인 신뢰가
형성되어 있었다. 한편 시민운동과 관련이 없었던 관장이나 운영위원
들도 도서관운동을 하면서 시민단체에 대한 관심과 신뢰는 점점 커지
고 있었다. 자원봉사자들이나 이용자들도 시민들 스스로 자발적으로
만들고 개인의 이익을 위해서가 아니라 공익을 위해서 활동하고 있다
는 점에서 NGO에 대한 신뢰가 형성되어 가고 있음을 알 수 있었다.

이상에서 사회자본 구성요소 중의 하나인 신뢰의 정도와 수준을
6가지 지표를 통해 비교·분석한 결과, 6개 지표 중 공공기관에 대
한 신뢰만 마을문고가 마을도서관보다 높은 것으로 나타났고, 나머
지 지표, 즉 차이에 대한 영향 정도, 장기거주 의사, 집합적 효능감,
타인에 대한 신뢰, NGO에 대한 신뢰는 마을문고보다 마을도서관
이 훨씬 높게 나타났다. 따라서 전체적으로 볼 때, 사회자본구성요
소로서의 신뢰에 대한 정책효과성은 마을문고보다 마을도서관에서
상대적으로 훨씬 크게 나타났다고 볼 수 있다.

이러한 결과는 대체적으로 조직의 특성이 수평적 관계이고, 사회
적 다양성(membership diversity)을 가지고 있고, 일차적인 관계에
기초한 것이 아니라 2차적인 사회관계에 기초한 관계적 특성을 가
지고 있고, 사적 이익보다는 공적 이익 중심으로 움직이는 조직일
수록, 자율성이 높은 조직일수록 일반신뢰 축적에 기여할 수 있다

고 주장하는 사회 중심적 접근방식을 사용한 학자들의 논의(장수찬, 2007: 131)에 기반을 두고 볼 때, 마을도서관이 마을문고보다 더 수평적인 관계의 내부민주성과 자율성이 크다는 점에서 앞으로 일반신뢰를 더 많이 생산할 가능성이 높을 것으로 예측된다. 물론 본 연구가 내부구성원에 더 많은 비중을 두고 조사함으로써 일반신뢰보다는 특정신뢰의 측정에 더 가깝다는 연구의 한계를 보이고 있고, 장수찬(2004)의 연구에서 나타난 바와 같이 NGO 회원들조차 유교적 전통에 기초한 네트워크가 교제생활을 지배하고 있는 한국사회는 신뢰구조의 이중성과 이에 따른 붕당적 성격을 쉽게 벗어나기가 어렵다는 한계가 있다. 그러나 일반인들과의 차별성이 확인된다는 장수찬의 연구결과에서도 볼 수 있지만, 마을도서관의 지향점이 도서관 내부만이 아닌 마을 전체를 향하고 있다는 점에서도 마을도서관의 일반신뢰 형성 가능성은 열려 있다고 할 수 있다.

* 네트워크

(1) 마을의 공동문제에 대한 관심과 제기 및 관여의 양적, 질적 정도와 수준

마을문고의 경우 면접대상자들 중에는 극소수가 적극적인 반응을 보였고, 대체로 서명 정도의 관심과 참여를 하겠다는 소극적인 반응을 보였다. 면접을 통해서 확인할 수 있었던 것은, 문고 활동을 통해서 마을의 공동문제에 대한 관심이 더 생기거나 직접행동에 대한 관심과 참여의 정도와 수준이 달라진 것은 아니라는 점이었다. 본래 자신의 개인적 성향이 반영된 반응이라고 해석되었다.

반면 마을도서관의 경우는 도서관 활동을 하기 전과 후의 변화가

명확하게 나타나고 있음을 알 수 있었다. 특히 마루 관장의 경우, 도서관이 마을의 공동문제에 주도적으로 역할을 해야 한다고 생각하고 있었으나, 아직은 도서관의 안정적인 정착과 운영이 우선인 만큼, 앞으로의 과제로 설정하고 있었고, 현 상태에서는 주도하는 집단이 있다면 적극적으로 협력하고 함께 참여하겠다는 입장을 보였다. 대다수 면접대상자들은 도서관 활동을 하면서 도서관 활동 이전에는 관심도 없던 일들에 대해서, 옆에서 같이 활동하는 사람들의 사고나 가치관에 자연스럽게 영향을 받으면서, 의식과 생각이 변화되고 있었다. 또 도서관에서 자원 활동을 하면서, 내 아이에 대한 관심에서 우리 아이들에 대한 관심으로, 더 나아가 마을에 대한 관심과 애정으로 확장됨으로써, 이제는 마을의 공동문제에 적극적으로 개입하고 관여하겠다는 입장으로 변해 가고 있었다.

(2) 사회적 소외집단의 지원기제

5개 마을문고에서는 소외집단에 대한 지원을 한 사례가 없었다.

반면, 마을도서관의 경우, 대부분의 도서관들이 1년에서 3년 사이의 짧은 역사를 가지고 있으면서, 자발적 운영체제를 만들어 가고 있는 과정에 있었으므로, 현재로서는 도서관의 독립적인 운영이 우선 과제로 설정되어 있었다. 그럼에도 불구하고 '책잔치'라는 마을 잔치를 통해 수익금이 아닌 매출액 전액을 기부한 도서관도 있었고, 소외집단에 대한 지원을 연차적으로 계획하고 있는 도서관도 있었으며, 원활한 도서관의 독립운영 그 자체가 저소득층을 지원하는 기반을 만들고 있다고 생각하는 도서관도 있었다. 이는 각자의 방식에 따라, 그 형식과 형태는 다르지만, 소외집단에 대한 지원기제를 형성해 나가려는 비전을 가지고 활동하고 있음을 알 수 있었다.

(3) 지역문제의 정보획득수단과 자원(정보) 접근성

마을문고의 경우, 동사무소 내에 위치하고 있어서 동사무소에서 제공하는 각종 공지사항과 행정적인 정보들에 접근하고 그것을 획득하기는 용이한 측면이 있었다. 그러나 그것은 행정적인 정보에 국한되는 한계가 분명히 있는데다, 자체적으로 마을신문이나 마을 문고 소식지를 발행하는 마을문고도 전혀 없어서, 마을의 다양한 정보를 획득하는 수단으로서의 기능과 역할을 하고 있다고 보기는 어려웠다. 따라서 전체적인 지역문제에 관한 정보를 획득하는 수단 으로서의 역할과 기능은 미흡하다고 보였다. 반면 입지적인 조건으로 인한 자원 접근성은 매우 좋은 것으로 나타났는데, 면접대상자 들은 마을문고가 동사무소 내에 있기 때문에 마을문고와 동사무소 민원을 한꺼번에 해결할 수 있다는 편리함을 강조하였다.

반면, 마을도서관의 경우도, 도서관이 마을과 관련된 포괄적인 정보를 얻는 수단으로서의 역할보다는 도서관과 관련한 책과 교육, 보육에 관한 정보를 얻는 수단으로서의 기능과 역할이 훨씬 큰 것으로 나타났다. 모든 마을도서관들이 마을신문이나 도서관소식지를 발행하고 있었는데, 그중 또바기도서관은 도서관 소식지와 마을 전체를 아우르는 마을신문, 두 가지를 발행하고 있었다. 이는 또바기 도서관의 큰 성과이자, 타 도서관의 모범 그 자체로 마을신문 확산의 동력으로 작용하고 있었다. 현재로서는 마을신문이나 소식지가 마을의 전체 정보를 아우르는 역할과 기능을 감당하기는 미흡하지만, 마을 사람들은 이 도서관 소식지와 마을신문을 통해 책과 교육에 관한 고급정보를 취득하게 되었고, 도서관의 활동내용을 자세히 알 수 있었다는 점에서, 마을신문이나 도서관 소식지가 도서관을 홍보하고, 마을 내 기관 간, 주민 간 네트워크의 수단으로 활용되고 있다는 것을 알 수 있었다. 그럼에도 불구하고 마을도서관 역시 아직은 도서관 운영을 통한 고유의 역할에 집중할 수밖에 없는 짧은 역사로 인해 마을 전체를 포괄하는 정보를 제공하는 데는 한계가 분명히 있었다. 그러나 또바기도서관과 같이 마을 전체를 포괄하는 마을신문을 발행함으로써, 마을의 정보를 획득할 수 있는 기초를 마련하고 있다는 점에서 그 가능성은 잠재되어 있는 것으로 판단되었다. 정보 접근성은 이용자들이 대체로 지리적으로, 심리적으로 편안하고 쉽게 이용하고 있는 것으로 나타났다. 이상에서 볼 때, 지역문제의 정보획득수단으로서는 둘 다 한계가 있었고, 자원 접근성은 미흡하지만 둘 다 비교적 높은 정책효과성을 보이고 있었다.

(4) 가입단체의 범위

마을문고의 경우 대다수 면접대상자들은 단체에 가입하여 활동하고 있지 않았고, 그중 소수가 교육청과 자치단체, 공공기관 산하 단체에 가입하여 활동하고 있었다.

반면, 마을도서관의 경우 면접대상자 가운데 관장이나 운영위원들은 학교조직이나 1−2개 이상의 시민단체에 가입되어 있었으나, 마을단위의 단체에 가입되어 있는 경우는 단 한 명도 없었다. 향후 아파트 동대표나 부녀회, 학교도서관 조직에 관심을 가지고 가입할 계획은 가지고 있었다. 자원봉사자나 이용자들은 학교조직 외에 마을 밖의 시민단체나 마을 안의 공동체조직, 관변단체 등에 거의 가입한 사례가 없었다. 두 사례 모두 가입단체를 통한 네트워크 형성은 매우 부족한 것으로 나타났다.

(5) 마을기관 및 관련기관과의 협력관계의 정도와 수준

마을문고의 경우, 문고주최행사가 거의 없는 만큼 마을기관과의 협력관계의 정도가 높은 편은 아니었다. 그러나 간혹 문고가 주최하는 행사가 열리게 되면 동사무소는 물론 동사무소 산하 기관, 단체뿐 아니라 공공기관과 관계를 맺고 있는 마을의 기관, 단체들이 적극적으로 협력하고 지원하고 있었다. 이는 마을문고 자체의 관계 형성에 따른 네트워크라고 보기는 어려웠고, 동사무소 산하 기관에 대한, 마을 기관이나 단체들의 관행에서 비롯된 관례적인 협조로 보였다. 또한 마을문고는 상급기관인 대전광역시지부와 구지회와의 상호관계를 형성하고 있었는데 마을문고의 상호협력과 네트워크는 수직적 네트워크로, 대규모 행사 시 홍보 및 참석을 독려하거나 공문에 의해 협력사업을 수행하는 정도로, 상급기관과 하급기관과의 수직적 관계 속에서 일방적으로 상호 협력하는 수준에 그치고 있었다.

반면, 마을도서관이 주최하는 마을행사나 자체행사에 마을기관들, 즉 동사무소, 사회복지관, 금융기관, 학교 등의 협력과 참여는 매우 제한적이었다. 협력과 지원을 한다 하더라도 기관의 이해나 욕구와 일치할 때 이루어지고 있었다. 특히 동사무소의 협력과 지원 및 참여에 대하여 도서관의 구성원들은 부정적 인식을 하고 있었는데, 이는 기관의 책임자가 임지를 자주 이동하는 것이 협력과 참여에 큰 영향을 미치는 것으로 인식하고 있었다. 이 부분은 마을문고와 상대적으로 크게 대비되는 것으로 작은도서관 운영을 주도

하는 주체가 누구냐에 따라 공공기관의 협력과 참여가 확연하게 달라진다는 것이었다. 동사무소 산하 마을문고에 대해서는 적극 협력과 참여를 하는 반면, 마을도서관에는 제한적이고 형식적인 협력과 참여를 하고 있었기 때문이다. 오히려 마을도서관의 성과를 관의 성과물이나 홍보자료로 활용하려는 행태를 보이는 공공기관도 있었다. 이는 앞으로 민간주도영역이 풀어야 할 과제로서 정치적 힘의 논리가 작용하는 것이 현실이라면, 마을단위의 정치참여에 대한 마을도서관의 논의와 준비도 마을공동체가 풀어야 할 과제로 보였다. 또한 마을어린이도서관은 사회복지공동모금회와 대전마을어린이도서관협의회와 상호관계를 형성하고 있었는데, 사회복지공동모금회는 마을어린이도서관이 확산되는 시기에 초기 시설자금을 지원했다는 점 때문에, 도서관 사람들에게 모금회의 존재가 많이 알려져 있었다. 따라서 이용자들을 제외하고는 실제로 상호협력과 참여에 대한 적극적인 사고가 면접대상자들의 의식 속에 내재되어 있는 것을 알 수 있었다. 모금회의 톨게이트 모금행사에 참여했던 면접대상자들은 사회복지공동모금회와 지속적인 관계를 유지하기 위해 모금회의 사업과 행사에 적극적으로 참여할 의사를 보이고 있었다. 대전마을어린이도서관협의회와 도서관과의 관계는 불가분의 관계 속에서 성장해 왔다. 그러나 대다수 도서관의 역사가 겨우 2-3년에 불과한 초기 운영 단계에서, 개별 도서관들이 각자의 독자적인 운영에 집중하다 보니 네트워크의 정도가 크게 향상하지 못하는 현실적 문제가 나타나고 있었다. 이는 도서관이 성장하는 단계에서 불가피하게 나타나는 문제로, 도서관과 협의회 구성원들은 서로의 상호협력과 네트워크가 도서관운동의 성패와 직결된다고 인식하고 있었고, 시스템의 변화를 통해 이를 극복하고자 하는 노력을 보이고 있었다는 점에서, 발전적 관계로 나아갈 가능성은 크다고 보였다.

결론적으로 마을기관 및 관련 기관과의 협력관계의 정도는 마을문고의 경우, 관행과 관례에서 비롯된 협력과 지원이라는 한계가 있고, 마을도서관의 경우, 공공기관은 물론 마을기관들의 협력과 참여가 매우 제한적이라는 한계가 있어 그 효과성은 매우 낮다고 할 수 있었다. 그러나 단체와의 상호협력관계의 수준은 첫째, 상호관계가 수직적이냐, 수평적이냐, 둘째, 일방적이냐, 상호적이냐에 따라 적극적인 상호협력을 위한 태도와 협력의 정도가 달라진다는 점에서 관련 기관과의 협력을 통한 네트워크의 형성은 마을도서관이 마을문고보다 훨씬 높은 수준을 보이고 있었다.

이상에서 네트워크를 형성하는 사회자본 지표 5개 가운데 '가입단체의 범위'는 양쪽 모두 매우 미흡한 것으로 나타나고 있었다. 또 '지역문제의 정보획득수단과 자원 접근성' 지표는 자원 접근성은 양쪽 모두 높게 나타나고 있었으나, 정보획득수단은 마을문고의 경우 행정정보에 국한한다는 한계가 있었고, 마을도서관은 도서관련, 교육 관련한 정보에 국한하고 있다는 한계를 드러내고 있었다. 또한 '마을기관 및 관련기관과의 협력관계' 지표에서 마을기관과의 협력관계는 양쪽 모두 한계를 가지고 있으나 관련 기관과의 협력관계는 마을도서관이 마을문고보다 크게 나타났다. 따라서 이 세 지표를 제외한 나머지 2개의 지표, 즉 '마을의 공동문제에 대한 관심과 제기 및 관여의 양적, 질적 정도와 수준'과 '사회적 소외집단의 지원기제'의 분석결과에서 볼 때, 사회자본의 구성요소의 하나인 네트워크의 형성은 마을문고보다는 마을도서관이 정책효과성이 훨씬 큰 것으로 나타났다.

  * 주민참여

  (1) 공동체의 유지·발전에의 관심, 참여, 효과기대(집합적 효능감)의 수준
  마을문고나 마을도서관이나 두 사례 모두 아이들 관련한 집합적
효능감이 생활상의 문제를 통한 공동체의 유지, 발전에 대한 집합
적 효능감보다는 크게 나타났다.
  마을문고의 경우, 아이를 키우거나 이미 키운 경험이 있는 여성
들이 문고에서 활동하기 때문인 것으로 보였다. 생활상의 문제를
통한 집합적 효능감은 거의 민원을 제기하는 수준에 그치고 있어서
집합적 효능감의 수준은 미흡하게 나타나고 있었으며, 특히 문고
활동을 통해서 변화된 집합적 효능감의 정도와 수준은 나타나지 않
고 있었다.
  반면, 마을도서관의 경우, 아이들 관련한 집합적 효능감이 생활상
의 문제를 통한 공동체의 유지, 발전에 대한 집합적 효능감보다 훨
씬 큰 것은, 문고와 마찬가지로 유·초등 아이들을 키우는 엄마들
이 주로 이용하면서 늘 아이들과 접하는 도서관의 특징이 반영된
결과로 보였다. 또한 생활상의 문제를 통한 집합적 효능감이 아이
들과 관련한 집합적 효능감보다 낮게 나타나기는 했지만, 그 정도
와 수준은 마을문고보다 훨씬 크게 나타났다. 작은나무도서관 관장
의 표현처럼, 도서관이라는 곳 자체가 마을의 유지·발전에 관심을
갖고 참여하면서 자발적 활동에 대한 기대수준이 높은 사람들이 모
여서 만들고 운영하는 곳이고, 도서관을 통하여 마을공동체를 이루

어 나가려는 사람들이 실제로 관심을 갖고 참여하는 곳이어서, 도서관과 집합적 효능감은 돌고 도는 순환적 관계를 형성하고 있었고, 지속적으로 증가될 가능성이 충분한 것으로 보였다.

특히 관저동의 해뜰도서관은 주민설문조사와 실태조사를 실시하여 마을의 자전거길 실태를 직접 파악하고, 주민들이 자주 이용하는 도서관, 시장, 간선버스 정류장, 구봉산을 연결하는 마을자전거길 네트워크를 제안하여, 우수한 평가를 받음으로써 '주민참여형 녹색마을자전거길' 조성사업에 선정되었다. 녹색 자전거마을 조성사업은 관저동 주민들의 '자전거 타기 가장 좋은 도시 대전'을 향한 첫걸음이며, 더 나아가 관저동이 세계적인 자전거 모범도시가 될 수 있다는 생각으로 해뜰도서관을 중심으로 주민들이 자발적으로 참여한 주민주도 사업이었다. '주민참여형 녹색마을자전거길' 조성사업은 이미 도서관을 만들려고 준비할 때부터 초기 구성원들이 생태와 환경에 관심을 두고 도서관 사업을 기획했던 경험이 큰 성과를 보게 된 것으로, 공모에 참여할 때 도서관의 구성원 모두가 적극적으로 참여하였다. 도서관의 구성원들은 각 동아리별로 설문지 작업을 통해 주민들의 의견을 수렴하고 주민들이 참여하도록 하였다. 이러한 사업이 해뜰도서관을 중심으로 이루어지고 있었다는 것은 도서관이 마을공동체의 유지, 발전에 크게 기여하고 그 중심축으로 역할하고 있음을 보여 주는 것으로 이는 마을도서관이 마을문고보다 집합적 효능감이 훨씬 크게 나타나고 있음을 반증하는 것이었다.

(2) 동네주민조직의 참여 정도와 수준

마을문고나 마을어린이도서관 모두 동네주민조직의 참여 정도는
거의 전무한 상태라고 해도 과언이 아닐 정도의 수준에 머물러 있
었다. 학교조직 중 소수가 학부모회에서 활동하고 있었는데, 마을문
고의 경우 동네주민조직에 참여하지 않는 이유를 정확히 설명하고
있지 않아서 왜 이런 현상이 나타나는지 알 수 없었다. 그러나 마을
도서관의 경우에는 면접대상자들의 반응에서 그 이유를 다음과 같
이 정리해 볼 수 있었다. 현재 마을도서관은 도서관 운영의 안정화
를 이루어야 하는 아직 역사가 매우 짧은 도서관들로, 동네조직에
관심을 두거나 참여할 수 있는 여유와 환경이 조성되어 있지 않다
는 것이었다. 때문에 동네조직에 참여할 필요성과 당위성은 가지고
있지만, 현실적으로 실행에 옮기지 못하고 있었으며, 다만 도서관의
운영이 안정되는 과정 속에서 추진할 계획을 가지고 있었다. 또한
도서관에서 단순 대출과 반납만 이루어지는 것이 아니라, 각종 소
모임과 프로그램의 운영, 마을신문이나 소식지 제작 등의 다양한
사업과 활동이 이루어지고 있어서, 다른 조직에 참여할 여유와 시
간이 없었다. 또한 동네 주민조직 중 관변의 성격이 짙은 조직은 도
서관활동을 하는 사람들과는 기본적인 시각과 철학의 차이가 있어
서 참여하기가 어렵다는 문제도 동네주민조직에 참여하지 못하는
이유로 작용하고 있었다.

이상에서 사회자본 구성요소 중 주민참여를 측정하는 지표 2개
중 '동네주민조직의 참여 정도와 수준'은 양쪽 모두 매우 낮다고 할
수 있다. 마을문고의 경우는 이러한 현상에 대한 원인을 면접대상
자들의 답변이 미흡하여 제대로 파악할 수 없었으나, 마을도서관의

경우는 그 원인에 대한 생각들을 표현함으로써, 도서관이 처한 현실적, 상황적인 배경이 있음을 알 수 있었다. 도서관의 안정적 운영과 함께 이에 대한 향후계획을 가지고 있다는 점에서, 마을문고보다는 잠재적 가능성이 크다고 할 수 있었지만, 두 사례 모두 사회자본을 형성하는 중요한 요소인 주민참여 활성화는 풀어야 할 장기적인 과제로 대두되고 있었다. 그러나 공동체의 유지·발전에 대한 집합적 효능감은 마을문고보다 마을도서관이 훨씬 큰 것으로 나타났으며, 도서관 활동을 통하여 집합적 효능감의 정도와 수준은 변화되어 가고 있었으므로, 그 가능성은 충분히 잠재되어 있다고 판단되었다.

* 호혜

(1) 상호작용의 양적, 질적 정도와 수준

마을문고의 경우 문고 임원을 포함한 회원들 간의 상호교류와 접촉은 월례회의 시 함께 식사하고 회원 경조사에 참여하는 정도였고, 친한 그룹별로 개인적인 교류와 접촉이 있는 수준이었다. 반면, 평상시에는 봉사활동 파트너 외에는 만남이 전혀 없는 면접대상자가 있었고, 오히려 임원을 역임하면서 문고 안에서는 사적인 교류보다는 공적인 관계만 맺으려고 한다는 면접대상자도 있었다. 이용자들은 문고 안에서 조용히 책을 빌리거나 읽을 뿐 상호교류나 접촉은 잘 이루어지지 않고 있었다. 문고회원들은 문고 활동을 하기 전보다 상호작용의 양과 질이 더 증가하는 회원도 있었지만, 오히려 개인적인 상호작용은 더 적어져서, 상호작용의 양은 증가해도 그 질에 있어서는 감소하는 회원들도 있었다.

반면, 대부분 마을도서관들은 점심을 거의 도서관에서 같이 직접 해서 먹거나, 준비해 온 반찬을 풀어 놓고 함께 나누는 시스템으로 자리를 잡아 가고 있었다. 엄마의 보호 밖에 있는 아이들도 함께 밥을 먹고 가족처럼 생활하고 있었다. 여가시간도 도서관 프로그램으로 박물관 기행이나 생태체험 등을 공유하기도 하고 시간이 맞는 사람들끼리 가는 '번개 미술관 탐방'과 같은 활동들을 하면서 가족 단위로 여가시간을 공유하고 있었다. 경조사 교류는 운영자들은 기본적으로 하고 있었지만, 자원봉사자의 경우에는 아직 그 정도의 상호작용까지는 이루어지지 않는 경우도 있었다. 그러나 대체로 도서관 밖에서의 상호작용과 접촉보다는 도서관에서 상호교류의 양과 질이 더욱 확대되고 있었으며, 도서관 활동 이전보다는 도서관 활동 이후에 훨씬 활발하게 이루어지고 있는 것을 알 수 있었다.

(2) 도움 필요시 지원획득 가능범위 정도와 수준

마을문고의 경우, 정서적으로 금전적인 관계는 의도적으로 피하는 경향이 있었고, 도움을 요청하는 우선적인 대상도 개인적인 친분이 있거나 가까운 이웃, 가족에게 요청하는 면접대상자들이 더 많았다. 이는 문고 활동 이후에도 여전히 도움을 요청하는 정도와 수준은 문고 활동 이전보다 크게 나아지지 않고 있다는 것을 말해 주는 것이다.

반면, 마을도서관은 대체로 도움을 요청했을 때 도와줄 것이라는 신뢰와 호혜가 내재하고 있었다. 도움을 받은 사람은 '나도 도와줄 수 있다.'는 생각을 하게 되었고, 도움을 준 사람 역시 '나에게 도움을 주겠구나.'라는 생각을 하고 있었다. 또한 경험을 하지 않았어도, 자신이 그런 마음을 가지고 있으니 다른 사람도 같은 마음을 가지고 있을 것이라는, 호혜의 정신을 가지고 살아가고 있었다. 자원봉사자의 경우도 자원봉사자 모임을 '가족모임'으로 부르면서 호혜에 대한 기대가 있었고, 이용자들도 아직은 지원요청을 하기 어렵지만, 도서관 사람들은 상호 호혜가 잘 이루어지고 있다고 여기고 있었다. 마을문고와 마찬가지로 금전적으로 서로 지원하는 부분은 호혜의 정신이 부족해서가 아니라, 오히려 신뢰가 깊을수록 피하는 정서상의 배경이 있다고 보았다. 도서관 밖에서의 호혜보다는, 역시 도서관 안에서 활발하게 호혜의 정신이 살아나고 있었고, 도서관 활동 이전보다는 이후에 스스로의 변화를 훨씬 많이 체득하고 있었다.

(3) 집안일의 상부상조의 정도와 수준

마을문고나 마을도서관 두 사례 모두 큰일로 상부상조한 경험이나 사례는 없었다. 과거와 달리 큰 일손이 필요한 것들은 자본주의 시장경제 체제 안에서 이미 상업적으로 이루어지고 있고, 그것이 당연한 삶의 모습이 되어 버린 현실에서 볼 때 큰 규모의 상부상조를 기대하는 것 자체가 무리일 수 있다고 생각되었다. 문고회원들 중에서도 연령이 높은 회원중심으로, 주로 김장 시 서로 품앗이하면서 상부상조하는 경우가 가장 많았지만, 일상의 작은 부분들을 상부상조하는 경우도 있었다. 그러나 연령이 작은 회원들은 김장도 친정이나 시댁에서 공동으로 하는 경우가 많았고, 김장 외에는 특별히 개인적으로 상부상조할 일이 없다고 느껴서 하지 않는 사람도 있었고, 문고회원들과는 의도적으로 개인적인 상부상조를 하지 않는다는 이들도 있었다.

반면, 현재 마을도서관의 주요 구성원은 유아나 초등학교 학부모들이기 때문에 연령이 높지 않아서 김장을 스스로 하는 경우가 거의 없었다. 그래서 김장과 같은 일로 상부상조하는 일은 흔치 않았다. 그러나 일상의 작은 부분들을 서로 도와가면서 상부상조하는 모습은, 면접자들의 답변을 통해서 잘 나타나고 있었다. 이런 모습 자체가 도서관이 지향하는 활동이자 생활이라는 점에서, 앞으로 도서관이 마을 공동체의 중심으로 역할을 할 수 있게 될 가능성은 보였다. 또한 도서관에서부터 품앗이 은행을 설립하고 마을 돈을 사용하게 된다면, 옛 전통의 상부상조가 활발하게 일어날 가능성이 훨씬 클 것으로 판단되었다. 현재 김장과 같은 집안의 대사를 통한 상부상조는 나타나지 않고 있지만, 앞으로 도서관에서 김장학교를 연다면 도서관 엄마들뿐 아니라, 마을 사람들이 함께 모여서 김장을 하고 나누는 상부상조가 이루어지고, 그러한 옛 전통이 재현되고 확장된다면 그 이상의 상부상조도 가능할 것으로 보였다.

(4) 품앗이 교육과 품앗이 은행을 통한 상부상조의 정도와 수준

이 지표는 사례분석의 대상으로 선정한 5개의 마을문고와 마을도서관에 모두 해당되는 지표는 아니었다. (사)풀뿌리사람들이 진행하고 있는 품앗이 은행을 설립하기 위한 준비과정에 참여하면서 품앗이 교육을 받고 있는 마루도서관과 작은나무도서관 두 곳에 해당하는 지표였다. 따라서 이 지표는 두 도서관이 품앗이 은행 설립 준비과정에 참여하면서, 그 영향을 통하여 지금 현재 어느 정도의 상부상조가 이루어지고 있는지를 측정하기 위한 것이었다. 두 도서관

은 품앗이 교육을 받으면서 품앗이를 통한 신뢰형성과 호혜에 대한 기대를 가지고 있었고, 실제로 내동 작은나무도서관은 낮은 단계의 품앗이 형태이긴 하지만, 벼룩시장을 마을에서 진행하고 있었고, 마루도서관은 품앗이 놀이와 교육을 진행하고 있었다. 아직 준비단계에 있기 때문에 이를 통하여 구체적인 효과를 측정하기는 어려운 측면이 분명 있었지만 준비가 완료되고 시행을 하게 된다면, 품앗이를 통한 비시장적 경제생활이 시도됨으로써 상호 신뢰와 호혜가 이루어지는 마을의 공동체적 생활이 가능할 것으로 예측되었다.

(5) 마을의 아동, 청소년에 대한 상호관심과 사랑의 수준

마을문고 자원봉사자들의 경우 마을 아이들에 대한 사랑의 호혜에 있어서 마을도서관의 자원봉사자들과는 다른 측면이 있었다. 그 이유는 자신의 아이에 대한 사랑과 관심에서 문고를 이용하다가 자원봉사를 하게 된 사람도 있었지만, 아이들을 다 키우고 시간적 여유와 봉사에 대한 욕구 때문에 자원봉사를 하게 된 사람들이 많이 있었고, 또 마을문고 자체가 어린이만을 위한 문고가 아닌 까닭에, 마을 아이들에 대한 관심과 사랑의 수준은 단순히 '예쁘다' 정도를 벗어나지 못하고 있었다. 반면 내 아이로 인해 문고 활동을 하게 된 면접대상자들도 '내 아이'가 아닌 '우리 아이'라는 생각의 변화가 나타나고 있다고 보기는 어려웠고, 다만 의도적으로 다른 아이를 먼저 챙긴다거나 다른 아이를 통해 내 아이에 대한 관심과 사랑을 확인하는 정도의 수준에 머무르고 있었다. 물론 다른 아이에 대해 관심이 없다가 문고 활동을 하면서 그 경계가 조금씩 없어지고 있다는 면접자도 있었지만, 대체로 문고 활동 전과 후의 변화는 별다

른 차이가 없었고, 책을 보는 아이들이 이전보다 예쁘고 관심이 더 가는 정도의 수준이었다.

반면, 마을도서관의 사랑의 호혜 정도를 가늠할 수 있는 몇 가지 표현이 나타나고 있었다. 자원봉사자에 대한 호칭이 아줌마에서 선생님으로, 선생님에서 이모로 바뀐 도서관이 있는가 하면, 아이들에 대한 사랑을 주체할 수 없는 눈물로 표현하는 도서관 엄마를 볼 수 있었고, 아이들을 사랑하는 마음이 다른 곳보다 도서관에서는 훨씬 더 사랑하는 마음이 샘솟는다고 말하는 도서관 아줌마를 볼 때, 마을도서관이 바로 이러한 사랑의 호혜가 일어나는 공간이고 삶이라는 것을 알 수 있었다. 단순히 아이들을 도서관의 고객으로만 보는 것이 아니라, 도서관에서 항상 만나고 함께하는 여러 가지 활동과 경험을 통해서 성숙해지는 또 다른 모정의 표현으로 보였다.

이상에서 사회자본 구성요소 중 호혜를 측정할 수 있는 5개 지표 모두 마을도서관이 마을문고보다 크게 나타나고 있음을 알 수 있었다. 다만 2가지 지표 '집안일의 상부상조의 정도와 수준'과 '품앗이 교육과 품앗이 은행을 통한 상부상조의 정도와 수준'은 그 가능성을 전제로 연구자가 판단하였다. 이 두 가지 지표 중 '집안일의 상부상조의 정도와 수준'을 볼 때 외형적으로 나타나는 일상의 작은 부분들을 서로 상부상조하는 것은, 마을문고와 마을도서관 모두에서 볼 수 있으나, 두 사례는 분명 차이가 있는 것을 발견할 수 있었다. 마을문고의 회원들은 문고 활동을 통해 친밀감을 형성한 사람들끼리의 개인적인 상부상조가 이루어지고 있었지만, 마을도서관 사람들의 경우, 일상적인 도서관 활동 속에서 자연스럽게 이루어지는 상부상조도 많이 하고 있었고, 더 중요한 것은 자신들이 필요하

다고 느끼는 것을 함께해 보자고 제안하고 시도하고 있었다는 점이
다. 대표적인 것이 '김장학교'의 제안이었다. 이렇게 자신들의 필요
에 의해 제안한 일은 무질서한 것 같으나 '보이지 않는 손처럼' 질
서 있게 진행되고 있었다는 것을 참여자들은 경험적으로 알고 있었
다. 이는 호혜의 가능성이 훨씬 크다는 것을 반증하는 것이었다. 또
'품앗이 교육과 품앗이 은행을 통한 상부상조의 정도와 수준' 역시
모든 사례분석대상 도서관에 해당되는 지표는 아니지만 그 가능성
이 열려 있는 만큼 앞으로의 비전을 보고 연구자가 판단한 결과 호
혜차원의 정책효과성은 마을문고보다 마을도서관이 훨씬 큰 것으
로 나타났다.

마을문고와 마을도서관의 2차 정책효과성은 18개 지표 가운데
13개 지표에서 마을도서관이 마을문고보다 높은 것으로 나타났다.
이를 표로 정리해 보면 다음과 같다.

〈표 4-6〉 마을문고와 마을도서관의 2차 정책효과성 비교분석

지 표		정부 주도 마을문고와 NGO 주도 마을도서관의 2차 효과성
신뢰	차이의 영향	마을도서관이 마을문고보다 높은 편임
	장기거주 의사	〃
	친밀성·사회적응집성 등	〃
	타인에 대한 신뢰	〃
	공공기관에 대한 신뢰	마을문고가 마을도서관보다 높은 편임
	NGO에 대한 신뢰	마을도서관이 마을문고보다 높은 편임
네트 워크	마을의 공동문제 관심·참여	〃
	사회적 소외집단 지원기제	〃
	지역문제의 정보획득과 자원 접근성	지역문제의 정보획득은 둘 다 낮은 편임, 자원 접근성은 둘 다 높은 편임
	가입단체 범위	둘 다 낮은 편임
	마을기관 및 관련 기관과의 협력	마을기관과의 협력은 둘 다 낮은 편임, 관련 기관과의 협력은 마을도서관이 마을문고보다 높은 편임
주민 참여	공동체의 유지·발전에의 관심과 참여·효과 기여	마을도서관이 마을문고보다 높은 편임
	동네 주민조직의 참여	둘 다 낮은 편임
호혜	상호작용의 양과 질	마을도서관이 마을문고보다 높은 편임
	자원 획득 가능 범위	〃
	상부상조의 양과 질	〃
	품앗이(학교 & 은행)를 통한 상부상조	〃
	아동·청소년에 대한 관심과 사랑	〃

NGO 주도 정책과정모형의 과제와 전망

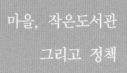

마을, 작은도서관
그리고 정책

　지금까지 논증해 온바 본 연구의 핵심은 대전광역시 마을도서관
의 사례를 중심으로 정부 주도 정책과정모형(이하 정부모형)과
NGO 주도 정책과정모형(이하 NGO모형)의 사례 유형을 나누어 양
사례를 비교·분석하여 어느 모형의 정책효과성이 훨씬 큰가를 밝
혀내는 것이었다.

　그 결과, NGO모형의 정책효과성이 정부모형의 정책효과성보다
훨씬 더 큰 것으로 나타나고 있음을 논증하였다. 그렇다면 이러한
연구 결과를 일반화하여 '모든 정책은 NGO 주도로 나아가야 하는
가?' 또 'NGO 주도 정책이 모든 정책의 이상적인 모델인가?'라는
명제가 가능한가에 관한 질문이 제기될 수 있을 것이다. 이에 대한
논의의 필요성이 요구되는바 본 장에서는 NGO모형에 대한 평가 및
향후 과제와 전망과 결부시켜 그 질문에 대하여 논의하고자 한다.

A. NGO 주도 정책과정모형에 대한 평가

NGO모형에 대한 평가는 SWOT분석, 즉 강점과 약점, 기회와 위협의 4가지 차원에서 분석해 보는 것이 유용할 것 같다. 먼저 '강점(Strength)'의 차원을 살펴보기로 하겠다.

첫째, NGO모형은 생활정치의 패러다임을 바꿀 수 있는 '오래된 미래'로서, 민주화, 세계화 이후의 민주주의를 진전시키는 중요한 동력이 될 수 있다는 점에서 강점이 있다. 이미 본 연구에서 제시하고 사례를 통하여 논증한 바와 같이, NGO모형은 정책과정의 주체에 대한 전통적 관점과 이론의 한계를 드러내고 새로운 관점과 이론의 현실적·실질적인 모형으로 등장하였다. 이는 거버넌스의 개념 변화로 대두한 NGO 거버넌스의 정책학적 현실 모형이고, 이 시대 NGO 거버넌스운동의 생생한 증거이다. NGO가 시민의 생활상의 각종 문제를 직접 해결해 나가는 정책의 주체로서 등장한 것을 포함한 NGO 거버넌스 운동은 한국 시민운동의 변화과정 속에서 참여주의와 공동체주의를 기본원리로 하고, 시민참여와 공동체형성을 지향하는 풀뿌리운동으로서 지역사회의 여러 영역에서 속속 등장하고 있다. 지난 1990년대 이후 시민운동이 평범한 사람들을 운동의 주체로 세우는 것보다, 시민운동가 중심으로 단기적 성과를 내려고 하거나 제도를 변화시키는 데 초점을 두면서 주로 대변형(代辯型) 활동에 머무르다 보니 시민운동은 일반시민을 시민운동의 '구경꾼', '방관자', '무임 승차자' 들로 만드는 결과를 초래한 측면이 있었다. 그 결과 시민운동의 기반은 점차 약화되었고, 시민운동의 사회적 영향력은 감퇴되는 결과를 가져왔다. 이러한 대변형 시민운동에 대한 반성과 성찰은 한국 시민사회로 하여금 풀뿌리운동에 주목하도록 하였고, 이제 이를 강화하고 확산하고자 하는 구체적인 노력들이 전개되고 있는 것이다.

그런 의미에서 풀뿌리운동의 성격을 지닌 NGO모형은 경쟁지상주의와 물질지상주의가 판치는 시대에 자신과 이웃, 동네와 직장에서 만나는 사람들에 대해 관심과 애정을 가지라는 시대적 요구와 나를 주체로 생각하고 나의 삶을 소중히 가꾸고, 내가 사는 공간에서부터 사회를 좀 더 좋게 만들기 위한 작은 실천을 해 나가고자 하는 시민의 요구에 효과적으로 반응할 수 있는 모형이라고 하겠다. 그리하여 앞으로 NGO모형이 정부모형과 함께 강력한 대안모형 또는 보완모형으로 정착되면, 이제 그야말로 자신의 생활에서 시민(주민)이 주체가 될 수 있을 것이다. 전문가의 전문성이 요구되기는 하지만, 더 이상 전문가가 시민을 배제하고 시민운동을 일방적으로 끌고 가지도 못할 것이다. 그렇게 되면 NGO가 가시적인 성과보다는 운동에 참여한 사람들의 변화를 추구하는 상향식 운동, 즉 '사람의 변화'에 주목할 것이 분명하다. 그리고 그 활동방식을 고정시키지 않고, 명실상부하게 시민 중심으로 시민을 위한 정책을 추진할 수 있을 것이다. 이는 정부모형의 정책에서는 볼 수 없는 NGO모형만의 강점인바, 풀뿌리운동과 같은 NGO 거버넌스운동은 생활정치의 전형으로서, 정치의 패러다임을 새롭게 변화시킬 수 있는 일종의 '오래된 미래'라고 할 수 있다.

대전의 마을도서관은 날로 심해지는 사회적 양극화로 인한 생활불안의 문제―도서관에 대한 엄마들의 가장 큰 욕구는 사교육으로부터 벗어나고자 하는 교육문제의 해결이겠지만 그 외에도—를 주민들 스스로 참여와 협력을 통해 해결할 수 있는 공동체적인 삶을 꿈꾸는 데서 시작되었다. 그리하여 마을도서관을 중심으로 마을주민들의 삶은 협동조합적 원리로 살아가는 생활공동체를 꿈꾸는 풀뿌리주민운동이며 생활정치의 구체적인 모습이다. 자본이 주체가 되는 삶이 아니라 사람이 중심에 서는, 그래서 삶의 패러다임이 '내 가족'에서 '우리 마을'로 변화되어 가는 '오래된 미래'이다.

둘째, NGO모형은 특히 미시적 생활정치—생활행정의 영역이라고 해도 좋겠다.— 영역과 수준에서 뉴거버넌스의 새로운 모델이 되고 있다는 점에서 강점이 있다. 본 연구의 사례였던 마을문고와 마을도서관의 정책효과성을 비교·분석한 결과로도 알 수 있지만, 많은 다른 사례에서도 그것을 확인할 수 있다. 거기에 더하여 이러한 NGO모형의 강점은 이미 정부모형에도 벤치마킹의 사례로서 채택할 정도로 일정한 영향을 미치고 있다. 그 대표적인 예가 기존의 일터 중심 사고에서 벗어나 삶터, 일터, 쉼터를 아우르는 '마을 만들기' 정책, 즉 행정안전부(과거 행정자치부)의 살기 좋은 지역 만들기 사례(2007)이다. 그런데 여기서 특별히 주목할 현상이 드러나고 있다. 그것은 정부가 NGO모형을 벤치마킹해, 정부의 사업에 시민(주민)을 참여시킨다고 할지라도, 본질적으로는 정부 주도일 수밖에 없는 내재적 한계 때문에 NGO모형만큼의 효과를 거두지 못하고 있다는 사실이다. 실제로 NGO에 의한 민간주도의 마을 만들기와 정부 주도의 마을 만들기 사례를 비교하여 보면, 민간주도의 마을 만들기 사례가 대부분의 측면에서 우수하게 나타나고 있다. 즉 주민참여 운동 혹은 사업의 지속성, 효과 등의 측면에서 민간주도 마을 만들기 사례가 더 좋은 평가를 받고 있다. 당연하겠지만 어디까지나 정부 주도의 정책인 경우 사업추진과정에서 나타나는 가장 큰 어려움은 피동적이고 수동적인 주민들의 태도라는 점이다. 또 그로 말미암아 방침은 그렇지 않은데도 현지 실정에 대한 정확한 정보를 충분히 확보하지 못해 항상 하향식 사업으로 흐를 가능성이 농후해진다. 이상에서와 같이 정부 주도의 정책은 NGO 주도의 풀뿌리정책이 추구하는 가치나 활동방식과는 근본적으로 차이가 있어서 그 효과성에서는 NGO가 주도하는 정책효과를 넘어설 수가 없다는 점이 계속 드러나고 있다.

대전마을도서관은 '마을'을 중심으로 주민들이 주체가 되어 공공의 문제를 스스로 해결해 나가고자 함으로써 정책과정의 주체로 등장함은 물론 뉴거버넌스의 새로운 모델이 되고 있다. 짧은 역사 속에서도 정부모형에서는 볼 수 없는 많은 성과를 이루어 냄으로써, 어린이도서관은 대전지역 풀뿌리운동의 기반이 되고 있으며 지역공동체형성의 기초를 형성하고 있다.

셋째, NGO모형은 정책효과로서 정부모형이 지향하는 가시적·물리적인 변화를 넘어 비가시적이고 심리적·정서적이며 장기적인 사회자본의 형성까지를 지향하고 있다는 점에서 강점이 있다. 즉 NGO 거버넌스 운동은 NGO가 정책과정의 주체로서 사람을 중심에 두고 생활세계를 회복시키고자 하는 대안적 운동을 지향함으로써, 단순히 눈에 보이는 정책의 산출뿐 아니라 사람 사이의 관계망 속에서 나타나는 사회적, 인본적 영향을 중요시하고 있다. 이러한 사회적, 인본적 영향은 결국, 신뢰, 규범, 네트워크, 호혜 등을 내용으로 하는 사회자본의 구성요소(차원)와 그 맥을 같이함으로써

NGO 주도 모형은 정책의 전개과정 속에서 사회자본이 형성되는 높은 차원의 정책 효과를 거두고 있는 것이다. 제4장에서 비교·분석한 정책효과성의 결과에서 나타난 바와 같이 NGO 모형으로서의 마을도서관은 수평적 소통과 민주적 운영의 상향식 운동방식을 통해 1차 효과성은 물론 2차 정책의 효과성에서도 정부모형과는 다른 큰 차이를 보이고 있다.

넷째, NGO모형은 직접행동의 효과적 대안일 수 있다는 점에서 강점이 있다. 흔히 민주주의는 저항의 과정에서만 생명력을 누릴 수 있고 한다. 다시 말해서 대중의 직접행동이 있을 때에만 민주주의는 살아 있을 수 있고, 민주주의의 결손은 직접행동을 통해서 보완될 수 있다는 것이다. 그런데 한국 사회에서 직접행동은 '거리의 정치'만이 아니라 '일상의 정치'까지 파고들 때에야 비로소 변화의 잠재력을 구성하고 실제로 변화를 이끌어 낼 수 있을 것이라는 점에서, 우리 사회에서 '일상의 정치'를 실현하려면 전략 없는 직접행동이 아니라 사회적 개인들이 밑으로부터의 생활정치를 실현하는 과정 속에서 행해져야 한다(이명원 외, 2009: 200－213)는 주장이 일정한 호응을 얻을 수 있을 것이다. 이런 측면에서 볼 때, NGO모형은 직접행동의 전략과 대안으로서 직접행동의 한계에 효과적으로 대응할 수 있는 대안이자 전략이 될 수 있고, 그 점에서 NGO모형의 강점이 있다고 할 것이다.

직접행동으로서 2008년의 촛불집회를 기억할 것이다. 국민의 생명권에 대한 분노로 촉발된 촛불집회는 대중들로 하여금 한국의 '참여 민주주의', '직접 민주주의'를 경험하게 한 반면, 기존 시민운동과 민중운동에 대한 성찰을 불러일으키기도 했다. 물론 촛불집회가 정당정치와 진보운동의 위기를 보여 주는 또 다른 모습이라는 점에서 한국 민주주의의 결손을 보완하는 역할을 하고 있다고 볼 수 있으나 이러한 직접행동은 첫째, 일정한 한계를 지닌 거리의 정치에 머무를 수도 있다는 점, 둘째, 촛불집회에서 제기된 의제는 전통적인 정치적 의제나, 경제적 의제가 아니라 이 두 가지가 혼합된 공동체적인 의제였다는 점에서 마을도서관운동은 이러한 의제를 삶 속에서 해결해 나가는 중요한 전략이 됨과 동시에 현실적이고 효과적인 대안이 되고 있다.

다음은 NGO모형의 '약점(Weakness)'의 차원을 살펴보기로 하겠다.

첫째, NGO의 재정기반의 취약성이다. 시민단체가 재정적으로 어려운 것은 공지의 사실인데, 이것이 아마 NGO모형의 최대 약점이자 한계라고 할 것이다. 이러한 NGO의 재정적 취약성은 시민들의 자발적 참여가 부족한 사실에서 기인하는데, 그러나 그것 자체도 한국 시민사회가 아직도 미성숙한 상황에서 겪을 수밖에 없는 불가피한 문제이자 한계라고 할 것이다. 이러한 상황에서도, 한국의 시민운동은 회비나 후원금수입의 비중을 높여 나가고 있다. 하지만 재정과 인력재생산에 있어서는 여전히 일정한 한계를 안고 있다(하승수, 2003: 139 - 148). 이를 거버넌스 측면에서 적용해 보면, NGO모형의 현실적인 거버넌스의 영역과 수준, 그리고 더 나아가 가까운 미래의 거버넌스의 발전방향을 가늠하게 해 준다. 거버넌스를 위한 재정적 체계를 완비하고 있는 정부모형은—전통적 정책과정의 관점과 이론이 보여 주고 있는 바와 같이— 거버넌스의 어느 수준, 어느 영역에서나 가능하고, 실제로 인류역사와 함께 그 강력하고 지속적인 생명력을 증명해 보여 주고 있다. 그에 비하면 항상 재정적 취약성의 한계를 안고 가야 하는 NGO모형은 거버넌스의 수준과 영역에서 불가피하게 일정한 제약과 한계를 감수할 수밖에 없다.

그런 점에서 국가 수준의 거버넌스(national governance)에 소요되는 예산과 인력을 확보할 수 없는 NGO모형은 그 정책효과성이 아무리 우수하다 하여도 국가 수준의 거버넌스에 적용하는 것은 거의 불가능하다. 현재로서는 NGO가 국가 수준의 거버넌스 주체가 되어 국가적 정책을 감당하여 국가적 정책을 수립하고 직접 집행한다는 것은 불가능한 일이다. 이는 동일한 이유로 지역 수준, 또는 어쩌면 지방 수준의 거버넌스에도 그대로 적용된다. 따라서 지금 현실에서만 보면 NGO모형은 거시적인 수준이 아닌 미시적 수준의 거버넌스에서 그 역할과 정책의 효과를 최대로 끌어올릴 수 있다고 평가된다.

마을도서관들 역시 미시적 단위임에도 불구하고 이러한 재정적 취약성을 극복하기 위해 1차 효과성의 지표로 후원과 기부의 활성화(조직역량강화)에 집중적인 노력을 하고 있다. 마을어린이도서관은 정부의 지원을 받지 않고, 민간모금운동단체인 대전사회복지공동모금회로부터 프로젝트 사업비를 지원받고 있다. 그러나 기본적인 운영비의 안정적 조달을 위해 모금에 대한 장기적인 계획과 협동조합적 원리에 의한 비시장경제 시스템, 즉 품앗이 형태의 사회은행, 사회적 기업의 설립에 물적, 인적 노력을 기울이고 있다. 그럼에도 불구하고 단기간에 재정적인 취약성으로부터 벗어나기는 어렵다는 점에서 이러한 미시적 수준과 단위 이상에서 NGO모형이 그 정책을 효과적으로 수행하기는 어려울 것으로 보인다.

둘째, 다양한 영역과 측면에서의 풀뿌리운동의 부족과, 지역 간·

운동 간 네트워크의 부족을 들 수 있다. 사회가 변화하기 위해서는 다양한 풀뿌리운동이 필요하다. 대전지역의 풀뿌리운동도 생활협동조합운동과 마을어린이도서관운동이 그 중심에 있는데, 운동의 성패는 다양한 분야의 풀뿌리운동이 마을단위에서 서로 연대하고 협력하는 데 달려 있다고 할 수 있다. 또 새로운 신생단체가 자립적으로 활동할 수 있을 때까지 지원해 주는 인큐베이팅도 필요하고, 전문지원그룹도 필요하다. 인큐베이팅을 통해 지역사회 내에 다양한 풀뿌리운동단체들이 많아지면, 그 단체들 간의 네트워크를 통해서 서로 소통하고 지원하며 더욱 발전할 수 있는 토양을 만들 수 있다. 그런데 우리 현실에서 아직은 그런 풀뿌리운동의 다양성이나 네트워크가 지역사회에서 미흡하다고 할 수 있다. NGO모형의 성패는 다양한 풀뿌리운동 단체들 간의 협력과 공존을 통해 지역공동체성이 형성되고 그로 인한 운동 역량의 구축에 달려 있다고 한다면, 대전의 '(사)풀뿌리사람들'과 같은 전문지원 단체들의 설립과 역할을 확대하여 새로운 풀뿌리단체들이 많이 설립되고 이들 간의 활발한 네트워크의 활성화가 필요하다. 그러나 현실은 그렇지 못하다는 것이 NGO모형의 약점이다.

이제 '기회(Opportunity)'의 차원을 살펴보기로 하겠다.

첫째, NGO모형은 정부정책에 반영되고 벤치마킹될 가능성이 많아지면서 사회적으로 NGO모형 자체의 가치와 관심을 높여 주고 있다. 위에서 보았던 것처럼, 2007년부터 행정안전부(과거 행정자치부)에서 시행하고 있는 '마을 만들기 사업'이 그 예이다. 대전의 경우도 마을도서관이 지역사회의 화두로, 지역의 의제가 되고 반향을 일으키자, 대전광역시에서 벤치마킹하여 자치단체가 지원하는 마을도서관 사업을 공모·추진하여 운영 중에 있다. 그런데 본질적으로 정부 주도의 성격 때문에, 부작용이 나타나고 있는 것으로 보이는데, 바로 그 점이 역으로 NGO모형의 가치와 존재의의를 높여주고 있기도 하다.

둘째, NGO모형은 시민이 주체가 되고 '사람'을 세우는 운동이라는 점에서 주민자치의 전형이 될 수 있다. 현재 여러 가지 분야와 영역에서 많은 주민들은 생활세계의 민주화라는 생활정치에 기반을 두고 있는 NGO모형으로서의 풀뿌리운동을 통해 자발적으로 '자치'를 경험하고 실현해 가고 있다. 이는 주민들이 일상생활의 문제를 밑으로부터, 생활로부터 풀어내려는 새로운 정치적 삶의 추구인데, 제도정치, 즉 지방자치제도의 영역에서 주민자치를 실현하고 민주주의를 학습할 중요한 기회를 열어 가고 있는 것이다. 지금처럼 기득권 정당이나 정치인들이 주도하는 정치로는 삶의 문제나 사회의 문제를 풀어 가기가 어렵기 때문에 시민들이 참여하고 시민들의 삶의 문제들을 정치의 의제로 만드는, '좋은 정치'의 꿈과 상상을 실현할 기회를 가질 수 있는 것이다. 실제로 알짬도서관의 경우 마을의 공공기관이나 유지들이 도서관을 공적인 기관 혹은 중요한 정치적 세력으로 인식하고 있지 않아서 도서관 구성원들이 스스로의 힘을 키워야겠다는 사고가 내재하고 있었다. 그것은 곧 제도정치에의 참여까지도 의미하는 것으로 실제로 많은 지역에서 풀뿌리운동의 주체들이 제도정치참여의 주체로 나서고 있다. 따라서 본 연구도 2차 정책효과성을 측정함에 있어서 '주민참여'의 차원에서 참여의 수준이 정치참여의 수준으로 어떻게 이동하는지를 측정했어야 했지만 그렇게 하지 못한 것은 본 연구의 한계이다.

마지막으로 '위협(Threat)'의 차원에서 살펴보기로 하겠다.

첫째, NGO모형의 최대 약점(Weakness)인 재정의 취약성과 관련된 정부의 예산지원의 문제이다. 새마을운동, 바르게 살기, 자유총연맹으로 대표되는 보수단체들은 정권교체와 관계없이 자치단체로부터 지급되는 특혜성 정액보조금을 지원받아 조직을 운영하고 있고, 정액보조단체에 포함되지 않는 보수단체들도 자치단체의 임의단체보조금을 통해 많은 보조금을 지원받고 있다. 이에 반해, 진보적인 NGO단체들은 일부 보조금을 받는 경우에도 운영비로는 사용할 수가 없고 사업비로만 사용하도록 엄격하게 제한을 받고 있다. 게다가 이명박 정부가 들어서면서 2009년 2월 4일 행정안전부는 '2009년 비영리 민간단체 공익활동 지원사업 시행'이라는 보도 자료를 통해 '불법 폭력집회, 시위를 주도하거나 참여한 단체에 대해서는 지원 대상에서 제외한다.'는 방침을 밝힌 바 있다. 이에 경찰청은 2009년 2월 17일자 '2008년 불법폭력시위 관련단체 현황통보' 자료를 통해서 광우병 미국산쇠고기수입에 반대하며 촛불을 들었던 광우병국민대책회의 소속단체 1,842개 단체의 명단을 통보했는데, 동시에 광우병 국민대책회의 탈퇴와 집회 불참을 약속하는 협약서를 쓰는 단체들에는 보조금지원을 재개하겠다고 밝히고 있다(전국농민회총연맹 논평, 2009. 4. 23.). 이는 정부가 정부시책에 반하는 활동을 하느냐 안 하느냐에 따라 공익활동 보조금을 지원함으로써 진보적인 NGO 단체를 통제, 견제하겠다는 의미로 볼 수 있다. 그러나 미국의 경우에는 일정한 기준을 충족하는 공익적인 시민단체에 기부하는 기부자에 대해서는 법인이 아닌 경우에도 폭넓게 세제지원을 해 주고 있으며(하승수, 2003: 147), 시민사회단체들의 활동을 보장하며 반대의견을 표명하는 시민사회단체들과도 다양한 방식을 통한 논의로 의견을 수렴하고 있다.

결론적으로 재정적 취약성이 NGO의 가장 큰 약점이라고 볼 때, 사업비로만 사용할 수 있는 최소한의 보조금조차도 정권교체에 따라 불안정하게 이루어지는 수급체계는 외부로부터 오는 가장 큰 위협요소 중의 하나라고 할 수 있다. 물론 마을도서관이 현재로서는 자치단체의 지원을 받고 있지는 않지만, 마을도서관을 비롯한 다른 풀뿌리운동단체들은 진보적인 운동단체로서 이러한 위협으로부터 항상 자유롭지 않고, 실제로 지역운동의 현장에서는 많은 NGO단체들이 이의 여파로 힘든 상황에 직면한 것은 주지의 사실이다.

둘째, 정부 및 지방자치단체가 지원하는 예산 확보의 또 다른 측면이다. NGO에 대한 정부의 공적 지원은 단체들의 정당성과 자율성을 침해할 소지가 높아 소위 '어용화'할 가능성을 높인다는 주장이다. 즉 NGO가 행정적 지원이라는 압박을 받게 되면서 시민사회단체 본래의 중요한 기능인 정부에 대한 견제와 비판기능을 원만히 수행하지 못하게 된다는 것이다(강성철 외, 2008: 6 - 7).

실제로 정부의 입김으로부터 자유롭지 못한 경우가 많이 있다. 특히 단체장의 차기 선거와 맞물릴 경우 사업지속을 위한 전시표본사업을 해야 할 경우도 있기 때문이다. 그래서 결국 NGO의 자율적인 특성보다는 행정기관의 입맛에 맞는 기관으로 전락할 가능성도 간과할 수는 없다. 그러나 이는 행정기관이 NGO에 대한 예산지원을 행정기관의 일방적인 배려나 혜택을 주는 정도로 인식하고, 이를 시책의 수단으로 활용하고자 하는 데서 비롯된 것으로, NGO단체 지원을 위한 독립기관을 운영함으로써, 공정하고 객관성 있는 체계를 만든다면 해결될 수 있는 문제라고 보인다. 특히 정부를 비판, 감시하는 활동을 하는 것도 아닌 단체들, 특히 엄밀하게 보면 정부가 해야 할 일을 대신하고 있는 민간단체들까지 무조건 정부로부터 재정지원을 받지 말라고 하는 것은 잘못된 것이며, 오히려 정부는 자신들이 직접 하는 것보다 시민단체가 그 역할을 하는 것이 시민들의 자발적 참여를 이끌어 내는 데 유리하다고 판단되면 적극 지원을 해야 하는 것이 마땅하다(하승수, 2003: 145). 그러나 아직 우리 사회가 이러한 수준에 이르지 못하고 있는 것을 볼 때, 예산지원에 따른 NGO의 '어용화' 문제는 분명 외부로부터의 큰 위협임에는 틀림없다. 마을도서관의 경우는 정부의 공공적 역할을 대신하고 있는 측면에서 오히려 자치단체가 지원을 해야 하는 것이 당연하다. 현재로서는 지원을 받고 있지 않기 때문에 이에 따른 '어용화' 문제에 직접 직면하고 있지는 않지만 그 가능성을 배제할 수 없다는 점에서 위협으로 작용할 가능성이 내재되어 있다. NGO모형의 전망에서 언급하겠지만 정부가 진정한 지원자, 조력자로서 역할을 하기 위해서는 지원에 대한 공정성, 객관성을 담보하는 체계가 선행되어야 한다. 그래야만 이러한 위협으로부터 벗어날 수 있을 것이다.

셋째, 기회에서 언급했던 차원과는 다르게 정부정책에 반영되고 제도화됨으로써 나타나는 위협이다. 제도화된다는 것은 NGO모형의 우수성을 입증하고 NGO모형의 가치와 관심을 높이는 반면, NGO모형은 항상 새로운 사업의 내용을 채워 가야 하는 압박을 받게 된다는 것이다. 새로운 사업의 창출이 가능하지 못할 때 NGO모형은 오히려 위축되고 침체기에 접어들 수도 있다. 대전에서 마을도서관이 14개 설립될 수 있었던 기폭제라고 할 수 있는 알짬도서관이 새로운 시스템을 통한 발전적 전환을 모색하고 있는 것도 같은 맥락이다. '가까이에 있는 동네 문화원'이라고 할 만큼 알짬이 마을에서 제공했던 고급 프로그램들이 학교도서관, 공공도서관, 평생학습관 등에서 이루어짐으로써 새로운 활동, 새로운 비전에 대한 모색의 전환점을 맞이하고 있는 것이다.

이상으로 NGO모형에 대한 평가를 SWOT분석으로 4가지 차원에서 분석해 보았다. 이를 통하여 알 수 있는 것은 NGO모형은 강점과 약점, 기회와 위협을 다 같이 지니고 있다는 점이다. 이는 곧 NGO모형이 그 자체로 좋거나 나쁘거나 확대되거나 축소되거나 하기보다는 공동체 사회와 시민이 이를 어떻게 받아들이고 발전시켜 나가는가에 따라 그 평가와 운명이 결정된다는 것을 의미한다. 따라서 NGO모형에서 지적된 각 차원 중 강점이 약점으로, 약점이 강점이 될 수 있으며, 기회가 위기로, 위기가 기회가 될 수 있다는 점에서 4가지 측면은 절대적이지 않고 상대적이며, 그에 따른 상호작용을 하게 된다. 이에 따라 NGO모형의 평가에 대하여 유연적인 태도를 가져야 할 필요성을 강조하면서, 다음에서 NGO모형을 확대·발전시키기 위한 방안에 대하여 논의하고자 한다.

<표 5-1> NGO모형 SWOT 분석

S	W
① 생활정치의 패러다임을 바꿀 수 있는 '오래된 미래'로 민주주의를 진전시키는 중요한 동력 ② 미시적 생활정치의 영역과 수준에서 뉴거버넌스의 새 모델 ③ 정책효과로서 장기적인 사회자본의 형성까지를 지향 ④ 직접행동의 효과적 대안	① 재정기반의 취약성 ② 다양한 영역과 측면에서 풀뿌리운동의 부족과 지역 간·운동 간 네트워크의 부족
O	**T**
① 정부정책에 반영되고 벤치마킹될 가능성이 많아지면서 사회적으로 NGO모형 자체의 가치와 관심 증가 ② 주민자치의 전형→제도정치에의 참여 기회	① 재정적 취약성이 NGO의 가장 큰 약점이라고 볼 때, 사업비로만 사용할 수 있는 최소한의 보조금조차도 정권 교체에 따라 불안정하게 이루어지는 수급체계 ② 정부의 공적 지원은 단체들의 정당성과 자율성 침해의 가능성 ③ 정부정책에 반영되고 제도화될 때 기회의 차원과 다른 조직의 불안정성

B. NGO 주도 정책과정모형의 향후 과제와 전망

앞의 제3장에서 논의했던 바와 같이, 그동안 우리 사회에 커다란 영향력을 행사했고 또 행사하고 있는 국가 중심의 발전국가론과 시장중심의 신자유주의에 대응할 수 있는 사회중심의 민주적 발전모델과 정책개발이 현재 우리 사회의 중대한 과제라는 주장(라미경, 2006: 247)들은 곧 NGO모형의 발전적 방안을 모색해야 한다는 주장에 다름 아니라고 할 수 있다. 그렇다고 하더라도 NGO의 내적, 외적 역량 구축에 따른 NGO에 대한 향후 전망이 반드시 그렇게 긍정적인 것만은 아니다. 그러나 후술할 발전방안에 대한 내용들이 충족될 때, NGO모형은 다양한 수준의 다양한 영역에서 정책과정의 주체로서 확고한 위상을 확보해 나갈 수 있을 것으로 기대된다. 이에 시민, NGO, 정부 등의 3주체의 측면에서, 시민참여와 지역공동체형성, NGO 거버넌스 구축을 위한 NGO와 정부의 과제와 역할을 중심으로 NGO모형에 대한 향후 과제와 전망을 제시해 보고자 한다.

1. 시민참여와 지역공동체

사회자본이 민주적 거버넌스를 위한 기본적 동인이 된다는 사회자본이론가들의 주장을 받아들인다면, 지역 NGO의 거버넌스는 수평적인 의사소통과 관계형성, 합리성에 의해 자발적으로 발생하는 사회자본에 의해 발전하게 될 것이라는 사실을 주목하지 않을 수 없게 된다. 신뢰나 사회적 자본이 부재한 상황에서, 개인은 협력보다는 배신이나 무임승차하려는 경향이 큰 데 반하여, 신뢰나 자본이 있는 경우에는 초기 상대방이 배신할 위험부담에도 불구하고 기대이익이 크다고 믿게 되어 협력이 발생하기 때문이다. 따라서 시민적 참여의 네트워크는 개별 거래에서 배신자가 지불하여야 하는 잠재적 비용을 증가시키고, 호혜성과 관련된 강력한 규범을 만들어 내며, 이러한 사회자본과 네트워크는 지역주민들의 다양한 참여 형태를 전제하고 있어 참여성을 제고할 수 있다고 한다(라미경, 2006: 233 - 235).

본 연구도 정책과정모형의 2차적인 정책효과성을 사회자본의 형성으로 보고 이를 조사해 본 바에 따르면 사회자본의 형성 효과는 NGO모형에서 훨씬 더 크게 나타난다는 것을 확인할 수 있었다. 앞으로 NGO모형이 다양한 공동체 수준의 다양한 영역에서 얼마나 확고한 위상을 확보할 정도로 발전할 수 있는가 그렇지 못할 것인가의 문제는 해당 공동체의 구성원이 자신들 삶의 문제 해결에 '얼마나 어떻게' 더 적극적 · 능동적으로 관심을 가지고 참여해, 서로 연대하고 협력해 풀어 나가느냐 즉 얼마나 많은 양질의 사회자본을 형성하고 축적해 나가느냐에 달려 있다.

이러한 시민참여의 문제는, 그동안 한국 시민운동에 대한 가장 '오래된 비판'일지도 모르는 '시민 없는 시민운동'이라는 비판에서 시작되어 현재까지 지속되어 오고 있다. 그만큼 시민참여의 활성화는 한국의 시민운동과 NGO 거버넌스의 핵심이라고 할 수 있다. 이에 대하여 하승수(2003: 135 – 137)는 경실련 · 참여연대 · 환경운동연합 같은 이른바 중앙시민운동단체를 염두에 두고 '한국의 시민운동은 이제 중앙에 있는 몇몇 단체가 주도하는 운동이 아니며, 이러한 협애한 시각은 1990년대 중반 이후 지역사회와 다양한 영역에서 전개되고 있는 시민운동의 새로운 흐름들을 전혀 감지하지 못하는 데서 비롯된 오류'라고 지적하고 있다. 이미 한국의 시민운동은 지역에 뿌리를 내리면서 지역사회에서 작지만 의미 있는 활동들을 하고 있는 자생적 단체들이 속속 생겨나고 있고, 많은 시민들이 지역의 풀뿌리운동에 참여하고 있다는 것이다. 이런 이유 때문에 '시민 없는 시민운동'이라는 비판이 시민운동에 대한 건전하고 합리적인 비판은 아니라고 지적한다.

그럼에도 불구하고 '중앙시민단체'들의 경우에 있어서 '시민참여가 부족하다'는 것은 말할 것도 없고, 지역사회에서 전개되고 있는 풀뿌리운동에 참여하는 주민과 시민들의 참여도 아직은 부족하다는 것을 인정할 수밖에 없는 것 또한 현실이다. 따라서 시민참여의 활성화와 이를 통한 지역공동체의 형성이 NGO모형의 발전에 매우 중요하다는 점은 의문의 여지가 없다. 그런 관점에서 NGO모형의 발전에 필수불가결한 시민참여의 활성화를 위한 과제를 다음에서 제시하고자 한다.

첫째, 시민단체가 시민참여를 이끌어 내기 위해서는 NGO정책 (사업, 프로그램)을 시민들의 관심사에서 출발하여 시민들이 적극 반응하고 요구하는 것에 높은 우선순위를 두고 NGO 정책의제화하고, 정책의 추진(채택과 집행 등 정책과정의 운용)을 시민과 함께 가야 한다는 점이다. 즉 시민들을 운동의 대상으로 보는 것이 아니라, 같은 눈높이에서, 일회적이 아닌 지속적인 프로그램을 가지고 함께해야 한다는 것이다.

둘째, 시민사회발전의 가장 중요한 부분은 시민 스스로의 자각과 인식이다. 시민참여가 민주사회발전을 위하여 어떻게 기능하며 얼마나 필요한 것인지에 대한 인식과 자각을 위하여 다각적 방법에 의한 시민교육의 실시가 필요하다.

셋째, 지역과 각 분야에서 활동하는 작은 NGO단체들의 인큐베이팅이 중요하다. 시민운동 패러다임의 변화 속에서 확인된 시민운동의 근간은 바로 이러한 풀뿌리운동단체들이며, 이들의 다양한 성장을 통한 상호 간 네트워킹, 풀뿌리운동단체들과 중앙의 대변형 시민단체들의 네트워킹 속에서 NGO 거버넌스의 영역을 크게 확보해 나갈 것이며, NGO모형이 적어도 풀뿌리 민주주의 수준에서는 명실상부한 하나의 정책과정의 주체로서 그 위상을 확고하게 정립할 수 있을 것이다.

2. NGO 주도 거버넌스 구축을 위한 NGO와 정부의 역할

거버넌스의 개념 변화에 따라 거버넌스의 주체와 수준(차원)은 매우 다양하게 나타나고 있는데, 그 중심에는 뉴거버넌스의 한 주체로 새롭게 등장한 NGO 거버넌스가 있다. 본 연구에서 확인된 바와 같이 NGO 거버넌스는 적어도 생활정치 영역에서 단순히 정부의 정책결정에 참여하는 주체로서만이 아니라 정책결정과 정책집행 등 정책과정 전반을 이끌어 가는 정책과정의 한 주체로서 오히려 정부모형보다 한 차원 더 높은 정책의 효과를 이끌어 내고 있다. 그러나 NGO 거버넌스의 차원은 아직까지는 미시적 수준에 머물고 있어, 국가적 수준에서부터 풀뿌리 수준까지 다수준에서 NGO가 거버넌스의 주체로서 그 역할을 감당하기에는 한계가 있음을 인정할 수밖에 없는 것 또한 엄연한 현실이다. 협치(協治)를 위한 제도적 장치들도 미흡할 뿐만 아니라, 시민사회를 중심으로 하는 비제도적인 활동도 NGO 거버넌스가 안정적으로 작동될 정도로 만족스럽지 못한 상태이다. 특히 시민사회단체의 많은 활동에도 불구하고 전반적으로 시민들의 참여나 재정여건, 구체적이고 적극적인 활동의 성숙도가 충분한 수준에는 이르지 못하고 있다. 또한 앞에서 본 것처럼, 시민들 내부의 의식은 성숙되고 있으나 시민들이 스스로 다양한 시민단체에 가입하거나 공식 · 비공식, 제도 · 비제도적인 방법으로 통치에 적극적으로 참여하는 양상은 충분하지 않다. (강성철 외, 2008: 1).

따라서 NGO모형만이 가지는 강점을 살리면서 NGO모형이 미시적 수준은 물론 그 이상의 정책차원에서도 주도적으로 정책과정을 전개하려면―NGO가 독자적으로 정책과정 전반을 책임지고 전개해 나가기에는 현실적 한계가 있으므로― 이를 해결하기 위한 최소한의 전제조건과 이에 따른 NGO와 정부의 역할에 관한 일정한 과제가 해결되어야 할 것이다.

먼저 그 최소한의 전제조건을 살펴보면 다음과 같다.

첫째, 정부와 NGO, 양자가 상대방의 집단에 대한 속성을 이해할 필요가 있다. 양 집단 간의 서로에 대한 인식이 큰 차이를 보이고 있는 상황에서 거버넌스를 구축한다는 것은 쉽지 않기 때문이다. 이를 위해 NGO는 정부를 이해하고, 정부는 NGO를 이해하기 위해서 공무원들을 지역 NGO에 파견하는 제도를 도입할 필요성이 있다는 주장도 있다(강성철 외, 2008: 4 - 5).

둘째, NGO와 정부와의 관계설정의 문제로서, 양자 간의 바람직한 관계 및 역할의 설정은 성공적인 NGO 거버넌스의 전제가 되고 있는데, NGO공동체 역량구축의 주체는 그 구성원, 즉 NGO가 되어야 하며, 정부와 공공기관은 공동체 역량구축을 위해 조력자와 지원자로서 관여해야 한다. 정부와 NGO 양 주체의 내부자본과 외부자본이 조화와 균형을 이루어야 한다는 것이다. 어느 지역이든 해당지역이 성공을 거두게 된 곳은 반드시 정부와 시민사회, 기업, 대학 등이 이 시대가 요구하는 새로운 거버넌스, 즉 협치 시스템을 구축하여 명확한 방향제시와 제도개선, 행정·재정적 지원 등을 뒷받침했기 때문에 가능했던 지역으로 나타난다(박용남, 2006).

다음으로 NGO와 정부의 역할과 관련하여 먼저 NGO의 역할부터 논의해 보기로 하겠다. NGO는 NGO공동체 구성원들, 즉 NGO공동체를 위하여 인적 자본과 사회적 자본을 개발하고, 교육에 초점을 맞추는 것은 물론, 정부 - 민간 - 지역사회 - 비영리조직들 간의 파트너십 구축과 지역의 정체성 및 리더십을 발현하는 것이 필요하다(Howe and Cleary, 2001: 3 - 4). 이를 위하여 각 지역사회에서도 전문화되고 특화된 단체들이 설립되고 있기는 하다. 대전지역의 경우 그 대표적인 단체가 주민운동과 시민운동을 지원하기 위한 전문적인 시민운동을 표방하고 있는 사단법인 '풀뿌리사람들'이다. '풀뿌리사람들'은 풀뿌리시민센터, 풀뿌리교육센터, 풀뿌리연구센터를 운영하면서, 100개의 마을조직, 100개의 사회적 기업, 100개의 공익활동네트워크, 100인의 풀뿌리지도자를 만들기 위해 공익적 시민활동을 전문적으로 지원하고 있다. 바로 이런 NGO공동체 자체에서 각각 특화된 전문성을 확보하면서 서로 연대 협력하는 체제를 구축하고 역량을 강화할 필요가 있는 것이다.

한편, 정부의 역할은 다음과 같다.

첫째, 정부는 NGO공동체의 종류, 성격, 규모, 구성원 수, 목표, 사업 및 역할 등을 파악하고, 그들이 바람직한 방향으로 나갈 수 있게 하는 안내자로서의 위치를 가져야 한다. 또한 지역의 각 공동체 역량을 상호 연결해 주는 '네트워크 연결자'여야 한다. 열린 정부는 지역주민들을 공동체에 자발적으로 참여하고 상호 작용하도록 도와주는 역할을 하기 때문이다(Bellone and Goerl, 1992).

둘째, 정부는 시민에 대한 '서비스 전달자'로서의 역할을 전부가 아니라—물론 매우 큰 일부인 것은 사실이지만— 그 일부를 담당한다는 인식을 가져야 한다.

셋째, 정부 공직자들은 공동체 구성원이 관심을 가지고 있는 문제 및 관심사항에 대하여 모든 역할을 독점해 수행해야 하는 유일한 해결자·주도자가 된다는 생각을 버리고 NGO와 많은 수준, 많은 영역에서 분담해서 그 역할을 수행한다는 인식을 새롭게 할 필요가 있다. 실상 정부모형에서도 NGO를 배제하는 것이 아니라 정부의 정책결정과정에 NGO를 참여시켜 성공적으로 정책을 추진한 예가 적지 않듯이[36] NGO모형에서도 정부의 제도적·비제도적이거나 인적·물적 지원을 배제하지 않고 오히려 적극 필요로 하므로, 정부가 NGO를 지원할 것은 적극 지원하여야 한다. 따라서 정부는 공동체 내에서 정부와 NGO 간의 네트워크 설계자이자 조직자여야 한다. 그리하여 정부는 NGO와 상호작용의 균형점을 찾아야 한다. 이는 정부가 지역공동체를 진정한 파트너로 간주하는 것으로부터 시작된다. 이를 위하여 새로운 거버넌스, 특히 NGO모형과 같은 NGO 거버넌스에 대한 공무원의 새로운 태도학습이 이루어져야 한다. 정부가 그 결과로서 공동체의 사회적 자본을 크게 확대해 나가는 규범적 역할을 다하는 것이 향후 절대적으로 중요하고 필요하다. 공동체 구성원인 시민은 전통적으로 정부에만 의존하던 소극적·수동적 인식과 자세를 버리고, 스스로 적극적·능동적으

---

36) 춘천시 쓰레기 매립장 부지선정(1994 – 1996)은 춘천 경제정의 실천시민연합이 춘천 환경운동연합 등 시민단체와 춘천시 및 춘천시의회가 공동으로 참여하는 '민관공동조정위원회'의 구성을 전격 건의하고, 춘천시 쓰레기 문제해결의 주역을 담당함으로써 정책결정과정에서 NGO 주도 로컬 거버넌스를 성공적으로 작동시킨 대표적 사례이다(전상인, 2005). 반면, 1999년에 나타난 의약분업 거버넌스의 경우는 정부와 NGO 간의 파트너십의 부족으로 소기의 목적을 달성하지 못했다(이현출, 2001).

로 공동체의 크고 작은 일에 참여해 자신들의 힘을 조직화하는 NGO모형을 통하여 자신들의 삶의 질을 높이는 주체성을 회복하여야 한다. 이를 위하여 시민들이 정부와 공직자의 권력을 감시하고 비판하며, 적극적으로 견제하고 대안세력으로 나서기도 해야 한다. 여기에서 새로운 사회가 열리고 민주복지사회가 열린다고 할 것이다.

이상을 종합해 보면, 공공성을 띠고 있는 정책, 프로그램, 그리고 사업의 성공은 모든 이해관계자의 상호협력과 공존의식이 필수불가결하며, 어느 일방의 노력만으로 이루어질 수 있는 것이 아니다. 마찬가지로 공동체의 역량도 구성원의 부존 역량과 노력만으로 제고될 수 있는 것이 아니라, 공동체 관련 이해관계자(개인, 집단, 단체, 조직, 정부)의 협력과 지원이 필수불가결하다. 특히 정부 차원에서 공동체의 역량을 제고하고 그에 기여하는 일은 NGO모형이 성공할 수 있는 중요한 변수로 작용한다. 따라서 NGO공동체는 그 자체의 인적 자원과 물적 자원의 가용을 극대화시켜야 할 것이고, 정부는 이에 적절한 지원과 매개 역할을 다해야 한다. 그렇게 함으로써 정부와 NGO가 서로 win-win 하는 방향으로 갈 수 있고, 정부의 NGO에 대한 올바른 인식과 협력이야말로 특별히 NGO모형이 미시적 수준뿐만 아니라 그 이상의 거버넌스 수준에서도 가능하고 또 성공할 수 있는 가장 중요한 요소의 하나라고 할 것이다.

|VI|

결론

마을, 작은도서관
그리고 정책

본 연구는 정책과정의 주체를 '정부'로 규정하고 있는 기존의 관점과 이론에 대한 문제의식에서 출발하였다. 이러한 문제의식은 정책의 목적이 최대의 정책효과를 달성하는 것이라고 할 때, 그리고 정책과정의 주체를 기존 관점의 '정부' 외에 새로운 관점에서의 'NGO'로 나눌 때, 그 정책과정의 주체가 정부인 것과 NGO인 것에 따른 정책효과성의 차이는 어떠하며, 특히 NGO가 주도하는 정책의 효과성은 어떤 차원에서 차이가 나는지에 대한 연구 기대를 갖게 하였다. 이에 따라 본 연구는 기존의 관점이나 이론과는 다른 '새로운 관점에서 정책과정의 주체'를 정의하고, 정책의제형성부터 정책채택, 정책집행, 정책평가에 이르는 전체 정책과정의 전개 모형을 '정부 주도 정책과정모형(정부모형)'과 'NGO 주도 정책과정모형(NGO모형)'으로 새롭게 정립한 후, 그 모형에 해당하는 사례별로 각각의 정책효과성을 비교·분석함으로써 정책학적으로 향후 뉴거버넌스 시대에 바람직한 이론적 지향과 실무적으로 바람직한 실무대응의 방향을 제시하는 데 그 목적을 두고 진행되었다.

이를 위하여 제2장에서는 정책과정의 주체에 관한 관점과 이론에 대한 고찰을 통하여 전통적인 기존의 관점과 이론의 한계를 논의하였고, 제3장에서는 전통적 거버넌스스 이론의 한계와 함께 생활정치영역에서의 NGO 거버넌스운동이 정책과정의 운용주체로 등장하고 전개되는 과정을 살펴보았다. 그리고 가시적·물리적·단기적인 1차 정책효과를 넘어 비가시적·정서적·장기적인 2차 정책효과로서의 사회자본의 형성에 대한 논의를 통하여, 특히 NGO모형의 1차 및 2차 정책효과성에 대한 분석과 정부모형의 그것과 비교해 볼 필요성을 제기하였다. 제4장에서는 제2장과 제3장에서 도출된 정책과정의 모형에 따라, 본 연구의 분석대상 사례로서 과연 작은도서관운동이 적합한 것인가를 검토하고 그 적합성을 논증한 후 작은도서관운동의 대두배경 및 전개과정을 고찰하였고, 제4장에서는 사례 유형별로 대전광역시 작은도서관운동의 정책효과성을 비교·분석하였다.

작은도서관 정책의 효과성을 비교·분석함에 있어서는 정부모형과 NGO모형으로 나누어 정부모형의 사례로는 '마을문고'를, NGO모형의 사례로는 '마을도서관'을 선정해 그 정책의 효과성을 크게 두 차원으로 나눠 각각 1차 및 2차 정책효과성에 대하여 비교·분석하였다. 그런데 모든 마을도서관과 마을문고를 대상으로 사례를 비교·분석하는 일은 복잡한 작업에 비하여 실효성도 별로 없을 뿐만 아니라, 핵심적인 요소나 변수를 비교하는 데 오히려 혼란을 준다고 판단하였다. 이에 사례를 4개에서 10개 이하로 선정하고, 서로 대조되는 2가지 형태로 나누어 분석하는 것이 바람직하다는 사례분석이론에 근거하여, 대표적인 총 10개의 사례를 선정하고, 그 가운데 동질성을 갖는 5개의 사례들을 2개의 정책과정 유형으로 묶어서 비교·분석하였다. 비교분석결과를 통해 도출된 연구 결과는 NGO 모형에 대한 전반적인 평가 및 발전방안에 대하여 모색할 수 있는 토대가 되었다.

본 연구를 통해서 도출된 연구결과는 다음과 같다.

첫째, 정책과정의 주체에 대한 새로운 관점과 이론의 가능성을 제시하였다는 점이다. 정책에 관한 정책학의 논의나 설명은 거의 전적으로 '정부'의 정책을 중심으로 이루어지고 있기 때문에, 학자나 실무자나 모두 이에 관하여 의심하지 않고 받아들이는 경향을 보이고 있다. 그러나 우리가 관심을 갖는 정책의 형성, 집행, 평가 등 일련의 정책과정의 주체는 그것이 '공공정책(public policy)'인 한, '정부' 외에도 특정 공동체의 어떤 특정 문제에 대처해 그 문제를 해결하기 위하여 '공공당국(public authorities)'이 존재하고, 그 공공당국이 그 공적 역할을 수행하고 있으면, 그 공공당국도 그 문제(정책)에 관한 한 그 문제의 해결과정(정책과정)의 주체가 될 수 있다. 이때 '공공'의 개념은 '본래적 의미의 공공개념'인 '본래적 공공(original public)' 개념에서 비롯되므로 '정부'와 동일시되는 공공의 개념보다 더 본질적이고 광의의 개념이다. 따라서 특정 공동체에의 특정 공공문제의 해결 당국은 정부 외에도 다른 집단, 예컨대 현대 시민사회에서는 어떤 특정 사안에 관한 한 그에 관련된 시민단체(NGO)도 당연히 포함된다고 새롭게 규정해야 한다는 것이다.

둘째, 시민사회중심의 풀뿌리운동, 즉 NGO 거버넌스 운동이 대두하고 확산되는 과정에서 NGO가 시민의 많은 삶의 문제들을 스스로 해결하는 공공당국의 역할을 자임하고 감당하면서 오늘날 '정책과정'의 '새로운 주체'로 등장하고 있음을 사례를 통하여 제시하였다는 점이다. 지금까지 전통적 거버넌스 이론은 거버넌스의 주체가 '국가나 정부'라는 주체와 수준에서 다루어지고 있다는 점에서 한계를 지니고 있었다. 바로 이러한 한계를 극복하고자 오늘날 새롭게 거버넌스의 개념이 논의되기 시작하였고, 다양한 분야와 영역으로 확대돼 논의되고 있고, 그 논의에 따라 거버넌스의 행위주체와 수준이 다양화하는 가운데, 뉴거버넌스의 한 주체인 '시민사회' 중심의 거버넌스가 주목을 받게 되었다. 이러한 시민사회 중심 거버넌스의 부각은 시민운동에 있어서 새로운 패러다임의 모색과 연결되면서, 풀뿌리운동으로서의 NGO 거버넌스를 가장 잘 구현할 수 있는 지방 거버넌스(local governance), 마을 거버넌스(neighbour governance) 등과 같은 다양한 수준의 거버넌스에 대한 관심을 고조시켰다. 이는 시민사회중심의 '풀뿌리운동'이 뉴거버넌스의 한 주체로서, 그리고 더 나아가서—정부 정책결정의 한 참여자로서만이 아니라— NGO가 스스로 의제화하고 결정한 정책을 집행하기까지 하는 의미에서 정책과정 전반을 새롭게 전개해 나가는 'NGO 주도 정책과정의 운용주체'로서의 위상을 확보하는 것을 의미한다.

셋째, 정부모형으로서의 마을문고 정책과 NGO모형으로서의 마을어린이도서관 정책은 모두 개인의 문제의식에서 출발하였으나, 개인이 사적으로 인식한 공공문제를 공공당국이 공공의제로 인수함으로써, 그런 공공정책이 형성되고 집행되는 과정과 내용에 있어서는 분명하게 차이를 보이고 있다는 사실이다. 즉 마을문고는 관변 성격의 운동으로 전환하면서 이른바 정부모형의 전형적인 사례로 변한 반면, 마을도서관 운동은 NGO가 주도하는 주민운동, 지역

공동체운동, 풀뿌리운동으로 확대되면서 NGO모형의 전형적인 사례로 발전하고 있다는 것이다.

넷째, NGO 거버넌스가 추구하는 정책의 효과성, 즉 NGO모형의 정책효과성은 정부모형이 주로 지향하고 있는 정책산출(policy output)로서의 1차 효과성을 넘어서서 정책영향(policy impact)으로서의 2차 효과성(사회자본의 형성)까지를 지향하고 추구하고 있다는 점이다. 과연 NGO모형은 2차 정책효과성을 측정하는 사회자본의 구성요소(차원) 4개와, 이에 따른 지표 18개 가운데, '신뢰' 차원의 '공공기관에 대한 신뢰', '네트워크' 차원의 '지역문제의 정보획득수단', '마을기관과의 협력', '가입단체의 범위', '주민참여' 차원의 '동네주민조직의 참여 정도와 수준'을 제외한 13개 지표에서 사회자본의 형성 및 지역공동체 형성의 발전 가능성을 보여 주었다. 사회자본의 요소로서 '네트워크' 차원의 3개 지표와 '주민참여' 차원의 1개 지표 등 4개의 지표는 정부모형이나 NGO모형에서 공통적으로 낮게 나타나고 있었는데, NGO모형의 경우 도서관의 안정적 운영을 도모하면서 중장기적 계획을 가지고 있다는 점에서 정부모형보다는 잠재적 가능성이 크다고 할 수 있지만, 두 모형 모두 사회자본을 형성하는 두 가지 중요한 구성요소를 확대하고 강화시켜야 하는 장기적인 과제를 안고 있는 것으로 나타났다.

다섯째, 정책과정의 주체에 따른 1·2차 정책효과성을 질적 연구방법인 심층면접을 통하여 비교·분석한 결과, NGO모형이 1·2차 정책의 효과성 모두에서 정부모형보다 훨씬 더 큰 것으로 나타났다는 점이다. 본 연구는 양적인 연구가 아니라 질적인 연구를 시도했기 때문에 정책효과성의 크기를 계량적으로 표시할 수는 없었으나,

어느 정도 구조화(semi-structured)된 면접방식의 확장된 질문을 통하여 가능한 한 많은 정보를 얻기 위해 노력한 결과, 면접대상자들의 어투, 표정, 몸짓 등까지 놓치지 않고 대상자들과의 감정이입을 통하여 계량적으로 도출할 수 있는 정보보다 훨씬 더 많고 깊은 정보를 확보하여 분석할 수 있었고, 이를 통하여 연구의 질문에 답할 수 있는 충분한 결과를 도출하였다. 그 결과, 1차 효과성 지표 10개와 2차 효과성 지표 가운데 마을문고의 정책효과성이 높은 지표 1개와 두 모형에서 공통적으로 부족한 4개의 지표를 제외한, 13개 지표를 합한 총 23개 항목 모두에서, NGO모형의 정책효과성이 정부모형의 그것보다 훨씬 더 큰 것으로 나타남으로써, 정책과정의 주체에 따른 정책효과성의 차이가 분명히 존재한다는 것을 입증할 수 있었다.

그러나 이상의 연구결과를 토대로 나타난 NGO모형의 정책효과성은 '언제, 어디서나, 어느 정책에나 다 해당되는 것인가?'라는 일반화의 문제를 제기할 수밖에 없을 것이다. 이는 NGO모형이 독자적으로 정책과정 전반을 책임지고 전개해 나가기에는 그 현실적 한계가 적지 않다는 점에서 비롯된 문제의식이라고도 할 수 있을 것이다. NGO모형이 다양한 영역에서 미시적 수준은 물론 그 이상의 수준에서도 성공적으로 정책을 결정하고 집행하는 등 정책과정을 주도적으로 전개해 나가려면, 한편으로는 그 자체의 강점(strength)과 외부적인 기회(opportunity)를 살리면서, 다른 한편으로는 내부적으로 안고 있는 취약점(weakness)과 외부적인 위협(threat)을 극복하여야 할 것이라는 과제를 제기하고 있음을 다시 한 번 확인해 주고 있다.

이러한 과제에 대해 우선적으로 생각해 보아야 할 것은, 정부와 NGO, 양자는 상대방 집단에 대해 깊은 이해가 필요하며, 양자 간의 바람직한 관계 및 역할을 설정해야 한다는 것이다. 그러할 때 공동체 역량구축의 주체는 그 구성원, 즉 NGO가 되어야 하며 정부와 공공기관은 공동체 역량구축을 위한 조력자와 지원자가 됨으로써, 양 주체의 내부자본과 외부자본을 조화롭고 균형 있게 활용해야 한다. 이에 따른 NGO의 역할은 지역공동체를 위하여 인적 자본과 사회적 자본을 개발하고 교육함은 물론 거버넌스 주체들과의 파트너십 구축과 지역의 정체성 및 리더십을 발현해야 한다. 반면, 정부는 모든 정책과정의 주도자나 서비스 전달자로서의 역할뿐 아니라 지역의 각 공동체의 역량을 상호 연결해 주는 '네트워크 연결자'가 되어야 하고, 공동체의 사회적 자본을 크게 확대해 나가는 규범적 역할을 다하는 것이 중요하다. 언제나 그렇듯이 모든 정책의 성공은 어느 일방의 노력만으로 이루어질 수 있는 것이 아니라 공동체 관련 이해관계자의 협력과 지원이 필수불가결하며, 특히 정부차원에서 공동체의 역량을 제고하고 기여하는 일에 달려 있음을 인식해야 할 것이다.

이상과 같이, 본 연구는 기존의 관점이나 이론과는 다른 '새로운 관점에서 정책과정의 주체'를 정의하고, 정책의제형성부터 정책채택, 정책집행, 정책평가에 이르는 전체 정책과정의 전개 모형을 '정부 주도 정책과정모형'과 'NGO 주도 정책과정모형'으로 새롭게 정립한 후, 그 모형에 해당하는 사례별로 각각의 정책효과성을 비교·분석함으로써 정책학적으로 향후 뉴거버넌스 시대에 바람직한 이론적 지향과 실무적으로 바람직한 실무대응의 방향을 제시하는

데 그 목적을 두고 연구하였다.

그러나 본 연구는 2가지 면에서 연구의 한계를 가지고 있다. 첫째, 정부모형과 NGO모형의 사례 중에서도 미시적 수준의 한 분야인 대전광역시 소재 마을문고와 마을도서관 사례를 분석하는 데 그쳤을 뿐, 다양한 수준의 거버넌스 주체로서 NGO모형들의 정책효과성을 비교·분석하는 데까지는 나아가지 못했다는 것이다. 그러므로 다양한 수준에서의 사례분석을 통하여, 정책과정의 운용주체, 그중에서도 새로운 주체로 등장하고 있는 NGO의 거버넌스 주체로서의 정책효과성을 일반화시키는 것은, 앞으로의 연구과제로 남아있다. 둘째, 이론적 논의를 통해 2차 정책효과성을 사회자본 형성으로 설정하면서 본 연구가 지향했던 것은 마을문고나 마을도서관의 내부 구성원들의 상호교제에 따른 사회적 효과가 외부적으로 어떻게 나타나는가를 측정하고자 하였다. 그러나 현실적으로 바라볼 때, 2-3년에 불과한 마을어린이도서관의 짧은 역사가 아직은 마을주민들 삶의 변화에 큰 영향을 미치지 못하고 있다고 판단되었다. 이러한 판단은 본 연구가 목적으로 하는 충분히 의미 있는 조사결과를 확보하기 어려운 측면이 있다는 사실을 의미하는 것이라고 할 것이다. 이에 따라 연구자는 많은 도서관 이용자들, 즉 마을 주민들을 대상으로 외부효과에 중심을 두고 조사 설계를 할 수 없었고, 상당부분 도서관 내부구성원 중심의 조사 설계와 조사를 진행할 수밖에 없었던 것은 본 연구의 두 번째 한계이다.

그럼에도 불구하고 본 연구를 통하여 도출된 연구의 성과는, 정책과정의 운용주체를 정부 외에도 NGO까지를 포함하여 새롭게 확대·정의하고, 정책과정의 주체가 달라지는 데 따라 나타나는 정책효과의 질적 차원에 주목함으로써 정책학의 이론적 관점과 기반을 넓혀 주고 실무영역, 특히 NGO 공동체의 위상과 역량을 북돋아 주는 계기가 될 것이다.

:: 참고문헌

【국내문헌】

강근복(1985). 「한국에 있어서 사회·경제적 쟁점의 정책의제 형성과정에 관한 연구」. 박사학위논문. 성균관대학교 대학원.

강성철·박영강·문유석·김상구·허철행(2008). 거버넌스 구축을 위한 시민사회단체 지원방안에 관한 연구. 한국지방정부학회. 「한국지방정부학회 학술대회 논문집」: 1 - 27.

강수돌(2007). 대안 공동체 운동의 평가와 전망. 「진보평론」 32호 (여름): 194 - 218.

곽현근(2003). 동네관련 사회자본의 영향요인에 관한 연구. 「한국사회와 행정연구」 14(3): 259 - 285.

_____(2007). 지역사회 사회자본의 실태 및 영향요인. 「서울행정학회 학술대회 발표 논문집」: 357 - 385.

권기헌(2008). 「정책학」. 박영사.

권태환·이재열(2001). 사회운동조직간 연결망. 권태환·임현진·송호근(편). 「신사회운동의 사회학」, 서울대학교 사회발전연구총서 16: 185 - 222.

권태환(1997). 신사회운동과 사회지표. 「한국사회과학」 19(2): 123 - 147.

권태환·임현진·송호근(편)(2001). 「신사회운동의 사회학」. 서울대학교출판부.

김경식·이병환(2002). 신사회운동으로서 한국의 대안교육운동. 「교육과학논총」 23(1): 1 - 17.

김남선·김만희(2000). 지역공동체와 사회자본과의 관계에 관한 연구. 「지역사회개발학술지」 10(2): 1 - 30.

김대환(1998). 돌진적 성장이 낳은 이중 위험사회. 사회과학원. 「계간사상」 38(1) 가을호: 26 - 45.

김민수·고영근·임홍빈·이승재(편)(1991). 「국어대사전」. 금성출판사.

김석준 외(2000). 「뉴거버넌스 연구」. 대영문화사.

김선희·천현숙·서연미·윤윤정 외(2008).「국토관리분야의 사회적 자본 확충 방안(Ⅰ): 사회적 자본 영향요인 분석 자료집」. 국토연구원. 1 - 53.

김성국(1996).「한국의 시민사회와 신사회운동」. 한국사회과학연구협의회.

_____(1998). 한국시민사회의 성숙과 신사회운동의 가능성. 임희섭·양종희 (편).「한국의 시민사회와 신사회운동」. 나남출판: 15 - 72.

_____(2001). 한국의 시민사회와 신사회운동. 유팔무·김정훈 외. 한울.「시민 사회와 시민운동 2」: 50 - 104.

김성훈(2007).「공동체 화폐 '두루'로 행복을 나누는 좋은 이웃 한밭레츠」. 1 - 20.

김소희(2006).「참 좋은 엄마의 참 좋은 책읽기」. 화니북스.

_____(2008).「작은도서관운동의 마을만들기적 성격에 관한 연구」. 석사학위 논문. 성공회대학교 대학원.

김영래(1999). 비정부조직(NGO)과 국가와의 상호작용 연구.「국제정치논총」 39(3): 79 - 98.

김용우(2002). 공동체운동의 현실과 전망.「사회비평」 31권: 187 - 205.

_____(2007). 원주지역의 생명운동과 협동조합운동의 전개과정 고찰. 대전시 민사회연구소.「공동체유랑단 자료집」: 102 - 120.

김웅진·김지희(2000).「비교사회연구방법론」. 한울아카데미.

김왕배(2005).「생활세계의 변화와 삶의 정치」. 광복60주년 기념행사 발표문(초고).

김정렬(2000). 거버넌스의 구현과 정부간 관계의 미래.「한국행정학회 학술대회 발표 논문집」 32(1): 497 - 513.

김정훈(2006). 민주화·세계화 '이후' 생활세계의 변화와 시민참여적 대안: 풀 뿌리 민주주의를 중심으로. 신영복·조희연(편). 함께읽는책.「민주화· 세계화 이후 한국 민주주의의 대안 체제 모형을 찾아서」: 321 - 348.

_____(2007). 사회운동의 위기와 새로운 전환의 과제. 환경과 생명.「환경과 생 명」 51권(봄): 58 - 72.

김정희(1997). 공동육아에서 대안교육까지. 내일을여는책.「처음처럼」 4호(11 - 12월): 40 - 57.

김창남(2007). 한국의 사회변동과 대중문화.「진보평론」 32호(여름): 62 - 94.

김태룡(2006). 시민단체가 사회자본의 형성에 미치는 영향에 관한 연구.「한국 행정학보」, 40(3): 27 - 51.

김호기(1995).「현대자본주의와 한국사회」. 사회비평사.

_____(2007).「한국 시민사회의 성찰」. 아르케.

남궁근(1998).「비교정책연구」. 법문사.

노화준(2003).「정책학원론」. 박영사.

대전마을어린이도서관 반딧불터사업단(2008).「1·2차 교육과정 자료집」.

대전마을어린이도서관협의회(2008). 「제2차 정기총회 자료집」.

대전시민사회연구소(2007). 살기좋은 지역만들기 탐방. 「공동체유랑단 자료집」.

라미경(2006). 거버넌스, NGO 그리고 지역사회. 「한국거버넌스학회보」 13(3): 227 – 254.

류지성(2007). 「정책학」. 대영문화사.

마루마을어린이도서관(2009). 「정기총회 자료집」.

마승철(1990). 「정책의제형성에 있어서 갈등에 관한 연구」. 박사학위논문. 건국 대학교 대학원.

박용남(2006). 살기좋은 지역만들기 기획 연재: 관(官)주도 아닌 시민사회와의 협치가 성공의 열쇠. 「참여정부 평가포럼」.

박정택(2000). 정책기조에 관한 탐색. 「행정논총」 38(2): 1 – 33.

_____(2007). 「일상적 공공철학하기1」. 한국학술정보주식회사.

박희봉(2001). 사회자본과 지방정부경쟁력. 「한국행정학회 Conference 자료」 99 – 118.

_____(2002). 사회자본이론의 논점과 연구경향. 「정부학연구」 8(1): 5 – 44.

박희봉 · 김명환(2000). 지역사회 사회자본과 거버넌스 능력. 「한국행정학보」 34(4): 219 – 237.

불교포커스(2009). 마을이 희망이다. 「불교포커스(인터넷 신문) 홈페이지」 6. 18.

배선식(2008). 「정책의제형성에 관한 연구」. 박사학위논문. 관동대학교 대학원.

(사)풀뿌리사람들(2007). 「마을어린이도서관 설립사례집」.

(사)풀뿌리사람들(2008). 「대전마을어린이도서관 지도자과정 자료집」.

새마을문고중앙회(2000). 「새마을운동 40년사」.

생활협동조합전국연합회(2006). 「정책토론회자료집」.

서정갑 · 오문환(1995). 생활정치 사상의 모색. 연세대학교 사회과학연구소. 「사 회과학논집」 26: 1 – 31.

소진광(2004). 사회적 자본의 측정지표에 관한 연구. 「한국지역개발학회지」 16(1): 89 – 117.

신남희(2005). 공동체 삶과 문화를 가꾸는 우리동네 마을도서관. 「어린이와 도 서관」 1(6월호): 184 – 205.

신인섭(2007). 「우리나라 교육정책 결정과정에 관한 연구」. 박사학위논문. 경기 대학교 대학원.

안성호 · 곽현근(2007). 동네 수준의 사회자본에 관한 탐색적 연구. 도서출판 다 운샘. 「지역정체성과 사회자본 I」: 213 – 254.

안찬수(2007). 작은도서관에 대하여. (사)한국어린이도서관협회. 「작은도서관학 교 자료집」.

알짬마을어린이도서관(2009). 「정기총회 자료집」.

양준철(2001). 「새로운 거버넌스 환경에서의 규제정책결정과정 연구」. 박사학위 논문. 중앙대학교 대학원.

양희규(2007). 간디학교 10년을 돌아보고 앞을 내다보며. 「민들레」 1 - 2월호: 6 - 21.

어린이도서관연구소(편)(2004). 「어린이도서관 길잡이」.

어린이와 도서관(사)(2005). 「어린이와 도서관」 1(봄호).

오문환(1985). 「E. Husserl의 생활세계 개념에 관한 정치철학적 고찰」. 석사학 위논문. 연세대학교 대학원.

오재환(1996). 일상생활의 구조와 생활정치. 「사회조사연구」 11(1): 89 - 103.

유훈(2002). 「정책학원론」. 법문사.

유선영(2005). 「한국의 대안미디어」. 언론재단.

유재원(2000). 사회자본과 자발적 결사체. 「한국행정학보」 9(3): 24 - 43.

유홍림(1997). 미국의 공동체주의 정치사상. 서울대학교 미국학연구소. 「미국학」 20집: 211 - 233.

윤수종(2007). 대안운동의 현황과 방향. 「사회이론」 32호: 255 - 291.

윤형근(2006). 먹을거리 공공화와 새로운 지역 자립운동. 「환경과 생명」 가을호: 115 - 129.

_____(2007). 먹을거리의 근대화, 사회화를 넘어 지역자립운동으로. 「진보평론」 32호: 174 - 183.

이명원 · 오창은 · 하승우(2009). 「나는 순응주의자가 아닙니다」. 도서출판 난장.

이병완 · 김영순(2008). 「대안교육의 실천과 모색」. 학지사.

이상호(1990). 「공공정책의제 형성과정에 관한 연구」. 박사학위논문. 영남대학 교 대학원.

이용남(2002). 마을문고운동 추진 전략과 행태에 대한 분석적 고찰. 한국문헌정 보학회. 「한국문헌정보학회지」: 91 - 109.

이용훈(2004). 우리나라 도서관에 대한 기본적 이해와 민간도서관 활성화를 위 한 방안 모색. 어린이도서관연구소(편). 「어린이도서관길잡이」: 20 - 45.

이은희(2008). 「후기근대지역공동체의 성찰적 동학」. 박사학위논문. 이화여자대 학교 대학원.

이정옥(1999). 세계화와 대안운동의 전개. 한국사회사학회. 「사회와 역사」 56 호: 11 - 43.

이종수(편)(2008). 「한국사회와 공동체」. 다산출판사.

이지훈(2000). 「사례연구방법」. 도서출판 대경.

이창기 외(2002). 「시민사회와 행정」. 형설출판사.

이현출(2001). 거버넌스와 NGOs: 의약분업사례를 중심으로. 한국정치학회. 「한

　국정치학회보」35(3): 271 - 236.

인터넷 네이버 국어사전(2009).

임현진 외(2003). 「한국사회의 위험과 안전」. 서울대학교 출판부.

작은나무마을어린이도서관(2009). 「정기총회 자료집」.

장경섭(1998). 압축적 근대성과 복합위험사회. 한국비교사회학회. 「비교사회」
　통권 제2호: 371 - 414.

장수찬(2002). 한 사회의 대인신뢰수준을 결정하는 요소들: 국가간 비교를 중심
　으로. 「정부학연구」8(1): 45 - 68.

＿＿＿(2004). 한국 연줄사회조직의 특성과 신뢰구조의 이해: 이중적 신뢰구조가
　갖는 민주주의에 대한 함의는 무엇인가? 「한국지역연구논총」22(2): 359 - 394.

＿＿＿(2007). 한국 사회의 신뢰수준의 하락과 그 원인: 국가 간 비교 분석적
　관점에서. 「한국세계지역학회」25(3): 125 - 156.

전국농민회총연맹(2009). 보조금지원을 받으려면 정부정책에는 꿀먹은 벙어리
　가 되라. 「전국농민회총연맹 홈페이지 논평」4. 23.

전상인(2005). NGO 주도 로컬 거버넌스 사례연구: 춘천시 쓰레기 매립장 부지
　선정(1994년 - 96년)의 경우. 서울대학교 환경대학원. 「환경논총」43:
　254 - 267.

전영순(2002). 어린이문고 현황과 전망. 「전국도서관대회 발표자료」: 405 - 426.

정정길(1982). 정책과정과 정책문제채택. 김운태 외. 박영사. 「한국 정치행정의
　체계」.

＿＿＿(1997). 「정책학원론」. 대명출판사.

＿＿＿(2000). 「행정학의 새로운 이해」. 대명출판사.

정정길 외(2003). 「정책학원론」. 대명출판사.

정호신(1991). 「정책의제형성 과정에 있어서의 무의사결정에 관한 연구」. 박사학
　위논문. 중앙대학교대학원.

조대엽·김철규(2008). 「한국시민사회의 구조와 동학」. 집문당.

조대엽·박성길 외(2005). 「한국사회 어디로 가나?」. 굿인포메이션.

조명래(2003). 지역사회에의 도전. 한국도시연구소. 한울아카데미. 「도시공동체론」.

최봉기(2004). 「정책학」. 박영사.

최성욱(2004). 거버넌스 개념에 대한 비판적 고찰. 「정부학연구」10(1): 239 - 261.

최영출(2004). 지역의 사회자본측정지표 설정. 「지방정부연구」8(3): 119 - 144.

최재현(1985). 일상생활의 이론과 노동자의 의식세계. 창작과 비평사(1992). 「
　최재현 사회학 논문집」.

최창수(2000). 사회자본의 형성을 위한 지방정부의 역할: 미국의 교훈. 「한국지
　방행정연구」8(1): 45 - 68.

하승수(2003). 한국의 시민운동, 정말 '시민 없는 시민운동'인가. 참여연대 참여
사회연구소. 「시민과 세계」: 134‑150.

_____(2007). 「지역, 지방자치, 그리고 민주주의」. 후마니타스.

_____(2008). 풀뿌리운동과 한국사회. (사)풀뿌리사람들. 「풀뿌리에서 길을 찾
다」: 9‑27.

한국현상학회(1992). 「생활세계 현상학과 해석학」. 서광사.

한밭레츠(2009). 「제8차 정기총회자료집」.

허범(1979). 기초정책형성의 기본관점과 윤리성. 「성균관대학교논문집」 25: 177‑198.

_____(1988a). 새로운 공공행정의 모색: 민본행정의 이념과 과제. 한국행정학
회. 「한국행정학회 제1차 국제학술대회발표논문집」: 100‑133.

_____(1988b). 「행정학 개론」. 대영문화사.

_____(1991). 「공공정책결정과 공직윤리」. 한국정신문화연구원(편). 「한국산업
사회의 구조와 가치관의 제문제」: 55‑77.

_____(2002). 정책학의 이상과 도전. 「한국정책학회보」 11(1): 293‑311.

_____(2003). 정부기관평가제도의 개혁취지와 발전과제 그리고 실천모형의 모
색. 한국행정연구원 정책평가센터(편). 「정부개혁과 정책평가」.

해뜰마을어린이도서관(2009). 「정기총회 자료집」.

【외국문헌】

Allison, Graham T.(1971). *Essence of Decision: Explaining the Cuban Missile Crisis*. Boston: Little, Brown and Company.

Anderson, James E.(1984). *Public Policy – Making,* Third Edition. New York: Holt, Rinehart and Winston.

Bachrach, P & Baratz, M. S.(1979). *Power and Poverty: Theory and Practice*. N.Y.: Oxford University Press.

Beck, Ulrich(1997). 「위험사회－새로운 근대(성)를 향하여」. 홍성태(역); *Auf dem Weg in eine andere Moderne*, 1986.

_____(1992). *Risk Society: Toward a New Modernity*. London: Sage.

_____(1998). 「정치의 재발견: 위험사회 그 이후－재귀적 근대사회」. 문순홍 (역). 거름; *Die Erfindung des Politischen*, 1996.

Bellone, C. J. & Goerl, G. F.(1992). Reconciling Public Entrepreneurship and Democracy? *Public Administration Review,* 52: 130 – 134.

Blumer, H.(1969). *Symbolic Interactionism*: Perspective and San Francisco: Jossey – Bass, Inc.

Bookchin, Murray(1998). 「사회생태주의란 무엇인가」. 박홍규(역). 민음사; *Remaking Society: Pathways to a Green Future*. South End Press, 1990.

Bourdieu, P.(1986). The Forms of Capital. in J. Richardson(ed.), *Handbook of Theory and Research for the Sociology of Education*. New York: Greenwood: 241 – 258.

Bozeman, Barry.(1987). All Organizations Are Public, San Francisco: Cal., Jossey – Bass Publishers.

Carter, April(2007). 「직접행동: 21세기 민주주의, 거인과 싸우다」. 조효제(역). 교양인; *Direct action and Democracy Today*. Polity Press, 2005.

Cobb, R. W. & J. K. Ross. & M. H. Ross.(1976). Agenda Building as a Comparative Political Process. *American Political Science Review*, Vol.70. March.

Cobb, R. W. & Elder, C. D.(1977). *Participation in American Poilitcs: The Dynamics of Agneda Building,* Baltimore and London: The Johns Hopkins University Press.

Cohen, J.(1982). *Class and Civil Society: The Limits of Marxism Critical Theory*. Amherst: University of Massachusetts Press.

Cohen, J. & Andrew Arato(1992). *Civil Society and Political Theory.* Cambridge. Mass: MIT Press.

Coleman, J. S.(1990). *Foundations of Social Theory.* Cambridge: Belknap Press of Harvard University Press.

Dror, Yehezkel(1968). *Public Policymaking Reexamined.* Scranton: Chandler Publishing Company.

Dudwick, Nora., Kuehnast, Kathleen., Nyhan, Veronica & Woolcock, Michael(2006). *Analyzing Social Capital in Context.* World Bank Institute Washington. D. C. 1–45.

Dye, Thomas R.(1981). *Understanding Public Policy,* 5th ed., N.J.: Englewood Cliffs: Prentice–Hall.

Easton, David(1953) *The Political System.* New York: Knopf.

_____(1965). *A System Analysis of Political Life.* New York: John Wiley & Sons.

Eyestone, R.(1978). *From Social Issues to Public Policy.* N.Y.: John Wiley and Sons.

Figueras, Javier Diaz–Albertini.(2004). Social Capital, Grassroots Organizations and the State: Reclaiming the Missing Links of Sociability. in Atria, Raul and Marcelo Siles(eds.), *Social Capital and Poverty Reduction in Latin America and the Caribbean.* Sangiago, Chile United Nations Publication. Fisher, Robert & Kling, J.(1994). Community Organization and New Social Movement Theory. *Journal of Progressive Human Services,* 5(2): 5–23.

Foley, M. W. & Edward. B.(1999). Is It Time to Disinvest in Social Capital? *Journal of Public Policy,* 19(2): 141–173.

Frederickson, H. G.(1996). *Public Administration as Governance.* A Paper presented at the Conference on New Politics and New Administration. Korea.

Garcelon, Marc.(1997). Public and Private in Communist and Post–Communist Society. J. Weintraub and K. Kumar(eds.), *Public and Private in Thought and Practice.* Chicago: Ⅲ, The University of Chicago Press.

Giddens, Anthony(1987). *The Theory of Communicative Action,* vol. Ⅱ, Boston: Beacon Press.

_____(1997). 「현대성과 자아정체성: 후기 현대의 자아와 사회」. 권기돈(편).

새물결; *Modernity and Self-identity: Self and Society in the Late Modern Age,* 1991.

_____(1998). 「제3의길」. 한상진 · 박찬욱(역). 생각의 나무; *The Third Way: The Renewal of Social Democracy.* Polity Press, 1998.

_____(2000). 「질주하는 세계」. 박찬욱(역). 생각의 나무; *Runaway World: How Globalization Is Reshaping Our Lives,* 2000.

Guerin, Daniel(1993). 「현대 아나키즘」. 하기락(역). 신명.

Habermas, Jürgen(1981). *Theorie des Kommunikativen Hadelns Band 2 - Zur Kritik der Funktionalistischen Vernunft.* Frankfurt am Main: Suhrkamp Verlag.

_____(1987). *The Theory of Communicative Action,* Vol. Ⅱ. Boton: Beacon Press.

_____(1989). trans, by Thomas Burger, *The Structura Transformation of the Public Sphere - An Inquiry into a Category of Bourgeois Society.* Cambridge, Mass: The MIT Press.

Helco, H.(1972). Review Article: Policy Analysis, *British Journal of Political Science,* Vol.2.

Hirschman, A. O.(1975). Policymaking and Policy Analysis in Lantin America: A Returnal Journey. *Policy Sciences,* Vol.6.

Hooghe, Marc & Stolle, Dietlind.(2003). Introduction: Generating Social Capital. in Marc Hooghe & Dietlind Stolle(eds). *Generating Social Capital.* New York: Palgrave Macmillan.

Howe, B. & Rev R. Cleary.(2001). Community Building: Policy Issues and Strategies for the Victorian Government. *Report Commissioned by the Victorian Department of Premier and Cabinet.* Melbourne: January.

Husserl, Edmund.(1973). *Intersubjectivität* Ⅲ(Haag: Martinus Nijhoff).

Jenkins, W. I.(1978). *Policy Analysis.* London: Martin Roberton.

Jocob, E.(1987). Qualitative Research Traditions: A Review. *Educational Research,* 57(1): 1 - 50.

Jones, C. O.(1977). *An Introduction to the Study of Public Policy,* 2nd ed. North Scituate, Mass: Duxbury Press.

Katsumi, Yokota(2004). 「어리석은 나라의 부드러우면서도 강한 시민」. 나일경(역). 논형.

Kendrick, F., et al.(1974). *Strategies for Political Participation,* 2nd ed. M.A.: Winthrop Publishers, Inc., 116 - 145.

Kickert, W. J. M.(1997). Public Governance in the Netherlands: an Alternatives to Anglo American 'Managerialism'. *Public Administration,* 75.

Kitschelt, H.(1990). New Social Movements and the Decline of Party Organization. in Dalton R. J. and M. Kueler(eds). *Challenging the Political Movements in Western Democracies,* Cambridge: Polity Press: 179 - 208.

Klandermans, P. B.(1990). Inking the 'Old' and 'New': Movement Networks in the Netherlands. In Dalton R. J. & Kueler, M(eds). *Challenging the Political Movements in Western Democracies.* Cambridge: Polity Press.

Kooiman, J.(ed).(1994). *Modern Governance, New Government - Society Interactions.* London: Sage Publications.

Kooiman, J. & Vliet, Van. M.(1993). Governance and Public Management. in Eliassen, K. A. and Kooiman, J(eds). *Managing Public Organization.* London: Sage.

Lasswell, H. D.(1951). The Policy Orientation. in Daniel Lerner and H. D. Lasswell(eds)., *The Policy Sciences.* Stanford: Stanford University Press.

_____(1970). The Emerging Conception of the Policy Sciences. *Policy Sciences,* 1: 3 - 14.

_____(1971). *A Preview of Policy Sciences.* New York.: Elsevier.

Lasswell. H. D. & Kaplan, Abraham(1970). *Power and Society.* New Haven: Yale University Press.

Levi, Margaret(1996). Social and Unsocial Capital: A Review Essay of Robert Putnam's 'Making Democracy Work. *Politics & Society,* vol.24, no.6.

Melucci, A.(1980). The New Social Movement: A Theoretical Approach. *Social Science Information,* 24: 819 - 835.

Minkoff, Debra C.(1997). Producing Social Capital: National Social Movements and Civil Society. *American Behavioral Scientist,* 40(5).

Nachmias, David(1979). *Public Policy Evaluation.* New York: St. Martin's Press.

Norris, Pippa(2000). Global Governance and Cosmopolitan Citizens. in Nye, J. S. Jr. and E. Kamarck(eds). *Globalization and Governance*(to be published).

Offe, C.(1990). Reflections on the Institutional Self Transformation of Movement Politics: A Tentative Stage Model. In Dalton R. J. & Kueler, M(eds). *Challenging the Political Movements in Western Democracies.* Cambridge: Polity Press.

Osborne, David & Gaebler, Ted(1994). 삼성경제연구소(역). 「정부혁신의 길」. 삼성경제연구소; *Reinventing Government: How the Entrepreneurial Spirit in Transforming the Public Sector.* New York: Addison - Wesley, 1992.

Palumbo, D. J.(1988). *Public Policy in America: Government in Action.* New York: Harcourt Brace Javanovich, Publishers.

Peters, B, G.(1998). 「미래의 국정관리」. 고숙희 외(역). 법문사; *The Future of Governing: Four Emerging Models.* Lawrence. Kansas: University Press of Kansas, 1995.

Putnam, R. D.(1993a). The Prosperous Community: Social Capital and Public Life. *The American Prospect,* No.3(spring): 35 - 42.

_____(1993b). *Making Democracy Work: Civil Traditions in Modern Italy.* Princeton, N.J.: Princeton University Press.

Rhodes, R. W.(1996). The New Governance Governing Without Government. *Political Studies,* 44(4): 652 - 667.

Ripley, Randall B. & Franklin, Grace A.(1982). *Bureaucracy and Policy Implementation.* Homewood, Ⅲ: The Dorsey Press.

Rohe, W.(2004). Building Social Capital through Community Development. *Journal of the American Planning Association,* Vol.70, No.2.

Rothstein, Bo.(2005). *Social Traps and the Problem of Trust.* Cambridge University Press.

Rucht, D.(1990). The Strategies and Action Repertoires of New Movement. in Dalton R. J. & Kueler, M.(eds.), *Challenging the Political Movements in Western Democracies,* Cambridge: Polity Press.

Shaw, T. M.(1990). Popular Participation in Non - Governmental Structures in Africa: Implications for Democratic Development. *Africa Today,* 37(2).

Scott, Alan.(1990). *Ideology and the New Social Movements.* London: Unwin Hyman.

Spradley, J. P.(1979). *The Enthnographic Interview.* New York: Holt,

Rinehart & Winston.

Stainback, S. & Stainback, W.(2002). 「질적 연구의 이해와 실천」. 김병하(역). 한국학술정보(주).

Stoker, G.(1998). Public – Private Partnerships and Urban Governance. in J. Pierre(ed), *Partnerships in Urban Governance*. London: MacMillan Press.

Stolle, D.(2000). Social Capital – A New Research Agenda? Toward an Attitudinal Approach. Paper presented for the ECPR Workshop 13 Voluntary Associations, *Social Capital and Interest Mediation: Forging the Link,* Copenhagen.

Swift, Richard(2004). 「민주주의」. 서복경(역). 이소출판사.

Terry, Larry D.(1998). Administrative Leadership, Neo Managerialism and the Public Management Movement. Symposium: Leadership, Democracy, and the New Public Management. *PAR*. 58(3).

Thompson, G., et al.(eds)(1991). *Markets, Hierarchies & Networks: the Co – ordination of Social Life*. London: Sage Publications.

Tocqueville, Alexis(1968). *Democracy in America*. London: Fontana.

Touraine, A.(1981). *The Voice and The Eye: An Analysis of Social Movement*. Cambridge: Cambridge University Press.

UNDP(1996). *Participatory Evaluation in Programmes Involving Governance Decentralization*. Management Development and Governance Division. Revised 22.

Uslaner, Eric M.(2000). Producing and Consuming Trust. *Political Science Quarterly* 115. No.4.

Winter, I.(2000). Towards a Theorized Understanding of Family Life and Social Capital. *Australian Institute of Family Studies*. Working Paper, No.21.

Wolpert, Julian(1993). Applying the National Taxonomy of Exempt Entities: Geographical Profiles. *Voluntas*, 4(2).

김용분

이화여자대학교 사범대학 사회생활과(일반사회전공) 졸업
충남대학교 행정대학원 졸업(행정학 석사)
대전대학교 대학원 졸업(행정학 박사)
연무고등학교 교사
대전광역시 서구의회의원(2대, 3대)
대전여성정치네트워크 공동대표
대전참여자치시민연대 집행위원
대전환경운동연합 집행위원
대전사회복지공동모금회 배분위원
배재대학교 출강

현) 대전시민사회연구소(사) 상임연구위원
풀뿌리사람들(사) 이사
대전사회복지공동모금회 어린이도서관 전문위원회 전문위원
대전대학교 출강

마을, 작은도서관 그리고 정책

초판인쇄 | 2010년 6월 18일
초판발행 | 2010년 6월 18일

지 은 이 | 김용분
펴 낸 이 | 채종준
펴 낸 곳 | 한국학술정보㈜
주   소 | 경기도 파주시 교하읍 문발리 파주출판문화정보산업단지 513-5
전   화 | 031) 908-3181(대표)
팩   스 | 031) 908-3189
홈페이지 | http://ebook.kstudy.com
E-mail | 출판사업부 publish@kstudy.com
등   록 | 제일산-115호(2000. 6. 19)

ISBN   978-89-268-1093-4 93350 (Paper Book)
       978-89-268-1094-1 98350 (e-Book)

내일을여는지식 은 시대와 시대의 지식을 이어 갑니다.